연세대학교는 어떻게 탄생했는가

연세대학교는 어떻게 탄생했는가

ⓒ 박형우, 2016, 대한민국

2016년 4월 1일 1판 1쇄 펴냄

지은이 박형우

펴낸이 권기호

펴낸곳 공존

출판등록 2006년 11월 27일(제313-2006-249호)

주소 (04157) 서울시 마포구 마포대로 63-8 삼창빌딩 1403호

전화 02-702-7025, 팩스 02-702-7035

이메일 info@gongjon.co.kr, 홈페이지 www.gongjon.com

ISBN 979-11-955265-3-6 93900

How Yonsei University Was Founded?

Copyright © Hyoung W. Park 2016

First published in 2016 by Gongjon Publishing

Seoul, Korea

연세합동의 숨겨진 역사를 규명하다

연세대학교는 어떻게 탄생했는가

박형우

공존

연세합동의 역사를 돌아보며

　이 책의 주제는 '협동'-'연합'-'합동'이다. 저자는 연세대학교의 기원을 이 세 측면에서 분석하였다.

　우선 '협동'이란 특정 목표를 달성하고자 서로 힘을 합치는 것으로 정의하였다. 의학교육의 장(場)인 서양식 병원인 제중원을 조선 정부와 미국 북장로회가 합작, 즉 협동으로 운영했던 일, 미국 북장로회의 알렌이 책임지고 있던 제중원에서 미국 감리회 의료 선교사 스크랜턴이 진료했던 일, 제중원의학교에서 언더우드가 알렌과 헤론을 도와 물리학 등을 강의했던 일 등을 예로 들수 있다. 다음으로 '연합'이란 여러 교파가 힘을 합쳐 한 기관을 운영하는 것으로 정의하였다. 이름에서 알 수 있듯이 세브란스 연합의학전문학교, 평양연합기독병원 등이 대표적인 예이며, 평양의 숭실대학과 서울의 연희전문학교도 이름에는 포함되어 있지 않지만 여러 교파가 힘을 합쳐 운영했던 연합 교육기관이다. 마지막으로 '합동'은 이미 설립되어 있던 기관들이 하나의 더 큰 기관으로 재탄생하는 것으로 정의하였다. 이때 합동에 참여하는 기관들은 서로 다른 교파가 운영하고 있었다. 같은 교파가 운영하는 기관이 하나로 합쳐지는 것은 '통폐합'이라 부를 수 있기 때문이다.

130여 년 전 한국에서 본격적인 전도 활동을 벌이기 시작했던 개신교의 여러 교파(미국 장로회, 미국 감리회, 캐나다 장로회, 호주 장로회 등)들은 당장 선교에 나설 수 없는 상황이어서 '의료'와 '교육'을 앞세웠다. 원래 미국 북장로회가 단독으로 운영하던 세브란스는 1908년 한국 최초의 면허 의사를 배출한 이후, 여러 교파가 의학교육과 병원 경영에 참여하여 '연합'으로 운영됨으로써 개신교가 앞세웠던 '의료'의 상징적인 기관이 되었다. 1912년 당시 배재와 경신이 1년 동안 운영하던 연합대학부와는 별개의 사안임을 전제로 설립이 추진된 서울의 연합기독교대학(Union Christian College)은 1915년 개교했으며, 연희전문학교(영어로는 Chosen Christian College)라는 교명이 붙여졌다. 이렇게 '연합'으로 시작한 연희는 개신교가 앞세웠던 '교육'의 상징적인 기관이었다.

여기서 중요한 것은 당초 연합기독교대학의 설립이 추진되었을 때, 미국의 선교본부는 이 대학이 여건이 허락되는 적절한 시기에 세브란스 의학교(간호 포함)와 '합동'하여 대학교로 발전하는 것을 목표로 하였다는 점이다. 따라서 서울의 연합기독교대학 설립을 위해 구입했던 학교 부지에는 장차 합동하게 될 의과를 위한 공간도 포함되어 있었다. 그러므로 1915년 연희가 탄생한 직후부터 거론되었던 양교의 합동은 선교본부의 입장에서는 한국에서 온전한 기독교 대학교의 설립을 마무리하는 단계였다.

선교본부는 두 학교의 합동을, 연희로서는 아무런 경비를 들이지 않고 의학부를 갖는 셈이고, 세브란스로서는 공간의 제한이 있을 수밖에 없는 도심에서 벗어나 설비를 제대로 갖춘 의료원을 설립할 수 있는 공간을 갖는 셈이었으니 그야말로 일석이조의 일이라고 판단하였다. 따라서 합동 과정에서 세브란스가 연희 기지 내로 이전한 것을 두고, 연희 측이 세브란스 측에 특혜를 주었다고 해석해서는 곤란하다. 두 학교 모두 1957년 1월 새로 탄생한 '연세'의 주역이기 때문이다.

연희의 설립 직후부터 논의되었던 합동은 40년이나 지나서야 실현되었는데, 그만큼 합동을 위해서는 막대한 재정이 필요하고 논의해야 할 점이 많았기 때문이다. '연희'와 '세브란스'의 '합동'을 촉진시킨 것은 한국전쟁이다. 전후 복구를 위해 상당한 지원을 해야 했던 선교본부들은 설비를 제대로 갖춘 대학교 설립을 가장 효율적인 지원 방안이라 판단하였다. 그리하여 이화여자대학교, 감리교신학대학까지 합동을 고려하였다. 하지만 결국 연희와 세브란스만이 합동에 참여하였다.

합동 과정에서 표출된 걸림돌 중 하나는 세브란스 동창회의 적극 반대였다. 정관에 포함되어 있던 '지정 기탁'과 '세브란스 의과대학 기본재산의 별도 관리' 규정을 통해 재정권은 어느 정도 보장되었지만, 인사권이 문제였다. 결국 정관에 '단과대학위원회'의 규정을 추가하여 인사권을 보장함으로써 합동의 걸림돌을 제거하였다(이 위원회는 연세의료원의 출범과 함께 명칭이 의료원위원회로 변경되었다).

이렇게 연세대학교로 합동한 것이 1957년 1월이었으므로 2016년은 합동 60년째가 되는 해이다. 그런데 최근 들어 의료원의 '재정권'과 '인사권'의 독립이 훼손되는 현상이 나타나고 있어 의과대학 측 교수들과 동창회에서 이의 시정을 요구하고 있다. 특히 서울역 앞 연세재단 세브란스 빌딩의 수익금을 두고 10년 이상 해결되지 않은 상태로 논의가 진행 중이다.

저자는 이러한 논란이 연세의 역사, 특히 양교의 초기 역사와 합동 과정 등에 관해 제대로 정리된 바가 없고, 이에 따라 이사회가 합동 정신을 이해하지 못하고 결정을 내렸기 때문이라고 판단하였다. 그래서 미국과 캐나다의 여러 선교본부 아카이브스에 보관되어 있는 자료들을 이용해 미국 선교본부들의 지원으로 설립된 양교의 설립 정신과 합동 정신을 제대로 밝히는 일이 시급하다고 생각하였다. 이를 통해 우선은 현재의 논란을 종식시키고, 더 나아가 '진리가 너희를 자유케 하리라(「요한복음」 8장 32절)'라는 말씀처럼 진리를 탐구하는 학문의 전당인 연세가 있기까지 물심양면으로 지원을 했던 국내외의 교회와 각종 단체, 개인들의 여망을 받들어 새롭게 도약하는 연세의 밑거름이 되었으면 하는 바람으로 이 책을 집필하게 되었다.

연세의 모든 학문 분야를 일일이 다루지 못한 한계에 대해서는 여러분들의 넓은 이해를 부탁드린다.

저자가 이 책을 집필하는 데 너무나도 많은 분들의 신세를 졌다. 일일이 이곳에 적을 수 없는 점 역시 넓은 이해를 부탁드린다.

2016년 3월

상우(尙友) 박형우

* 이 책은 연세대학교 의과대학 정책연구비 6-2012-0005, 6-2012-0080, 6-2014-0102로 이루어졌음.

차례

들어가는 글

진리가 너희를 자유케 하리라

연세대학교의 역사에 대해서는 몇 권의 책이 발간된 바 있다. 통사를 다룬 대표적인 책으로는 『연세대학교사』와 『연세대학교백년사』가 있고, 의과대학에서 발간한 『의학백년』이 있다.[1] 이 책들은 출간된 지 30년이 넘었고, 당시에는 미국 선교본부에 소장되어 있던 자료들이 국내에 소개되기 이전이어서 내용에 미흡한 점이 많다. 이후 120주년을 기념하여 『연세의 발전과 한국사회』와 『인술, 봉사 그리고 개척과 도전의 120년』이 발간되었다.[2] 『연세의 발전과 한국사회』는 연세대학교의 역사를 심도 있게 다루었다기보다는 다양한 주제와 함께 인물사를 포함시켜 쉽게 읽을 수 있도록 하였다. 이에 비해 『인술, 봉사 그리고 개척과 도전의 120년』은 해방 때까지의 60년만 다루었지만 원자료

---

[1] 『연세대학교사』, 서울: 연세대학교 출판부, 1969; 『연세대학교백년사』, 서울: 연세대학교, 1985; 『의학백년』, 서울: 연세대학교 출판부, 1986.

[2] 『연세의 발전과 한국사회』, 서울: 연세대학교 출판부, 2005; 『인술, 봉사 그리고 개척과 도전의 120년』, 서울: 연세의료원, 2005.

를 다수 이용하여 제중원-세브란스로 이어지는 역사, 즉 연세대학교의 초기 역사를 제대로 설명하고 있다고 볼 수 있다.

이렇게 보면 연세의 또 다른 중요한 부분인 연희의 초기 역사에 대해서 제대로 다룬 책이 발간된 적이 없다. 그런데 최근 미국의 선교본부에 소장되어 있는 자료를 토대로 연희의 설립 과정을 상세하게 다룬 최재건의 『언더우드의 대학설립』이 발간되었다.[3] 이 책은 이른바 '칼리지 퀘스천(College Question)'이라고 분류되어 있는 자료를 분석하여 미국 북장로회 내부에서 시도되었던 대학 설립이 여러 교파에 의한 연합대학 설립으로 확대되었고, 결국 연희전문학교가 설립되는 과정을 처음으로 상세하게 설명하여 연희의 역사를 이해하는 데 큰 도움을 주고 있다. 그런데 이 책에서는 연희의 기원을 1885년 7월 언더우드가 미국 선교본부의 허락을 얻어 시작한 '고아원'이라면서, 4월에 개원한 제중원과 시작 연도가 같음을 강조하였다. 이를 근거로 연세대학교는 구세학당에 다녔던 도산 안창호를 명예졸업생으로 추대하였다.

「머리말」에서 밝혔듯이 현재 세브란스 빌딩 수익금과 관련된 문제의 해결과 더불어 향후 소모적인 갈등을 막고 '진리를 추구하는 학문의 전당'으로서의 연세의 진정한 도약과 발전을 위해서는 합동 당시의 상황이나 세브란스와 연희의 설립 등에 관한 이해가 무척 중요하다. 더욱이 「사학법」 개정으로 재단 이사회의 구성에 변동이 생겼고, 최근 이사회에는 빌딩 수익금에 관계했던 사람이 남아 있지 않아 뾰족한 해결책을 제시하지 못하고 있으며, 의과대학 총동창회가 주장하는 바와 같이 '정관 규정에 어긋나게 의결된 내용'을 그대로 고집하고 있는 상황이다.

대한민국에 헌법이 있고, 기타 여러 법령이 있지만 정권이 바뀌었다고 제

---

[3] 최재건, 『언더우드의 대학설립』, 서울: 연세대학교 출판문화원, 2012.

멋대로 조문을 해석해서 결정을 한다면 이 사회가 제대로 유지될 리 없다. 대학도 마찬가지이다. 재단은 편견을 갖지 말고 규정, 즉 모든 일을 정관에 합당하게 처리해야 학교 운영에 혼란이 초래되지 않을 것이다. 특히 연세는 두 기관이 합동한 것인데, 합동의 한쪽 기관이 일방적으로 다른 쪽 기관과 관련된 사항을 표결을 통해 결정할 수 있겠는가?

저자는 현재 논란이 진행되고 있는 연세재단 세브란스 빌딩 수익금과 관련된 사안이, 아직도 연세의 역사, 특히 초기 역사 및 합동 과정 등에 관해 제대로 정리된 바가 없어서 이사회가 합동 정신을 이해하지 못하고 내린 결정이라고 생각하게 되었다. 이에 저자는 최근 미국과 캐나다의 여러 기관에 소장되어 있는 원자료를 이용하여 『연세대학교는 어떻게 탄생했는가』란 제목의 단행본을 내기로 하였다.[4] 이 책은 다음과 같은 6개의 장을 통해 세브란스의 시작, 여러 교파에 의한 교육의 시작, 연희의 시작, 합동 논의와 실현, 마지막으로 옛 세브란스 대지의 활용과 관련된 문제들을 살펴보려고 한다.

「1장 제중원 시기의 협동」에서는 연세대학교의 기원이 되는 제중원이 어떻게 설립되고, 의학교육이 시작되었으며, 선교부로 이관되었는가 하는 과정에 대해 다루었다. 특히 제중원의 설립이 조선 정부와 미국 북장로회의 합작, 즉 협동으로 출발했으며, 실제 진료에서도 감리회와 협동이 이루어졌다는 점을 살펴보았다. 그리고 1895년의 콜레라 방역이 연합의 시동이었다는 점에 주목하였다.

「2장 의학교육의 연합」에서는 에비슨의 연합병원 구상과 제중원의 세브란스 병원으로의 발전 과정에 대해 살펴보았다. 또한 에비슨에 의해 한국 최초의 의사 면허 취득자가 배출되고, 여러 교파가 연합으로 의학교육에 참여하면서

---

[4] 2016년 1월 연세대학교 의과대학 총동창회 중앙위원회를 위해 『연세합동의 역사적 고찰』이라는 제목으로 임시 출판한 바 있다.

세브란스 연합의학교가 탄생하고, 결국 연합의학전문학교로 승격되는 과정을 다루었다.

「3장 고등교육의 연합」에서는 연희전문학교 설립의 의미에 대해 다루었다. 이를 위해 여러 선교부의 교육 개시, 남녀 학생들에 대한 중등교육 등을 살펴보았다. 특히 언더우드의 고아원과 경신학교의 연관성을 구체적으로 살펴보았다. 또한 베어드에 의해 연합으로 시작된 평양의 숭실과 서울의 연합대학부를 다루어 한국에서의 대학교육의 시작 과정을 알아보았다. 이어 연합대학부와는 별개의 사안으로 정의된 조선기독교대학, 즉 연희전문학교의 설립에 대해 다루었다. 그리고 언더우드를 중심으로 한 서울지부 선교사들의 대학 설립 구상이 지지를 얻지 못하고, 결국 미국 감리회와 연합으로 서울의 연합기독교대학의 설립을 추진하고 개교하는 과정을 다루었다.

「4장 합동의 모색」에서는 세브란스와 연희의 발전을 간단하게 살펴보고, 특히 중심가에 위치하여 일제의 도로 건설 계획의 압박을 받던 세브란스의 현안에 대해 알아보았다. 그리고 에비슨이 추진했던 대학교 설립 그리고 에비슨의 은퇴로 촉발된 실제 합동의 모색에 대해 살펴보았다. 이 부분에서는 현재 우리가 생각하는 것과 동일한 점들이 도출되어 토의되었음을 알 수 있는 자료들을 제시하였다. 이어서 에비슨이 은퇴한 후 후임 교장들인 오긍선과 원한경 (Horace H. Underwood)에 의해 추진되었던 다양한 양교 합동의 계획을 살펴보았다.

「5장 한국전쟁과 합동의 실현」에서는 8·15 광복 이후 세브란스 의과대학과 연희대학교가 출범하고, 의예과의 위탁으로 시작된 연세합동의 시작에 대해 알아보았다. 이어 한국전쟁 이후 복구 과정에서 양교의 합동이 실현되는 과정을 상세하게 알아보았다. 특히 세브란스 동창회의 반대에 부닥쳐 재정권 및 자율권과 관련된 정관의 여러 규정, 이에 따라 조직된 의과대학위원회, 의료원위원회 등을 살펴보았다.

마지막으로 「6장 옛 세브란스 부지의 활용」에서는 1962년 의과대학 및 거의 대부분의 진료 부서가 신촌으로 이전한 후 옛 세브란스 부지의 활용에 대한 계획과 1966년의 옛 세브란스 부지 매각 미수 사건에 대해 알아보았고, 1970년 건축된 세브란스 빌딩 그리고 연세재단 세브란스 빌딩의 수익금 문제에 대해 알아보았다.

이렇게 연세가 탄생하게 된 배경과 과정에 대한 설명을 통해 세브란스 빌딩 수익금과 관련된 논란을 어떻게 해결하는 것이 합리적일까를 이 책을 읽는 독자들이 판단할 수 있도록 역사적 사실을 객관적으로 정리하는 데 최선을 다하였다.

연세에서 자란 저자는 소모적인 갈등이 계속되어 연세가 그동안 쌓아 왔던 '진리가 너희를 자유케 하리라'는 전통이 훼손되거나 향후 진정한 도약과 발전이 저해되지 않도록 빌딩 수익금에 관한 문제가 원만하게 해결되기를 기원한다.

1장

제중원 시기의 협동

1. 제중원의 설립과 최초의 의학교육

1) 알렌의 내한과 제중원의 설립

1885년 4월 개원한 한국 최초의 서양식 병원인 제중원(濟衆院)은 의료 선교사인 알렌(Horace N. Allen, 1858~1932)의 건의를 받아들인 고종의 후원으로 설립되었다. 알렌은 미국 북장로회 해외선교본부가 한국에 파송한 첫 선교사였지만, 당시 조선 정부가 선교사의 입국을 불허하고 있었으므로 대외적으로는 주한 미국공사관의 의사라는 신분으로 활동하였다. 제중원의 핵심인 의료는 알렌, 즉 미국 북장로회 해외선교본부가 담당하였다. 조선 정부는 제중원을 외아문 산하에 두어 운영비의 일부와 건물을 지원하고 문지기와 원무과 일을 맡은 하급 관리를 파견하였다.

알렌 및 이후 제중원의 의료 책임을 맡았던 의료 선교사들은 조선 정부가 고용한 의사가 아니었으므로 이들과 관련된 일은 미국공사관을 통해 외교적으로 해결하였다. 제중원은 조선 정부와 미국 북장로회 해외선교본부의 협동으로 운영되었다. 여기에서의 '협동'은 '합작'으로 이해할 수도 있을 것이다.

제중원의 설립은 조선 정부의 입장에서는 서양의학의 도입이라는 과제를 해결하는 것이었다. 미국 북장로회 해외선교본부의 입장에서는 알렌이 선교사 신분을 노출시키지 않고 한국에 정착했으며, 이후 파송될 선교사들의 거점(혹은 전초 기지)을 확보했다는 의미가 있었다. 제중원의 설립은 선교사의 입국이 허락되지 않았던 미국 개신교 해외선교본부에게도, 또 일본 등 기존 열강 등에 서양의학의 도입을 요청하기 곤란한 입장이었던 조선 정부 모두에게 만족스러운 결과였다.

조선의 근대화와 서양의학

1876년 2월 일본과의 국교 확대로 인천, 부산, 원산항이 개항되었고, 이 항구들에 일본인들이 거주할 수 있게 되자 일본은 이들을 보호한다는 명목하에 일본군을 파견하고 군대병원을 세웠다.

근대화가 어쩔 수 없는 시대 흐름이라는 사실을 깨달은 조선 정부는 1880년 외교와 통상을 담당할 통리기무아문을 신설했고, 수신사와 신사유람단을 일본에 파견하는 등 근대화에 나섰다. 하지만 지배층의 다수는 이런 개화정책에 호의적이지 않았다. 더불어 1882년 발생한 임오군란을 청나라의 도움으로 수습하면서 조선 정부는 독자적인 개화정책 추진이 어려워졌고 더 수구적으로 변해 갔다. 이에 김옥균 등의 급진 개화파들은 민씨정권이 더 이상 개화에 대한 의지가 없고, 청나라로부터 자주권을 되찾아 오지 않는 한 조선의 개화는 불가능하다고 느껴 기회를 엿보고 있었다.

서양의학 및 의료제도는 조선 정부가 개화정책을 추진하면서 가장 먼저 수용해야 하는 분야로 손꼽혔다. 1882년 올려진 「개화상소」에는 서양의 농상(農

商), 무기, 기기와 함께 의약을 채택하라는 내용이 들어 있었으며, "의약은 부강, 구제의 도(道)에 유익하며", "민산(民産)을 위해 본받아야 한다"라며 서양의학의 수용을 주장하였다. 1883년 창간된 『한성순보(漢城旬報)』는 보다 구체적으로 거의 1년 동안 서구 각국의 위생 및 의료제도를 소개하면서 서양의학의 수용과 의학교육의 도입을 적극 주장하였다. 대표적인 기사로 '각 항구에 마땅히 서의학당(西醫學堂)을 설립해야 한다는 논설', '우두의 내력에 대한 논설', '만국위생회 소개', '일본 군의(軍醫) 가이세 도시유키[海瀨敏行] 소개' 등이 있었다. 또한 의학교육과 부국강병의 과제를 직접 연결하여 군사 차원에서의 의학교육을 강조하였다

특히 조선의 외교에 깊이 관여했던 외아문의 협판인 묄렌도르프(Paul Georg von Möllendorf, 1847~1901)는 의학교 또는 서양식 병원의 건립을 조선 정부가 해야 할 사업 중 하나로 포함시켰다. 당시 외교라는 업무는 근대화 추진과 밀접한 관련이 있었다. 새로운 제도의 도입에는 이를 위한 물자 수입 및 전문가 초빙 등 필연적으로 상당한 이권이 따르게 마련이다. 각종 이권을 쟁취하기 위해 한반도 주변의 열강들이 각축을 벌이는 상황에서 조선 정부는 어느 나라에도 기댈 수 없는 곤경에 처해 있었다. 이런 가운데 1882년 5월 미국과의 수교를 시작으로 영국, 독일, 프랑스 등 유럽 국가들과의 수교가 이루어졌다.

미국 개신교의 해외 선교와 조선

미국의 해외 선교는 1810년 회중교회 해외선교본부에 의해 시작되었다. 이후 침례교, 미국성서공회, 감독파교회, 감리회, 장로회 등의 교파가 해외 선교에 나섰다.[1] 여러 교파 중 한국에서 가장 활발한 선교 활동을 벌였던 장로회

---

[1] Ross, J. S., "Modern Protestant Missions," *The Gospel in All Lands* 19(1), 1893, pp. 14~17.

와 감리회의 해외 선교 활동에 대해 살펴보자.

장로회는 1819년 시리아에서 해외 선교 활동을 시작했으며, 1831년 피츠버그 장로회에서 조직한 서부해외선교회(Western Foreign Missionary Society)가 1833년부터 아프리카, 아메리칸인디언을 상대로 본격적인 선교 사업을 시작하였다. 1837년의 해외선교본부 창설을 전후로 페르시아(1834), 인도(1834), 중국(1838), 멕시코(1839), 태국과 라오스(1840), 남아메리카(1856), 일본(1859), 한국(1884)에서 선교 활동을 벌였다.

감리회는 1819년 4월 선교회를 조직했고, 1833년 3월 첫 선교사를 아프리카 라이베리아로 파송하였다. 이후 남아메리카(1836), 중국(1846), 독일과 스위스(1849), 노르웨이와 스웨덴(1853), 불가리아(1857), 인도 및 말레이시아(1866), 덴마크(1867), 이탈리아(1871), 일본(1873), 멕시코(1873), 한국(1885) 등으로 선교 영역을 넓혔다.[2]

대원군의 천주교 탄압과 강력한 쇄국정책으로 선교사가 중국에 비해 대략 40년, 일본에 비해 대략 10년 늦게 들어왔는데, 미국의 해외 선교에서 '은자의 나라' 한국은 가장 늦게 선교지가 된 나라이다. 한국에 관한 정보는 중국과 일본에서 활동하던 선교사들을 통해 선교본부로 간간이 전해지는 상황이었다. 그런데 1876년 조선이 일본과 국교를 맺었다는 소식이 전해지며 미국의 개신교회들은 한국에 대한 선교 개시를 고려하기 시작하였다.

미국 개신교 해외 선교의 특징은 이교도들의 기독교에 대한 편견을 없애고 예수 그리스도가 행했던 치유의 기적을 보여 주기 위해 의료 선교를 적극 활용했다는 점이다. 이와 함께 학교를 설립해 교육함으로써 현지인들에게 보다 가까이 접근하려고 노력하였다.

현재의 연세대학교는 기독교 전래 과정에 앞세웠던 의료와 교육의 중심 기

---

[2] Baldwin, S. L., "The Methodist Episcopal Church and Missions," *The Gospel in All Lands* 19(11), 1893, pp. 518~520.

관이었던 세브란스와 연희가 합쳐져 탄생한 것으로, 한국에서 미국 개신교 해외 선교의 가장 전형적인 산물이라 평가할 수 있을 것이다.

그림 1-1. 알렌

알렌의 내한[3]

알렌은 1858년 미국 독립에 헌신하고 경제적으로 부유한 집안에서 태어났다. 하지만 부모의 지원 없이 대학을 졸업하는 등 독립심이 강하였다. 알렌은 1870년경 다니기 시작한 오하이오 주 델라웨어 (제일)장로교회의 혼(Abram D. Hawn, 1832~1912) 목사로부터 영향을 받아 의료 선교사로 해외 선교 사역에 나서기로 결심하였다. 그리하여 알렌은 1881년 오하이오 웨슬리언 대학교를 졸업한 후, 콜럼버스의 스탈링 의과대학에 이어 신시내티의 마이애미 의과대학을 졸업하여 1883년 3월에 의사가 되었다. 그는 3월 25일 미국 북장로회 해외선교본부로부터 중국 선교사로 임명되었고, 5월 7일 산둥 선교부의 지난푸[濟南府]가 임지로 정해졌다.

1883년 10월 상하이에 도착한 알렌은 배 멀미로 촉발된 부인 프랜시스(Frances Ann Messenger, 1859~1948)의 건강 문제 때문에 임지로 가지 못하고 따뜻한 난징에 머무르게 되었다. 당시 미국 북장로회 해외선교본부는 신임 선교사들에게 첫 1년 동안은 '언어 습득'이 가장 중요하다고 강조하고 있어서 알렌이 임지로 가지 못하는 것을 양해해 주었다. 다만 당장 구체적인 사역이 주어지지

---

3 박형우, 「알렌의 의료 선교사 지원과 내한 배경」, 『한국 기독교와 역사』 40, 2014, 191~218쪽.

않았다고 해서 돈을 받고 본격적인 진료에 나설 경우, 자칫 '선교사'로서의 초심을 잃을 수 있으므로 조심하라고 일러 주었다.

그런데 지난푸의 의료 선교사 헌터(Stephen Alexander Hunter, 1851~1923)가 사임하겠다던 입장을 번복하여 알렌은 자신의 장래를 걱정하지 않을 수 없게 되었다. 1884년 1월 7일 상하이로 거처를 옮긴 알렌은 그곳의 의사들과 친분이 두터웠는데, 특히 알렌의 아내 프랜시스를 진료했던 헨더슨(Edward Henderson)은 외국인 의사가 필요한 서울로 가서 '그 나라와 함께 성장해 보라'고 권유하였다.

조심성이 있었던 알렌은 6월 6일 한국 세관의 하스(Joseph Hass)에게 편지를 보내 외국인 의사가 한국에 필요한지 문의했고, 선교본부에 6월 9일자로 한국행을 허가해 줄 것을 요청하였다. 하지만 한국에 자신이 활동할 자리가 없음을 안 알렌은 한국행을 포기하는 내용의 편지를 선교본부로 보냈다. 그런데 얼마 지나지 않은 7월 20일경 선교본부의 총무 엘린우드(Frank F. Ellinwood, 1826~1908)로부터 한국으로 들어가라는 전보가 왔다. 그리고 9월 8일 열린 미국 북장로회의 해외선교본부 실행위원회는 '미국 북장로회 한국 선교부'의 설립을 의결하였다.

알렌은 '9월 6일 토요일' 상하이를 떠나 9월 20일 제물포에 상륙한 후 9월 22일 서울에 도착하였다. 이후 알렌이 상하이의 가족을 데리고 서울에 정착하자, 엘린우드는 "우리가 한국 땅에 첫 정주 선교사를 갖게 되었다"며 첫 선교사가 탄생했음을 알렸다.

당시 미국 북장로회 해외선교본부가 한국에서 알렌에게 기대했던 역할은 총무 미첼(Arthur Mitchell, 1835~1893)이 헤론(John W. Heron, 1856~1890)에게 보낸 편지에 잘 나타나 있다.

중국에 있는 의료 선교사 알렌이 공사관과 세관의 의사로 한국으로 가겠다고 요청하였습니다. 동료 선교사들의 조언에 따라 선교본부는 그가 즉시 한국으로 들어가도록 전보를 보냈습니다. 그는 공사관에서 일을 하지만 선교사의 신분으로 가는 것입니다. 따라서 한국에서의 첫 사업이 시작되었습니다. 현재 분명하게 말할 수는 없지만 내년 봄에 다른 의사를 한국으로 파송하는 것이 결코 불가능한 일은 아닐 것입니다. 알렌은 분명 병원 사업을 할 수 없을 것이고, 다른 사람의 도움 없이 여러 공사관에서 의사로 활동하고 외국인들을 대상으로 의료 선교사로서 일을 할 것입니다.[4]

알렌은 조선에 거주하는 최초이자 유일한 서양인 의사로 크게 환영받았으며, 9월 23일 미국공사 푸트에 의해 미국공사관의 무급의사로 임명되어 선교사의 신분을 감추고 활동할 수 있게 되었다.[5]

한국에 정착한 알렌은 한국어로 말할 수 있을 때까지 일반인 진료는 자제하기로 하였다. 하지만 '서양 의사'에게 진료를 받으러 오는 사람이 많아지자 급한 대로 가격이 저렴한 일본 의약품을 주문하여 사용하였다. 알렌은 조선인에게는 현찰로 5,000푼, 외국인에게는 5달러의 진료비를 받았는데, 애초의 약속대로 이 돈은 모두 선교부의 수입으로 처리되었다.

제중원의 설립[6]

한국 최초의 서양식 병원인 제중원의 설립은 한국 근대사에서 큰 전기가 되는 갑신정변과 밀접한 관련이 있다. 민씨정권의 느린 행보를 일거에 뒤집어 근대화를 촉진하기 위해 김옥균 등의 급진 개화파는 1884년 12월 4일 개최된

---

[4] Arthur Mitchell (Sec., PCUSA), Letter to John W. Heron (Jonesboro, Tenn.), (July 23rd, 1884).
[5] 선교본부의 총무 엘린우드는 알렌의 파송과 미국 북장로회의 계획을 알리는 편지를 푸트 공사에게 보냈다. 늙고 외로웠던 푸트는 젊은 의사를 자기 곁에 두기 위해 알렌을 특별한 절차가 필요 없는 공사관의 '무급의사'로 임명하였다. Frank F. Ellinwood (Sec., PCUSA), Letter to Horace N. Allen (Shanghai), (Sept. 8th, 1884).
[6] 박형우, 『조선 최초의 근대식 병원, 제중원』, 파주: 21세기북스, 2010.

우정국 낙성식 축하연을 계기로 정변을 일으켰다.

이 와중에 민비의 친척인 민영익(閔泳翊)이 칼에 찔려 7군데에 상처를 입고 사경을 헤맸다. 한의사가 열세 명이나 모여 민영익을 치료하려고 애썼으나 지혈도 하지 못하는 등 어찌할 바를 모르고 있었다. 이에 묄렌도르프가 나서서 알렌에게 치료를 맡겼다.

알렌은 우선 자상을 깨끗이 소독하였다.[7] 그리고 출혈이 계속되는 머리 부위는 명주실로 봉합했고, 다른 부위의 상처는 스펀지로 감싼 후 붕대로 감아 더 이상의 출혈을 막았다. 결국 모두 27군데를 꿰맸고, 한 군데는 혈관을 경색시켜 잡아매고 심을 넣어 반창고를 붙였다. 이것은 조선에서 행해지던 어떤 한방 치료와도 구별되는, 즉 전혀 다른 형태의 의술이었다.[8] 3개월 정도 알렌의 치료를 받은 민영익은 보기 흉한 흉터가 남기는 했지만 완치되었다.

알렌이 민영익의 생명을 구하고, 완치시킨 일은 조선 정부가 서양의학의 도입에 더욱 적극적으로 나설 수 있는 계기를 마련해 주었다고 할 수 있다. 알렌으로서도 갑신정변 와중에 서울을 지킨 데다가 민영익을 완쾌시킴으로써 조선에서 뚜렷한 입지를 확보할 수 있었다. 왕실과 가까워진 알렌은 기회를 놓

---

[7] 알렌은 당시 서양의학의 상징 중 하나인 소독 및 세균에 대한 최신 지식을 갖추고 있었다. 마이애미 의과대학에서 알렌을 지도했던 맥도웰(John O. McDowell, 1849~1890)은 세균의 정체가 밝혀지고 있던 1878년 2월 5일 대중에게 「질병의 발생원(Disease Germs)」이란 제목의 강연을 했는데, 알렌도 이런 정도의 개념은 갖고 있었을 것으로 생각된다. 이날 강연의 요점은 다음과 같다. "전염병을 일으키는 원인 중 하나인 미세한 발생원이 인체의 계통으로 들어가 적절한 환경에 있게 되면 성장하여 특정 질환을 일으킨다. 그리고 장티푸스의 발생원은 성홍열의 발생원과 다르고, 천연두의 발생원은 결코 홍역을 일으키지 않는다. 이 발생원은 성장을 위해 필요한 특정 조건하에 있지 않으면 절대 성장할 수 없는데, 수정되지 않으면 난자가 성장할 수 없듯이 어떤 사람은 병에 걸리고 어떤 사람은 안 걸리는 이유가 바로 이러한 조건이 사람마다 다르기 때문이다." 현재 우리가 알고 있는 사실과 다소 다르기는 하지만, 맥도웰은 병원균과 면역에 대해 상당한 최신 지식을 갖추고 있었다. *The College Transcript* 12(9), Feb. 9th, 1878, p. 9.

[8] 한국의 첫 서양식 병원의 개원 준비로 바쁜 와중에도 알렌은 민영익과 청나라 군인들에 대한 치료 경험과 자신이 목격한 한국의 위생 상태를 논문으로 발표하였다. 이 논문은 한국에서 한국인을 대상으로 발표한 첫 서양의학 논문이다. 이 논문에서 알렌은 자신의 소속을 '미국공사관 의사, 장로회 선교부 및 제중원 책임자'로 밝혔다. Horace N. Allen, "Surgery in the Hermit Kingdom," *The Medical Record* 27, June 13th, 1885, pp. 671~672.

그림 1-2. 제중원(재동)

치지 않고 조선 정부에 서양식 병원의 설립을 요청하였다.

　알렌은 자신이 작성한 병원설립안에서 "이곳은 젊은이들에게 서양의학과 보건학을 가르치는 기관이 될 것입니다"라며, 자신이 설립을 제안하는 병원은 단순히 병든 사람을 치료하는 곳이 아니라 의학교육의 장으로 쓸 것을 염두에 두고 있음을 분명히 하였다.

　미국공사관 대리공사 폴크(George C. Foulk, 1856~1893)의 서신과 알렌의 병원설립안은 1885년 1월 27일 민영익을 통해 외아문 독판 앞으로 보내졌다. 이후 병원 건립은 급속도로 진행되어 2월 16일 병원 설립을 준비할 사람으로 김윤식(金允植)이 임명되었고, 2월 18일에는 갑신정변에 참여했던 고(故) 홍영식(洪英植)의 재동 집이 병원 건물로 선정되었다. 외아문은 4월 3일 "오늘부터 재동의 병원에서 알렌을 맞이하고 학도와 의약의 여러 도구도 함께 갖추고 치료를 시작한다"고 사문과 종각에 게시하였다.

　결국 제중원은 1885년 4월 10일 공식적으로 '아무런 의식 없이' 개원했고,

공식적인 축하연은 8월 9일에 열렸다.

2) 다른 선교사들의 내한

미국 북장로회

해외선교본부는 알렌의 한국행을 허락하며, 곧 파송될 목회 선교사 언더우드(Horace G. Underwood, 1859~1916)의 역할에 대해 다음과 같이 언급하였다.

> 그(언더우드)는 (1884년) 12월 이전에 파송되지 않을 것이며, 귀하(알렌)가 의사로서 자리를 확보하기 전까지 한국 외부(일본)에서 언어를 배우다가 귀하에게 합류할 것으로 예상하고 있습니다. 그는 정부가 허가하는 대로 ○○○ 것입니다. 그는 학교를 열 때까지 귀하를 도울 것입니다. 그는 아마도 한동안 복음 전도의 허락을 받지 못할 것입니다.[9]

언더우드는 1884년 12월 말경 미국 샌프란시스코를 떠나 1885년 1월 25일 일본 요코하마에 도착하였다.[10] 그런데 언더우드가 요코하마에 도착하기 전에 알렌은 이미 '언더우드가 바로, 아니면 최대한 빨리 한국으로 올 것'을 부탁하는 내용의 편지를 의료 선교사 헵번(James C. Hepburn, 1815~1911)에게 보냈다. 이로 미루어 보아 알렌은 병원 설립을 추진하면서 자신이 미국공사관의 의사이고, 왕실과도 친분이 생겼으며, 무엇보다 자신의 거처가 서울에 확보되었으므로 언더우드가 내한해도 현재 추진 중인 병원에서 자신을 도우며 선교사 신분이 노출되지만 않는다면 별문제가 없다고 판단했음에 틀림없다. 알아보니 가

---

[9] Frank F. Ellinwood (Sec., PCUSA), Letter to Horace N. Allen (Shanghai), (Sept. 8th, 1884).
[10] Horace G. Underwood (Yokohama), Letter to Frank F. Ellinwood (Sec., PCUSA), (Jan. 26th, 1885).

장 빠른 배편이 1월 26일이어서 시간
이 너무 촉박하여 언더우드는 다음 배
편이 있는 3월 26일 요코하마를 출발
하여 제중원 개원을 며칠 앞둔 4월 5일
제물포에 도착하였다.[11]

한편 갑신정변이 발발한 이후 민영
익의 치료 등으로 분주하게 보내던 알
렌은 1885년 2월 4일자로 선교본부에
편지를 보내 자신이 병원설립안을 제
출했으며, 병원이 곧 개원할 것임을 알
렸다.[12] 알렌은 병원설립안에서 의사를
더 구할 것을 제안하였다.

그림 1-3. 언더우드

(중략) 이 제안을 수락하신다면 여기에서 일할 다른 미국인 의사를 6개월
내에 구할 것입니다. 우리는 보수를 받지 않고 함께 일할 것을 약속드립니다.
우리의 생활비는 미국에 있는 자선단체에서 지원받을 것입니다. 현재 이 단체
는 베이징, 톈진, 상하이, 광둥과 다른 중국 도시들의 병원에 지원하고 있습니
다. 그중 두 곳은 리훙장[李鴻章]이 재정 지원을 하는 곳입니다. (중략)[13]

알렌이 다른 미국인 의사를 구할 것이라는 제안은 선교본부의 허락을 받은
사안이 아니었다. 병원 설립을 두고 묄렌도르프와 논의하던 중에, 그가 의사 한

---

[11] *Dr. Allen's Diary No. 1 (1883~1886)*, Apr. 6th, 1885.
[12] 당시 한국에서 미국으로 편지가 배달되는 데에는 대략 1개월이 소요되었으므로, 엘린우드는 3월 초에 이 편
지를 받았을 것이다. Horace N. Allen (Seoul), Letter to Frank F. Ellinwood (Sec., PCUSA), (Feb. 4th, 1885).
[13] 『美案』, 문서번호 158, 「美醫 安連의 病院設置提議에 대한 推薦」, 1885년 1월 27일(고종 21년 12월 12일).

명이 더 있으면 의학교를 시작할 수 있다고 암시했기 때문이다.[14] 1884년 4월 28일 한국 파송 첫 선교사로 임명되었던 헤론(John W. Heron, 1856~1890)은 9월 알렌이 한국으로 이적되면서, 뉴욕 대학교에 편입하여 의학교육을 받고 뉴욕의 블랙웰 아일랜드 구호병원에서 부의사로 일하고 있었다.

미국 북장로회 해외선교본부가 언제 제중원의 설립과 알렌의 의료 선교사 추가 요청을 알게 되었는지는 확실하지 않다. 하지만 선교본부는 1885년 1월 26일 헤론의 약혼녀 해리엣(Harriett E. Gibson, 1860~1908)을 한국 선교사로 임명하였다. 그리고 2월 2일 개최된 선교본부 실행위원회는 헤론을 한국으로 파송하기로 결정하였다. 헤론은 4월 23일 해리엣과 결혼하고, 5월 9일 샌프란시스코를 출발하여 일본에 잠시 머물다가 6월 20일 제물포에 도착하였다. 선교사로 임명된 지 1년이 넘어 선교지에 도착한 것이다.

미국 북감리회

앞에 언급한 언더우드와 헤론은 모두 알렌과 같은 미국 북장로회 소속이다. 그런데 언더우드가 내한할 때 미국 북감리회 소속 선교사인 아펜젤러 부부가 동반하였다.

일본에서 활동 중이던 미국 북감리회 소속의 매클레이(Robert S. Maclay, 1824~1907)는 김옥균과의 친분으로 1884년 6월 24일 개신교 선교사로서는 처음으로 합법적으로 내한한 바 있다. 그는 김옥균을 통해 고종에게 '교육과 의료 사업을 허가해 달라'는 내용의 청원서를 올렸고, 7월 3일 고종은 '미국인들이 병원과 학교 사업을 시작할 수 있다'고 허락하였다. 김옥균도 적극 돕겠다고 했지만 부동산의 매수나 매매 허가를 얻지 못하여 매클레이는 푸트(Lucius H.

---

[14] Horace N. Allen (Seoul), Letter to Frank F. Ellinwood (Sec., PCUSA), (Feb. 4th, 1885).

Foote, 1826~1913) 공사에게 공사관 근처의 조그만 땅을 사달라고 부탁하고는 7월 8일 서울을 떠나 일본으로 돌아갔다.

이후 미국 북감리회는 1884년 10월경 의사 스크랜턴(William B. Scranton, 1856~1922) 부부와 어머니 메리(Mary F. Scranton, 1832~1909), 아펜젤러 부부를 한국 선교사로 임명했고, 이들은 1885년 2월 3일 미국 샌프란시스코를 떠나 27일 일본에 도착하였다. 감리교회의 파울러(Charles H. Fowler, 1837~1908) 감독은 3월 31일 한국 선교부를 조직하여, 관리 책임자에 매클레이, 현지 책임자에 아펜젤러, 회계에 스크랜턴을 임명하였다.

그사이 장로회 선교사 알렌이 서울에 정착했고, 언더우드가 3월 26일 요코하마를 출발한다고 하자 같은 배편으로 감리회 선교사를 한국으로 보내기로 하였다. 이를 위해 매클레이는 대리공사 폴크에게 편지를 보내 몇 가지를 요청했는데, 소통에 다소 문제가 있었던 것 같다. 알렌이 선교본부로 보낸 1885년 4월 3일자 편지에서 이를 확인할 수 있다.

> (중략) 조선으로 들어갈 여러 명의 선교사가 있으며, 폴크 씨가 그들을 영접하고 병원과 선교부를 설립할 부지를 구입해 줄 것을 희망하였습니다. 폴크 씨는 지금 (감리회) 선교사들이 한국에 오면 (갓 개원하려는) 병원을 죽일 것인데, 왜 그들을 (미국)공사관에서 영접해 달라고 요청하는지 이해할 수 없다고 말하였습니다. 그는 (내한할) 선교사들과 어떠한 관계도 맺을 수 없으며 지금 그들이 내한하여 경쟁 병원을 시작하면 이제 막 시작된 일을 망칠 것이라고 편지를 보낼 것입니다. 그는 언더우드 씨가 제 손님으로, 그리고 조수로 오는 것에 찬성하고, 새로운 의사는 어느 때라도 올 수 있다고 말합니다. (중략)[15]

---

[15] Horace N. Allen (Seoul), Letter to Frank F. Ellinwood (Sec., PCUSA), (Apr. 3rd, 1885).

폴크로부터 편지를 받았는지 매클레이는 우선 아펜젤러 부부만 한국으로 보내고 스크랜턴 부부와 메리는 일본에 남아 언어 습득에 전념하도록 하였다.

> (중략) 매클레이 박사는 선교사들이 나누어 한국에 입국하여 한꺼번에 갈 경우 초래될지도 모르는 의심을 피하자고 제안하였다. 스크랜턴 부인은 6월까지 요코하마에 남아 언어 습득과 장래 사역을 준비하면서 바쁘게 보냈다. (중략)[16]

제물포에 도착한 아펜젤러와 임신 중인 부인은 서울로 향하지 못하고 일본인 집에 머물렀다. 서울의 알렌 숙소는 여유가 없었고, 폴크도 그들을 접대하지 않겠다고 선언한 상태였으며, 서울의 분위기가 외국인에게 호의적이지 않다며 그들의 입경을 만류하는 상황이었기 때문이다. 결국 아펜젤러 부부는 4월 하순 일본으로 돌아갔다.

아펜젤러에 이어 스크랜턴이 1885년 5월 3일 혼자 한국으로 왔다. 스크랜턴이 서울 제중원에서 알렌을 도우며 별 위험이 없다고 판단되자 일본에 머물던 아펜젤러 부부와 스크랜턴의 나머지 가족이 6월 20일 한국으로 왔다. 스크랜턴 가족은 스크랜턴과 함께 바로 서울로 들어왔고, 아펜젤러 부부는 제물포에 머물다가 7월 29일 서울로 들어왔다.

3) 제중원에서의 진료와 협동

제중원을 찾는 환자는 다양하였다. 전국에서 환자들이 몰려들었는데 거지나 나병 환자뿐 아니라 궁중의 높은 양반들도 찾아왔고, 왕진 요청도 많았다. 특히 성인 여성 환자가 800여 명에 이르렀다. 이는 당시 신분과 남녀 사이의

---

[16] *Sixteenth Annual Report of the Woman's Foreign Missionary Society of the Methodist Episcopal Church, for the Year 1885*, p. 47.

차별이 엄존하던 한국의 봉건적 관습을 깨뜨리는 파격적인 사건이었다. 모든 계층의 사람들이 치료를 받았으므로 선교사들은 "제중원의 환자 진료가 아주 민주적이다"라고 자평하였다.

장마 이전에는 매일 60~100명의 환자를 진료해 첫 6개월 동안 7,234명을 진료했고, 1년 동안에는 1만 460명의 환자를 진료하였다. 1년 동안의 입원 환자는 265명이었다. 제중원의 특징 중 하나는 외과술이었다. 입원 환자 중 130여 명이 외과수술을 받았고, 그중에는 괴사병 환자의 대퇴골 절제수술이나 척추골 수술 및 백내장 수술처럼 규모가 꽤 큰 치료도 포함되어 있었다. 이외 외래에서 400여 명이 외과적인 처치를 받았다. 이 모든 치료는 보조 인력이 반드시 필요한 것이었다. 이외에도 왕가, 외국 공사관, 외국인 진료 등 알렌이 혼자 처리하기에는 일이 너무 많았다.

이를 예견했는지 알렌은 서양식 병원의 건립이 추진되던 1885년 2월 5일 선교본부에 의료 조수 두 명의 연봉으로 150달러를 청구한 바 있다.[17] 병원을 개원하고 환자들이 몰려들자 알렌은 한국인 의료 조수를 뽑아 수술을 돕는 것은 물론 약을 조제하는 데 도움을 받았다.[18] 이와 함께 알렌은 보다 원활한 진료를 위해 넓은 공간이 필요했고 조선 정부의 협조로 1887년 초 재동의 병원 대지보다 2~5배 정도 더 넓은 구리개(을지로입구 일대의 옛 지명)로 이전하였다.[19]

언더우드

한국인 의료 조수 외에 병원 개원 직전 한국에 온 언더우드가 알렌을 도왔다. 알렌이 혼자 진료하던 한 달 이상 언더우드는 그를 도와 처방전에 따라 약

---

[17] Horace N. Allen (Seoul), Letter to Frank F. Ellinwood (Sec., PCUSA), (Feb. 4th, 1885).

[18] 헤론이 내한한 이후, 의료 조수 한 명은 특히 빠르게 일을 배워 다른 사람의 도움 없이 약을 조제할 수 있게 되었다. Horace G. Underwood (Seoul), Letter to Frank F. Ellinwood (Sec., PCUSA), (Aug. 31st, 1885).

[19] 박형우·이경록·왕현종, 「재동 제중원의 규모와 확대 과정」, 『의사학』 9, 2000, 29~53쪽.

그림 1-4. 제중원(구리개)

을 지었고, (알렌이 왕진을 나간) 어떤 날에는 진료실을 맡기도 했다고 한다.[20] 알렌은 언더우드에 대해 "원두우 목사가 오셔서 조의사가 되시고… 내가 병인들을 몽혼(朦昏)시킬 때가 되면 와서 도와주었더니"라고 언급한 바 있다.[21]

하지만 스크랜턴이 잠시 알렌을 돕고, 헤론이 한국에 오자 언더우드는 더 이상 제중원에서 진료를 돕지 않게 되었다.

---

[20] 언더우드는 1년 이상 의학을 공부했다고 한다. 그런데 후에 언더우드의 부인이 된 여의사 호튼은 '언더우드는 수술실에서 피를 보고 두 번이나 실신하여 어쩔 수 없이 시약소와 내과에서만 일하였다'고 기록하였다. Horace G. Underwood (Seoul), Letter to Frank F. Ellinwood, (Jan. 28th, 1889); Lillias H. Underwood, *Underwood of Korea.* New York; Fleming H. Revell Company, 1918, p. 44.

[21] 호러스 N. 알렌, 「세브란스 병원 정초식 기념사」, 1902년 11월 27일.

스크랜턴 - 최초의 협동

그러던 중 5월 3일 일본에 머물던 스크랜턴이 제물포에 도착하였다. 마침 왕진 차 제물포에 와 있던 알렌은 다음 날 스크랜턴을 만났고, 그에게 제중원에서 자신을 도와 함께 진료해 줄 것을 요청하였다. 제중원을 둘러본 스크랜턴은 ① 알렌이 너무나 큰 짐을 지고 있어 도움이 필요하고, ② 정부가 관여되어 있지만 업무가 후에 이곳에서 행할 선교 사역과 매우 밀접한 관련이 있으며, ③ 자신을 한국인들에게 유용한 사람으로 소개할 수 있는 좋은 기회라고 여겨 이를 수락하였다.[22]

이에 알렌은 5월 7일 외아문 독판 김윤식에게 앞으로 2개월 후에 미국인 의사 한 사람이 조선에 도착할 예정인데, 마침 제물포에 와 있는 다른 한 미국인 의사가 제중원에서 함께 일하고 싶어 한다는 내용의 공문을 보냈다.[23] 이에 대해 김윤식은 5월 13일 미국 대리공사 폴크에게 스크랜턴이 제중원에서 알렌과 함께 진료하는 것을 허락한다는 공문을 보냈다.[24] 폴크는 5월 17일 '현재 제물포에 머물러 있는 스크랜턴이 4~5일 내로 서울에 도착하면 제중원에서 일하게 될 것'이라고 통보하였다.[25]

하지만 스크랜턴은 열흘이 지나도 서울로 오지 않았다. 스크랜턴은 자신이 서울로 가지 않은 이유로 ① 가족들과 함께 있고 싶고, ② 가족들을 서울로 데려가는 것이 두려우며, ③ 이 병원(제중원)이 선교 병원으로 충분치 않고 자신은 돈이 있으니까 자신의 병원을 개원하는 것이 더 낫다고 생각했다는 점을 들었다.[26]

이에 화가 난 폴크는 "이는 배신 행위이며, 미국의 이권 수호를 위해 용납

[22] William B. Scranton (Seoul), Letter to John M. Reid, (June 1st, 1885).

[23] 『美案』, 문서번호 182, 「濟衆院 醫師의 增雇 要請과 適格者 推薦」, 1885년 5월 7일(고종 22년 3월 23일).

[24] 『美案』, 문서번호 186, 「濟衆院 醫士 增雇 承認」, 1885년 5월 13일(고종 22년 3월 29일).

[25] 『美案』, 문서번호 187, 「同上回答」, 1885년 5월 17일(고종 22년 4월 3일).

[26] Horace N. Allen, Letter to Frank F. Ellinwood (Sec. PCUSA), (July 4th, 1885).

할 수 없는 처사이다"라고 선언하였다. 스크랜턴은 하는 수 없이 서울로 올라
오긴 했지만 병원 일에 적극적으로 나서지는 않았다.[27] 결국 스크랜턴은 헤론
이 한국에 온 직후인 6월 24일까지 제중원에서 일하였다. 알렌은 스크랜턴이
자신이 기대한 것과는 전혀 다른 사람으로 판명되었고, 병원에서 관리들 앞에
서 자신의 체면을 깎으려 했으며, 자신과 공사관 사이를 이간질했다고 혹평하
였다. 거기에다가 헤론이 도착하기 직전에 왕이 보내 준 두 필의 조랑말 중에
한 필은 자신의 소유라고 스크랜턴이 주장하면서 갈등이 심해졌고, 결국 폴크
의 중재로 스크랜턴이 제중원을 떠나게 되었다.[28]

스크랜턴은 제중원에서 하루에 40~70명의 환자를 보았고, 주로 환자 마취
를 도왔다고 알려져 있으며, 265명의 입원 환자 중 〈표 1-1〉과 같이 4명의 환
자를 진료하며 수술을 집도하였다.[29]

표 1-1. 스크랜턴의 진료 사례

번호	나이	성별	질병	처치	담당[30]	입원 일수	결과
11	60	남	중족골 괴사	제거술	S.	38	양호
37	12	남	하마종	천자술	A. S.	3	완치
46	30	남	요추부 농양	배농술	S.	19	양호
50	18	남	포경	포경수술	S.	21	완치

불과 한 달 남짓 일했고, 알렌과의 의견 차이로 결별했지만, 감리회 소속의
스크랜턴이 장로회 소속의 알렌이 책임지고 있던 제중원에서 일한 것은 한국 기

---

[27] *Dr. Allen's Diary No. 1 (1883~1886)*, May 29th, 1885.

[28] Horace N. Allen (Seoul), Letter to Frank F. Ellinwood (Sec. PCUSA), (July 4th, 1885).

[29] 미국 북감리회 해외선교본부의 연례보고서에는 스크랜턴이 5월 22일부터 제중원에서 일하기 시작했다고
기록되어 있다. *Sixty-Eighth Annual Report of the Missionary Society of the Methodist Episcopal Church for the Year
1886*, Jan., 1887, p. 268; 박형우·여인석, 「제중원 일차년도 보고서」, 『연세의사학』 3(1), 1999, 1~43쪽.

[30] 'S'는 스크랜턴, 'A'는 알렌을 의미한다.

독교사에서 처음으로 교파 간 협동을 했던 중요한 사건이라고 평가할 수 있다.

스크랜턴은 1885년 9월 10일 정동의 자기 집에서 진료를 시작하였다.

부녀과의 신설

알렌과 헤론이 제중원에서 진료하면서 겪은 어려움 중 하나는 여성의 진료였다. 당시 한국 여성들은 외간 남자, 그것도 외국인에게 자신의 몸을 보여 주려 하지 않았고, 지체 높은 집의 부인이 진료를 받으러 오면 병원 마당에 있는 사람들을 모두 내보내고 아무도 보는 사람이 없는 상태에서 진료해야 했기 때문이다. 이 문제를 해결하기 위해 여러 명의 기녀를 뽑기도 하였다.

알렌은 일찍부터 "여성을 위한 병원이 필요하며 조만간 설치해야 한다"라며 1885년 10월경부터 선교본부에 부녀과 설치를 요청하였다.[31] 그 필요성을 인정한 미국 북장로회 선교본부는 1886년 7월 4일 애니 엘러스(Annie J. Ellers, 1860~1938)를 파송해 제중원에 부녀과가 신설되었다. 부녀과의 운영에 필요한 경비는 조선 정부가 부담했으며, 제중원 근처에 여병원이 새로 마련되었다.[32] 엘러스는 1887년 7월 벙커(Dalziel A. Bunker, 1853~1932) 선교사와 결혼했고, 후임자가 올 때까지 부녀과를 맡았다.

엘러스에 이어 릴리어스 호튼(Lillias S. Horton, 1851~1921)이 1888년 3월 27일 한국에 와서 부녀과를 맡았으며, 민비의 시의가 되었다. 호튼은 1889년 3월 14일 언더우드와 결혼한 후 건강이 극도로 나빠져 미국으로 떠난 1891년 3월까지 부녀과에서 일하였다.

---

[31] Horace N. Allen (Seoul), Letter to Frank F. Ellinwood (Sec. PCUSA), (Oct. 8th, 1885).

[32] 제중원과 외아문 사이의 큰 건물인 것으로 보인다. 그 건물은 원래 데니 판사를 위해 준비한 것이었다. H. N. Allen, "Dr. H. N. Allen's Report on the Health of Seoul for the Year 1886," *Medical Reports, for the Half-Year ended 31st March 1887*, 33rd Issue, Shanghai, The Inspector General of Customs, 1887; Horace N. Allen (Seoul), Letter to Frank F. Ellinwood (Sec. PCUSA), (Apr. 20th, 1886),

4) 제중원의학교의 개교[33]

제중원이 개원한 이후 밀려드는 한국인 환자뿐 아니라 왕실, 외국 공관 및 외국인 진료로 알렌은 눈코 뜰 새 없이 바빠 자신이 제안했던 의학교육을 시작할 엄두조차 내지 못하였다. 하지만 헤론이 합류하자 다소 여유가 생겼고, 알렌이 중국에서 1년 동안 체류하면서 상당한 수준의 한자를 배워서 통역 없이도 환자 진료를 꽤 잘하는 정도로 한국어를 했지만 그 이상은 아니었던 데 비해, 언더우드는 한국어를 상당히 유창하게 구사하였다. 이에 알렌은 자신감을 얻어 의학교육을 위한 일련의 조치를 취하였다. 알렌은 제중원 설립에서와 마찬가지로 의학교육을 주도하였다.[34]

당초 알렌이 설립하려던 것은 영어뿐만 아니라 모든 과목을 가르치는 대학교였다. 하지만 미국 대리공사 폴크는 미국인 교수들이 아직 도착하지 않았다는 이유로 반대했고, 결국 대학교 대신 제중원과 연관된 의학교 설립이 추진되었다. 알렌의 통역관으로부터 이 소식을 전해 들은 고종은 폴크에게 제중원에 인접한 땅 약 250평을 구입해 주면서 의학교 설립을 적극적으로 추진해 줄 것을 요청했고, 화학, 해부학 등에 필요한 기구 구입비로 250달러를 미리 지급하였다. 결국 1886년 3월 29일 제중원의학교가 16명의 학생으로 개교하였다. 당시 헤론은 기초과학을 포함해 의학의 모든 과정을 마치는 데 3~5년 정도가 필요할 것으로 예상하였다.[35]

개교 당시 교수진으로는 알렌, 헤론, 언더우드가 있었으며, 1887년 알렌

---

[33] 박형우, 『한국 근대 서양의학교육사』, 서울: 청년의사, 2008.

[34] 의학교의 설립 추진은 알렌이 헤론이나 언더우드와 상의 없이 독단적으로 추진하였다. 언더우드의 경우, 의학교가 개교하기 며칠 전에 알렌으로부터 강의를 요청받은 상황이었으며, 이에 대해 헤론과 언더우드는 큰 불만을 토로하였다. *Dr. Allen's Diary No. 1 (1883~1886)*, Dec. 1st, 1884: *Dr. Allen's Diary No. 1 (1883~1886)*, Mar. 29th, 1885.

[35] John W. Heron (Seoul), Letter to Frank F. Ellinwood (Sec. PCUSA), (Apr. 8th, 1886).

이 떠난 후 1888년 헐버트(Homer B. Hulbert, 1863~1949)와 기포드(Daniel L. Gifford, 1861~1900)가 참여하였다. 특히 언더우드는 뉴욕 대학교에서 삼각법, 분석기하학, 자연철학, 지질학, 식물학, 분석화학 등 이과(理科) 방면의 과목을 이수했기에, 지금으로 치면 일종의 예과 과정을 담당하였다.[36] 언더우드가 제중원의학교에서 정확히 어떤 과목을 강의했는지는 자료에 따라 조금씩 차이가 있다.

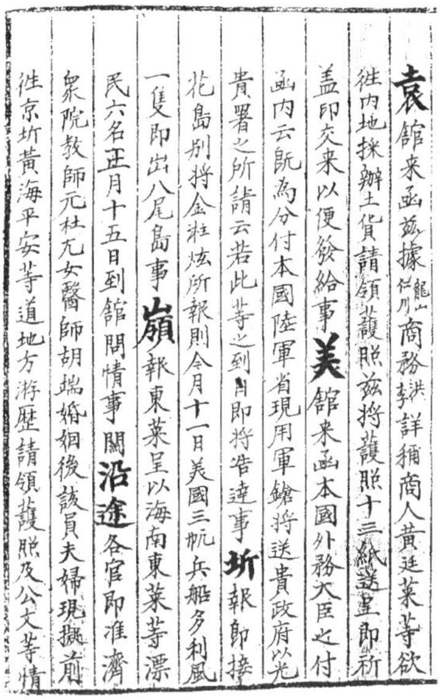

袁館來函玆據龍山仁川商務李洪詳稱商人黃廷萊等欲
往內地採辦土貨請領護照玆將護照十三紙送呈卽祈
蓋印交來以便發給事 美館來函本國外務大臣之付
函內云旣爲分付本國陸軍省現用軍鎗將送貴政府光
貴署之所請云若此等之到月卽將告達事 圻報卽接
花島別將金柱炫所報則今月十一日美國三帆兵船多利風
一隻卽出八尾島事 嶺報東萊呈以海南東萊等漂
民六名正月十五日到館問情事關 沿途各官卽准濟
衆院敎師元杜尤女醫師胡瑞婚姻後該員夫婦現擬前
往京圻黃海平安等道地方游歷請領護照及公文等情

그림 1-5. 언더우드를 제중원 교사로 표현한 조선 정부의 문서. 『統署日記』, 奎17836, 1889년 3월 13일(고종 26년 2월 12일).

조선 정부의 문서는 1889년에 들어 언더우드의 명칭을 '교사'로 칭하고 있다. 이 때문에 언더우드가 '교사' 자격으로 내한했다고 적은 글들이 있다. 물론 선교본부에서 언더우드에게 부여한 임무는 알렌을 돕고 있다가 가능한 한 빨리 학교를 세워 선교의 기반을 다지라는 것이었다. 그렇다고 해도 선교사로서의 신분을 숨기고 있는 상태에서, 최소한 제중원에서 의학교육이 시작되기 전에 조선 정부가 그를 교사로 인식했을 리 없다. 1889년 언더우드가 '교사'라고 불린 것은 헤론과 언더우드가 1888년 9월 8일 조선 정부에 대해 학교 설립을 허가해 줄 것을 요청한 적이 있기 때문이라 생각된다.[37]

1887년 9월 알렌은 고종의 요청으로 주미 한국공사관의 개설을 위해 미국

[36] *Matriculation Book, 1853~1893*, Vol. 2, New York University.

[37] 9월 8일 이후 몇 번에 걸쳐 『통서일기』의 기사에서 언더우드를 '교사'로 칭하였다. 『美案』, 문서번호 570, 「惠論 및 元杜尤 學堂 設立의 申請 准許 要請」, 1888년 9월 8일(고종 25년 8월 3일); 『統署日記』, 1889년 3월 13일(고종 26년 2월 12일); 『統署日記』, 1889년 7월 2일(고종 26년 6월 5일).

으로 돌아갔다. 이후 제중원의학교는 영어 학교로 성격이 변한 채 1890년 7월 헤론이 이질에 걸려 타계할 때까지 영어 교육이 지속되었다고 알려져 있다.[38] 그리고 그때까지 의학교에서 교육을 받은 학생 중 의사가 된 사람은 단 한 명도 없다.

하지만 1886년 3월 제중원에서 시작된 의학교육은 처음부터 의료 선교사들에 의하여 계획된 것이었고, 조선 정부에서도 필요성을 인정했기에 가능하였다. 조선 정부는 일부 재정적인 지원과 함께 학생 모집을 담당하였다. 의학교에는 학칙과 교수진이 있었으며, 교육과정과 더불어 졸업 후의 진로도 사전에 정하는 등 현대 의학교육기관으로서의 모습을 거의 갖추었다는 점에서 한국 서양의학교육의 효시(嚆矢)라고 할 수 있다.[39]

5) 선교사들이 받은 의학교육

한국에 와서 진료와 의학교육에 참여했던 의료 선교사들은 본국에서 어떤 의학교육을 받았을까? 현재 6년 혹은 8년제로 운영되는 한국 의학교육과는 분명히 달랐을 당시의 의학교육을 이해하는 데 중요하다. 한국에서 초기 의학교육에 참여했던 알렌과 헤론을 중심으로 살펴보자.[40]

미국에서 초기에 이루어졌던 도제식 교육은 프랑스의 영향을 받은 것이었다. 그런데 학교의 모습을 갖춘 독일식 의학교육제도가 도입되면서 강의 위주의 교육, 이어서 이론과 실습을 겸한 체계적인 교육으로 발전하게 되었다.[41] 도

---

[38] Daniel L. Gifford, "Education in the capital of Korea. II," *Korean Repository* 3, 1896, p. 214.

[39] 이 첫 의학생들은 연세대학교 의과대학의 명예 졸업생 및 명예 동창으로 추대되었다. 「현대의학의 효시 광혜원 114주년 맞아 오는 10일 광혜원 앞뜰에서 창립기념식 개최. 최종악, 이겸래 동창에게 명예졸업증서 수여」, 『연세대학교 의료원소식』, 제388호, 1999년 4월 5일, 1쪽.

[40] 1895년 제중원에서 의학교육을 재개하여 1908년 한국 최초의 면허 의사를 배출한 에비슨은 뒤에서 따로 다루었다. 이 책의 47쪽을 참고할 것.

[41] 에이브러햄 플렉스너 지음, 김선 옮김, 『플렉스너 보고서: 미국과 캐나다의 의학교육』, 서울: 한길사, 2005,

제식(徒弟式) 교육이란 자신이 원하는 이름 있는 의사의 문하생으로 들어가, 잔심부름부터 약병 소독, 약 조제, 고약 바르기 등의 일을 하면서 배우는 교육을 말한다. 이런 기본적인 일을 배우고 나면 교육 기간을 마칠 때쯤 실제 환자 진료의 경험이 주어진다. 학생들은 환자의 채혈, 발치, 한밤중의 진료 호출에 응하는 정도의 교육을 받지만, 지도 의사의 역량과 성실함에 따라 편차가 심하였다.

19세기에 들어 미국과 캐나다에는 약 450개의 의과대학이 난립해 있었다. 때와 장소, 특별한 자격과 상관없이 여섯 명의 의사만 뭉치면 의과대학을 만들 수 있었다. 당시 많은 의과대학은 짝이 맞지 않는 골격 표본으로 실습을 하는 해부학을 제외하고는 일괄적으로 강의식으로 진행되었다. 또한 입학 기준과 수업 연한에도 편차가 심하였다.

미국의과대학협의회

하지만 당시 미국에 난립해 있던 많은 의과대학 중에는 다른 의과대학과 수준을 맞추고 의학교육을 충실히 하기 위해 노력하던 학교도 있었다. 그 결과 미국의과대학협의회(American Medical College Association)가 조직되었다. 이 협의회는 규칙(Articles of Confederation)을 제정하여 각 학교가 이에 따르도록 했으므로 이 협회에 가맹한 학교는 교육 수준을 어느 정도 인정받았다.[42]

당시에 의사 면허를 받으려면 정규 의과대학 졸업생 혹은 자신이 다니는 대학이 인정하는 면허장을 소지한 의사로부터 3년 동안 사사(師事)를 받아야 했는데, 마지막 2년은 의과대학의 과정을 이수하고 시험을 치러야 하였다. 당시 의과대학은 20주 이상의 1년 과정으로 이루어져 있었다. 강의가 없는 시간

39~68쪽.

[42] *Thirty-Sixth Annual Commencement*, Ohio Wesleyan University, Thursday, June 30th, 1881.

에는 지도 의사의 병원에서 도제식 교육을 받았다. 이런 과정을 두 번 받고 시험에 통과하면 그 학교 명의의 면허증이 나왔다. 알렌, 헤론, 스크랜턴 등은 모두 미국의과대학협의회에 가입된 의과대학을 졸업하였다.

알렌이 받은 의학교육[43]

알렌의 경우 의과대학에 진학하기 위해 맥도웰(John O. McDowell, 1849~1890)과 보그트(J. W. N. Vogt, 1852~1908)로부터 사전 교육을 받았다.[44] 1881년 6월 오하이오 웨슬리언 대학교를 졸업한 알렌은 콜럼버스에 있는 스탈링 의과대학에 입학하였다. 알렌의 첫해 의학 수업은 1881년 9월 1일 시작하여 1882년 2월 16일 학년말 시험을 치르는 것으로 끝이 났는데, 특별히 집중해서 배운 것은 해부학, 생리학, 화학, 약물학, 해부실습이었다.[45]

스탈링 의과대학에서 1년 과정을 마친 알렌은 '보다 수준 높은 의학교육을 받기 위해' 맥도웰이 졸업한 마이애미 의과대학으로 학교를 옮겼다.[46] 이 학교는 알렌이 스탈링 의과대학에서 받은 1년의 교육을 인정해 주었다. 알렌은 마이애미 의과대학에서 겨울 학기 20주 동안 정규 강의 및 실습을 받았다.[47] 알렌이 받은 강의는 화학, 독성학, 약물학, 치료학, 해부학, 내과학, 외과학, 비뇨생식기 및 성병학, 안과 이수, 산과학, 부인과학, 여성 및 소아 질환 등에 관한 것

---

[43] 박형우, 「알렌의 의료 선교사 지원과 내한 배경」, 『한국 기독교와 역사』 40, 2014, 191~218쪽.

[44] *The College Transcript* 15(14), Apr. 29, 1882, p. 222.

[45] *35th Announcement of Starling Medical College, together with Catalogue and Order of College and Hospital Exercises, for the Session of 1880~1881*, Columbus, Ohio, 1881. 알렌이 입학할 때 받은 일람이다.

[46] 1900년대 초 오하이오 주 의사협회에서 학생들을 대상으로 시험을 본 결과 마이애미 의과대학이 가장 우수하다는 판정이 나왔다. Horace N. Allen (Cincinnati), Letter to John G. Lowrie (Sec., PCUSA), (Sept. 26th, 1882); *Forty Eighth Annual Announcement of the Miami Medical College, Session 1907~1908* (Cincinnati), p. 3.

[47] *Announcement of the Twenty-Second Annual Course of Instruction at the Miami Medical College of Cincinnati, with a List of Matriculants and Graduates of 1881*, Wilstach, Baldwin & Co., Stationers, Cincinnati, 1881. 알렌이 입학하기 전 해의 일정인데, 특별히 변경되지 않은 것으로 생각된다.

이었다. 그리고 매일 오전 8시 45분부터 10시 45분까지 두 시간 동안의 임상 강의 시간에는 임상 내과, 임상 외과, 여성 및 소아 질환, 눈과 귀, 병리해부 등에 관한 강의가 진행되었으며, 오후 3~4시 사이의 외래 및 검사실 실습 시간에는 요일에 따라 내과, 외과, 여성 질환, 성병, 소아 질환 등에 관한 실습이 진행되었다.

이와 같은 정규 수업에 덧붙여 봄 학기가 개설되었는데, 정규 강의에서 다루지 못한 주제에 대한 심도 있는 강의와 함께 해부 실습실이 개방되었고 시신을 이용한 외과수술의 시범이 있었다. 또한 개인 교습의 기회도 제공하였다. 이상의 교과과정은 지금의 기준으로도 상당히 짜임새 있고, 강의와 실습 기회를 모두 제공하는 훌륭한 것이었다. 알렌은 1883년 3월 마이애미 의과대학을 졸업하였다.

헤론이 받은 의학교육[48]

헤론은 1874년 1월 테네시 주 메리빌의 메리빌 대학 예비과(Preparatory Department)에 입학하였다. 그는 아버지처럼 목사가 되기로 결심한 동생 데이비드를 위해 3년 과정 중에 1년 반 과정만 마치고 자퇴하였다.[49] 그리고 어렸을 때의 꿈이었던 의사가 되기 위해 5년 동안 공립학교에서 교사로 지내면서 학비를 모았다.

1880년경 헤론은 한 의사의 지도 아래 1년 동안 의학의 예비 과정을 끝내고 1881년 내슈빌의 테네시 대학교 의학부에 입학하였다.[50] 헤론이 입학한 테

---

[48] 박형우, 「헤론의 생애와 내한 과정에 대한 고찰」, 『한국 기독교와 역사』 42, 2015, 151~181쪽.

[49] "John William Heron, M. D.," *The Medical Missionary Record* 5, 1890, p. 225.

[50] 이 학교는 1876년 내슈빌 의과대학(Nashville Medical College)이란 이름으로 개교했으며, 1879년 테네시 대학교 의학부로 개편되었다. 그리고 1911년 멤피스로 이전한 후 그곳의 의과대학(College of Physicians and Surgeons)과 합동하여 테네시 대학교 의과대학이 되었다.

네시 대학교 의학부는 1876년에 개교한 신설 학교였지만, 미국의과대학협의회에 가입되어 있었다. 헤론의 첫해 의학 수업은 1881년 9월 6일 시작하여 1882년 2월 22일까지 진행되었다. 당시 개설된 강좌는 해부학 및 성병학, 화학 및 독성학, 생리학, 약물학 및 치료학, 내과학, 외과학, 산과학, 부인과학, 안이비인후과학, 예방의학, 의학윤리, 구강외과, 임상해부학 등 상당히 세분화되어 있었다.[51]

헤론은 1883년 졸업시험에서 내과, 약물학, 산과, 임상진단학에서 1등을 차지해 5개의 금메달 중에서 4개를 받았으며, 모든 과목을 합쳐서도 1등을 차지해 교수회가 주는 금메달을 받았다. 수석으로 졸업한 것이다.[52]

헤론은 졸업 후 개업을 하던 중 1884년 4월 미국 북장로회의 첫 한국 선교사로 임명되었다. 그런데 중국에 파송되었던 알렌이 한국으로 가자 헤론은 1884년 9월부터 뉴욕 의학대학원에서 다시 교육을 받았다. 그런데 흥미롭게도 헤론이 뉴욕 대학교의 졸업생이 되었다. 왜냐하면 뉴욕 대학교가 테네시 대학교 의학부에서 받은 교육 경력을 인정했고, 1년 과정을 마치고 치른 시험에서 우수한 성적을 받자 그를 졸업생으로 인정했기 때문이다. 헤론과 언더우드는 뉴욕 대학교 동문인 셈이다.

---

[51] *Announcement of the Spring and Special Course of Instruction 1881, of the Medical Department University of Tennessee, Nashville Medical College.*

[52] G. S. W. Crawford (Maryville College), Letter to the Board of Foreign Missions of the Presbyterian Church, (July 5th, 1884).

2. 제중원 의료 책임자의 변동

1) 알렌의 귀국과 헤론의 사망

헤론이 한국에 온 이후인 1885년 10월 알렌은 '미국 북장로회 한국지부'를 조직했는데, 자신이 회장, 헤론이 서기, 언더우드가 회계를 맡았다.

1887년 8월 조선 정부는 미국에 조선공사관을 설치하기로 하고 박정양(朴定陽, 1841~1904)을 초대 전권대신으로 임명하면서 알렌을 외국인 서기관으로 임명하였다.[53] 한국을 떠나게 된 알렌은 10월 26일자 편지로 선교사 직을 사임하고, 11월 초 제물포를 출발해 미국으로 갔다.

헤론은 알렌에 이어 제중원의 의료 책임을 맡았다. 1889년 6월 서기관 직을 사임하고 한국으로 돌아온 알렌은 9월 부산에 도착해 적당한 가옥을 물색하다가 1890년 2월 2일 제물포로 옮겼다.[54] 알렌은 제물포에서 방 세 개짜리 집을 얻어 진료에 나섰다. 하지만 1890년 7월 21일 미국공사관의 서기관으로 임명되면서 8월 1일 선교사 직을 완전 사임하였다.[55]

그런데 제중원에서의 진료 외에도 교사, 회계, 고아원 일 그리고 빈집을 관리하고 수리하며 신참 선교사들의 통역까지 하던 헤론이 이질에 걸려 3주 정

---

[53] 고종은 이미 1886년 9월경부터 알렌이 미국에서 어떤(즉, 공사관 개설을 돕는) 임무를 수행해 주기를 바라고 있었다. 알렌은 1887년 7월경 이 사실을 알았으며, 고종은 알렌에게 수차례에 걸쳐 공사관 개설에 동행해 줄 것을 요청하였다. Horace N. Allen (Seoul), Letter to Frank F. Ellinwood (Sec., PCUSA), (Sept. 7th, 1886); Horace N. Allen (Seoul), Letter to Frank F. Ellinwood (Sec., PCUSA), (Aug. 2nd, 1887).

[54] Mission in Korea. *The Fifty-third Annual Report of the Board of Foreign Missions of the Presbyterian Church in the United States of America. Mission House*, New York, 1890, p. 132; Horace N. Allen, Letter to Frank F. Ellinwood (Sec., PCUSA), (Feb. 2nd, 1890).

[55] 알렌은 주미 조선공사관의 서기관으로 근무할 때 미국에 조선을 알리려고 노력했고, 조선에 관심을 갖게 된 뉴욕의 몇몇 자본가들은 알렌이 주조선 미국공사로 임명되기를 바라고 있었다. 실제 알렌의 사임 편지는 8월 13일자로 보내졌다. Horace N. Allen, Letter to Frank F. Ellinwood (Sec., PCUSA), (Mar. 9th, 1889); Horace N. Allen (Seoul), Letter to Frank F. Ellinwood (Sec., PCUSA), (Aug. 13th, 1890).

도 심하게 앓다가 1890년 7월 26일 사망하였다. 이로 인해 의료 책임자가 없는 공백 상태에 빠지자 제중원은 존폐의 기로에 서게 되었다. 이때 제중원이 '왕립' 병원이라는 점에 주목하던 성공회, 가톨릭은 물론 일본인들까지 병원을 차지하기 위해 다각도로 노력하였다.

귀중한 의료 선교사를 잃은 미국 북장로회 소속의 일부 선교사들은 생전 '제중원을 선교 사업을 할 수 없는 정부기관으로 운영하는 것이 적절치 않다'는 신념을 가졌던 헤론의 뜻에 동조해 선교가 불가능한 제중원에서의 의료 사업에서 손을 떼자는 주장을 펼쳤다. 그런데 갓 주한 미국공사관의 서기관으로 임명된 알렌이 제중원이 선교부 산하의 기관이 아니라 원래 자기 개인의 책임하에 맡겨진 것이라고 주장하면서 제중원의 책임을 겸직하겠다고 나섰다. 그러자 언더우드 등은 미국 북장로회에 의해 헤론, 파워(Charles W. Power, 1860~1906), 엘러스, 호튼 등이 의료 선교사로 파송되었고 선교본부가 부족한 약품을 제공했기 때문에 제중원은 선교부 산하의 병원임을 강조하면서 알렌이 제중원의 책임을 맡는 것을 적극 반대하는 입장을 취하였다.[56]

선교부는 알렌의 동의를 얻어 두 달 동안 제중원의 문을 닫고 향후 진로를 모색하기로 하였다. 하지만 고종의 적극적인 요청과 8월 6일자로 선교본부로부터 '알렌을 제중원 책임자로 임명'하는 내용의 전보가 도착해 모든 계획이 취소되었다.[57] 이후 알렌은 후임자가 올 때까지 거의 반 년 동안 제중원의 책임을 맡았다. 매일 오전 10시 이전과 오후 4시 이후에 진료하면서 30~40명의 환자를 보았다. 그동안 여성 환자들은 엘러스와 호튼이 담당하였다.

알렌은 1890년 12월 30일 선교부로 편지를 보내 엘린우드 총무가 감리회 소속의 의료 선교사인 맥길(William B. McGill, 1859~1918)을 자신의 후임으로 임

---

[56] Horace G. Underwood (Seoul), Letter to Frank F. Ellinwood (Sec., PCUSA), (Aug. 19th, 1890).
[57] Horace N. Allen (Seoul), Letter to the Presbyterian Mission, (Dec. 30th, 1890).

명했다는 내용의 편지를 받았다고 알렸다.[58] 하지만 선교부는 "알렌에게 과거의 봉사에 대해 감사하고, 선교부와 맥길 사이에 존재하는 특별한 관계를 설명한 뒤, 우리가 본국으로부터 의사를 구할 때까지 하디 의사의 보조를 받으면서 제중원 의사로서의 직무를 정상적으로 계속해 주기를 요청한다"고 결정하였다.[59]

이에 알렌은 1891년 1월 자신의 감독을 받으며 일하는 것에 동의한 캐나다 토론토 의과대학 출신의 하디(Robert A. Hardie, 1865~1949)에게 제중원의 책임을 넘겼다. 사실 알렌은 기독청년회의 후원으로 한국에 온 하디를 별로 신뢰하지 않았으며, 심지어 엘린우드 총무에게 "하디에게 제중원을 넘기면, 박사님은 상당한 위험에 처할 것입니다"라며 매우 부정적인 견해를 밝히기도 하였다.[60] 다행히 하디는 자신이 '조속히 지방으로 내려가고 싶기에 영구적인 계약은 맺을 수 없으며, 다만 한시적으로 알렌의 감독하에서 일하겠다'고 동의하였다.

여기서 비록 일시적이지만 감리회의 맥길이나 캐나다 출신의 하디 등에게 제중원 진료를 맡기기로 한 미국 북장로회 해외선교본부의 결정이 주목할 만하다. 감리회의 스크랜턴이 알렌을 잠시 도왔던 협동보다 분명 더 진전된 일종의 '연합' 사역을 시도한 것이라고 볼 수 있기 때문이다.

[58] Horace G. Underwood, Daniel L. Gifford (Seoul), Letter to Frank F. Ellinwood (Sec., PCUSA), (Jan. 6th, 1891).
[59] 맥길은 미국 북감리회 소속의 의료 선교사로 1889년 8월 27일 한국에 왔다. 그런데 그는 스크랜턴과 갈등이 생겼고, 그의 제중원 근무가 논의되고 있던 시기에는 북감리회 선교부로부터 받던 봉급이 중단되어 생계수단이 없는 상태였다. 이즈음 언더우드는 제중원에서의 진료에 그를 적극 추천하였다. 엘린우드는 맥길을 6개월 동안 임시로 고용하도록 인가한다는 내용의 10월 21일자 편지를 보냈다. 하지만 스크랜턴의 아이가 병이 나 미국으로 돌아가야 했기 때문에 장로회에서는 맥길과 북감리회 사이의 갈등이 우호적으로 해결될 것으로 전망하였다. 이에 장로회는 맥길 대신 하디를 선택한 것으로 판단된다. Horace G. Underwood (Seoul), Letter to Frank F. Ellinwood (Sec., PCUSA), (Aug. 10th, 1890); Horace G. Underwood, Daniel L. Gifford (Seoul), Letter to Frank F. Ellinwood (Sec., PCUSA), (Jan. 6th, 1891).
[60] Horace N. Allen (Seoul), Letter to Frank F. Ellinwood, (Oct. 28th, 1890).

2) 빈튼

제중원의 임시 운영은 1891년 4월 3일 미국 북장로회의 의료 선교사인 빈튼(Cadwallader C. Vinton, 1859~1936)이 제중원의 책임을 맡으면서 어려운 고비를 넘긴 것처럼 보였다. 하지만 빈튼이 부임한 직후부터 제중원 운영과 관련된 문제가 발생하였다. 외아문 독판은 빈튼에게 제중원 경비의 자유로운 사용에 대해 약속했지만, 실제 약값이나 잡비 등의 지출에서 재정 담당 주사의 협조가 전혀 이루어지지 않았다. 이 문제를 제기하자 독판이 이전의 약속을 백지화시켜 버렸다.[61]

이에 빈튼은 5월 11일 제중원 운영에 관한 몇 가지 조치를 요구하면서 근무를 거부했다가 7월 4일부터 제중원에서 근무를 재개하였다.[62] 하지만 평소 직접적인 선교에 관심이 많았던 빈튼은 9월 1일부터 자신의 집에 따로 진료소를 차려 진료를 하면서 틈틈이 전도 활동을 하기에 이르렀다.[63] 빈튼은 오후에만 병원에서 일을 하는가 하면 비가 오면 아예 병원 문을 닫는 등 근무를 소홀히 하기 시작하였다. 제중원은 조선 정부의 예산 부족과 관리들의 예산 착복, 여기에 의료 선교사들의 무성의가 겹쳐 급격히 쇠락해 갔다.

1893년의 경우, 빈튼은 가장 바쁜 때인 여름 내내 제중원의 문을 닫았으며, 9월 들어서는 매주 두 번씩 오후에만 진료를 하였다.[64] 이에 다른 선교사들이 사임을 요구했지만 빈튼은 이를 거부하였다. 당시 알렌은 사임을 거부하고 있는 빈튼을 강하게 비난했고, 1888년 내한하여 활동하다가 소환된 의료 선교사

---

[61] Daniel L. Gifford (Seoul), Letter to Frank F. Ellinwood, (June 17th, 1891).

[62] C. C. Vinton, Annual Report, Medical Work, Seoul, (Jan. 19th, 1892).

[63] *The Fifty-fifth Annual Report of the Board of Foreign Missions of the Presbyterian Church in the United States of America, Mission House*, New York, 1892, p. 177. 빈튼이 이렇게 결정하게 된 데에는 주위 여러 선교사들의 영향이 컸다.

[64] Horace N. Allen (Seoul), Letter to Frank F. Ellinwood (Sec., PCUSA), (Sept. 3rd, 1893).

파워보다 그가 더 문제가 될 수 있음을 경고하기까지 하였다.[65]

또한 빈튼은 강하게 직접 전도를 주장했으며, 동양인들은 학습 능력이 떨어진다는 이유로 조선인에 대한 의학교육에 반대하였다. 따라서 헤론이 죽은 후 중단되었던 의학교육은 재개되지 않았다.

결국 제중원은 병원으로서의 구실을 못했고, 에비슨이 한국에 왔을 때에는 약국 기능만 하였다. 자연히 관리들도 할 일이 없었고, 조선 정부는 1893년 8월과 11월 두 차례에 걸쳐 7명의 주사를 감원하였다.[66]

3. 에비슨의 내한과 제중원의 선교부 이관

1) 에비슨[67]

미국 북장로회는 제중원이 당면한 문제를 해결하기 위해 에비슨(Oliver R. Avison, 1860~1956)을 파송하였다. 그는 1860년 영국 요크셔 주에서 태어나 1866년 캐나다로 이주하였다. 그는 내한 당시 토론토 대학교 의학부 교수이자 토론토 시장의 주치의로 장래가 보장된 명망 있는 의사였다. 의사가 되기 전에는 교사로, 약사로 풍부한 경험을 쌓은 인물이었다.

교사로서 그는 1876년 온타리오 주의 알몬트 고등학교를 우등으로 졸업하고 1877년 사범학교를 거쳐 1878년 1월부터 스미스폴스의 작은 초등학교에서 교사로 근무하였다. 1879년에는 오타와 고등사범학교를 졸업해 1급 교사자격을 획득하였다. 이때 자신이 졸업한 초등학교에서 교사를 뽑는 공고가 났고, 에비슨이 내정된 상태였다.

---

[65] 파워는 잦은 음주와 한국 여성과의 부적절한 관계 등에 대한 소문 때문에 처음으로 본국으로 소환되었다.
[66] 『統署日記』, 1893년 7월 5일; 『統署日記』, 1893년 11월 7일.
[67] 이선호·박형우, 「올리버 알 에비슨(Oliver R. Avison)의 의료선교사 지원과 내한 과정」, 『역사와 경계』 84, 2012. 9, 147~170쪽; 박형우, 『에비슨 자료집 I. 1860~1892』, 서울: 연세대학교 출판문화원, 2015.

그림 1-6. 토론토 대학교 의학부 교수 시절의 에비슨

하지만 에비슨은 고등학교 시절부터 흥미가 있었던 화학 분야의 전공을 살릴 수 있는 약사가 되기로 결심하였다. 마침 스미스폴스의 한 약국에서 견습생을 뽑고 있었고 에비슨은 1880년 후반기부터 3년 동안 견습 생활을 했으며, 이른바 '복제약'을 잘 만들어 큰 성공을 거두었다. 에비슨은 약사시험을 치르기 위해 1884년 3월 온타리오 약학대학의 제5기로 입학하여 교육을 받았으며, 6월 중순에 치른 약사시험에서 1등을 차지하였다. 졸업 후 온타리오 약학대학 교수로 임명되어, 1891년 여름까지 식물학, 약물학 등을 가르쳤다.

약학대학 교수로 자리를 잡았던 에비슨은 이에 만족하지 않고 셔틀워스(Edward B. Shuttleworth, 1842~1934) 교장의 권유를 받아들여 의사가 되기로 하고 1884년 10월 토론토 의과대학에 입학하였다. 에비슨은 경력에 대해 1년을 인정받아 3년 만인 1887년 6월 우수한 성적으로 토론토 의과대학을 졸업하였다. 에비슨은 토론토 시내에 병원을 개업했고, 마침 재조직된 토론토 대학교 의학부의 교수로 임용되어 약물학과 치료학을 담당하였다. 한국 선교사로 지원하기 직전 토론토 대학교로부터 재임용을 받은 상태였다. 그는 한국으로 가기 직전 캐나다 의학 잡지에 최신 치료약을 소개하는 논문을 연재하는 등 다방면에서 활동하였다.[68]

---

[68] O. R. Avison, and Graham Chambers, "Progress of Medicine. Therapeutics. Piperazine (Schering), an Uric-Acid-Solvent," *The Canadian Practitioner* 18(1), 1893, pp. 32~36.

토론토에서 에비슨이 관계했던 다양한 교회 및 사회 활동 중에 한국과 관련하여 가장 중요한 것은 토론토 대학교 의학부 학생들의 한국 선교 모임의 회장으로 소식지인 *The Medical Missionary*의 편집인을 맡은 일이다. 이를 통해 그는 한국에 대해 충분히 알고 있었으며, 이 모임은 1890년 8월 하디를 한국으로 파송하였다. 하디의 파송은 토론토의 젊은 학생들에게 큰 영향을 미쳐 많은 학생들이 해외 선교를 자원하고 나섰다. 에비슨도 스스로 '나도 의료 선교사로 파송을 받으면 가서 일할 것인가' 하는 생각을 하게 되었다. 결국 이에 대해 아내와 상의했고, 아내가 흔쾌히 찬성하였다. 그는 기회가 주어지면 주저 없이 해외 선교에 나서기로 결심하였다.

1892년 9월 토론토에서 제5차 장로교회연맹 총공의회가 개최되었고, 마침 안식년으로 미국에 체류 중이던 언더우드가 회의에 참석하였다. 에비슨은 그를 초청해 한국에서의 선교 경험에 대한 귀중한 강연을 들었다. 언더우드는 에비슨에게 의료 선교사로 한국에 갈 생각이 있는지 물었다.

언더우드가 떠난 후 한국 선교의 결심을 굳힌 에비슨은 소속되어 있던 캐나다 감리회에 선교사로 보내 줄 것을 요청하였다. 하지만 한국 선교 계획이 없던 교회 측은 이에 귀를 기울이지 않았다. 그런데 얼마 후 뉴욕의 미국 북장로회 해외선교본부로부터 한국 의료 선교사 임명에 대해 논의하자며 에비슨을 뉴욕으로 초청하는 내용의 편지가 왔다. 뉴욕으로 돌아간 언더우드가 에비슨을 제중원의 의료 책임자로 추천하고 한국으로 돌아갔던 것이다.

1893년 1월 초 뉴욕을 찾은 에비슨에게 엘린우드 총무는 "한국으로 파송되면 왕립병원인 제중원의 책임을 맡게 될 것이며, 의학교육도 시작할 수 있다"고 말하였다. 두 사람 사이의 심도 있는 대화가 이어졌다. 하지만 교파가 문제였다. 당시 감리교회를 다니던 에비슨은 엘린우드에게 "감리회 신자인 나를 훌륭한 장로회 신자로 만들 수 있습니까?" 하고 물었다. 이에 엘린우드는 "귀하를 장로회 신자로 만들지 않을 것입니다. 다만 훌륭한 감리회의 열정을 갖고 한국으로 가서 선교 사업이 활발히 타오르게 하기를 원할 뿐입니다"라고 말하였다. 이 대답을 들은 에비슨은 자신이 미국 북장로회의 한국 의료 선교사로 임명되는 것을 기꺼이 수락했고, 토론토로 돌아가자마자 교회를 세인트 앤드류 장로교회로 옮겼다.

에비슨은 1893년 2월 6일 미국 북장로회 해외선교본부 실행위원회에서 한국의 의료 선교사로 임명되었다. 그는 6월 5일 캐나다 밴쿠버를 출발하여 요코하마를 거쳐 7월 16일 부산에 도착하였다. 만삭이었던 부인 제니는 7월 24일 더글러스(Douglas B. Avison, 1893~1952)를 낳았다. 에비슨 가족은 8월 26일 겐카이마루[玄海丸]를 타고 부산을 출발했는데, 마침 그 배에는 미국 시카고에서 열린 세계무역박람회에 한국 대표단과 함께 참석하고 돌아오던 알렌이 타고 있었다. 에비슨과 잠시 대화를 나눈 알렌은 그에 대해 크게 만족하면서 "박사님께서 이렇게 훌륭한 사람을 보내 주셔서 감사드립니다"라며 "마침내 박사님이 최고의 사람을 얻게 되어 제가 얼마나 기쁜지 말로 다 표현할 수 없습니다"라는 편지를 엘린우드에게 보냈다.[69]

2) 제중원의 선교부 이관[70]

에비슨이 부임할 당시 구리개 제중원에는 여러 채의 한옥이 있었는데, 사용할 수 있었던 한옥은 그나마 약간 수리가 된 'ㄱ'자 모양의 단층 건물 한 채뿐이었다. 병실이 없어 환자도 없었고, 난방이나 상하수도 시설이 구비되어 있지 않아 병원으로 사용하기에는 적합하지 않은 상태였다.[71] 의료 기구와 약품 역시 보잘것없었지만 에비슨이 가지고 온 것과 합쳐 그럭저럭 진료를 시작할 수 있었다.

---

[69] Horace N. Allen (Seoul), Letter to Frank F. Ellinwood (Sec., PCUSA), (Sept. 3rd, 1893).

[70] 이선호·박형우, 「제중원의 선교부 이관에 관한 연구」, 『신학논총』 85, 2013, 91~115쪽.

[71] 다른 자료에는 무릎이 곪은 젊은 청년 한 사람이 입원하고 있었다고 기록되어 있다. 「魚丕信 博士 小傳(十), 濟衆院의 창립」, 『基督新報』 제852호, 1932년 3월 30일.

에비슨은 많은 환자가 내원하여 진료가 활성화될 수 있도록 몇 가지 원칙을 세웠다. 우선 약값이 없어도 진료를 거절하지 않고, 자신이 한국어를 배워 통역의 도움 없이 직접 진료하며, 방을 청결하게 유지하여 가능한 한 많은 환자를 입원시키고 수술방을 충분히 준비하여 적극적으로 수술하겠다는 것이었다.

1893년 말 에비슨은 알렌과 함께 고종을 알현하고 제중원을 정상화시키기 위한 다음과 같은 8개 항목의 조건에 합의하였다.[72] ① 주사는 3명으로 감원하되, 그들 중 2명은 영어를 할 줄 알아야 하고, 그중에서 최소한 1명은 근무 시간에 병원에 있어야 한다. ② 각 주사는 매월 20달러를 받는다. ③ 정부는 담당 의사의 요청에 따라 병원 건물들을 보수해야 한다. ④ 정부는 의사의 요청에 따라 매달 200달러를 지급하되, 조항 ②에 따라 이중에서 60달러는 주사들에게 지급하며, 잔액은 담당 의사가 하인, 연료, 음식물 및 의약품 구입에 지불한다. ⑤ 정부는 의사가 사택을 짓는 데 동의한 병원 뒤쪽 언덕에 있는 빈 대지를 제공해야 한다. ⑥ 의사는 매일 일정한 시간에 병원에 출근하여 환자를 진료해야 한다. 만일 의사가 어느 때건 자리를 비워야 한다면, 대신 진료할 사람으로 대체해야 한다. ⑦ 주사와 의사는 각자 사용한 돈에 대한 회계장부를 작성하며, 그것은 일치해야 한다. 그리고 같은 보고서를 매달 조선 정부에 보고한다. ⑧ 의사는 병원에서 환자를 간호할 2명의 외국인 간호사를 확보할 수 있도록 노력해야 한다.

이와 함께 제중원에서 자신이 당면한 문제와 체계적인 사업을 위한 방향을 정리하여 선교본부에 도움을 요청하였다.[73] 구체적으로 깨끗한 방(병실), 환자를 위한 연료와 음식의 안정적 확보, 정규 간호사의 필요성, 의료기구 및 의약품, 의사를 위한 병원 근처의 사택 등이 구비되어야 함을 강조하였다. 이외에도 소액의 예산 확충을 통한 병원의 시설 개선, 의학 훈련을 위한 계획에 동의

[72] Oliver R. Avison (Seoul), Letter to Frank F. Ellinwood (Sec. PCUSA), (Jul. 12th, 1894).
[73] Oliver R. Avison (Seoul), Letter to Frank F. Ellinwood (Sec. PCUSA), (Dec. 27th, 1893).

하는 의학 조수, 출장과 사무실 운영 경비, 여의사 상주의 필요성 등이 있었다.

에비슨은 남장로회의 테이트(Martha S. Tate, 1864~1940)와 북장로회의 아버클 (Victoria C. Arbuckle, 1867~1911?)의 도움을 받아 간호 업무를 해결하였다. 이에 제중원은 환자 수가 점차 늘었고, 운영도 제 궤도를 찾아갔다.

하지만 1894년 조선 정부는 고종의 명령으로 예산을 상당 부분 삭감하면서 주사와 하인의 수가 줄었을 뿐 아니라, 예산도 크게 줄어 제중원 운영이 불가능한 상태가 되었다.[74] 거기다가 선교본부에서도 당분간 추가 지원이 어렵고 여성 간호사 추가 파송도 결정되지 않았다고 통보하였다.[75]

이렇게 절망스러운 상황에서 에비슨이 제중원의 의료 책임자에서 물러나겠다고 결심하게 된 사건이 발생하였다. 1894년 5월 1일경 에비슨은 경기도 안성(安城)에서 왕진 요청을 받았다.[76] 에비슨은 언더우드와 함께 약 1주일 동안 진료 겸 전도 활동을 하고 돌아왔다. 그런데 그사이 자신이 수술실로 만들려고 준비해 두었던 방을 한국인 주사들이 일본인 의사에게 세를 주는 사건이 발생하였다. 에비슨은 이 기회에 제중원의 운영 방식을 개혁하고자 하였다.[77]

에비슨은 자신의 사임 의사를 알렌과 상의하였다. 알렌의 보고를 받은 미국공사 실(John M. B. Sill, 1831~1901)은 5월 10일자로 몇 가지 이유를 들어 에비슨이 제중원에서 사직한다는 공문을 조선 정부에 보냈다.[78] 이에 대해 알렌은 엘린우드 총무에게 조선 정부가 재정난으로 제중원을 유지하기 어렵고 관리들이 예산을 횡령하고 있으며, 동학농민운동으로 무정부 상태에 접어들고 있는 상황이라 자신이 에비슨에게 모든 것을 집어치우라고 충고했지만, 고종이 이

---

[74] Daniel L. Gifford (Seoul), Letter to Frank F. Ellinwood (Sec. PCUSA), (Mar. 2th, 1894).

[75] Frank F. Ellinwood (Sec. PCUSA), Letter to Oliver R. Avison (Seoul), (Apr. 25th, 1894).

[76] O. R. Avison, "Correspondence," *The Canadian Practitioner* 19(10), 1894, pp. 763~771.

[77] 연세대학교 의과대학 의사학과, 「제중원 역사 관련 자료 정리」, 『연세의사학』 2, 1998.

[78] 에비슨이 사임을 결심한 것은 5월 9일이었다. 『美案』, 문서번호 1244, 「제중원 의사 예비신 자퇴의 건」, 1894년 5월 10일(고종 31년 4월 6일).

상황을 알게 되면 에비슨의 요구 사항을 수용하려고 노력해 줄 것이라 예상하고 있음을 알렸다.[79] 이에 엘린우드는 고종이 이 문제를 해결하기 위해 노력할 것을 기대하지만 경우에 따라서는 선교본부가 추가 지원을 하겠다는 의지를 밝혀 제중원의 문제를 해결하기 위해 적극 나설 뜻을 밝혔다.[80] 나아가 선교부가 이 문제를 해결하기 위해 더 노력해 줄 것을 요청하였다.[81]

에비슨이 사임 의사를 밝히고 나서 며칠 후, 조선 정부는 에비슨이 사임 이유로 든 몇 가지 부분을 해명하였다. 그리고 얼마 후에는 한국인 관리의 중재 요청을 받은 알렌이 에비슨에게 어떠한 조건이면 제중원에서 다시 일할 수 있는지를 물었다. 이에 에비슨은 사임을 철회하는 대신 병원을 선교부에서 운영하게 해 달라고 제안하였다. 그러나 조선 정부는 이 제안을 거부하였다.

하지만 8월에 접어들어 상황이 에비슨 등이 원하는 방향으로 흘러갔다. 한창 갑오개혁을 진행시키던 조선 정부는 7월 30일 내무아문 산하에 위생국을 설치했고, 각부 아문에 소속되어 있는 각사(各司)를 개록(改錄)하면서 8월 18일 제중원을 내무아문 소속으로 배속시켰다.[82] 조선 정부는 이러한 변화를 에비슨에게 통보하였다. 그리고 8월 31일 알렌은, 군국기무처에서 정부가 현재 제중원을 운영할 돈이 없으며, 만약 에비슨이 자신의 재원으로 제중원을 운영하고 싶어 한다면 기꺼이 "그가 원하는 대로 해 줄 것"이라고 보고했다고 알렸다.[83]

이에 에비슨은 1894년 9월 7일에 미국공사를 통해 제중원의 전권 운영에 대한 요구안을 조선 정부에 제출하였다.[84] 에비슨의 요구안에는 세 가지 조건

[79] Horace N. Allen (Seoul), Letter to Frank F. Ellinwood (Sec., PCUSA), (May 16th, 1894).

[80] Frank F. Ellinwood (Sec., PCUSA), Letter to Dr. H. N. Allen (Seoul), (June 14th, 1894).

[81] Frank F. Ellinwood (Sec., PCUSA), Letter to the Korea Mission, (Jul. 9th, 1894),.

[82] 『議案』, 1894년 8월 18일(고종 31년 7월 18일), 102~104쪽.

[83] Oliver R. Avison (Seoul), Letter to Frank F. Ellinwood (Sec., PCUSA), (Aug. 31th, 1894).

[84] 이 공문은 각각 영어와 한자로 작성되었다. 『美案』, 英文-奎18046의 1, 1894년 9월 7일(고종 31년 8월 8일); 「濟衆院의 全權 運營에 대한 에비슨의 要求案」, 『美案』, 漢譯-奎18046의 1, 1894년 9월 7일(고종 31년 8월 8일); 『統署日記』, 奎17836, 1894년 9월 8일(고종 31년 8월 9일).

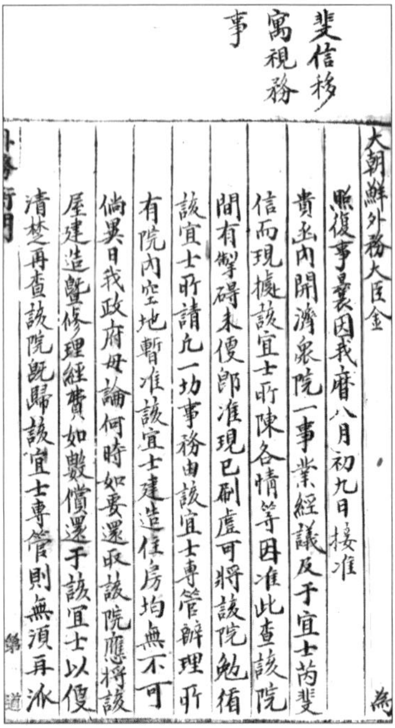
斐信移
寓視務
事

大朝鮮外務大臣金　　爲
照復事 曩因我曆八月初九日接准
貴函內開濟衆院一事業經議及于宜士芮斐
信而現據該宜士所陳各情等因准此查該院
間有窒礙未便節准現已剛虛可將該院勉循
該宜士所請凡一切事務由該宜士專管辦理所
有院內空地暫准該宜士建造住房均無不可
倘異日我政府毋論何時如要還取該院應將該
屋建造暨修理經費如數償還于該宜士以便
清楚再查該院既歸該宜士專管則無須再派

그림 1-7. 제중원을 미국 선교부로 넘긴다는 내용이 담긴 문서. 『美案』 奎18047.

과 이 조건이 수락될 경우 선교부가 보증하는 사항 두 가지가 들어 있었다. 조건은, 첫째 한 명의 주사 외에는 모두 소환할 것, 둘째 하인 35명을 모두 해고하고 필요한 하인은 에비슨이 직접 선발할 것, 셋째 진료를 하면서 필요에 따라 선교부의 경비로 개축할 수 있도록 선교부가 병원의 전체 자산을 모두 관리할 것 등이었다. 보증 사항은, 첫째 왕을 병원 재정 지원에 대한 책임에서 벗어나게 할 것, 둘째, 필요에 의해 제중원의 건물과 대지를 왕에게 돌려줄 경우 1년 전에 통고하고, 자산의 개량 및 개축 등에 소요된 모든 경비를 왕이 우리에게 지불하면 자산을 왕에게 돌려줄 것 등이었다.

이 제안은 1893년 말 에비슨이 알렌과 함께 고종을 만나 합의했던 여덟 가지 사항보다 훨씬 더 진전된 것이었다. 조선 정부는 1894년 9월 26일 에비슨의 요구안을 수락하였다.[85] 그런데 조선 정부는 제중원이 "그의 관할하에 모두 들어갈 경우를 검토해 보면, 우리 정부의 관리와 고용인을 다시 파견할 필요가 없겠습니다"라고 하며 주사를 파견하지 않았다.

에비슨은 9월 27일 엘린우드에게 편지를 보내 제중원의 이관과 관련하여 조선 정부와 맺은 협약의 배경에 대해 다음과 같은 몇몇 측면에서 상세하게 보

85 『美案』, 문서번호 1283, 「제중원 예비신 제출 조건의 승인」, 1894년 9월 26일(고종 31년 8월 27일); 『統署日記』, 奎17836, 1894년 9월 27일(고종 31년 8월 28일).

고하였다.[86]

① 자신들의 제안은 '선교부(Mission)'의 이름으로 이루어졌으며, 조선 정부도 이를 명확히 알고 있다. 다만 아직 기독교 도입을 공식적으로 승인하지 않은 상황이므로 공문에는 에비슨의 이름만 언급하였다. ② 즉각적인 선교 허용 요청은 조선 정부에 의해 거절될 것이며, 오히려 선교사들의 입장만 더욱 나빠질 것이다. 따라서 현 단계에서는 대중 설교와 교육을 위한 장소의 확보가 중요하며, 조속히 그렇게 실현되도록 제중원에서의 병원 사업의 성공이 매우 중요하다. ③ 당초 제중원 대지 및 건물의 임대에 '10년'이라는 기간을 언급했지만, 조선 정부의 공문에는 '10년'이 생략됨은 물론 기간이 분명하게 정해져 있지 않다. 이 조항은 정부가 이 장소를 돌려받기 전에 소요된 모든 경비를 지불해야 하기에 보호된다. ④ 현재 제중원에는 주사들이 전혀 없으며, 선교부의 방식대로 사업을 수행할 수 있다. ⑤ 이 협약은 미국공사관을 통해 체결했으므로 공사관은 이 조항들이 지켜지는지 지켜볼 의무가 있다.

에비슨은 이에 덧붙여 다음과 같은 네 가지 이유를 들어 자신의 가족이 주사들이 거주하던 공간으로 이사하기로 결정했음을 알렸다. ① 한국인들과 보다 더 친근하게 지낼 수 있다. ② 시간을 절약해 더 많은 사역을 할 수 있다. ③ 자신의 집에서 예배를 드리기 시작하는 것이 제중원으로 예배를 확장시키는 데 도움이 될 수 있다.[87] ④ 자신들이 집을 짓는 것을 관리하는 데에도 더 유용하다.

이러한 소식을 들은 엘린우드는 11월 19일 한국 선교부로 "우리는 에비슨 박사가 부패한 주사들의 간섭과 방해를 받지 않고 온전하게 병원의 책임을 지게 된 것에 대해 상당히 만족하고 있습니다"라는 내용의 편지를 보냈다.[88] 알

---

[86] Oliver R. Avison (Seoul), Letter to Frank F. Ellinwood (Sec., PCUSA), (Sept. 27th, 1894).

[87] 이 부분이 바로 '제중원 교회'의 근거가 된다. 에비슨은 10월 29일에 주사가 사용하던 거처로 이사하던 중이었다. Samuel F. Moore (Seoul), Letter to Frank F. Ellinwood (Sec., PCUSA), (Oct. 29th, 1894).

[88] Frank F. Ellinwood (Sec., PCUSA), Letter to the Korea Mission, (Nov. 19th, 1894).

렌은 엘린우드에게 보낸 11월 29일자 편지에서 "이제 제중원은 전적으로 박사님의 손에 달렸으며, 박사님이 원하시는 대로 할 수 있습니다"라고 선언하였다.[89]

이상과 같이 제중원은 설립된 지 9년 만에 조선 정부가 그 운영권을 에비슨(즉, 선교본부)에게 온전히 넘기는 데 동의함으로써, 다시 말해 합작의 한쪽 당사자였던 조선 정부가 빠짐으로써, 미국 북장로회 선교부가 단독으로 운영하는 민간 선교병원의 성격을 띠게 되었다.

에비슨의 운영 계획

제중원을 넘겨받은 에비슨은 해외선교본부에 병원 수리비, 하인 인건비, 운영비와 함께 인력 지원 등을 요청하였다. 이에 해외선교본부는 11월 19일 실행위원회를 열고 에비슨의 요청을 승인하였다.[90]

에비슨은 병원에서의 선교를 위해 다음과 같은 세 가지 원칙을 정하였다.[91] ① 진료 측면에서 병원을 효율적으로 만든다. ② 사람들을 그리스도께 효율적으로 인도한다. ③ 다른 분야 및 외부의 진료소에서 활동할 조수를 키우기 위해 적절한 사람에게 의학교육을 시킨다.

효율적인 진료를 위해 에비슨은 진료비를 낼 능력이 없지만 도움이 필요한 환자를 진료소에서 쫓아내지 않는다는 조치를 취하였다. 다만 무조건 무료로 진료할 것이 아니라 진료비를 낼 수 있는 사람들도 동시에 진료를 받을 수 있도록, 하루에 1~2시간 동안은 진료비를 내는 사람을 우선적으로 진료하기로 하였다. 일종의 특진제도를 도입한 것이다. 이를 통해 확보된 예산을 무료 진

---

[89] Horace N. Allen (Seoul), Letter to Frank F. Ellinwood (Sec., PCUSA), (Nov. 29th, 1894).

[90] Frank F. Ellinwood (Sec., PCUSA), Letter to the Korea Mission, (Nov. 19th, 1894).

[91] Oliver R. Avison, Report R. Report of Dr. Avison's Medical Work, (ca. Dec. 1894).

료에 사용할 수 있었으니 일석이조였다. 에비슨은 진료를 받는 사람이라면 누구든 상관없이 동등하게 치료하였다. 에비슨은 자신이 왕진 등으로 병원을 비워야 할 때에는 남장로회의 드류(A. Damer Drew, 1859~1926), 전임자 빈튼, 일시적으로 어빈(Charles H. Irvin, 1869~1935)의 도움을 받았다.

병원 선교를 위해 에비슨은 환자가 입원해 있는 각 방에 성경과 전도지를 비치하여 입원 환자들에게 복음을 전파하기 위해 노력하였다. 대기실은 일찍 도착하거나 즉시 진료를 받을 수 없는 사람들로 가득 찼기 때문에 전도가 용이한 공간이었으며, 이곳에도 성경과 전도지 등을 비치하였다. 또한 교파에 관계없이 모든 선교사들에게 여유가 있을 때 어느 때든 병원에 와서 환자들과 대화를 나눌 것을 제안하였다. 제중원에 공동체가 설립되기 이전 에비슨은 밀러(Frederick S. Miller, 1866~1937)와 언더우드가 서대문 밖에서 주일 오후에 개최하는 예배에 참석하였다.

의학교육과 관련하여 에비슨은 선교부가 운영하는 남학교에 다니는 소년을 고용했고 이들이 유용한 조수로 발전하기를 기대하였다. 또한 본격적인 의학교육을 준비하기 위해 다른 선교사가 추구하는 것과는 다른 방향의 언어를 체계적으로 공부하기로 하고 의학 및 과학적 특성의 어휘를 모았다. 또한 해부학에 관한 초보적인 작업 준비를 시작하였다.

화이팅과 제이콥슨의 합류

1895년 4월 6일 여의사 화이팅(Georgiana C. Whiting, 1869~1942)과 간호사 제이콥슨(Anna P. Jacobson, 1868~1897)이 파송되어 제중원에 합류하였다. 이들의 파송은 진작 이루어졌어야 했으나, 1894년 봄 동학농민운동이 일어나 조선의 정치 상황이 상당히 불안했고 에비슨의 제중원 사임으로 파송이 상당히 지연되었기 때문이다.

이들이 합류한 후 제중원에서는 주일에 병실에서 예배를 드리기 시작했고,

현수막을 걸어 일반 대중도 참여하도록 권했지만 조선 정부로부터 어떠한 항의도 받지 않았다.[92] 그것은 그사이 에비슨이 왕실의 주치의로서 왕실뿐 아니라 병원 운영에서도 조선인 관리들의 신임을 받았기 때문이다.

3) 콜레라 방역 – 연합의 시동[93]

한편 동학농민운동이 일어나 불안해진 정국을 안정시키기 위해 고종은 청에 구원병을 요청했고, 청의 군대가 1895년 6월 제물포에 도착하였다. 이에 대응해 일본도 군대를 파견했고, 결국 7월 23일 일본군이 경복궁을 공격함으로써 청일전쟁이 일어났다. 일본군은 풍도 앞바다에서 청국 함대를 공격했고, 9월 중순 평양 전투에서 승리한 후 10월 하순 남만주로 진격하였다. 1895년 3월 중순에는 라오둥 반도를 장악하였다. 전쟁은 결국 일본의 승리로 끝났고, 영국, 러시아, 프랑스, 독일, 미국 등 열강의 간섭을 우려한 일본은 결국 4월 17일 청일강화조약, 즉 시모노세키조약[下關條約]을 맺었다.

그런데 1895년 청일전쟁이 끝난 직후 만주에 주둔해 있던 일본군 사이에서 콜레라가 발생하였다. 일본군이 한국을 통해 일본으로 귀국하면서 6월부터 북쪽 지방에서 콜레라가 급속히 유행하기 시작하였다. 1885년과 1886년에 이어 다시 콜레라가 유행하자 조선 정부는 7월 4일 「검역규칙」을 반포하고 7월 6일에는 「호열자병 예방규칙」을 제정하였다.[94] 조선 정부는 이런 조치를 취하면서 에비슨에게도 자문을 요청하였다. 하지만 콜레라는 더욱 확산되어 7월 중순에는 결국 서울에서 콜레라로 의심되는 환자가 사망하기에 이르렀다.

조급해진 조선 정부는 에비슨에게 도움을 요청하였다. 7월 24일 에비슨은

[92] *The Fifty-ninth Annual Report of the Board of Foreign Missions of the Presbyterian Church in the U.S.A.*, Presented to the General Assembly, May, 1896, p. 164.

[93] Oliver R. Avison, "Cholera in Seoul," *The Korean Repository* 2, Sept. 1895, pp. 339~344.

[94] 「勅令」115호 「檢疫規則」, 1895년 7월 4일 『관보』 ; 「內部令」 2호 「虎列刺病 豫防規則」, 1895년 7월 6일 『관보』.

미국공사 실로부터 내부 위생국의 남궁 주사를 소개받았다. 남궁은 내부대신의 콜레라 병원의 설치 및 방역 조치를 하는 데 에비슨의 도움이 필요하다는 말을 대신 전하면서, 조선 정부는 에비슨에게 방역 책임의 전권을 맡기며, 예산과 인력 등 방역에 필요한 모든 지원을 하기로 결정했음을 알렸다.

다음 날 에비슨은 내부대신과 협의를 거쳐 서울의 모든 의사가 참여하는 방역국을 조직하였다. 에비슨이 국장에 임명되었고, 부국장에 일본인 의사 고지오, 서기에 여의사 커틀러(Mary M. Cutler, 1865~1948)가 임명되었다. 이때 방역국 산하의 간행위원회는 수년 전 미국 뉴욕의 위생국에서 간행한 규칙을 한국 실정에 맞게 번역하여 배포하였다. 이 규칙은 불완전한 것이었지만 콜레라의 확산을 막는 데 상당한 역할을 하였다.

에비슨은 방역 사업이 활발히 진행되는 동안 제중원을 닫고 이 일에만 전념하였다. 그리고 에비슨의 요청으로 교파와 관계없이 서울의 모든 선교사와 신도가 힘을 합쳐 적극적으로 방역에 나섰다. 조선 정부는 콜레라 환자를 수용하는 피병원을 설치하기 위해 동대문 근처의 언덕 위에 비어 있는 하도감을 제공하였다. 또 8월 초에는 서대문 밖의 모화관에 격리병원이 설치되었다. 에비슨은 웰스(J. Hunter Wells, 1866~1938), 언더우드, 언더우드 부인을 이 병원의 감독자로 임명하였다. 당시는 보고 체계가 정립되지 않은 상태였지만 정부 문서, 주조선 일본공사관의 기록, 에비슨의 기록 등을 통해 추측한 결과 대략 1만여 명이 사망하였다.[95] 다행히 콜레라는 9월 초가 되자 자취를 감추었다.

에비슨은 1895년 여름의 콜레라 유행에서 얻은 교훈을 다음과 같이 정리하였다.[96] ① 의료 선교사들은 7주 동안 병원에서 다양한 치료를 통해 충분한 경험을 축적했으므로 콜레라가 다시 유행한다면 훨씬 좋은 치료 결과를 얻을 수 있다고 확신하게 되었다. ② 무엇보다도 자신들이 기독교 전도를 위해 조선

---

[95] 신동원, 『한국근대보건의료사』, 서울: 한울아카데미, 1997, 164쪽.
[96] Oliver R. Avison, "Cholera in Seoul," *The Korean Repository* 2, Sept. 1895, pp. 339~344.

에 왔는데, 이번 유행에서 보여 준 선교사들의 헌신이 그대로 조선인들에게 전해져 의료 선교사들이 크게 신뢰받게 되었고 나아가 신도의 수가 크게 늘어나는 데 결정적인 역할을 하였다.

이에 대해 언더우드는 다음과 같이 언급하였다.

> 콜레라가 대단히 유행할 때 선교사와 한국인 조수들이 보여 준 놀라운 치료 성과와 지칠 줄 모르는 헌신과 함께, 특정 지역에 배치된 검역소의 요원들이 신속하고 적절한 도움을 주었고, 때로는 콜레라가 초기에 잡혔으며, 실제적으로 더 이상 퍼지는 것을 막을 수 있었기에 전국에 걸쳐 주목을 받았다. 신분이 높고 낮음, 부자나 가난한 사람 모두 이구동성으로 "외국인들이 우리를 사랑하는 만큼 우리는 우리 자신을 사랑하는가? 그리고 왜 그런가?"라는 말을 하였다.[97]

③ 조선인들이 전염병을 과학적으로 이해하도록 하는 데 크게 기여하였다. ④ 조선 정부가 방역에 사용할 2,000달러를 알아서 집행하게 함으로써 외국인 선교사들은 자신들이 신뢰를 받고 있음을 알게 되었다.

선교사 입장에서 보면 교파를 초월해 전국에서 콜레라 방역 활동을 벌인 것은 조선에서 이루어진 최초의 연합 의료 선교 사업이라 할 수 있다. 물론 후에 세브란스 병원이 연합으로 운영될 수 있었던 것도 이 콜레라 방역 사업이 기초가 되었다.[98]

---

[97] Horace G. Underwood, *Call of Korea, Political-Social-Religious*, New York: Fleming H. Revell, 1908, pp. 102~103.
[98] A. D. Clark, *Avison of Korea - The Life of Oliver R. Avison, M. D*; 『에비슨 전기 - 한국근대의학의 개척자』, 서울: 연세대학교 출판부, 1979, 270쪽.

4) 의학교육의 재개[99]

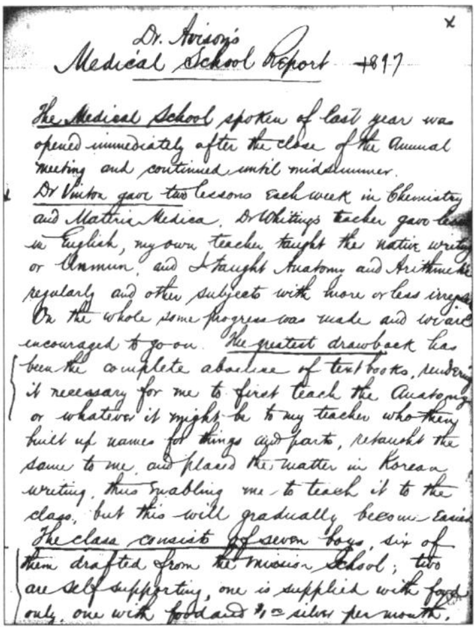
Dr. Avison's
Medical School Report 1897

The Medical School spoken of last year was opened immediately after the close of the Annual meeting and continued until midsummer.
Dr Vinton gave two lessons each week in Chemistry and Mattria Medica. Dr Whitings teacher gave less in English, my own teacher taught the native writ or Unmun, and I taught Anatomy and Arithmetic regularly and other subjects with more or less irreg. On the whole some progress was made and we are encouraged to go on. The greatest drawback has been the complete absence of text books, rendering it necessary for me to first teach the Anatomy or whatever it might be to my teacher who then built up names for things and parts, retaught the same to me and placed the matter in Korean writing, thus enabling me to teach it to the class, but this will gradually become easie The class consists of seven boys, six of them drafted from the mission School; two are self supporting, one is supplied with food only, one with food and $1.00 silver per month.

그림 1-8. 에비슨의 1896~1897년도 의학교 보고서

미국 북장로회가 에비슨을 한국의 의료 선교사로 임명한 데에는 진료뿐 아니라 한국 젊은이들에 대한 의학교육을 위해서였다. 에비슨은 초등학교 교사뿐 아니라 약학대학과 의과대학의 교수로 다년간 근무했으므로 제중원에서 교육을 재개할 적임자였다.

제중원을 넘겨받은 후 12월에 개최된 선교부 연례회의에서 서울지부의 에비슨에게 부여한 1895년의 임무는 언어 학습, 제중원의 책임, 서울지부의 감독하에 이루어질 의료 순회 전도 사업 및 의학교육반 조직 등이었다.[100] 이때 에비슨은 의학교육반의 조직 계획을 밝혔고, 교육위원회는 사정이 허락하는 한 빠른 시일 내에 조직할 것을 권하였다.[101]

이에 에비슨은 가능한 한 빨리 조선인 의사 양성에 나서고 싶어 하였다. 하지만 1894년 9월 제중원을 넘겨받은 후 우선 병원을 안정화시켜야 했고, 기독교 전도를 위한 틀도 마련해야 하는 등 교육에 적극적으로 나설 여건이 아니었다. 마치 제중원이 갓 개원했을 때 의학교육을 원했던 알렌이 연말이 되어서야 의학교육을 본격적으로 추진했던 것과 유사한 상황이었다.

한국에 온 직후 에비슨은 다른 많은 의료 선교사들이 하던 대로 조수를 고

99 박형우, 『한국 근대서양의학교육사』, 서울: 청년의사, 2008.

100 *Report NN. Report of the Committee on Appointment of Substations and Work*, Dec. 1894.

101 Mary H. Gifford, *Report LL. Report of Educational Committee*, ca. Dec. 1894.

용하는 형태로 교육을 시작하였다. 가장 먼저 고용한 조수에게는 환자를 마취하는 일을 맡겼다.[102] 에비슨은 이들을 학생 조수라고 명명하고 의학교육을 시켰다. 에비슨이 훈련시킨 조수는 1895년 여름 콜레라 방역 때에도 일정 역할을 하였다. 당시 자신의 곁을 지켜달라는 고종의 요청에 에비슨은 다음과 같이 답하였다.

> 저희 수하에서 훈련을 받아 이 병에 대해 잘 아는 조선 청년 한 사람을 대궐에 유(留)하게 하옵고, 만일 병의 기미가 보일 때는 즉시 저에게 통지하여 제가 와서 보도록 하겠사오니 (중략)[103]

콜레라 방역을 성공적으로 대처하여 조선 정부와 조선인의 큰 신임을 얻고, 조수들의 역할을 확인한 에비슨은 10월 1일부터 의학교를 조직하여 본격적인 의학교육에 나섰다. 에비슨의 의학교육에는 여러 어려움이 따랐지만 무엇보다 학생 선발이 가장 힘들었다. 알렌은 조선 정부에서 학생 모집을 맡았지만, 에비슨은 혼자 학생을 모집해야 하였다. 며칠 동안 고생해 학생 한 명을 뽑으면 길게는 3개월, 짧게는 4~5일 만에 그만두는 등 학생 모집이 매우 어려웠다.

학생 모집만큼 어려웠던 점은 한글로 된 의학 교과서가 없다는 점이었다. 에비슨은 이 문제를 해결하기 위해 의학생들의 도움을 받아 한글로 된 의학 교과서 편찬에 적극 나섰다.[104] 에비슨은 의학의 기본이 되는 『그레이 해부학』 교과서부터 번역하기 시작하였다.[105] 1897년 초에 이미 어느 정도 번역이 진행되

---

[102] 「魚丕信 博士 小傳(十二). 제중원의 유래(속)」, 『基督新報』 제853호, 1932년 4월 6일.

[103] 「魚丕信 博士 小傳(十七). 제중원의 유래(속)」, 『基督新報』 제859호, 1932년 5월 18일.

[104] 박형우, 「우리나라 근대의학 도입 초기의 의학 서적. I. 제중원-세브란스의학교에서 간행된 의학교과서」, 『醫史學』 7, 1998, 223~238쪽.

[105] 박형우·박준형, 「한국에서 최초로 발간된 해부학 교과서와 편찬 배경」, 『대한해부학회지』 39, 2006,

표 1-2. 제중원-세브란스의 변천

미국 선교부		조선 정부
알렌 내한	1884. 9.	
알렌, 민영익 치료	12. 4	갑신정변
언더우드, 아펜젤러 내한	1885. 4. 5	
알렌, 제중원의 의료 책임을 맡음	4. 10	한국 최초의 서양식 병원 제중원 개원
스크랜턴, 제중원에서 진료	5. 22	
제중원의학교 개교	1886. 3. 29	
제중원 부녀과 신설	7. 4	
알렌, 선교사 사임	1887. 10.	알렌을 주미 조선공사관 외국인 서기관으
헤론, 제중원의 의료 책임을 맡음		로 임명
헤론, 이질로 사망	1890. 7. 26	
알렌, 주한 미국공사관 서기로 임명됨	8. 1	
빈튼, 제중원의 의료 책임을 맡음	1890. 4. 3	
에비슨, 제중원의 의료 책임을 맡음	1893. 11. 1	
	1894. 8. 18	제중원을 내무아문 소속으로 배속시킴
에비슨, 제중원을 이관받음	9. 26	제중원을 미국 북장로회로 이관
		구리개 대지를 무기 임대해 줌
에비슨, 중앙병원 구상	1895. 2.	
에비슨, 방역국장으로 콜레라 방역	7. 25	콜레라 유행, 최초로 방역국 조직
에비슨, 제중원에서 의학교육 재개	10. 1	
에비슨, 연합병원 구상	1897. 10.	
	1899. 3. 24	의학교 관제 반포
에비슨, 첫 안식년 떠남	3. 29	
	4. 24	한방병원인 (내부)병원 관제 반포
에비슨, 뉴욕 카네기홀에서 「의료 선교에 있어서의 우의」라는 제목의 강연을 함	1900. 4. 30	
세브란스, 병원 건립 기금으로 1만 달러 기부를 해외선교본부가 승인	5. 15	
	6. 30	병원관제가 개정되어 병원이 광제원으로 개칭
	1903. 1. 9	의학교 제1회 졸업생 19명 배출
새로 지은 제중원인 세브란스 병원 봉헌	1904. 9. 23	
구리개 제중원 터와 건물을 조선 정부에 반환	1905. 4. 10	
	11. 17	을사늑약 체결
조선 정부, 제중원 찬성금 지급 결정	1906. 5. 22	
	1907. 3. 14	대한의원 관제 반포
한국 최초의 면허 의사 배출	1908. 6. 3	
세브란스 병원 의학교로 학부에 등록	1909. 7.	
	1910. 8. 29	경술국치
	9. 30	조선총독부의원 관제 반포
세브란스 연합의학교로 개칭	1913.	
	1916. 4. 1	조선총독부 의원 부속의학강습소가 경성 의학전문학교로 승격
세브란스 연합의학전문학교로 승격	1917. 5. 14	

었으며, 1899년 3월에 완료되었다. 그러나 안식년 기간 동안 원고를 보관하고 있던 조수가 죽는 바람에 원고가 사라졌다.

1895년 10월 1일부터 시작하는 1895~1896년도에는 남학교에서 조수로 선발된 몇 명의 학생이 병원에서 일하면서 교육을 받은 의사가 될 목표로 의학 교육을 받았다.[106] 이때 교수진과 교과목은 다음과 같다.

> 화이팅 여의사 : 생리학, 영어
>
> 제이콥슨 간호사 : 붕대법, 마사지
>
> 빈튼 : 화학, 약물학
>
> 에비슨 : 해부학, 기초 현미경학, 전기학, 단순한 피부병, 심장, 폐와 소변 검사

1896년 10월 개최된 연례회의에서 에비슨은 의학생 교육에 대해 보고했고, 교육위원회는 병원 기금 이외의 돈으로 교육을 시행할 것과 기독교 신자 중에서 학생을 선발하는 것을 전제로 제한된 수의 학생 교육을 승인하였다.[107] 1896~1897년도의 교수진과 교과목은 다음과 같다.

> 빈튼 : 화학, 약물학(1주일에 두 번)
>
> 이승만 : 영어
>
> 에비슨의 어학 선생 : 한글
>
> 에비슨 : 해부학, 산수(규칙적으로 강의)
>
> 기타 과목(불규칙적으로 강의)[108]

461~469쪽.

[106] O. R. Avison, *Annual Report for Oct. Meeting 1896*, Royal Korean Hospital, Seoul, Oct. 1896.

[107] Samuel A. Moffett, *Report of the Educational Committee*, Oct. 1896.

[108] Oliver R. Avison, *Dr. Avison's Medical School Report*, Oct. 1897.

1898년 연례회의에서는 학생들에게 장학금을 주는 에비슨의 계획을 승인하면서, 다만 이 목적에 선교부 기금은 사용하지 말도록 하였다.[109]

1898~1899년도에는 5명의 학생이 해부학, 화학 및 관련 분야를 배웠으며, 쉴즈는 환자 간호법, 외과수술의 준비 등을 교육하였다. 1899년 3월 에비슨이 안식년을 맞이해 캐나다로 갔을 때 7명의 학생이 있었다. 하지만 의학교육의 중추적인 역할을 수행하던 에비슨이 서울을 비운 것은 이제 막 시작된 의학교육이 제 궤도에 오르는 데 커다란 장애일 수밖에 없었다. 그리하여 에비슨이 안식년을 끝내고 1900년 10월 한국으로 돌아왔을 때에는 학생들이 모두 떠나고 없었다.

[109] Samuel A. Moffett, Mrs. Daniel L. Gifford, and James E. Adams, *Report of Educational Committee*, Oct. 1898.

2장

의학교육의 연합

1. 연합병원 구상과 세브란스 병원으로의 발전[1]

제중원에서는 에비슨, 여의사, 간호사 이외에도 필요에 따라 여러 의료 선교사들이 함께 활동하였다.[2] 에비슨이 왕실이나 다른 곳에서 왕진 요청을 받거나 기타 다른 일로 병원을 비울 때도 많았고, 또 아직 다른 선교지부가 설립되기 이전에 한국에 온 선교사들은 서울에 머물렀기에 그들은 한국어를 배우면서 제중원에서 에비슨을 돕기도 하였다.

1895년 4월 6일 한국에 온 화이팅은 제중원의 재정과 함께 부녀과의 진료

---

[1] 올리버 R. 에비슨, 박형우 편역, 『올리버 R. 에비슨이 지켜본 근대 한국 42년(1893~1935) 상』, 서울: 청년의사, 2010; 박형우, 『세브란스와 한국의료의 여명』, 서울: 청년의사, 2006; 문백란, 「세브란스 병원 건립을 둘러싼 선교사들의 갈등과 선교정책 수정」, 『東方學志』 제165집, 2014. 3, 129~166쪽.

[2] O. R. Avison, "History of Medical Work in Korea," *Quarto Centennial Papers, read before the Korean Mission of the Presbyterian Church in the U.S.A. at Annual Meeting in Pyeng Yang, August 27, 1909*, pp. 30~43.

책임을 맡았다. 하지만 1897년 선교에 전념하기 위해 의료 분야를 떠났다. 제이 콥슨은 간농양 진단을 받고 수술을 받았으나 1897년 1월 20일 사망하였다. 이후 1897년 5월에서 9월까지 하디가 잠시 근무하였다. 1897년 12월에는 여의사 피시(Mary A. Fish, 1870~1912)가 한국에 와 잠시 제중원에서 일하였다. 마펫(Samuel A. Moffett, 1864~1939)의 약혼녀였던 그녀는 평양에서 활동하였다. 1898년 10월에는 여의사 필드(Eva H. Field, 1868~1932)와 간호사 쉴즈(Esther L. Shields, 1868~1940)가 합류하였다. 1898~1899년도에는 필드, 피시, 하디 등이 진료에 참여하였다. 1898년 가을 에비슨이 제중원의 자리를 비웠을 때에는 빈튼이 8주 동안 제중원의 책임을 맡기도 하였다.[3]

1) 중앙병원

에비슨은 내한 초기부터 구리개의 제중원이 병원으로서는 적합하지 않으며, 한국인들의 건강 상태를 증진시키기 위한 계획을 성취하려면 병원에 더 좋은 설비가 필요하다는 사실을 인식하고 있었다. 엘린우드가 여학교와 관련하여 여성병원의 건립에 대한 의견을 묻자, 1895년 2월 에비슨은 중앙병원(Central Hospital)의 건립 구상에 대해 다음과 같이 밝혔다.

저는 우리(선교본부)의 자금이 허락하는 한 설비가 잘 갖추어지고 인원이 충분한 중앙병원 한 개를 가져야 한다고 생각합니다. 이곳에서는 남성 및 여성 의사 각각 한 명과, 간호사들이 머물 것입니다. 이 병원에는 남녀 환자가 모두 입원하되, 한국의 관습대로 분리된 건물에 입원해야 합니다. 한 개의 진료실은 남녀 환자를 위해 사용할 수 있습니다. 한 개의 수술실과 한 벌의 수술도구만

---

[3] *The Sixty-third Annual Report of the Board of Foreign Missions of the Presbyterian Church in the United States of America. Mission House*, New York, 1900, p. 168.

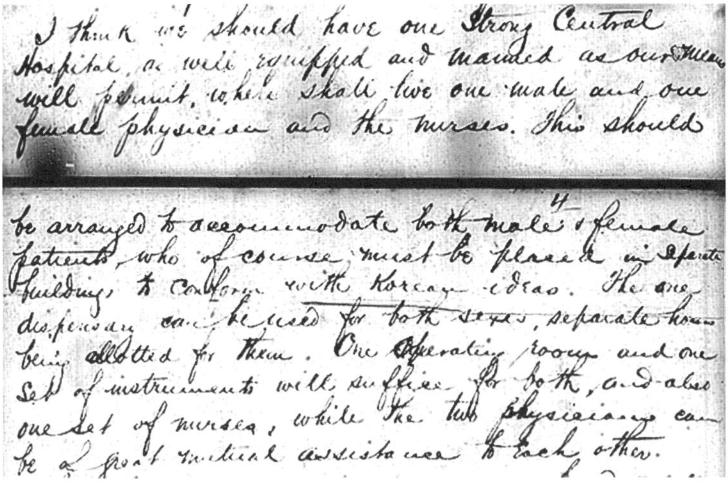
I think we should have one Strong Central
Hospital, as well equipped and manned as our means
will permit, where shall live one male and one
female physician and the nurses. This should
4
be arranged to accommodate both male & female
patients, who of course must be placed in separate
buildings to conform with Korean ideas. The one
dispensary can be used for both sexes, separate hours
being allotted for them. One Operating room and one
set of instruments will suffice for both, and also
one set of nurses, while the two physicians can
be of great mutual assistance to each other.

그림 2-1. 에비슨의 중앙병원 건립 구상

있으면 남녀 환자 수술에 충분하며, 두 명의 의사는 간호사와 함께 서로 도우며 진료할 수 있을 것입니다.

그다음에 우리는 위치가 적당하고 환자를 수용할 만한 방이 2~3개 있는 진료소를 건립해야 합니다. 이곳에는 집에서보다는 훨씬 나은 치료가 필요하지만 중앙병원에 올 수 없거나 특별한 진료가 필요하지 않은 환자가 머물 것입니다. 또한 수술이나 특별한 진료가 필요한 환자는 중앙병원으로 이송하여 적절한 간호와 치료를 받게 될 것입니다.[4]

에비슨의 중앙병원 체계는 현재 한국 의료제도의 근간이 되는 의료전달 체계와 동일하다. 즉, 진료소에서는 단순한 질병을 해결하고, 수술이 필요하거나 전문적인 치료가 필요한 경우에는 설비가 잘 갖추어지고 의료진이 충분한 중앙병원으로 이송함으로써 보다 효율적인 진료를 꾀하려는 구상으로, 이미 120년

4 Oliver R. Avison (Seoul), Letter to Frank F. Ellinwood (Sec., PCUSA), (Feb. 20th, 1895).

전에 만들어진 것이다.

2) 연합병원

잘 알려진 바와 같이 안식년 기간 중 에비슨은 한국에 연합병원 건립이 필요함을 역설했고, 결국 세브란스 병원의 건립으로 이어졌다. 그렇다면 에비슨은 언제 연합병원의 건립을 구상하였을까?

1895년 2월 중앙병원 구상을 엘린우드에게 알렸다. 그런데 그해 여름에 콜레라가 크게 유행하였다. 콜레라 방역에 힘쓰는 과정에서 여러 교파의 연합 가능성을 엿본 에비슨은 중앙병원 구상에서 더 나아가 연합병원 건립을 생각한 것으로 보인다. 하지만 병원 건립을 추진하기 전인 10월 1일부터 의학교육을 시작했고, 1897년 보고서에서 연합의 필요성을 처음 개진하였다.

> 개인적으로는 의사들이 여러 작은 진료소에 퍼져 있는 것이 최상의 정책이라고 생각하지 않는다. 설비가 잘 갖춰져 있고 인원이 충분한 훌륭한 병원 하나가 있는 것이 더 경제적이며, 동시에 치료 기관으로서 전도 기관으로서 효율적일 것이며, 훨씬 더 다양한 사업을 추진할 수 있을 것이다.
> 이에 덧붙여 한국에서 결코 접근할 수 없었으며, 여의사를 제외하고는 그 누구도 접근할 수 없는 영역에 주목하고 싶다. (중략)[5]

에비슨은 감리회의 감독을 만나 연합의 필요성을 강조했고, 원칙적으로는 그들의 동의를 얻었다. 특히 북감리회의 크랜스턴(Earl Cranston, 1840~1932) 감독은 스크랜턴과 함께 있는 자리에서 그것이 진정으로 이루어지도록 노력하겠다고 했으며, 남감리회의 윌슨(Alpheus W. Wilson, 1834~1916) 감독은 선교부에

---

[5] Oliver R. Avison, *Dr. Avison's Medical Report 1897*, Oct., 1897.

에비슨의 의견에 전적으로 동감한다고 말하였다. 감리회의 리드(Clarence F. Reid, 1849~1915), 스크랜턴은 모두 에비슨의 의견에 찬성했으며, 스크랜턴은 연합병원 사업에 자신도 참여하고 싶다고 말하였다. 에비슨은 1898년 보고서에 연합병원의 필요성을 보다 구체적으로 강조하였다. 에비슨이 1899년 3월 안식년을 떠났으므로 이 보고서가 에비슨이 안식년을 떠나기 전에 제출한 마지막 보고서이다.

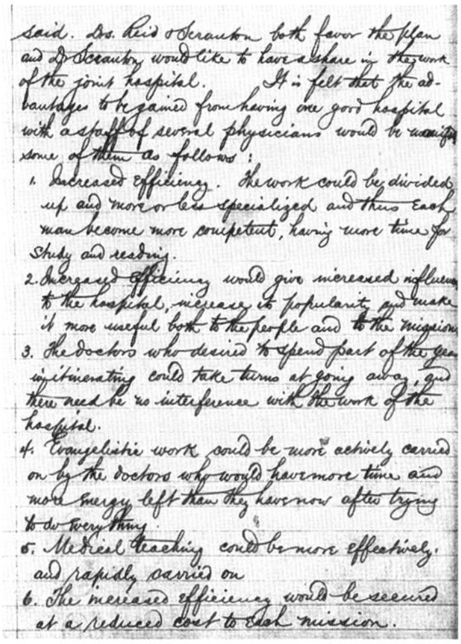
said. Drs. Reid & Scranton both favor the plan and Dr Scranton would like to have a share in the work of the joint hospital. It is felt that the advantage to be gained from having one good hospital with a staff of several physicians would be manifo[ld]
some of them as follows:
1. Increased efficiency. The work could be divided up and more or less specialized and thus each man become more competent, having more time for study and reading.
2. Increased efficiency would give increased influence to the hospital, increase its popularity and make it more useful both to the people and to the mission.
3. The doctors who desired to spend part of the year in itinerating could take turns at going away, and there need be no interference with the work of the hospital.
4. Evangelistic work could be more actively carried on by the doctors who would have more time and more energy left than they have now after trying to do everything.
5. Medical teaching could be more effectively and rapidly carried on
6. The increased efficiency would be secured at a reduced cost to each mission.

그림 2-2. 에비슨이 열거한 연합병원의 장점

에비슨이 생각한 연합병원의 이점은 다음과 같다.

1. 능률 향상. 병원 업무를 세분하고 전문화시켜 의사들이 적합한 업무를 하게 될 것이며, 연구와 독서에 더 많은 시간을 쓸 수 있을 것이다.
2. 능률 향상은 병원의 영향력 및 명성을 증대시켜, 사람들 및 선교부 모두에게 유익할 것이다.
3. 의사들이 원하는 대로 순서에 따라 병원 일을 생각하지 않고 자신만의 시간을 가질 수 있을 것이다.
4. 더 많은 시간과 활기를 가진 의사들은 전도 활동을 더 효율적으로 수행할 수 있을 것이다.
5. 의학교육이 더 효율적으로 그리고 신속하게 이루어질 것이다.
6. 능률 향상은 결국 각 선교부의 경비를 줄일 것이다.[6]

[6] Oliver R. Avison, *Dr. Avison's Report*, ca. Oct., 1898.

3) 에비슨의 첫 안식년

에비슨의 안식년

선교사들은 원래 8년 동안 근무해야 안식년을 갖는데, 에비슨은 부인의 건강 문제 때문에 5년 반 만에 이른바 '건강 안식년'을 얻어 캐나다로 돌아갔다. 당시 서울지부는 에비슨이 안식년으로 떠난 후의 제중원에 대해서는 크게 신경 쓰지 않는 분위기였다. 하지만 담당 의사가 없는 경우, 황제나 조선 정부가 그럴 리 없지만 어떤 자가 나서서 제중원의 건물을 돌려받겠다고 하면 큰 문제라고 생각하였다. 에비슨은 짐을 다 꾸려놓고 마침 일본으로 출항하는 배를 떠나보낸 채 알렌을 만나 도움을 요청하였다. 결국 알렌의 주선으로 제중원은 빈튼, 필드, 쉴즈가 맡기로 하였다.

우리는 하나님께서 가장 최선의 일을 마련해 주실 것이라는 믿음으로 (한국을) 떠났습니다. 우리는 이 안식년을 갈구하지 않았습니다. 이런 시기에 한국을 떠나는 것은 6년 전 우리가 캐나다를 떠날 때보다 훨씬 더 고통스러운 것이었습니다. 우리는 하나님이 아직도 우리를 인도하시고 병원이나 다른 사업이 지속되고 성장하는 목적을 최상으로 수행할 수 있게 마련해 주실 것이라 믿을 뿐입니다.[7]

에비슨은 1899년 3월 29일에 1년 예정으로 안식년을 떠났다. 4월 25일 밴쿠버에 도착한 에비슨은 부모님이 계시는 매니토바 주로 갔다가 위니펙을 거쳐 6월 하순 스미스폴스에 도착하였다.

---

[7] Oliver R. Avison (Manitoba), Letter to Frank F. Ellinwood (Sec., PCUSA), (May 30th, 1899).

1899년도 선교부 연례회의

한편 1899년 9월 27일부터 선교부 연례회의가 개최되었다. 언더우드는 10월 6일 다음과 같은 의료위원회의 보고를 낭독하였다.

제중원에 적절한 숙소가 절대적으로 필요하다는 것을 선교부에 제출하며, 현재 안식년을 갖고 있는 에비슨 박사가 적절한 수술실과 약간의 병동을 위한 특별 호소를 할 수 있도록 선교본부가 허락해 주도록 요청할 위원회를 구성한다.[8]

이 내용은 위원회가 재검토한 후 다음과 같이 결정되었다.

우리 선교부는 서울에 선교부와 관계된 설비가 잘 갖춰진 1급 병원을 건립하며, 장소와 기지의 분명한 계획을 의장이 임명할 위원회로 넘겨 다음 연례회의에 보고하도록 한다.[9]

특별위원회는 부산의 어빈, 평양의 마펫, 서울의 언더우드, 여의사 필드, 안식년 중인 에비슨으로 구성되었다. 하지만 서울에 1급 병원을 건립하는 것에 반대 의견을 낸 선교사도 있었다.

에비슨은 한국 선교부의 이러한 결정을 필드를 통해 듣고 있었다. 필드에 따르면 한국 선교부는 "어떤 병원을 건립하건 가장 입증된 최신 계획에 따라야 하며, 계획에는 2만~3만 엔 정도의 거금이 소요될 것이다"는 의견을 갖고 있는

---

[8] Horace G. Underwood, Cyril Ross, and Norman C. Whittemore, *Report ZZ. Report of the Medical Committee*, Rec'd Nov. 13, 1899.

[9] Fifteenth Annual Meeting of Presbyterian Mission of Korea, Sept. 27~Oct. 10, 1899, Sept. 27th, 1899.

것 같다고 하였다. 이 액수는 에비슨의 생각과 정확히 일치하는 것이었다.

에비슨의 활동

9월경부터 토론토에 머물던 에비슨은 어느 정도 원기를 회복하자 연합 병원 추진을 위해 발벗고 나섰다. 우선 동료인 건축가 고든(Henry B. Gordon, 1855~1951)으로부터 이에 관한 자문을 받았다. 그리고 몇몇 사람들로부터 약간의 기부금을 받았지만 병원 건립에는 턱없이 부족한 금액이었다.

에비슨은 9월 8일 선교본부로 편지를 보내 총무와의 면담을 요청했지만, 엘린우드가 병가를 떠나 12월 2일에야 만날 수 있었다.[10] 에비슨은 11월 29일 엘린우드에게 편지를 보내 '한국 선교부의 요청대로 자신이 특별 기부금을 모금할 수 있게 허락해 달라'고 요청하고, 건축가의 자문을 받은 후 뉴욕으로 가겠다고 하였다.

엘린우드와의 만남에서 병원 건립과 관련하여 어떤 이야기들이 오갔는지는 알 수 없다. 에비슨은 1900년 3월 1일 서울에 건립할 병원에 대한 자신의 계획을 담은 자료를 작성하여 엘린우드에게 보냈다.

카네기홀 강연과 세브란스와의 만남

1900년 3월이 되어 1년 동안의 안식년이 끝나자, 에비슨은 한국으로 돌아갈 준비를 하였다. 그런데 뉴욕의 선교본부는 3월 5일 개최한 실행위원회에서 에비슨의 한국 귀환 시점을 4월 29일부터 3개월 동안 연장한다는 결정을 내렸다. 그리고 뉴욕에서 열리는 만국선교대회에 참석하여 한국에서의 의료 선교

---

[10] Oliver R. Avison (Toronto), Letter to A. W. Halsey, (Sept. 8th, 1899); Oliver R. Avison (Toronto), Letter to Frank F. Ellinwood (Sec., PCUSA), (Nov. 29th, 1899). PHS V7-99, #147.

Comity in Medical Missions

O. R. Avison, M.D., *Missionary Presbyterian Church, U. S. A., Korea.**

The reasons for medical mission work are: (1) To give medical care to the missionaries. (2) To give medical care to the natives,

* Carnegie Hall, April 30.

244 COMITY AND CO-OPERATION

(3) To aid evangelistic work by disarming prejudice and bringing the gospel to the notice of those who are not attracted by merely evangelistic methods. (4) To train native physicians and nurses.

For the purposes of this paper only hospital and dispensary work will be considered, as other kinds of work are less affected by comity.

그림 2-3. 에비슨이 1900년 4월 카네기홀에서 강연했던 「의료 선교에 있어서의 우의」

경험에 대해 발표해 줄 것을 요청하였다. 이에 에비슨은 1900년 4월 30일 뉴욕의 카네기홀에서 「의료 선교에 있어서의 우의(Comity in Medical Missions)」라는 제목의 강연을 통해 한국의 실정을 소개하였다.

> 의료 선교 사역의 목적은 ① 선교사들에게 의료를 제공하고, ② 현지인들에게 의료를 제공하며, ③ 단순한 전도 방법으로 끌어당기지 못하는 사람들에게 기독교에 대한 편견을 없애고 복음을 전달함으로써 전도에 도움을 주고, ④ 현지인 의사와 간호사를 교육하는 것이라 할 수 있다.
>
> 이 글에서는 우의가 큰 역할을 하는 병원과 진료소 사역에 대해서만 고찰하고자 한다. 여태껏 한국에 설립된 모든 병원은 건물, 장비, 의료 인력, 연 수입에서 부족함이 많았다. 이렇게 된 이유는 재원의 부족이며, 재원이 부족한 이유는 이 사업을 수행하는 데에 상당한 경비가 소요되어 각 선교본부가 적절한 설비를 구비하지 못하기 때문이다. 예를 들어, 서울에는 8개의 병원과 진료실에 9

명의 의사와 6~7명의 간호사가 근무하고 있다. (중략)[11]

에비슨은 한국을 떠나기 전에 자신이 구상했던 중앙병원, 더 나아가 하나의 큰 연합병원을 건립하는 것이 의학교육 등 모든 면에서 시급함을 역설한 것이었다. 마침 이 강연을 들었던 세브란스(Louis H. Severance, 1838~1913)는 에비슨에게 "연설 내용이 재미있었고, 특히 우의(友誼)와 협동(協同) 중에서 협동이라는 말이 아주 인상적이었다"고 말하면서, 에비슨에게 여러 가지 질문을 던졌다. 그중에서 세브란스는 "당신이 뜻하는 병원을 서울에 지으려면 돈이 얼마나 듭니까?" 하고 물었다. 에비슨은 갖고 있던 설계도를 보여 주면서 1만 달러가 필요하다고 하였다. 며칠 후 세브란스는 병원 건립 기금으로 1만 달러를 기부하였다. 세브란스의 기부는 1900년 5월 15일 개최된 해외선교본부의 실행위원회에서 공식 접수, 승인되었다.

> 선교본부는 루이스 H. 세브란스 씨가 선교본부의 승인하에 한국에 새 병원을 건립하기로 약속했다는 보고를 들었으며, 담당 총무에게 이러한 너그러운 기부에 대한 선교본부의 진정한 감사를 세브란스 씨에게 표하도록 하였다.[12]

엘린우드의 요청으로 에비슨은 5월 17일 세인트루이스에서 개최되는 북장로회 총회에 참석하여, 교회의 자립(self-support)에 관한 토론에 참석하였다. 에비슨이 의견을 발표하고 자리에 앉자 의장인 할시(A. Woodruff Halsey, 1853~1921)가 어떤 독지가가 에비슨의 서울 병원 건립을 위해 1만 달러를 희사했다는 사실을 공개하였다.

---

[11] Oliver R. Avison. "Comity in Medical Missions", *Ecumenical Missionary Conference. New York, 1900*, Vol. 1. American Tract Society, New York, pp. 243~248.

[12] Korea, Mr. L. H. Severance. Offer to Build Hospital Accepted, May 15th, 1900.

이어 총회가 열렸고 세브란스가 참석하였다. 에비슨이 고마움을 표시하자 세브란스는 "기부를 받는 당신의 기쁨보다 주는 나의 기쁨이 더 크다(You are no happier to receive it than I am to give it.)"라고 하였다. 이어 에비슨이 "우리 부부가 1년 동안 이 일을 위해 기도했다"고 얘기하자 세브란스도 "나도 어딘가에 병원을 세워야겠다는 생각을 1년 동안 해오던 중 마침 당신의 연설을 듣고 서울로 정했다"고 답하였다.

그림 2-4. 루이스 H. 세브란스

4) 새로 지은 제중원, 세브란스 병원의 개원

에비슨은 1900년 10월 2일 한국으로 돌아왔다. 하지만 병원 설립은 평양의 선교사들의 반대와 조선 정부의 비협조로 순탄하게 진행되지 않았다.

평양 선교사들과의 갈등[13]

우선 평양의 선교사들은 1만 달러 중 5,000달러만 병원 건립에 사용하라고 주장했고, 해외선교본부도 이에 동조하였다. 그러나 이 소식을 들은 기증자 세브란스가 나서 1만 달러를 전부 병원 건립에 사용하라고 함으로써 문제는 일단락되었다. 아울러 미국 북장로회 선교본부는 건축가 고든을 면담하고 1901년

---

[13] 1만 달러의 사용을 두고 서울과 평양 선교사 사이에 생긴 갈등은 다음을 참고할 것. 문백란, 「세브란스 병원 건립을 둘러싼 선교사들의 갈등과 선교정책 수정」, 『東方學志』 제165집, 2014. 3, 140~147쪽.

3월 18일 개최된 선교본부 회의에서 세브란스 병원을 포함하여 다른 건물을 짓기 위해 1년 동안 그를 조선으로 파견하기로 결정하였다.[14] 그의 보수는 1년 동안 3,000달러였으며, 왕복 경비는 별도로 지급되었다.

조선 정부의 비협조[15]

한편 알렌을 통해 한 미국 신사가 현대식 병원 건립 기금을 기증했다는 소식을 들은 고종은 자신도 새 병원을 지을 대지(垈地)를 하사할 의사를 비쳤다.[16] 1901년 2~3월경 이와 같은 내용을 담은 고종의 친서가 에비슨에게 전달되었고, 부지 선정을 돕기 위해 이용익(李容翊)을 보냈다. 하지만 조선인 관리들의 비협조로 실제 부지 선정이 지연되었다. 1901년 12월에는 에비슨이 고종의 조카와도 만나 이야기를 나누었지만 결국 이 약속은 지켜지지 않았다.[17] 병원 부지 선정이 늦어지자 서울의 선교사들과 미국공사관의 알렌은 세브란스의 기부가 취소될지도 몰라 불안해하였다.

마침내 1902년 4월 4일, 서울의 병원 건립이 지연되는 것에 대한 회의가 열렸다. 이날 회의에는 엘린우드 등의 선교본부 인사, 세브란스, 언더우드가 참석하였다. 이 회의에서는 병원 건립과 관련된 모든 것이 검토되었고, 그러면 어떤 단계를 밟을 것인가와 관련된 논의 끝에 세브란스는 대지 구입을 위해 5,000달러를 더 기부하겠다고 제의하였다.[18] 이와 함께 세브란스는 의학교육을 위해 의료 선교사 한 명을 5년 동안 후원하겠다고 제의하였다. 이러한 세브란스의 제의는 4월 7일 개최된 해외선교본부 실행위원회에서 승인되었다.

---

[14] C. W. Hand, Letter to James S. Gale, (Mar. 28th, 1901).

[15] 병원 부지 구입에 대해서는 다음을 참고할 것. 박형우, 『세브란스와 한국의료의 여명』, 서울: 청년의사, 2006, 115~117쪽.

[16] 『美案』, 문서번호 2546, 「濟衆院 基地 契券 發給과 病院 建屋의 件」, 1902년 4월 22일(광무 6년 4월 22일).

[17] Oliver R. Avison (Seoul), Letter to Frank F. Ellinwood (Sec., PCUSA), (Dec. 14th, 1901).

[18] Frank F. Ellinwood (Sec., PCUSA), Letter to the Korea Mission, (Apr. 8th, 1902).

선교본부는 에비슨에게 더 이상 조선 정부에 기대지 말고 속히 병원 대지를 구입하여 병원을 건립할 것을 요청하였다. 에비슨은 남대문 밖 남산 기슭 복숭아골을 병원 부지로 구입하였다. 이 땅은 2년 전 선교부에서 선택했던 두 곳 중 하나였는데, 1년 전 함께 답사한 고든이 이곳이 병원 건립에 가장 좋다는 의견을 피력한 바 있었다. 이때 대략 9에이커의 대지를 구입하였다.

정초식

고든의 지휘로 시작된 병원 건축은 조선 정부가 건축 허가를 내주지 않는 등 처음부터 순조롭지 못했다. '새로 짓는 제중원'의 정초식은 1902년 11월 27일 추수감사절 날 오후 3시에 거행되었다. 정초식을 위해 에비슨은 다음과 같은 내용의 초청장을 보냈다.

> 본월 이십칠일(음력 십월 이십팔일) 오후 세 시에 남문 밧게 새로 짓는 제중원
> (쎄버란스씨 긔렴병원) 긔초의 모퉁이돌을 놋겟스오니 오셔서 참예ᄒ심을 ᄇ라ᄋ
> ᄂ이다.
> 이 돌을 대미국공ᄉ 안련씨가 놋켓스옵
> 구쥬강생 一千九百二년 十一月
> 대한 광무 六년 임인 十一月
> 제즁원 빅

그런데 1903년 말에 들어 러시아와 일본 사이에 전쟁이 일어날 것이라는 소문이 돌면서 건축 자재 값이 폭등해 시공자인 해리 장이 계약을 포기하는 일이 있었다. 하지만 세브란스가 추가 비용을 기꺼이 부담하면서 문제가 해결되었다. 세브란스는 잘 갖춰진 훌륭한 병원을 원했지 비용은 문제가 아니었다.

그림 2-5. 1904년 9월 23일에 개원한 한국 최초의 현대식 병원인 세브란스 병원

준공 및 개원

마침내 1904년 9월 23일 새 병원의 봉헌식을 올림으로써 입원실 규모가 40병상인 한국 최초의 현대식 종합병원이 문을 열었다. 이날 에비슨 부인이 은제 열쇠로 병원 문을 처음 열었으며, 에비슨이 병원을 건립하게 된 경과를 짧게 보고했고, 마펫과 언더우드 목사가 봉헌식 축사를 하였다.

개원 3일 전인 9월 20일, 구리개 제중원에 입원해 있던 환자 5명을 새로 지은 병원으로 이송하면서 새 병원에서의 진료가 시작되었다.[19] 개원 직전 허스트(Jesse W. Hirst, 1864~1952)가 파송되어 에비슨과 함께 진료하였다. 새 병원에서의 첫 수술은 10월 4일에 이루어졌는데, '한국인들을 빛으로 인도한다(letting in the light)'는 의미로 특별히 백내장 환자를 택하였다.[20]

병원의 이름은 병원 기증자 이름을 따서 '세브란스 기념병원(Severance Memorial Hospital)'이라 불렀다. 루이스 세브란스가 죽은 둘째 아들을 기려 '병원'을 기증한 것이었기 때문이다.[21] 하지만 얼마 지나지 않아 '기념(Memorial)'

---

[19] *Seoul Station Report*, 1905.

[20] Jesse W. Hirst (Seoul), Letter to Arthur J. Brown (Sec., PCUSA), (Oct. 7th, 1904).

[21] 세브란스는 부인 패니(Fannie Buckingham Benedict, 1839~1874)와의 사이에 2남 2녀, 즉 존(John Long Severance, 1963~1936), 엘리자베스(Elizabeth Sill Severance, 1865~1944), 애니(Annie Belle Severance, 1868~1896), 로버트(Robert Bruce Severance, 1872~1872)를 두었다. 세브란스는 로버트를 기려 병원 건립 기금을 기부한 것이었다. Diana Tittle, *The Severances*, Cleveland, Western Reserve Historical Society, 2010.

을 생략하여 '세브란스 병원(Severance Hospital)'이라고 불렀다.[22] 병원의 정식 개원식은 그해 11월 16일에 열렸다.

이렇게 건립된 세브란스 병원은 엄격한 의미에서 에비슨이 당초 제안했던 '연합병원'은 아니다. 하지만 병원에서 의학교육이 활성화되면서 연합은 필연적이었다.

5) 구리개 제중원 건물과 대지의 반환

새 병원이 준공됨에 따라 구리개 제중원의 건물과 대지를 조선 정부에 반환(返還)하는 문제가 대두되었다. 당초 영구 임대 형식으로 사용한 것이었기 때문에 조약에 따라 선교부가 대지 및 건물에 투자한 비용을 적절히 정산하고 반환하는 절차가 남았던 것이다.

협상은 조선 정부가 아닌 일본공사관이 전면에 나서 진행했으며, 1905년 초 일본공사관 서기관 하기와라[萩原守一]와 미국공사 및 선교사 사이에 30,289엔 90젠에 제중원의 토지와 가옥을 반환하는 협상이 타결되었다. 1905년 3월 4일 서울 주재 일본 임시전권공사 하야시[林權助]가 보낸 공문에 따르면 협상의 의의와 내용은 다음과 같다.

제중원 부지(濟衆院 敷地)를 매입(買入)하도록 노력할 것.

삼가 말씀드립니다. 이 지역 프랑스 교회당 북부 전면에 있는 제중원의 부지, 가옥은 일부의 토지 및 두 채의 가옥을 제외하고 모두 귀 정부의 소유입니다. 그런데 몇 년 전 귀 부(部)와 미국공사 간의 협정에 의해 미국 교회가 무상으

---

[22] "Editorial Comment," *Korean Review* 2, 1902, p. 357; Mission in Korea. *The Sixty-sixth Annual Report of the Board of Foreign Missions of the Presbyterian Church in the United States of America.* Mission House, New York, 1903, p. 212.

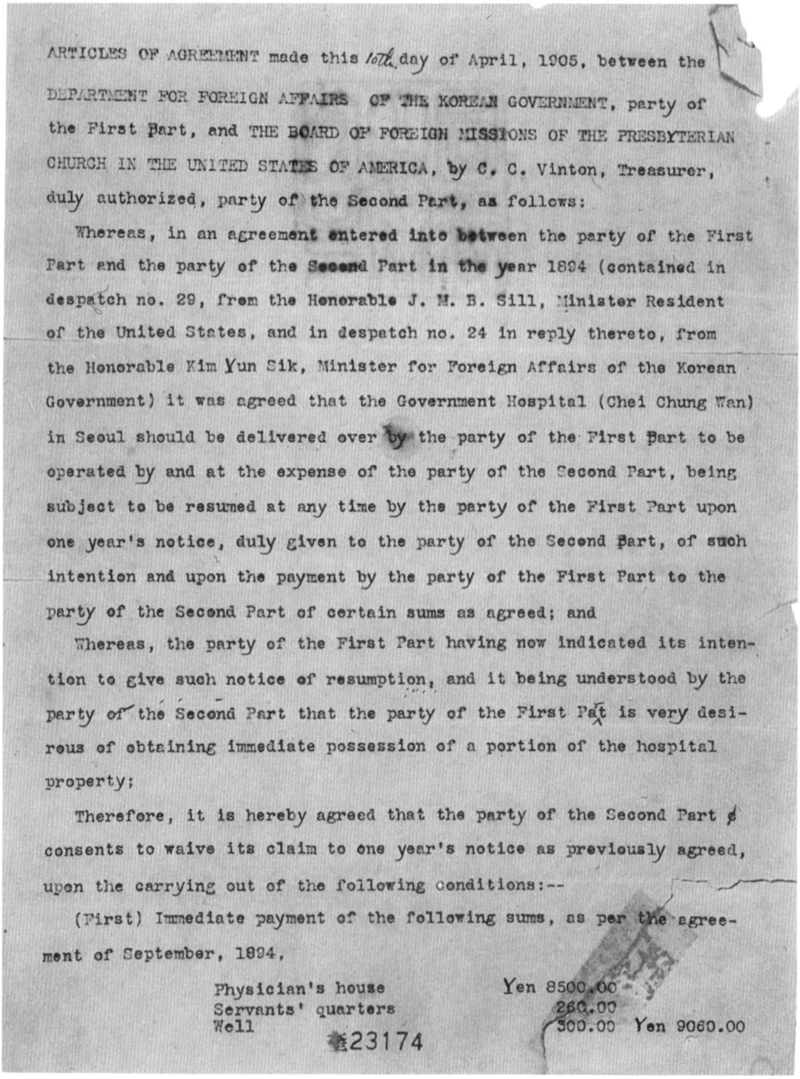

ARTICLES OF AGREEMENT made this *16th* day of April, 1905, between the
DEPARTMENT FOR FOREIGN AFFAIRS OF THE KOREAN GOVERNMENT, party of
the First Part, and THE BOARD OF FOREIGN MISSIONS OF THE PRESBYTERIAN
CHURCH IN THE UNITED STATES OF AMERICA, by C. C. Vinton, Treasurer,
duly authorized, party of the Second Part, as follows:

Whereas, in an agreement entered into between the party of the First
Part and the party of the Second Part in the year 1894 (contained in
despatch no. 29, from the Honorable J. M. B. Sill, Minister Resident
of the United States, and in despatch no. 24 in reply thereto, from
the Honorable Kim Yun Sik, Minister for Foreign Affairs of the Korean
Government) it was agreed that the Government Hospital (Chei Chung Wan)
in Seoul should be delivered over by the party of the First Part to be
operated by and at the expense of the party of the Second Part, being
subject to be resumed at any time by the party of the First Part upon
one year's notice, duly given to the party of the Second Part, of such
intention and upon the payment by the party of the First Part to the
party of the Second Part of certain sums as agreed; and

Whereas, the party of the First Part having now indicated its inten-
tion to give such notice of resumption, and it being understood by the
party of the Second Part that the party of the First Part is very desi-
rous of obtaining immediate possession of a portion of the hospital
property;

Therefore, it is hereby agreed that the party of the Second Part
consents to waive its claim to one year's notice as previously agreed,
upon the carrying out of the following conditions:--

(First) Immediate payment of the following sums, as per the agree-
ment of September, 1894,

Physician's house	Yen 8500.00
Servants' quarters	260.00
Well	300.00 Yen 9060.00

奎23174

그림 2-6. 「제중원 반환에 관한 약정서」. 奎23174, 1905년 4월 10일.

로 사용할 수 있게 된 이래, 미국 교회는 옛 가옥을 수축(修築)하고 빈터에 두 채의 기와집을 지었으며, 구내에 있는 일부 민유지를 매입하였습니다. (중략)[23]

1905년 3월 7일 외부대신은 탁지부대신에게 공문을 보내 제중원을 구매할 것을 요청하였다. 이에 1905년 3월 21일에 탁지부대신은 제중원 구매비를 예비금에서 충당할 것을 의정부회의에 상정했고, 3월 31일 황제의 재가를 얻어 제중원 구매를 최종 결정하였다. 이 사실은 4월 3일 『관보』를 통해 공표되었다. 제중원의 반환이 결정되자 4월 10일에 조선 정부와 미국 선교부는 「제중원 반환에 관한 약정서」를 비롯한 제반 서류를 작성하고, 대금을 지불하였다.

제중원 반환에 관한 약정서[24]

1905년 4월 10일, 조선 정부 외무아문을 갑(甲)으로 하고 미국 장로회 해외선교본부의 정식 위임을 받은 책임자 빈튼(C. C. Vinton)을 을(乙)로 하여 다음과 같이 약정서를 작성한다.

1894년 갑과 을 사이에 체결된 협정(이것은 미국 변리공사 실(J. M. B. Sill)이 보낸 공문 제29호와 조선 정부 외무대신 김윤식이 회답한 제24호에 실려 있다)에 따르면, 갑은 서울에 있는 정부병원(제중원)을 을에게 인도하여 을이 자신의 비용으로 운영하도록 하며, 갑은 1년 전에 정식으로 을에게 환수 통고를 하고 양측이 합의한 금액을 지불하는 조건으로 언제든지 환수할 수 있도록 합의하였다. 현재 갑은 환수 의지를 전달하고 있으며, 을은 갑이 즉시 병원 자산을 소유하고 싶어 한다는 점을 이해하

---

[23] 『日案』, 문서번호 8502, 「美國人 使用中의 濟衆院敷地 還收 및 一部及家 買入活用要請」, 1905년 3월 4일.
[24] 「濟衆院 返還에 관한 約定書」, 奎23174, 1905년 4월 10일.

고 있다.

이에 따라 을은 다음의 사항들이 실행되는 조건으로, 전에 합의한 1년 전의 환수 통고라는 권리를 철회하는 데 동의한다.

(첫째) 1894년 9월의 합의에 따라 다음 금액을 즉시 지불한다.

의사 숙소 비용	8,500.00엔
피고용인 건물 비용	260.00엔
우물 비용	300.00엔
한옥 수리 비용	2,000.00엔
서재 비용	150.00엔
거실 수리 비용	44.90엔
최근 수리 비용	15.00엔
	11,269.90엔

(둘째) 병원 의사의 숙소로 세워진 건물을 즉각 양도하며, 갑은 을이 다른 곳에 주택을 지을 때까지의 임차료로 1년간 매달 100엔씩을 지불하며, 아울러 두 세대의 두 차례 이사 비용으로 총 500엔을 을에게 즉각 지불할 것을 명시한다.

(셋째) 을은 동현(銅峴) 아래쪽에 있는 병원 건물들을 위의 1년 동안 사용할 수 있다.

(넷째) 갑은 을이 소유한 (제중원) 인접 자산을 매입하고자 하므로, 을은 저동(苧洞)에 소재한 을의 실제 자산 전부로 필드(Dr. Eva H. Field)가 전에 사용해 온 부지, 건물, 그후 보수한 시설을 총 19,020엔에 매각 양도하기로 한다. 갑은 19,020엔을 즉시 전액 지불하며, 을은 지불받은 즉시 적절한 양도 수속을 밟기로 한다. 아울러 이 자산들의 양도는

19,020엔을 지불한 날짜로부터 1년 뒤에 집행하며, 이 부지에 있는 외국산 과수 및 다른 작물은 을의 소유로 남겨두고 자산의 양도 전에 옮길 수 있다는 데도 합의한다. 을은 지금의 합의에 따라 그 부지의 1년간 사용을 주장할 수 있지만, 갑은 자신의 판단에 따라 빈 부지에 건물을 세울 수 있으며, 이 경우 공사가 시작되기 전에 현재의 건물과 정원 주위에 적절한 담장을 쳐야 한다.

이상의 내용에 대한 증거로 1905년 4월 10일 양측은 여기에 서명한다.

이하영

빈튼

입회인

언더우드(H. G. Underwood)

후루야(S. Furuya)

조선 정부는 세 가지 사항에 대해 30,289엔 90젠을 선교본부에 지불하였다. 첫 번째, 그동안 선교부가 건물의 증개축에 사용한 경비 11,269엔 90젠이었다. 두 번째, 땅과 건물을 급히 돌려받음에 따른 주택의 임차료와 이사 비용 1,700엔이었다. 마지막으로 여의사 에바 필드의 저동 소재 집과 대지에 대한 구매 비용 19,020엔이었다.[25]

하지만 일본 임시대리공사 하기와라가 조선의 외부대신에게 새로운 계약을 요구하는 공문을 보냈다.[26] 1,700엔을 추가로 지출하되 반환 시기를 앞당기는 내용의 계약을 미국 측과 다시 체결했으니 이 새로운 계약을 조선 정부가

[25] 奎23207, 1905년 4월 10일.
[26] 『日案』, 문서번호 8598, 「濟衆院 반환 후 미국인 주거권리 방안의 제시」, 1905년 4월 21일.

승인해 달라는 것이었다.

조선 정부는 일본 측의 새로운 제안이 유리할 것으로 판단하고 새로운 계약을 추진하였다. 1905년 4월 25일 외부대신은 탁지부대신에게 공문을 보내 미국인 주거권리 부담금(負擔金) 1,700엔을 지출할 것을 제안했고, 1905년 5월 6일 탁지부대신이 부담금을 예비금(豫備金)에서 충당할 것을 의정부회의에 상정하였다. 이어 1905년 7월 8일 의정부회의에서 부담금을 지출할 것을 결정하고 황제에게 결재를 올렸으며 7월 11일 재가를 받았다.[27] 이러한 내용은 7월 14일 『관보』에 공포되었으며, 반환계약이 완료됨에 따라 1885년 4월 10일 우리나라에 처음 세워진 서양식 병원 제중원과 관련된 조선 정부 측의 입장은 완전히 정리가 되었다.

그러나 병원 이름이 세브란스 병원으로 바뀐 뒤에도 민중들은 여전히 이 병원을 제중원이라고 불렀다. 건물과 위치는 바뀌었지만 제중원의 역할과 성격은 세브란스 병원으로 계승되었던 것이다.

6) 제중원 찬성금

조선 정부는 제중원을 선교부로 넘긴 이후에도 계속 제중원의 대민 구료 사업에 대해 높이 평가하였다. 하지만 세브란스 병원을 새로 지은 후에도 항상 재정 부족에 시달리자, 알렌은 1905년 2월 16일자로 한국의 외부대신 이하영(李夏榮)에게 공문을 보내 조선 정부에서 세브란스 병원의 운영비를 보조해 줄 것을 요청하였다.[28]

그 내용은 "세브란스 병원은 원래 조선 정부의 보조로 운영되었던 제중원

---

[27] 『奏本存案』, 「外部 所管 濟衆院 還收 後 米國人 一個年 住居 權利 負擔金을 五算外 支出 請議書」, 1905년 7월 11일.

[28] 『美案』, 문서번호 3089, 「施比蘭士病院 運營費의 政府 補助 要請」, 1905년 2월 16일.

의 후신인데, 현재의 큰 대지의 마련과 설비는 미국인 세브란스가 기부한 돈으로 이루어졌으며, 매일 많은 한국인 환자가 몰려와 수술과 치료를 받는바 병원의 유지비가 많이 드니 매달 세관 수입 중에서 400~500원씩을 도와주면 좋겠다는 것"이었다.

이에 대해 6월 5일자로 외부대신 이하영은 '신제중원(新濟衆院)'에 보조를 해 달라는 요청에 대해 그동안 회답이 늦어진 것은 한국 정부에서 결정을 내리지 못했기 때문으로 개인적으로는 찬성하지만 정부로부터 허락을 받지 못했으니 공사가 황제를 알현할 때 여쭈어 보라고 하였다.[29]

알렌은 6월 6일 에비슨에게 보낸 편지에서 이하영의 공문 내용을 알리며 모든 일이 순조롭게 해결될 것이라고 언급하였다.

나는 떠나기 전에 이 일을 종결지으려고 노력했으나, 정규 예산에 편성해야 하기에 다소 시간이 걸릴 것이며, 10월 이전에는 지급받지 못할 것입니다. (중략) 나는 일본 당국(통감부)이 이것에 호의적이며, (중략)

나는 이 마지막 문제(제중원 찬성금)가 좋은 결말을 보게 되었고, 한국인들을 위해 귀하가 벌이고 있는 선한 일에 고정적인 예산이 배정되는 데 내가 일조를 한 것에 대해 기쁩니다.

나는 이 편지를 통해 귀하께 작별의 인사를 드리며, 귀하의 사업이 계속 성공하기를 기원합니다.[30]

이 편지에서 알렌은 자기가 한국에서 마지막 한 일이 제중원 찬성금 건이었다고 밝히고 있다. 3월 29일 루즈벨트(Theodore Roosevelt, 1858~1919) 대통령으로부터 공사 직에서 해임된 알렌은 에비슨에게 이 편지를 보낸 직후인 6월

---

29 『美案』, 문서번호 3139, 「施富蘭士病院 補助 要求에 對한 回答」, 1905년 6월 5일.
30 Horace N. Allen (Seoul), Letter to Oliver R. Avison, (June 6th, 1905).

9일 미국으로 돌아갔다.

찬성금의 실제 지급은 1년 후에 이루어졌다. 1906년 5월 22일 내부대신의 요청으로 탁지부대신이 청의를 내었고, 5월 31일 조선 정부는 '미국인'의 제중원에서 그동안 환자를 치료한 공로를 치하하기 위해 찬성금(贊成金) 3,000원을 지급하기로 결정하였다.[31] 1906년은 제중원이 구리개에서 현재의 서울역 앞에 해당하는 복숭아골로 이전한 뒤이지만, 찬성금은 그동안의 활동에 대한 격려의 의미를 담고 있었으며 그 내용은 다음과 같다.

제중원의 설치가 이미 수십 년이 지났는데 백성의 생명을 구제하는 데 열심이어서, 경향 민생의 병이 있으나 의지할 데가 없는 자와 치료를 하여도 효과가 없는 자가 제중원에 부축되어 이르면 정성을 다해 치료한다. 죽다가 살아나고 위험한 지경에서 목숨을 부지하게 된 자를 손가락으로 셀 수 없을 정도인데 아직 한마디 치하하는 말이 없고 한 푼 도와주는 돈이 없으니 이것은 매우 부끄러운 일이다. 제중원을 돕는 돈을 보내자는 의견이 이미 정부의 방침인 바 결코 보류할 수 없어 이에 송부하니 잘 검토한 다음 찬성금 3,000원을 예산 외에서 지출하여 제중원에 보내 그 널리 시술하는 의미를 길이 장려함이 필요하다.[32]

---

[31] 『奏本』 제230호 「濟衆院 贊成金 豫備金中 支出件 上奏事」, 1906년 5월 31일; 彙報 『官報』, 제3470호, 1906년 6월 4일; 「雜報 有勞酬金」, 『皇城新聞』, 1906년 5월 18일, 2쪽.

[32] 『奏本』 제230호 「濟衆院 贊成金 豫備金中 支出件 上奏事」, 1906년 5월 31일.

2. 한국 최초의 면허 의사 배출

안식년을 끝내고 1900년 10월 2일 서울로 돌아온 에비슨은 두 명의 조수를 고용하여 진료를 다시 시작하였다.[33]

1) 체계적인 의학교육

에비슨은 안식년 이전의 의학교육을 검토한 후 좀 더 조직적으로 실시하기로 하였다. 결국 1901년 6월 12일, 8년 혹은 필요한 과정을 끝내 의사로서 자격을 갖출 때까지 남아 있기로 약속한 학생은 5명이었고, 1901년 9월, 서효권이 합류하였다.[34] 학생들은 과거 교육 기간 등을 고려하여 학년이 정해졌는데, 조직적인 의학교육의 요체는 바로 학년 부여였다. 가장 상급 학생은 전병세로 1901년 9월 현재 5학년이었다. 학생들의 이름과 학년은 다음과 같으며, 모두 기독교 신자였다.

전병세   5학년

서효권   4학년, 서경조의 아들. 1901년 9월 재입학(1911년 제2회로 졸업, 졸업
          당시 이름은 서광호)

박서양   2학년, 박성춘의 아들. 에비슨 귀국 후 재입학(1908년 제1회로 졸업)

김정원   2학년

홍인후   1학년(에비슨 귀국 후 뽑은 3명의 학생 중 1명)

홍덕수   1학년, 서상륜의 예비 사위(에비슨 귀국 후 뽑은 3명의 학생 중 1명)[35]

---

[33] 박형우·이태훈, 「1901년도 제중원 연례보고서」, 『延世醫史學』 4, 2000, 218쪽.

[34] Mission in Korea. *The Sixtysixth Annual Report of the Board of Foreign Missions of the Presbyterian Church in the United States of America Mission House New York. 1902*, p. 191.

[35] 박형우·이태훈, 「1901년도 제중원 연례보고서」, 『延世醫史學』 4, 2000, 227쪽.

교과과정을 살펴보면, 1900~1901년에 필드는 그녀의 한국어 선생을 통해 수학을 강의하였다.[36] 쉴즈 간호사는 김필순과 함께 영어를 강의하는 동시에 간호, 붕대 감는 법, 외과적 드레싱 준비, 수술방 준비 및 관리, 기타 유사한 주제 등을 강의하였다. 에비슨은 화학, 약물학, 해부학을 강의하였다. 교수진이 적어 실제 강의 시간은 많지 않았고 불규칙적이었다. 의학생은 다양한 질환을 경험했는데, 발치와 같은 외과적 처치는 대부분 학생들이 스스로 해결했고 자신들이 해결하지 못하는 환자만 에비슨에게 자문을 구하였다.

1901~1902년은 에비슨에게 실망스러운 한 해였다.[37] 학생 6명 중 1명은 능력이 부족해 내보내야 했고, 2명은 에비슨이 강의에 소홀함에 실망하여 떠남으로써 3명만 남게 되었다. 에비슨은 매주 토요일 화학을 강의했는데, 의학생뿐 아니라 여학교 상급반, 중학교(intermediate school)의 남학생, 몇몇의 다른 사람들도 참여해 15명 정도가 강의를 들었다. 교재는 일본 화학책을 번역한 것이었다. 강의와 함께 실습도 병행하였다.

1903년에는 해부학, 유기화학, 무기화학 등을 강의했고, 1903~1904년에 이르러서는 정규적으로 해부학, 화학, 생리학 강의가 진행되었다.[38] 학생들은 에비슨이 병원 건축 관계로 자리를 비울 때 스스로 일을 해결할 수 있을 정도로 성장하고 있었다.

2) 선교부의 인준

에비슨은 자신이 안식년을 갖는 동안 조선 정부가 개교한 의학교처럼 3년 정도의 교육 기간으로는 교육의 질을 확보할 수 없다고 판단하였다. 기초교육

---

[36] 박형우·이태훈, 「1901년도 제중원 연례보고서」, 『延世醫史學』 4, 2000, 228쪽.

[37] *Annual Report of Seoul Station to the Korea Mission*, October, 1902, p. 24.

[38] Annual Report of Seoul Station Presented to the Korea Mission of the Presbyterian Church in the United States of America at its Annual Meeting, September, 1904 at Seoul.

은 물론 충분한 임상 실습을 하려면 최소한 8년은 배워야 한다고 생각하였다.

에비슨이 이런 구상을 실현하려면 선교부의 인준이 필요하였다. 에비슨은 1903년 9월 개최된 연례회의에서 "모든 남자 의료 선교사들로 이루어진 위원회를 구성하여, 학생의 실력에 대한 증명서 발급, 규칙 제정, 교과과정의 작성, 학생들에 대한 시험 관장 및 과정을 끝냈을 때 증명서 발급 등을 관장"하도록 건의하였다.[39]

1904년 10월 1일에는 1년 동안 시행할 것을 전제로 의료 사역에 대해 다음과 같은 규정이 마련되었다.

1조. 의료 사역의 목적은 일차적으로 전도에 있으며, 모든 사역은 복음을 기쁘게 듣도록 사람들의 마음을 준비시키기 위해 행해진다. 자선에는 항상 종교적 진리가 포함될 것이며, 병원과 진료소의 모든 전도 사역에는 선교지부의 특별한 지시가 없는 한 의료 선교사가 선두에 설 것이다.

2조. 최상의 전도 결과는 최상의 의료 사역에서 나온다고 믿으며, 한 명의 의사가 정상적인 상황에서 요구되는 모든 의료 사역을 수행할 수 있을 만한 규모의, 설비가 잘 갖추어진 병원과 진료소를 설립하는 것이 선교회의 정책이다.

3조. 각각의 병원과 진료소는 가능한 한 거의 자급하게 하며, 이를 위해 환자가 진료비를 지불할 수 있는 경우 진료비를 받는 것이 선교부의 정책이다. 이 진료비는 진료 및 약값 등을 평가해 결정할 것이지만, 의사는 환자의 지불 능력을 고려하여 감액하든가 무료로 할 수 있다.

전문 진료를 받는 선교사를 제외한 외국인들은 동양에서 의사들에게 내는 정도의 진료비를 내야 한다.

---

[39] *Report of Medical Committee. Minutes of the Nineteenth Annual Meeting of Presbyterian Church in the U.S.A.*, 1903, pp. 43~44.

4조. 조수들 : ① 필요한 곳에서 의료 사역에 한국인 조수들을 고용할 수 있으며, 기독교인들을 선발한다. ② 의학 공부를 원하는, 적합한 한국인 기독교인들이 있는 경우, 그들도 조수로 사용할 수 있으며 책임을 맡은 (의료) 선교사는 그들의 교육에 자신의 시간을 할애할 수 있다. 그들은 학생 조수로 부를 것이고, 책임 (의료) 선교사가 정한 교육과정 동안 계속 남아 있겠다는 계약을 맺을 것이며, 각 (의료) 선교사에게 배정되는 숫자는 선교부에 의해 결정될 것이다. (의료) 선교사가 이러한 조수의 지원 및 보수가 필요하다고 생각되면 학생의 전체 교육과정을 포함한 계획을 선교부에 제출하며, 지원을 허락하기 전에 선교부의 승인을 받는다.[40]

이 규정은 1905년 9월 27일 개최된 연례총회에서 약간의 문구 수정을 거쳐 확정되었다. 또한 의료위원회는 의료 사역에서의 연합 및 의학교육과 관련하여 다음과 같이 결정하였다.

4. 서울에서 1년 동안 의료 사역에서 연합 계획을 승인하도록 추천한다.
5. 서울에서 영구적인 의료 사역의 연합 계획과 관련하여, 우리는 선교부의 모든 권익이 적절하게 보호되도록 선교부가 이 문제에 관해 서울지부 의료위원회 및 선교부 재정위원회, 재무로 구성된 특별위원회를 구성할 것을 추천한다.
(중략)
7. 우리는 무급으로 12명의 의학생을 교육시키겠다는 웰스 박사의 요청, 10명의 의학생을 교육시키겠다는 셔록스 박사의 요청을 승인한다.[41]
8. 2년 전 선교부 지시에 따라 에비슨 박사가 7년제 의학부 과정과 3년제 약학부 과정을 마련했으며, 우리는 다음 해부터 이를 실시할 수 있도록 그 사본을

---

[40] *Minutes and Reports of the Twentieth Annual Meeting of the Korea Mission of the Presbyterian Church in the U.S.A.*, 1904, pp. 91~93.
[41] Alfred M. Sharrocks (1872~1919).

선교부의 각 의사들에게 배부할 것을 추천한다.

9. 세브란스 병원을 책임지고 있는 의사들이 청원한 학생 조수 12명 채용 및 교육 건을 승인하도록 추천한다.

10. 우리는 평양의 감리회 지부 및 장로회 지부에 의해 승인될 평양에서의 의료 사역의 연합 원칙, 재정위원회의 승인을 받은 후 각각 선교부에 의해 승인을 받을 재정적 문제를 선교부가 승인할 것을 요청한다.[42]

이와 함께 세브란스 병원의 의료 사역에서 1년 동안 연합을 시도하기 위해 북장로회는 2명의 의사와 1명의 간호사 임명을 승인하였다.

이상과 같이 미국 북장로회는 1905년에 이르러 몇몇 의사들이 진행하던 의학교육을 처음으로 승인했으며, 서울과 평양에서의 연합 의료 사역도 시도하였다. 의료위원회가 1900년 이전에는 논의되지 않던 의학교육과 연합을 논의하기 시작한 데에는 세브란스 병원의 건립이 계기가 되었다고 볼 수 있다.

1906년에는 선교부가 추가 비용을 제공하지 않는다는 조건으로 세브란스 병원의 의학생 정원을 늘려 24명이 넘지 않도록 하였다.[43]

특히 1905년 9월 11일에는 장로회 선교부와 감리회가 연합위원회를 열고 재한 복음주의 선교공의회를 설립하기로 의결하였다.[44] 공의회에 참여하는 각 선교부의 연합 분야는 교육, 의료 및 전도 사역이었다.

3) 한글 의학 교과서의 편찬[45]

세브란스 병원 건립에 즈음하여 1904년 9월 13일 허스트가 합류하였다. 이

---

[42] *Minutes and Reports of the Twenty-First Annual Meeting of the Presbyterian Church in the U.S.A.*, 1905, pp. 44~45.

[43] *Minutes and Reports of the Twenty-First Annual Meeting of the Presbyterian Church in the U.S.A.*, 1906, p. 47.

[44] 미국 북감리회, 미국 북장로회, 미국 남장로회, 미국 남감리회, 캐나다 장로회, 호주 장로회가 참여하였다.

[45] 박형우, 『한국 근대서양의학교육사』, 서울: 청년의사, 2008, 167~199쪽.

에 에비슨은 이전보다 더 적극적으로 의학교육에 임할 수 있었다. 또한 1906년 가을 쉴즈 간호사가 합류하면서 병원일은 물론 간호사 교육까지 시작할 수 있게 되었다.

에비슨은 의학교육에서 가장 절감했던 한국어로 된 의학 교과서가 없는 문제를 해결하기 위해 조수 겸 학생인 김필순(金弼淳)과 함께 교과서 번역에 적극 나섰다. 이에 따라 병원을 이전하고 난 뒤인 1905년 가을부터는 많은 한국어 의학 교과서가 출판되어 의학교육에 큰 도움이 되었다. 1906년에는 관립 의학교 졸업생 홍석후(洪錫厚)와 홍종은(洪鍾殷)이 편입하여 에비슨의 번역 사업을 도왔다. 결국 에비슨은 거의 전 과목의 교과서를 편찬했으며, 교과서는 세브란스뿐 아니라 다른 선교 기관에도 무료로 배포하였다. 1910년 9월 에비슨은 세브란스 병원 의학교 내에 출판부를 둘 계획까지 갖고 있었다.[46]

4) 임상 실습과 졸업시험

1906년에는 내과와 외과에서 임상 실습이 진행되었다. 특히 학생들은 수술실에서 에비슨과 허스트를 도우면서 실습했기 때문에 모든 종류의 작은 수술과 외국인 선생의 감독하에 독자적으로 절단술 같은 일부 큰 수술을 할 수 있을 정도로 훈련되어 있었다.

새 병원으로 옮긴 후 여건이 좋아지자 입학생이 많아졌다.[47] 1906년 말 학생 수는 16명이었는데, 상당한 훈련을 받은 학생이 7명, 훈련을 덜 받은 학생이 9명이었다. 훈련을 덜 받은 학생들은 화학, 해부학, 조직학, 생리학, 약물학 강의를 받았다. 1907년에는 학생들의 요청으로 1년 후에는 졸업을 시키기로

---

[46] *1910 Report of the Korea Mission of the Presbyterian Church in the U.S.A. to the Annual Meeting held at Seoul,* September 1910.

[47] 제1회 졸업생 신창희는 1904년 5월 11일, 주현측은 1905년 1월 10일, 홍석후와 홍종은은 1906년 2월 1일 입학하였다.

결정하였다. 에비슨은 학생들이 졸업하기 위한 준비로 각 과목에 대해 반드시 알아야 할 것을 충분히 가르쳤다.

1908년이 되자 에비슨은 내과, 외과, 산과로 나누어 각 과목에서 가장 중요하고 필요하다고 인정되는 문제 100개씩을 만들었다. 이 문제들은 몇몇 외부 의사들로부터 검증을 받았다. 또한 질문들은 최근의 한국선교사의학회 회의에서 다루어졌던 것이며, 미국이나 캐나다에서 의학도를 위한 어떠한 시험으로도 충분한 질문들이었다.[48] 이들이 받은 졸업시험의 평균 성적은 92, 87.5, 87.5, 85.5, 82, 74.5, 72점이었으며, 전체 평균은 83점이었다.[49] 이로서 7명 모두 졸업시험에 합격하였다. 필기나 구두 시험과 함께 치른 실기시험은 점수가 훨씬 더 높았다.

5) 한국 최초의 면허 의사 배출

첫 졸업식은 1908년 6월 3일 수요일 오후 4시 의학교에서 거행되었다. 이들이 받은 학위는 의학박사였으며, 영어로는 'Doctor of Medicine and Surgery'였다. 1904년 9월 세브란스 병원이 개원하면서 제중원과 세브란스 병원이 혼용되어 사용되었으나, 졸업장은 세브란스 병원 의학교 명의로 발행되었다.

졸업식 다음 날인 1908년 6월 4일 졸업생들은 내부 위생국으로부터 의술 개업을 허락하는 의술개업인허장(醫術開業認許狀)을 받았는데,[50] 통감 이토[伊藤博文]의 지시에 따른 것이다. 인허장의 내용은 "○○○는 세브란스 병원 의학교에

---

[48] "Editorial," *The Korea Mission Field* 4, 1908, pp. 72~73.

[49] "Graduation Exercises," *The Korea Mission Field* 4, 1908, p. 124.

[50] 에비슨은 이미 1906년부터 곧 배출될 졸업생들에게 정부의 공인된 자격을 주기 위해 노력하고 있었다. 인허장은 1908년 5월 말에 내부로부터 승인을 받았다. O. R. Avison (Seoul), Letter to Arthur. J. Brown (Sec., PCUSA), (June 8th, 1906); 「雜報 醫業承認」, 『皇城新聞』, 1908년 5월 31일, 2쪽; 「雜報 開業狀受與」, 『皇城新聞』, (1908년 6월 7일), 1쪽; *Severance Hospital Medical College*, Seoul Press, June 6th, 1908, p. 2.

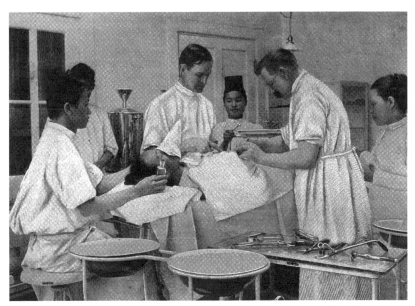

그림 2-7. 에비슨과 허스트의 수술을 보조하며 임상 실습을 하고 있는 제1회 졸업생 박서양(1904)

그림 2-8. 제1회 졸업생 김희영의 졸업장. 연세의 첫 졸업생이다.

그림 2-9. 세브란스 병원 의학교의 제1회 졸업생. 연세의 첫 졸업생들이다.

서 의학 수업의 전 과정을 이수하고 동 기관에서 충분한 시험을 통과한 사실로 보아 의료를 행할 권리를 부여한다"는 것으로 추정된다.[51] 이 의술개업인허장은 1호부터 7호까지였으며, 이것이 한국 최초의 의사 면허이다.

한국 최초의 의술개업인허장 수여에 대해 통감부는 다음과 같은 기록을 남겼다.

> 전기 세브란스 병원 부속의학교는 본년(1908년) 6월에 이르러 한인 졸업생 7명을 배출함으로써 그 실력을 조사하여 특히 의술개업인허장을 교부하였다. 한국에서 한국인을 의사로 공인하는 것은 좋은 일이다. 예전부터 한국에는 의사규칙이 있었는데, 아직 이를 실제로 적용한 적은 없었다. 한인으로서 스스로를 의사라 칭하고 현재 그 의료업을 운영하는 사람은 앞에서 기재한 7명을 제외하고 그 수가 2,600명에 이른다. 그렇지만 모두가 공인을 받은 것은 아니다.

6) 에비슨에 의한 의학교육의 의미

에비슨에 의해 이루어진 의학교육은 크게 세 가지 측면에서 의미를 부여할 수 있다. 첫째, 에비슨의 의학교육은 한국의 서양의학 토착화 과정 그 자체이다. 김필순, 홍석후, 홍종은 등은 에비슨의 지도로 거의 전 과목에 걸쳐 우리말로 된 의학 교과서를 편찬하였다. 둘째, 알렌, 헤론 시대와 달리 정규 졸업생을 배출했고, 이들이 우리나라 최초의 의사 면허인 의술개업인허장을 취득하였다. 즉, 의학교육이 교육 자체로서의 의미를 넘어서 사회적 공인 과정을 밟는 단계에 이르게 된 것이다. 셋째, 더 나아가 이 졸업생들은 모교에 남아 후학을 양성함으로써 서양의학이 한국에 뿌리를 내려 자생할 수 있는 토대를 쌓았다.

---

[51] 현재 유일하게 남아 있는 전경룡의 의술개업인허장 제100호의 내용을 토대로 추정한 것이다.

3. 세브란스 연합의학교의 탄생

1) 세브란스 병원 의학교의 활성화

제1회 졸업생을 배출한 후 세브란스 병원 의학교는 법률적 지위를 얻게 되었다. 이전까지는 별도의 등록이나 허가 절차 없이 학교를 운영할 수 있었지만, 통감부는 1908년 8월 26일 「사립학교령」[52]을 반포하여 학부의 승인을 받도록 하였다. 이 법령에 따라 의학교는 1909년 7월 세브란스 병원 의학교(Severance Hospital Medical School)라는 명칭으로 학부에 정식으로 등록하였다.[53] 첫 졸업생을 배출한 직후 에비슨은 두 번째 안식년을 떠났다. 이에 허스트가 혼자 의학교와 병원의 과중한 책임을 맡게 되었다. 다행히 제1회 졸업생 중 6명이 모교에 남아 허스트의 짐을 크게 덜어 주었다.

첫 졸업생을 배출하고 난 후 진료와 교육 등 모든 면에서 의학교의 전문화가 진행되었다. 우선 진료는 크게 한국인에 대한 내과 및 외과 입원 진료, 외래진료소, 특진 및 왕진과, 외국인에 대한 내과 및 외과 입원 진료, 특진 및 왕진으로 분화되었다.[54] 이외에도 광견병 예방접종과, 안경과가 있었다. 의학교에는 간호원 양성소가 새로 만들어졌고, 전도 사업 및 교과서 번역 등의 부서가 있었다.

---

[52] 「勅令」 제62호, 「私立學校令」, 『官報』, 제4165호, 1908년 9월 1일.

[53] 『세브란스 의학전문학교 일람』, 1923.

[54] Mission in Korea. *The Seventy-second Annual Report of the Board of Foreign Missions of the Presbyterian Church in the United States of America*, Mission House, New York, 1909, pp. 280~281.

2) 한국의료선교사협회의 발족

서울의료선교사협회

한국에서 교파를 초월한 의료 선교사들의 모임이 언제 처음 결성되었는지는 확실하지 않다. 기록상 처음 확인되는 의료 선교사 단체는 제중원의 운영을 두고 미국공사관과 조선 정부가 지루한 협상을 벌이고 있던 1894년 중반 에비슨의 주도로 서울의료선교사협회(Medical Association of Seoul)가 결성된 바 있었다.[55] 당시 미국 북장로회의 에비슨이 회장, 미국 북감리회의 버스티드(John B. Busteed, 1869~1901)가 총무를 맡았다. 이 모임은 매달 첫 금요일에 회의를 갖기로 하였다. 하지만 이 협회가 구체적으로 어떤 일을 했는지는 알려져 있지 않다.

한국의료선교사협회

1897년 당시 한국에서 활동 중인 의료 선교사 중 부산의 브라운(Hugh M. Brown, 1867~1896, 북장로회)과 서울의 스크랜튼(북감리회)은 중국의료선교사협회의 회원이었으며, 서울의 리드(남감리회)가 객원 회원이었다. 이들 이외에 몇몇 의료 선교사들이 중국의료선교사협회에서 발행하던 *The China Medical Missionary Journal*에 한국의 의료 상황을 담은 글을 발표한 바 있다.

이후 1905년 9월 11일 설립된 재한 복음주의 선교공의회의 사업 중 연합 분야의 하나로 의료가 포함되어 있었다. 하지만 이 공의회에는 '의료위원회'가 조직되어 있지 않았다. 그런데 1906년 7월 28일 중국에서 활동하는 15명의 의료 선교사가 모여 1907년 한국을 포함하는 중국의료선교사협회의 북중국

---

[55] "Notes and Items," *The China Medical Missionary Journal* 8(3), 1894, pp. 164~165.

분회(North China Branch)를 설치하기로 의결하였다.[56] 하지만 1907년 독립적인 한국분회(Korean Branch)가 설치되었고, 북중국분회 대신 만주분회(Manchurian Branch)가 설치되었다.

1907년 4월 19일부터 5일 동안 상하이에서 중국의료선교사협회의 회의가 열렸다.[57] 이 회의에는 한국에서 활동하는 의료 선교사들이 대거 참가했는데 에비슨, 성공회의 위어(Hugh H. Weir, 1875~1940, 제물포), 남장로회의 대니얼(Thomas H. Daniel, 1879~1964), 웰스, 홀(Rosetta S. Hall, 1865~1951) 등이었다. 이 회의에서 홀, 대니얼, 웰스가 신입 회원으로 선임된 것으로 봐서 에비슨, 위어는 이미 회원으로 가입되어 있었던 것으로 판단된다.

그해 9월 9일 한국의료선교사협회(The Korean Medical Missionary Association)의 제1차 회의가 서울유니언에서 열렸다.[58] 오전 회의에는 에비슨, 웰스, 대니얼, 위어가 참가했으며, 저녁 회의에는 폴웰(E. Douglas Follwell, 1867~1932), 허스트, 리드, 언스버거(Emma F. Ernsberger, 1862~1934), 테이트(Mattie B. Ingold Tate, 1867~1962), 맥밀란(Kate MacMillan, 1877~1922), 스크랜튼, 커렐(Hugh Currell, 1871~1943) 등이 참가했으며, 한국의료선교사협회를 통해 중국의료선교사협회의 회원으로 가입하였다.[59] 이날 회의에서는 한국의료선교사협회는 중국의료선교사협회의 분회임을 의결하였다.

임원으로 회장에 에비슨, 부회장에 웰스, 재무 및 총무에 위어가 선임되었다. 특기할 만한 것은 세브란스를 동행하여 내한해 있던 클리블랜드의 저명한 외과의사 러들로(Alfred I. Ludlow, 1876~1961)가 이 회의에서 「외과의 신지견(Some Advances in Surgery)」이란 제목의 특강을 했고, 한국의료선교사협회의 명예회원

---

[56] "Reports of Conference," *The China Medical Missionary Journal* 20(6), 1906, p. 259.

[57] "The Conference of April, 1907," *The China Medical Missionary Journal* 21(3), 1907, pp. 136~169.

[58] "Korea Medical Missionary Association," *The China Medical Missionary Journal* 21(6), 1907, p. 352; E. W. Anderson. "Early days of Korea Medical Missionary Association," *Korea Mission Field* 35, 1939, pp. 95~96.

[59] "New Members of the C. M. M. A.," *The China Medical Missionary Journal* 21(6), 1907, p. 344.

으로 추대된 일이다.

3) 연합의 시작

의학교육에서의 연합은 제1회 졸업생들이 배출된 1908년부터 구체화되기 시작하였다. 조선 정부가 이들에게 한국 최초의 의사 면허를 부여하자 의학교를 보다 안정된 기반 위에서 운영하자는 의견을 가진 선교사들이 많아졌다. 당시 선교사들이 발행하던 잡지인 *The Korea Mission Field*는 여러 교파의 연합을 강조하는 사설을 실었다.

> 우리는 이번 호에 세브란스 병원 의학교의 졸업식에 관한 또 다른 글을 싣는다. 우리는 독자들에게 이에 대해 사과할 마음이 없다. 그 이유는 세브란스 병원이 조선의 선교 사업에서 가장 중요한 기관이며, 독자들에게 지난 15년 동안 이 기관의 업적을 알리는 데 실패하지 않았나 하는 의문이 들기 때문이다. 에비슨 박사는 매우 완고하고 오랫동안 (학생들을) 단련시켰다. 그는 15년 동안 조선에서 다양한 경험을 통해 의학교를 굳은 기초 위에 훌륭하게 건립하였다. 그의 노력은 조선 정부의 지지를 얻어냈으며, 6월 3일 처음으로 정부의 인정 면허를 받은 졸업생들을 배출하였다. 조선의 선교부들이 하나로 통합하지 못하고 이 기독교의학교의 단단한 기초를 지지하지 못하는 이유는 무엇일까? 부산, 평양, 송도, 선천, 대구, 원산이나 기타 다른 곳에서 학생들이 공급되며, 이곳 병원을 책임지는 의사들이 교육과 번역을 담당한다. 서울에 있는 의사들은 학교에서 학생들을 가르치거나 환자 보는 일을 한다. 조선에 있는 교회들은 누구도 추월하지 못할 의과대학을 왜 만들지 못할까? 노력하자.[60]

---

[60] "Editorial," *The Korea Mission Field* 4(8), 1908, pp. 121~122.

한편 나라가 일본의 식민지로 전락할 위기에 놓인 암울한 시기에 최초의 의사 면허 취득자가 배출된 것을 목격한 많은 젊은이들이 의사가 되고자 의학교 입학을 희망하였다. 허스트는 10월 1일 이중에서 23명에게 입학을 허가하였다.[61] 이들 중 세브란스에서 이미 교육을 받은 경험이 있는 8명은 상급반으로, 처음 입학한 15명은 하급반으로 편성하였다. 학생들은 수업은 네 시간의 강의와 두 시간 이상의 병원 실습으로 이루어졌다.

하지만 가르칠 교수가 부족하다는 새로운 문제에 부닥쳤다. 첫 졸업생 중 6명이 모교에 남아 교육에 참여했지만, 보다 충실한 교육을 위해서는 더 많은 수의 교수가 필요하였다. 또한 김희영(金熙榮), 신창희(申昌熙), 홍종은은 1년 정도 모교에서 근무하다가 개업하려고 사임했고, 당장 미국 북장로회에서 교수진을 추가로 파견할 수 없는 상황이었다. 그러나 다행히 다른 교파 소속의 유능한 의료 선교사들이 많이 있었다. 연합이 절실한 상황이었다.

교수진의 파견

세브란스 병원 의학교가 처한 상황을 이해했는지 1908년 개최된 한국의료선교사협회의 회의에서는 각 교파의 의료 선교사들이 자신이 속한 선교부의 승인을 받는 것을 전제로 매년 일정 기간 동안 세브란스 병원 의학교에서 강의를 하는 '연합의학교'를 세울 것을 결의하였다.[62] 아직 협동에 관한 구체적이고 분명한 결정은 내려지지 않았지만, 전임이 아닌 상태에서 영국 성공회의 위어가 병리학 교수로, 평양에서 활동하던 북감리회의 폴웰과 송도에서 활동하던 남감리회의 리드가 내과학 교수로 세브란스 병원 의학교의 교육에 단기적으

---

[61] J. W. Hirst, "Severance Hospital Medical College," *The Korea Mission Field* 5, 1909, pp. 116~117.

[62] "A Christian Korean Celebration," *The Korea Mission Field* 5, 1909, p. 207.

로 참여하기 시작하였다.[63]

한국의료선교사협회의 1909년 총회에서는 "한국의 젊은이를 자기 민족에 대한 의료 전도자로 훈련시키기 위해 협회의 책임하에 서울에 중앙의료선교대학(Central Medical Missionary College)을 설립하는 것의 타당성과 가능성을 고려하기 위해 위원회를 구성한다"고 결의했고, 셔록스, 포사이드(Wiley H. Forsythe, 1873~1918), 반 버스커크(James D. Van Buskirk, 1881~1969), 밀스(Ralph G. Mills, 1881~1944) 등을 위원으로 임명하였다. 1909년도 후반기에 세브란스 병원 의학교에서 전임으로 교육에 참여했던 교수는 에비슨, 허스트, 김필순, 홍석후, 박서양(朴瑞陽)이었다.[64] 이외에 여의사 필드와 버피(Ella B. Burpee, 1879~?)가 영어와 수학 수업을 담당했고, 겨울에는 리드가 파견되어 소화기 질환과 의료선교에 대해 강의하였다.

한국의료선교사협회의 1910년 총회에서는 세브란스 병원 의학교를 '한국기독교회연합의학교(Union Medical College of the Christian Churches of Korea)'로 명명하였다. 그리고 3명의 교육위원을 위촉하여 이들이 세브란스의 담당자와 함께 입학, 시험, 졸업 등 학사 관리를 담당하도록 하고, 의료선교사협회의 회장과 교육위원회의 위원장이 학위 증서에 공동으로 서명하도록 결의하였다. 하지만 이 결의가 실제 진행되지는 않았는데, 한국이 일본의 식민지가 되면서 조선총독부가 설치된 것과 밀접한 관련이 있는 것으로 보인다.

세브란스 병원 의학교는 1910년 10월 초에 27명의 학생을 선발했는데, 1910~1911년에는 학교 역사상 처음으로 4개 학년의 강의가 동시에 진행되었다. 당시 모두 56명의 재학생이 있었는데 4학년이 6명, 3학년이 6명, 2학년이 17명, 1학년이 27명이었다. 교수진을 살펴보면 연합의 색채가 더욱 짙어졌음

---

[63] *Severance Union Medical College. Catalogue 1917~1918*, 사립세브란스연합의학전문학교, 경성, 1917.
[64] "A Christian Korean Celebration," *The Korea Mission Field* 5, 1909, pp. 206~208.

을 알 수 있다.[65] 다음은 당시의 교수진이다.

에비슨

허스트

폴웰(북감리회, 평양)　　　　　매달 9시간, 혈관계 질환과 호흡기 질환

리드(남감리회, 송도)　　　　　매달 6시간, 소화기계 질환

위어(영국 성공회, 제물포)　　　장 기생충학

필드(피터스 부인)　　　　　　매주 3시간, 생리학(일부)

김필순(학교 책임자)

홍석후

박서양

4) 에비슨의 종합 발전 계획

1911년 5월 치러진 졸업시험에 통과한 6명이 6월 2일 제2회로 졸업하였다. 에비슨은 '세브란스'는 이제 세브란스 병원이라는 좁은 의미가 아니라 모든 것을 포괄하는 넓은 의미로 사용되고 있으며, 원래의 이상에 접근하는 공공기관이 되어 가고 있다고 선언하였다.[66] 그가 꿈꾸는 세브란스의 이상은 다음과 같은 것이었다.

1. 미국의 유사한 기관과 마찬가지로 고통 경감과 생명 보존을 가능케 하기 위해 미국인 선교사들이 세운 병원

2. 기관의 효율성을 유지하기 위해 미국인 의사를 대신할 수 있는 한국인 의사

---

[65] O. R. Avison, *Report of the Severance Hospital Plant. Seoul, Korea. For the year 1910~1911.*

[66] O. R. Avison, *Report of the Severance Hospital Plant. Seoul, Korea. For the year 1910~1911.*

육성

3. 같은 의미로서 한국인 여 간호사의 교육과 훈련

4. 전국에 걸친 의료와 간호 사업을 위한 전문인과 교육자로서의 의사와 간호
   사 훈련

5. 궁극적으로 이렇게 훈련된 한국인들을 통한 학교의 발전

6. 한국인 과학자를 훈련시켜 한국에 퍼져 있는 질환에 대해 원인을 조사하고
   치료 방법을 찾을 수 있도록 할 수 있는 의학연구과

7. 진료와 교육을 위한 치과학교실

8. 약품과 설비를 담당하는 약제부

9. 질환 및 굴절력의 경감과 렌즈 제조를 담당한 안경과

10. 약제의 제조 및 판매, 안경 제조 및 판매

에비슨은 세브란스의 미래가 단순한 환자 진료나 의사 배출보다는 치과의
사, 간호사 양성과 같이 의료 인력을 종합적으로 양성하고, 더 나아가 당시 한
국에서 필요로 하는 의학 연구를 수행하는 연구기관으로 발전하는 데 있다고
보았다. 또한 의약 사업을 통해 얻은 수익으로 외부의 도움 없이 학교가 자립
할 수 있는 기틀을 마련하고자 하였다. 이러한 모든 계획은 궁극적으로는 의료
를 통한 선교가 목적이었음은 두말할 나위 없다.

1911년 6월 21일부터 서울의 정동제일교회에서는 감리교회 조선연회의 제
4회 회의가 개최되었다. 6월 25일의 회의에는 마침 방한 중이던 루이스 세브란
스의 사위인 알렌(Dudley P. Allen, 1852~1915) 박사와 에비슨이 참석했는데, 이들
은 기독의과대학의 사역에 감리교회가 협동해 줄 것을 강력히 요청하였다.[67]

그런데 1911년 12월 31일 한국인 교수 중 가장 중요한 인물이었던 김필순이
중국으로 망명하였다. 마침 의학교 교사를 신축 중이어서 1912년 1월 학교를 임

---

[67] Bliss W. Billings, "The Methodist Conference," *The Korea Mission Field* 7(10), 1911, pp. 299~300.

시 폐쇄하였다. 학교는 폐쇄되어 있었지만 1912년 5월 미국 남장로회는 군산에서 활동하던 오긍선(吳兢善, 1879~1963)을 세브란스로 파견했고, 이어 호주 장로회가 커렐과 맥라렌(Charles I. McLaren, 1882~1957)을 매년 3개월 동안 파견하기로 하였다. 그리하여 의학교의 문을 다시 연 1912년 10월 1일부터 1913년 초의 교수진은 다음과 같다.

에비슨(북장로회)

허스트(북장로회)

리드(남감리회)　　　　소화기 질환

폴웰(북감리회)　　　　호흡기와 순환기 계통

노튼(남감리회)[68]　　　위생학

커렐(호주 장로회)　　　산과와 이비인후과, 안과

맥라렌(호주 장로회)　　신경학, 소아과학 및 굴절

위어(성공회)　　　　　기생충학

오긍선(남장로회)　　　해부학, 병리학

홍석후

박서양

쉴즈[69]

5) 세브란스 연합의학교의 탄생

이상과 같이 세브란스 병원 의학교의 교수진이 대폭 보강되었다. 세브란스에 교수진을 파견하여 연합에 참여한 교파는 미국 북장로회, 미국 북감리회,

---

[68] Arthur H. Norton(1877~1959).

[69] "Severance Hospital Medical College," *The Korea Mission Field* 9, 1913, p. 170.

그림 2-10. 각 교파에서 파견된 의료 선교사. A. 미국 남장로회의 다니엘. B. 호주 장로회의 맥라렌. C. 미국 남장로회의 오긍선. D. 미국 북장로회의 밀즈. E. 미국 남장로회의 반 버스커크. F. 캐나다 장로회의 스코필드

미국 남장로회, 미국 남감리회, 호주 장로회, 성공회 등이었다. 하지만 1913년 까지는 상임이 아니고 비상임인 경우가 많았기 때문에 진정으로 '연합'이라고 하기에는 어려운 상황이었다.

1913년 4월 2일 제3회 졸업식이 거행되었다. 그리고 6월 13일에는 수많은 한국인과 외국인으로 가득 찬 가운데, 100명을 교육할 수 있는 규모의 의학교 교사 겸 외래 진찰소의 봉헌식이 있었다.[70]

[70] "Notes and personals," *The Korea Mission Field* 9, 1913, p. 212; A. F. Daniel, "Severance College; Doing Things Together," *The Korea Mission Field* 9, 1913, pp. 296~297.

그림 2-11. 1913년 6월 봉헌된 의학교 교사 겸 외래 진찰소

이후에 학교의 명칭이 세브란스 연합의학교(Severance Union Medical College)로 바뀌었다.

6) 에비슨과 연합[71]

여러 교파가 세브란스에 연합하여 의학교육에 참여하게 된 데에는 에비슨의 역할이 컸다. 선교사라는 것이 자칫 자신이 속한 교파의 신조를 고집하며 경직되기 쉬웠지만 선교사로서 에비슨은 교파에 대해 상당한 포용력을 갖고 있었기에 연합이 가능했다고 볼 수 있다. 그렇다면 에비슨이 어떻게 이런 포용력을 갖게 되었을까? 에비슨의 가족 및 교육 배경을 살펴보면 이에 대한 단서

---

[71] 올리버 R. 에비슨, 박형우 편역, 『올리버 R. 에비슨이 지켜본 근대 한국 42년(1893-1935) 상』, 서울: 청년의사, 2010; 박형우, 『세브란스와 한국의료의 여명』, 서울: 청년의사, 2006.

를 찾을 수 있다.

첫째, 에비슨은 자라면서 아버지가 여러 교파에 대해 포용력을 보이는 것을 목격했는데, 이것이 평생 그에게 큰 영향을 미쳤다.

> 그 마을에서 생활하면서 나는 매우 감사하게 생각하는 또 다른 무엇을 얻었다. 우리 가족은 감리회 신자였다. 하지만 주로 스코틀랜드 사람들로 이루어진 그 지역 사회에는 감리교회가 없었다. 당연히 장로교회가 있었다. 회중교회와 미국 성공회교회도 있었다. 아버지는 이중에서 회중교회를 선택하셨다. 당시에는 교파가 다른 성직자들은 서로 교류를 하지 않았다. 심지어 교단이 다른 목사들은 공회당의 연단에서조차 서로 만나지 않았다.
>
> (중략)
>
> 내 부모는 우리 가족이 마을 경계로부터 외곽으로 약 1마일 떨어진 곳의 집으로 이사한 후 대부분의 이웃들이 다니는 바로 근처의 미국 성공회교회에 다녔다. 이 사실은 내 부모가 종교와 관련해 도량이 넓었음을 알 수 있게 해 준다. 이것이 내게는 한참 후에 영향을 미쳤다. 다른 마을로 이사를 가면 우리는 다시 감리교회를 다녔다. 그렇게 하는 것에 나는 양심의 가책을 느끼지 않았다. 후에 내가 속해 있던 교단이 나를 선교사로 파송하지 않자 장로회의 후원하에 가족과 함께 선교 현장인 한국으로 갔다.

둘째, 의과대학을 다니면서 조직했던 해외선교회에서의 경험이다.

> 당시 학생 해외선교회의 실행위원은 미국 성공회교회, 감리교회, 장로교회, 회중교회, 침례교회, 기타 각 교파의 사람들로 이루어져 있었다.
>
> 어느 날 저녁 여러 회원이 모여 얘기를 하다가 곁에 앉은 학생에게 내가 어느 교파에 속한 것 같냐고 물어보았다. 그는 즉시 내가 장로회 신자인 것 같다고 대답하였다. 그래서 나는 장로회 신자가 아니라 감리회 신자라고 말해 주었

다. 또 다른 사람을 보고 묻기를 "아마 당신도 감리회 신자이지요?"라고 물었더니 "아니, 나는 미국 성공회교회 신자입니다"라고 대답하였다.

이와 같이 예수를 믿는 신자들에게 교파는 그리 중요하지 않음을 알게 되었다.

(중략)

이와 같이 캐나다 전문학교의 연합 해외선교회에서 여러 가지 교파의 학생들이 연합해 일한 것이 몇 해 전에 캐나다에서 힘들이지 않고 연합교회가 새로 조직될 수 있었던 밑거름이 되었다고 나는 믿는다.

셋째, 엘린우드와의 만남이다. 에비슨은 해외 선교사로 지원했던 북장로회의 엘린우드와의 대화에서 그가 교파에 연연하지 않는다는 사실을 확인하고 감화를 받아 자신의 적을 감리교회에서 장로교회로 바꾸었다.

내가 아마도 한국의 의료 선교사로 임명을 수락하게 된 결정적인 요인은 장로회 신자가 아닌 나를 훌륭한 장로회 신자로 만들 수 있는가 하는 나의 질문에 대해 뉴욕의 총무 프랭크 F. 엘린우드가 했던 대답이었다. 그는 장로회는 나를 신자로 만들지 않을 것이라고 말했다. 그러면서 내가 훌륭한 감리회의 열정을 갖고 한국으로 가서 선교 사업이 활발히 타오르게 하기를 원할 뿐이라고 말했다. 나는 만일 그것이 장로회의 정신이라면 그런 교단의 지휘를 받아 일할 수 있음을 느꼈다.

이상과 같은 배경으로 에비슨은 여러 교파와 연합하여 선교 사업을 원만하게 이끌었다. 그는 진정 교파를 초월한 교회 연합 운동의 선구자였다.

4. 세브란스 연합의학전문학교

1) 일제의 교육 관련 법 개정

「조선교육령」

1910년 8월 한국을 강제로 식민지로 만든 일제는 조선총독부를 설치하였다. 총독부는 1911년 8월 23일 「조선교육령」을 공포하였다.[72] 이 법령은 1910년대 일제의 조선인에 대한 교육 정책의 의도를 잘 보여 준다. 이 법령에 의해 조선인에 대한 교육은 보통교육(1910년대는 4년제)과 실업교육이 중심이 되었고, 고등교육은 엄격히 통제되었다. 전문 교육에 대한 규정이 있었지만, 그것은 전문학교를 염두에 둔 것으로, 대학에 대한 규정은 없었다.

「사립학교규칙」

또한 1908년의 「사립학교령」을 개정하여 1911년 10월 「사립학교규칙」을 공포하여 사립학교에 대한 통제를 강화하였다.[73] 이 법령의 주요 내용은 사립학교는 오로지 조선총독부의 인가를 통해서만 설치할 수 있으며, 설치인가 사항의 변경, 사립전문학교의 설치, 교과과정, 교과용 도서, 교원의 자격 등도 조선총독부의 인가를 받도록 한 것이었다. 일제는 자신들이 운영하는 관립학교와 달리 직접 통제할 수 없었던 사립학교가 조선인의 민족의식을 배양하는 온상이 될 수 있다고 생각하여 이를 통제하려 했던 것이다.

---

[72] 「勅令」 제229호, 『朝鮮總督府 官報』, 제304호, 1911년 9월 11일.
[73] 「朝鮮總督府令」 제114호, 『朝鮮總督府 官報』, 號外, 1911년 10월 20일.

「전문학교규칙」

총독부는 더 나아가 1915년 3월 24일 「사립학교규칙」의 일부를 개정함과 동시에 「전문학교규칙」을 공포하여 사립학교에 대한 감독을 한층 강화하였다.[74] 개정된 「사립학교규칙」에서 세브란스 연합의학교와 관련하여 중요한 조항은 제3조의 제2항이었다. 이 조항에 따르면 전문 교육을 하려는 사립학교는 1915년 4월 1일을 기준으로 먼저 학교를 유지할 만한 재산을 가진 재단법인을 조직해야 했고, 상당한 설비와 교원을 갖추어야 하였다. 「전문학교규칙」에 부합하지 않은 의학교는 당연히 전문학교로 칭할 수 없게 되어 상당한 불이익을 받을 수밖에 없었다.

더욱이 1913년 졸업생까지 시험을 치르지 않고 의술개업인허장을 부여했던 조선총독부는 1914년부터 자신들이 운영하던 조선총독부의원 부속의학교 졸업생과는 달리 세브란스 연합의학교 졸업생들은 의사시험을 보게 하여 차별하기 시작하였다.

2) 전문학교로의 승격 과정

에비슨은 이러한 어려움을 극복하여 결국 세브란스 연합의학교를 전문학교로 승격시켰다.

그 과정은 다음과 같다.

첫째, 이 학교가 세브란스 병원 의학교라는 이름으로 1909년 대한제국 정부에 등록하였고, 이미 수십 명의 졸업생을 배출했다는 사실을 총독부도 잘 알고 있었다.

둘째, 에비슨이 평소 꿈꾸었던 병원이 1904년 9월 개원했고, 1913년부터

---

[74] 「朝鮮總督府令」 제24호, 「朝鮮總督府令」 제26호, 『朝鮮總督府 官報』, 제789호, 1915년 3월 24일.

그림 2-12. 세브란스 연합의학전문학교의 교직원

는 새 교사의 신축과 함께 여러 교파가 연합하여 전임으로 교육에 참여함으로써 교명도 세브란스 연합의학교로 바꾼 터였기 때문에 이러한 연합을 좀 더 강화하면 전문학교로 승격하는 문제는 그리 어려운 일이 아니었다. 이 과정에서 미국 북장로회, 남장로회, 북감리회, 남감리회는 매년 재정을 지원하기로 했고, 호주 장로회도 비전임이지만 교수를 파견하면서 연합에 참여하였다. 1916년 4월 남장로회는 대니얼을 파송했고, 11월에는 캐나다 장로회가 수의사 스코필드(Frank W. Schofield, 1889~1970)를 파송하여 연합에 합류하였다. 1917년 4월에는 남장로회가 쿡(Edwin D. Cook, 1884~1937)을 파견하여 약학교육에 참여하게 하였다. 한편 1915년에는 미국 북장로회가 치과의사 쉐플리(William J. Scheifley, 1892~1958)를 파송하여 한국 최초의 전문 치과를 개설하였다.

이상과 같이 세브란스에 교수진을 파견하여 연합에 참여한 교파는 미국 북장로회, 미국 북감리회, 미국 남장로회, 미국 남감리회, 호주 장로회, 캐나다 장로회 등이었다. 처음에 연합에 참여했던 성공회는 전문학교에는 참여하지 않았다.

셋째, 한국이 일본의 식민지였으므로 교과과정에 일본어가 포함되었고, 선교사들이 해결할 수 없는 윤리 등의 교과목이 있었다. 특히 일제가 일본어 강의를 강요하는 상황이었으므로 몇 명의 일본인을 채용할 수밖에 없었다. 에비슨은 일본인을 교수진으로 채용하면 전문학교 승격에도 도움이 될 것이라 기대하였다. 그리하여 1915년 4월 오카[岡忍]가 부임하여 이비인후과를 담당하게 되었고, 1916년 1월에는 후쿠오카 제국대학 졸업생인 가노[加納伍郎]가 해부학을 담당하였다. 1916년 후반에는 일본의 저명한 기독교 교육자인 오시마[大島正建]를 채용하여 일본어와 윤리 과목을 강의하도록 했는데, 그는 에비슨의 바람대로 전문학교 승격을 위한 총독부와의 협상에 큰 도움을 주었다.

마지막으로 세브란스 연합의학교는 1916년 4월 25일 에비슨을 이사장, 반버스커크를 부이사장으로 하는 이사회를 구성했고, 1917년 3월 재단법인을 설립하였다.

드디어 5월 14일 조선총독 하세가와 요시미치[長谷川好道]는 재단법인과 전문학교로서의 학교 설립을 허가했고, 이후 학교 이름은 사립 세브란스 연합의학전문학교(Severance Union Medical College)로 바뀌었다.

전문학교를 설립하면서 제정된 기부행위에서 연합과 관련된 주요 부분은 다음과 같다.[75]

제4조 법인의 재산은 다음과 같다.
1. 200,000.00달러에 달하는 땅, 건물, 장비는 미국 북장로회의 선교 단체에 의해 법인에 기부된 것이다. 건물은 병원 건물, 전문학교와 진료소,

[75] *Catalogue, Severance Union Medical College*, Seoul, Korea, 1917, pp. 11~16.

그리고 간호사의 집과 기숙사로 이루어져 있다.

2. 지속적 운영을 위해 협력 단체가 매년 기부하는 금액의 내역은 다음과 같다.

북미합중국 북장로교회 외국전도국으로부터   18,000.00달러

북미합중국 북감리교회 외국전도국으로부터   1,500.00달러

북미합중국 남감리교회 외국전도국으로부터   1,500.00달러

캐나다 장로교회 외국전도국으로부터   1,000.00달러

제7조 이사는 다음의 규칙에 따라 임명한다.

(중략)

2. 매년 2,500.00달러 혹은 그에 상당하는 선교사 봉사 활동에 1명의 이사

3. 매년 5,000.00달러 혹은 그에 상당하는 선교사 봉사 활동에 2명의 이사

4. 매년 10,000.00달러의 기부금 혹은 그에 상당하는 선교사 봉사 활동에 3명의 이사

5. 10,000.00달러가 추가될 때마다 1명의 이사를 추가

6. 위에서 언급된 위원회의 구성원들에 덧붙여 이사회는 정규 의원의 3분의 1이 넘지 않는 범위 내에서 일본 기독교인들을 선임한다. 선임된 이사들은 정규 이사와 동등한 권리를 가진다.

선교사의 봉사 활동은 다음과 같이 환산한다.

기혼 선교사 1인 전 시간 연급금   4,000.00달러

단독 선교사 1인 전 시간 연급금   2,000.00달러

다른 교사는 봉급액에 따른다.

기부금은 한해 5%로 계산될 것이다.

어떠한 경우에도 한 개 단체에서 이사회의 과반수를 점하는 대표자를

선정할 수 없다.

교장은 직권상 이사직을 갖는다.

제8조 정규 이사의 임기는 교장을 제외하고는 3년이 될 것이나, 법인 설립 시점에서는 이 규칙이 적용되지 않고 3분의 1이 1년, 3분의 1이 2년, 3분의 1이 3년의 임기를 갖는다.

이사의 임기가 만료될 때 이사회는 후임자를 선정한다. 단, 각 전도국(위원회)으로부터 선임된 자에 대해서는 그 이사 소속의 전도국(위원회)의 의견을 듣고 그 전도국(위원회)에 속하는 자 중에서 선임한다.

제17조 조선총독에 의해 이 기부행위가 승인되었을 때의 이사 및 교장은 다음과 같다.

1917~1918년	1917~1919년	1917~1920년
브루언(북장로회)	셔록스(북장로회)	애덤스(북장로회)
화이트모어(북장로회)	대니얼(남장로회)	러들로(북장로회)
하디(남감리회)	맨스필드(캐나다 장로회)	리드(남감리회)
반 버스커크(북감리회)	노튼(북감리회)	맥라랜(호주 장로회)
윌슨(남장로회)	허스트(북장로회)	그리어슨(캐나다 장로회)
현순(S. Hyun)	니와[丹羽淸次郞]	와타나베[度邊暢]
	윤치호	유성준

교장 : 에비슨

제4조에서와 같이 법인의 재산은 모두 북장로회가 기부한 것이지만, 제4조 제2항 및 제5조에 따라 각 선교부가 실제 운영에 기여한 정도에 근거하여 이사를 임명해 학교를 운영했던 것이다.

전문학교로 승격되면서 현재 우리가 '교실(敎室)'이라고 부르는 제도가 도입되어 의학교육과 진료가 보다 전문화되었다.

이상과 같이 미국 북장로회 단독으로 운영되던 제중원 혹은 세브란스 병원 의학교는 1908년 제1회 졸업생을 배출한 이후 여러 교파가 참여하면서 세브란스 연합의학교로 개칭되었고, 일제의 법령에 의해 1917년 세브란스 연합의학전문학교가 되었다.

고등교육의 연합

1. 여러 선교부의 교육

1) 여러 선교부의 교육 개시

개신교의 여러 교파들은 해외 선교지를 개척하면서 초기에는 선교사들의 선교 활동이 불가능하다는 점을 충분히 인식하고 있었다. 그래서 대개는 목회 선교사와 함께 의료 선교사를 파송하였다. 의료 선교사들은 예수의 '치유'와 '사랑'을 보여 주며 현지인들에게 다가갈 수 있었고, 미국 북장로회의 경우 '제중원'이 설립되면서 목회 선교사들의 거점이 마련되었다.

하지만 당장 선교에 나설 수 없었던 목회 선교사들은 우선 언어 습득에 전념하였다. 그리고 기회가 되는 대로 한국인들에게 영어를 가르치거나 어린애들을 모아 초보적인 서양 학문을 가르치며 외국인에 대한 거부감을 없애려고 노력하였다. 선교가 금지되어 있었으므로 '심지어 의료 선교사를 포함한' 거의 모든 선교사가 교육에 나섰다고 해도 무리가 아니다.

　그런데 역사를 정리하다 보면 선교사들의 이런 교육이 언제 시작되었고 현존하는 교육기관과 어떤 관계를 갖고 있는지를 따질 수밖에 없다. 하지만 이 문제는 답을 내기가 그리 쉽지 않다. 그것은 교육 주체, 미국 선교본부 및 조선 정부의 승인 문제, 당시 조선의 교육제도 등 여러 측면에서 다르게 분석할 여지가 있기 때문이다.[1]

　여기서 지적할 점이 하나 있다. 그것은 선교사들에 의해 남학교와 여학교가 개설되어 교육이 이루어질 당시 한국인들에게는 서양의 고등학문을 배울 만한 바탕이 전혀 마련되어 있지 않았다는 점이다. 아직 서양식 교육제도가 도입되지 않은 상태에서 어린애들을 대상으로 한 초보적인 과목, 특히 영어를 가르치기 시작한 경우가 대부분이었으므로 지금으로 치면 초등교육을 시작했다고 할 수 있다. 이들에 대한 교육의 성과가 나타나고 한국에서 근대적 교육제도의 도입이 논의되면서 선교부에서는 중등교육을 시도했고, 이것이 바탕이 되어 대학교육이 시작되었다. 다시 말해 동시에 초등, 중고등, 대학교육이 시작된 것이 아니라 초등교육이 중고등, 이어 대학교육으로 점진적으로 발전한 것이다. 따라서 어떤 대학의 직접 기원을 따질 때 초등교육을 기점으로 하는 것은 무리가 있다고 할 수 있다.

미국 북감리회

남학교 : 배재학당

　1884년 6월 말 한국을 방문한 매클레이가 이미 고종으로부터 학교 사업을 시작할 수 있다는 허락을 받은 바 있는 미국 북감리회의 첫 목회 선교사인 아펜젤러는 1885년 8월에 작성된 한국 선교부 첫 연례 보고서에서 "내 학교에

---

[1] 한국 선교 초기에 설립되었던 각종 학교의 기원을 정확히 논하려는 것이 이 책의 집필 의도는 아니다.

현재 4명의 학생이 다니고 있다"고 보고하였다.[2] 이어 1886년 4월 2일자 편지에서는 학교를 시작했으며, 학교 사업을 위해 가옥을 구입해 기쁘다고 언급한 바 있다.[3] 그리고 6월 8일 '공식적'으로 학교를 개학하여 7월 2일까지 계속했는데 이 기간에 6명이 등록했다고 보고하였다.[4] 1886년도 보고서에 따르면 이 교육은 '일종의 전초전'이었으며, "9월 1일 1명의 학생으로 다시 문을 열었다"[5]고 보고하고 있어, 교육이 비정기적으로 진행되었음을 알 수 있다.

그림 3-1. 고종이 하사한 것으로 알려진 배재학당 현판과 배재의 초기 교사

1886년 가을 외아문의 김윤식 독판은 아펜젤러에게 학교 이름이 있어야 하지 않겠느냐고 문의하였다. 아펜젤러의 요청을 독판으로부터 전해 들은 고종은 1887년 2월 21일 '배재학당(培材學堂)'이라는 명칭을 하사하였다.[6] 아펜젤러는 고종이 교명을 하사한 것이 자신의 교육 사업을 조선 정부가 승인한 것이라고 판단하였다.

이것은 왕이 우리 학교를 승인해 준 것이며, 우리 본국에서의 '설립 허가'에 해당하는 것으로 이해합니다. 우리는 학교 사업을 할 수 있도록 전권을 위임

[2] Henry G. Appenzeller (Seoul), Letter to Robert S. Maclay, (Aug., 1885).

[3] Henry G. Appenzeller (Seoul), Letter to Robert S. Maclay, (Apr. 2nd, 1886).

[4] Henry G. Appenzeller (Seoul), Letter to J. W. Reid (Cor. Sec., MEC), (Jul. 1st, 1886).

[5] *Sixty-Eighth Annual Report of the Missionary Society of the Methodist Episcopal Church for the Year 1886*, Jan., 1887, p. 267.

[6] Henry G. Appenzeller's Diaries, (Feb. 21st, 1887); Henry G. Appenzeller (Seoul), Letter to J. W. Reid (Cor. Sec., MEC), (Mar. 26th, 1887).

그림 3-2. 이화학당의 첫 교사

받은 법적 지위를 가졌습니다.[7]

여학교 : 이화학당

미국 북감리회의 여성 교육을 살펴보면, 스크랜턴 대부인은 1886년 5월 결혼한 김 부인(妾)에게 교육을 시작했으며, 6월 1명의 소녀가 합류하여 2명의 학생에게 영어 교육을 하고 있었다.[8] 고종은 남학교에 배재학당이라는 명칭을 하사하기 며칠 전인 1887년 2월 중순, 스크랜턴 대부인이 시작한 여학교에 '이화학당(梨花學堂)'이라는 교명을 하사하였다.[9]

이화학당은 1904년 중등과를 설치했고, 1910년 대학과를 설치하였다. 1912년에는 보통과, 중등과, 고등과, 대학과로 세분화되었으며, 1914년 대학과의 첫 졸업생이 배출되었다. 1925년 4월에는 대학과 및 대학 예과를 이화여자전문학교로 개칭했고, 문과 및 음악과를 신설하였다. 1935년 3월 이화여자전문학교와 보육학교는 신촌으로 이전하여 현재에 이르고 있다.

[7] Henry G. Appenzeller (Seoul), Letter to J. W. Reid (Cor. Sec., MEC), (Mar. 26th, 1887).

[8] Henry G. Appenzeller (Seoul), Letter to J. W. Reid (Cor. Sec., MEC), (Jul. 1st, 1886); Mary F. Scranton, "Woman's Work in Korea," *The Korean Repository* 3, Jan. 1896, p. 4.

[9] William. B. Scranton (Seoul), Letter to John M. Reid (Sec., MEC), (Apr. 21st, 1887).

미국 북장로회

남학교 : 고아원, 예수교학당, 민노아학당

미국 북장로회의 초기 교육은 두 시기로 세분할 수 있다. 첫 시기는 한국에 서울 선교지부만 존재하던 1893년 10월까지로 서울에 고아원과 예수교학당이 있었다. 두 번째 시기는 1893년 평양지부 개척을 시작하면서 결국 서울과 평양 두 곳에서 교육이 진행된 시기로, 두 지부의 선교사들은 교육 분야에서도 서로 경쟁을 벌이게 되었다.

언더우드의 고아원 : 언더우드는 1885년 7월 자신의 집에서 몇 명의 소년에게 영어를 가르치기 시작하였다. 알렌, 헤론, 언더우드는 1886년 2월 12일 대리공사 폴크에게 편지를 보내 조선 정부가 고아원 및 이들을 교육하기 위한 학교의 설립을 승인해 주도록 교섭해 달라고 요청하였다.[10] 이 소식을 들은 고종은 대단히 칭찬하며 필요한 조치를 취하라는 지시를 내렸다.[11]

한편 언더우드는 1886년 1월 20일 고아원을 설립할 계획이 있음을 알린 데 이어, 1월 31일 고아원으로 사용하기 위한 부동산의 구입을 선교본부에 요청하였다.[12] 이에 선교본부는 4월 5일 500달러 한도 내에서 이를 승인하면서 '후에 학교를 부설'하기로 결정하였다.[13]

---

[10] Horace N. Allen, John W. Heron, Horace G. Underwood (Seoul), Letter to George C. Foulk (U. S. Legation, Seoul), (Feb. 12th, 1886).

[11] 『美案』, 문서번호 290, 「고아 극빈 아동 구제에 관한 건」, 1886년 2월(고종 23년 1월); 『美案』, 문서번호 291, 「동상 치사」, 1886년 2월 14일(고종 23년 1월 11일).

[12] Horace G. Underwood (Seoul), Letter to Frank F. Ellinwood (Sec., PCUSA), (Jan. 20th, 1886); Horace G. Underwood (Seoul), Letter to Frank F. Ellinwood (Sec., PCUSA), (Jan. 31st, 1886).

[13] 미국 북장로회 해외선교본부의 1888년 5월 보고서에 처음으로 남학생 기숙학교 및 주간학교의 통계가 실리기 시작하였다. PHS Minutes V.4~5, #587, *Korea-Appropriation needed for Orphanage at Seoul*, Apr. 5th, 1886; *The Forth-Ninth Annual Report of the Board of Foreign Missions of the Presbyterian Church*, 1886, p. 148; *The Fifty-First Annual Report of the Board of Foreign Missions of the Presbyterian Church*, 1888, p. 171.

그림 3-3. 언더우드의 고아원

그리고 1886~1887년도의 한국 선교부 예산에 '신임 선교사 임명과 고아원'이란 항목에 3,200달러의 예산을 배정하였다.

선교본부의 승인을 받은 언더우드는 1886년 5월 11일 1명의 소년으로 고아원을 개원하였다.[14] 미국 북장로회는 한국에서 고아원의 형태로 학교 교육이 시작되었다고 이해하고 있었다. 이와 별도로 고아원이 공식 개원하기 직전인 1886년 3월 29일 개교한 제중원의학교에서 언더우드는 영어, 물리 등의 과목을 강의하였다.

그런데 언더우드는 1889년 10월부터 1890년 5월까지 사전과 문법서의 출판을 위해 일본 요코하마에 가 있었고, 1891년 4월부터 1893년 5월 초순까지 부인 호튼의 건강 안식년을 받아 미국으로 돌아갔으므로, 1889년 10월 이후부터 1893년 5월까지는 고아원 일을 거의 보지 못하였다.

마펫의 예수교학당 : 특히 1890년 1월부터 1년 동안 고아원은 상당히 불규칙적으로 운영되었는데 데이비스 목사, 헤론 박사, 기포드, 언더우드, 마펫 등이 개별적으로 혹은 공동으로 책임을 맡았다.[15] 이런 가운데 1890년 1월 25일 서울에 도착한 마펫(Samuel A. Moffett, 1864~1939)은 한국어를 배우면서 3월 당시 임시로 고아원의 책임을 맡았다가, 후반기에 정식으로 맡게 되었다.

마펫은 엘린우드 총무에게 보낸 11월 17일자 편지에서 고아원이 학교의 성격을 가질 수 있도록 노력하고 있으며, 되도록 빨리 학생들을 부분적으로 지

---

[14] Horace G. Underwood (Seoul), Letter to Frank F. Ellinwood (Sec., PCUSA), (June 17th, 1887).
[15] Samuel A. Moffett, *Report of Orphanage from Jan. 1st 1890 to Jan. 1st 1891*, Feb., 1891.

원하는 남학교로 변경하기로 결정했다
고 알렸다.[16] 교육 분야에서 네비어스
정책을 적용하기로 한 것이다.

　1891년 2월 3~7일 사이에 개최
된 선교부 연례회의는 마펫의 "고아원
을 부분적인 지원을 제공하는 '남학교
(Boys' School)'로 전환하는 안"을 승인
하였다.[17] 당시 학교 건물로 세워진 집
이 있었지만 학교로 사용된 적은 없었
다고 한다. 2월 23일 마펫은 "고아원은
이제 남학교로 전환되었고, 순조롭게
우리의 사역에 도움을 주는 요소가 되

그림 3-4. 새뮤얼 A. 마펫. 그는 고아원을 남학교
로 전환시켜 본격적인 교육을 시작하였다.

었습니다"라고 선언하고, 학생들은 여름방학에는 집으로 돌아갈 것이며, 수업
료 일부를 부담한다는 조건임을 강조하였다.[18]

　이렇게 언더우드가 한국에 없는 사이에 정동의 고아원은 1891년 초 마펫
이 책임지는 '예수교학당(Jesus Doctrine School)'으로 전환되었다. 정확히 언제
부터 예수교학당으로 불렸는지는 확실하지 않다.[19]

　밀러의 민노아학당 : 한편 1893년 1월 중순에 개최된 선교부 연례회의는
마펫에게 리(Graham Lee), 스월른(William M. Swallen)과 함께 평양지부를 개척하
라는 임무를 부여하였다. 이에 따라 마펫은 1893년 3월, 5월에 이어 9월에 평
양을 방문하였다. 이렇게 마펫이 서울을 비우게 되자 남학교는 밀러(Frederick

[16]　Samuel A. Moffett, Letter to Frank F. Ellinwood (Sec., PCUSA), (Nov. 17th, 1890).

[17]　Daniel L. Gifford (Seoul), Letter to Frank F. Ellinwood (Sec., PCUSA), (Feb. 9th, 1891).

[18]　Samuel A. Moffett, Letter to Frank F. Ellinwood (Sec., PCUSA), (Feb. 23rd, 1893).

[19]　D. L. Gifford, "Education in the Capital of Korea", *The Korean Repository* 3, Aug., 1896, p. 308.

그림 3-5. 프레데릭 S. 밀러

S. Miller, 1866~1937)가 임시 책임을 맡았다.[20] 그리고 1893년 10월 중순 개최된 연례회의에서 마펫은 평양지부를, 밀러는 남학교를 맡게 되었다. 이후 학교 이름은 '민노아학당'으로 불렸으며, 이 학당은 한국 선교부가 아닌 '서울 선교지부'에 의해 운영되었다.

1890년대에 미국 북장로회는 재정 상태가 나빠져 부채가 늘어나자 긴축 예산을 편성하고 있었다. 이런 영향과 의료나 교육 선교보다 복음 선교가 우선되어야 한다는 명분에서 1897년 9월에 개최된 한국 선교부의 연례회의에서는 만장일치로 남학교를 폐교하기로 의결하였다.[21]

선교본부 스피어(Robert E. Speer, 1867~1947) 총무도 참석한 이 회의에서 폐교를 결정한 이유는, 첫째, 사방에 문이 열려 있는 전도 사역이 절박하고, 둘째, 현지인들이 고등교육을 거의 요구하고 있지 않으며, 셋째, 초등교육을 담당했던 이전의 학교가 만족스럽지 않았고, 넷째, 서울에서 필요한 사업을 담당할 적임자가 없다는 점이었다.

폐교된 '민노아학당'의 학생들은 언더우드의 새문안교회에서 운영하던 영신학교(永信學校)에 통합되었다고 한다. 게일을 연구한 유영식도 같은 주장을 하였다.[22] 이 학교는 1895년 새문안교회에 설립된 초등 과정의 학교로 알려져 있다. 그런데 언더우드는 영신학교가 개교하던 1895년에는 서울 선교지부가 운영하던 '민노아학당'이 있었음에도 이에 별로 관여하지 않았고, 오히

---

[20] Samuel A. Moffett, Letter to Frank F. Ellinwood (Sec., PCUSA), (May 15th, 1893).

[21] Robert E. Speer, *Report of the Mission in Korea of the Presbyterian Board of Foreign Missions*, 1897, pp. 24~25.

[22] Allen D. Clark, *A History of the Christian Church in Korea*, Seoul: The Christian Literature Society of Korea, 1971, p. 95; 유영식, 『착흔 목쟈 게일의 삶과 선교 1』, 토론토, 2013, 321쪽.

려 자신이 관장하던 교회에 초등 과정의 학교를 만들었다는 점이 주목된다. 이에 더 나아가 학당이 폐쇄된 이후인 1897~1898년에 이 초등학교는 완전히 자급으로 운영되었으며, 언더우드는 장차 이 학교를 중학교로 발전시키고 싶어 했다.[23] 당시 학교의 경비는 교인들이 반을 부담했고, 웜볼드(Katherine C. Wambold), 정동명, 송순명 등이 교사로 활동하였다.

1909~1910년에는 이 학교가 남학교와 여학교로 분리되어 운영되었다.[24] 두 학교의 학생 수가 증가했는데, 특히 남학생의 수가 뚜렷하게 증가하였다. 이 학교에는 당시 2명의 교사가 있었는데, 언더우드는 1909년 후반기에 이들에 한 시간씩 산수와 지리를 가르치는 것을 감독했고, 여학교를 책임졌던 웜볼드는 남학교에서도 상당히 많이 가르쳤다.

이 학교는 1915년에는 일제의 사립학교에 대한 통제와 간섭으로 종교교회가 세운 광진학교와 연합하여 협성학교(協成學校)가 되었고, 후에 협성여자상업학교로 발전했다고 한다.

1911년 9월에 개최된 연례회의에서 언더우드는 서울지부의 교육위원회 의장으로 임명되어 1915년 9월까지 책임을 맡았으며, 1915년 9월에는 서울지부 초등교육 사업의 책임자로 임명되었다. 하지만 당시 언더우드는 성경 번역, 문서 사업 및 순회 전도에 전념하고 있었으며, 더욱 부부의 건강이 악화되어 안식년을 갖는 시간이 많아졌다.

여학교 : 정신여학교

미국 북장로회의 여성 교육은 엘러스가 시작하였다. 그녀는 1887년 1월 벙커 목사와의 약혼 소식을 알리며 여자 고아에 대한 사업의 허락을 요청한 바

---

[23] H. G. Underwood, "Report on Day School in connection with Churches in Seoul," Haing Ju & Chang Yun, 1898.

[24] Horace G. Underwood, *Evangelistic Report for Year Ending July 31, 1900*, July 31st, 1900.

그림 3-6. 정동여학당

있다.[25] 그리고 7월 결혼 소식을 알리며, 후임 여의사가 도착하면 자신이 여자 고아에 대한 사업을 할 수 있도록 허락해 달라고 재차 요청하였다. 이와 같이 6월 정동의 자신의 집에서 교육을 시작한 것으로 알려져 있지만, 7월의 편지에는 언급되어 있지 않다.[26]

엘러스는 1887년 11월 언더우드가 자리를 비웠을 때 고아원에서 매일 1시간씩 강의를 하였다. 정동여학당은 1888년 3월 12일에 15살이 된 소녀 두 명으로 시작되었다. 아직 학교 건물은 없었고, 학생들은 한국인 부인과 함께 기숙하였다.[27] 엘러스는 3월 19일 "저는 지난 주에 매일 소녀들을 가르쳤습니다"라며 소녀들에 대한 교육을 시작했다고 선교본부에 알렸다. 미국 북장로회 해외선교본부의 연례 보고서에는 1888년 5월 보고서에 처음으로 여학생 기숙학교의 통계가 실리기 시작하였다.[28]

이렇게 시작된 학교는 1895년 10월 연지동 교사로 이전하면서 연동여학교라고 불렀으며, 1902년 중학부가 개설된 후 1903년 연동중학교라고 불렀다.[29] 연동중학교는 1909년의 「사립학교령」에 의해 학교명을 정신여학교로 개칭하고 구 한국 정부의 정식 허가를 받았다.

[25] Annie J. Ellers (Seoul), Letter to Frank F. Ellinwood (Sec., PCUSA), (Jan. 23rd, 1887).

[26] Annie Ellers Bunker (Seoul), Letter to Frank F. Ellinwood (Sec., PCUSA), (July, 1887).

[27] Horace G. Underwood (Seoul), Letter to Frank F. Ellinwood (Sec., PCUSA), (Mar. 12th, 1888).

[28] Annie Ellers Bunker (Seoul), Letter to Frank F. Ellinwood (Sec., PCUSA), (Mar. 19th, 1888); The Fifty-Second Annual Report of the Board of Foreign Missions of the Presbyterian Church, 1889, p. 173.

[29] 유영식, 『착흔 목쟈 게일의 삶과 선교 1』, 토론토, 2013, 319~320쪽.

2) 조선의 신교육제도 도입

앞에 설명한 선교사들의 교육 활동은 필연적으로 자신들이 활동하던 나라의 교육제도에 영향을 받을 수밖에 없다. 조선의 경우, 전통적으로 서당-향교-성균관으로 이어지는 교육과정은 주로 한문으로 된 고전을 학습하는, 즉 문과 과정이었으므로 근대화를 위한 이과 과정의 도입이 시급한 상태였다.

이에 고종은 1894년 중반 갑오개혁을 시작한 이후 조선의 자주 독립과 내정 개혁의 기본 방향을 제시하기 위해 1895년 1월 7일 「홍범(洪範) 14조」를 선포하였다. 14조 중에서 제11조는 "자질이 있는 젊은이를 외국에 파견하여 학술과 기예를 익히도록 한다"고 하여 외국의 선진 학술과 기예에 대한 교육의 중요성을 강조했고, 제14조는 "문벌을 가리지 않고 널리 인재를 등용한다"고 하여 인재 등용의 중요성을 강조하였다.[30]

제11조에 제시된 '교육의 중요성'은 1895년 2월 2일에 반포된 「교육입국조서(敎育立國詔書)」에서 전 국민을 대상으로 한 새로운 교육의 필요성과 중요성이 강조됨으로써 구체화되었다.[31] 이 조서에서는 국가의 보존과 부강이 교육의 근본이며, 종래의 경전 중심의 교육을 지양하고 교육의 3대 강령으로 덕육(德育), 체육(體育), 지육(智育)을 제시하였다. 또한 학교를 많이 설립하고 인재를 길러내는 것이 곧 국가 중흥과 국가 보전에 직결되는 것임을 강조하였다.

조서가 발표된 이후 교육에 일대 개혁이 일어나 근대적인 학제가 확립되기 시작하였다. 우선 갑오개혁 때 만들어진 학무아문(學務衙門)을 학부(學部)로 개칭하고 그 조직을 정비하였다. 또 교육을 통한 국가 중흥의 이상을 실현하기 위해 1895년 4월 16일 교사 양성을 목적으로 한 「한성사범학교 관제(漢城師範學校 官制)」를 공포한 데 이어, 「외국어학교 관제(外國語學校 官制)」, 「소학교령(小學校

---

[30] 『官報』, 1895년 1월 7일(開國 503년 12월 12일).
[31] 『高宗實錄』, 1895년(고종 32년) 2월 2일.

命)」등의 「학교법」을 제정하였다.[32]

3) 여러 선교부의 남학생 고등교육

미국 감리회

배재를 중심으로 진행되었던 미국 감리회의 남학생 고등교육은 단절 없이 비교적 순조롭게 진행되었다.

미국 북장로회 : 경신학교

교육 선교의 측면에서 장로회는 감리회보다 관심이나 정책적 지원이 훨씬 적었다. 1897년 10월 서울의 남학교가 폐쇄될 때 초등교육은 현지 교회에서 담당하도록 결정하였다.

평양지부에서는 1897년 10월부터 베어드가 교육 선교에 본격적으로 나섰지만, 서울지부에서는 여학교만 운영하고 있었다. 이에 1899년에 들어 서울지부는 보다 진전된 남학교의 설립이 절실하다며 선교본부가 전문 교수진을 파송해 줄 것을 요청하였다.

서울의 남학교는 폐쇄했지만 선교본부의 총무인 엘린우드가 교육 사역을 포기한 것은 아니었다. 그도 교육을 중요시 여기고 있었고, 다만 언제 고등교육을 시작할 것인지를 고려하고 있었다. 세브란스가 병원 건립을 위해 1만 달러를 기부했고 이를 두고 평양 측과 서울 측 선교사 사이에 논쟁이 벌어지던

---

32 「勅令」 제79호, 「漢城師範學校 官制」, 『官報』, 제17호, 1895년(開國 504년) 4월 19일; 「勅令」 제88호, 「外國語學校 官制」, 『日省錄』, 1895년 5월 10일; 「勅令」 제145호, 「小學校令」, 『官報』, 제119호, 1895년(開國 504년) 7월 22일.

3장 | 고등교육의 연합

1900년 12월 엘린우드는 마펫에게 다음과 같은 편지를 보냈다.

> 젊은 의사들이 사업을 밀고 나가는 것은 매우 칭찬할 만한 일이며, 서울에 병원을 짓는 세브란스 씨의 너그러운 제의나 몬트클레어의 부인이 부산에 보여 준 관심은 의심할 여지없이 병원과 진료소의 전체 사업을 북돋는 효과를 보일 것입니다. 하지만 선교본부는 사역에서 균형과 조화를 이루려는 관점을 견지해야 합니다. 우리는 한국에서 고등교육을 한 적이 거의 없고, 서울에서의 교육기관의 필요성은 새로운 병원의 필요성보다 훨씬 클 것입니다. 그런 상황임에도 세브란스 씨와 같이 너그럽게 제의했을 때, 우리는 그것을 거절할 수 없습니다.[33]

이에 더 나아가 학교가 폐쇄된 지 3년 반쯤이 지난 1901년 2월 엘린우드 총무는 한국 선교부로 편지를 보내 "이제 선교가 자유로워졌으므로 현지인 전도사나 조사를 교육할 필요가 더욱 커졌기 때문"에 베어드에 의해 평양에서 시작된 것과 같은 교육이 서울에서도 시작되어야 할 것이라고 알렸다.[34] 이는 선교가 자유로워졌기에 모든 선교사가 선교에 총력을 기울여야 한다는 논리를 넘어, 이 기회를 최대한 이용하려면 현지인 교육에 적극적으로 나서야 할 때가 도래했다고 판단한 것이다.

이렇게 한국에서의 고등교육이 논의되기 시작할 즈음, 선교본부의 총무 브라운(Arthur J. Brown, 1856~1963)이 1901년 4월 21일에 부산에 왔다. 브라운의 한국 방문은 세브란스가 병원 건립을 위해 기부한 1만 달러의 사용과 관련하여 주로 인용되어 왔다. 하지만 브라운 총무의 한국 방문은 미국 북장로회의 교육에도 큰 변화를 일으켰다.[35]

---

[33] Frank F. Ellinwood (Sec., PCUSA), Letter to Samuel A. Moffett (Pyeng Yang), (Dec. 21st, 1900).

[34] Frank F. Ellinwood (Sec., PCUSA), Letter to the Korea Mission, (Feb. 8th, 1901).

[35] Arthur J. Brown, *Report of a Visitation of the Korea Misson of the Presbyterian Board of Foreign Missions*, New York: The Board of Foreign Missions of the Presbyterian Church in the U.S.A., 1902, pp. 19~23.

그는 1902년 발행된 여행 보고서에서 "선교부는 각 선교지부에 '학원 (academy)'을 운영해야 하며, 현재로서는 서울과 평양에 즉시 설립되어야 한다"고 강조하였다. 그는 보고서에서 베어드가 평양에 설립한 학당을 자세히 소개하고, 서울에는 아직 그러한 교육이 시행되고 있지 않음을 지적하였다. 그리고 학당을 폐쇄했던 몇 년 전과 달리 고등교육이 절실히 필요해졌기 때문에 "서울지부는 한옥을 즉시 임대해 경험이 많은 선교사에게 책임을 맡겨 즉시 교육을 시작할 것"을 권고하였다. 그러는 사이 신임 선교사가 언어를 습득하고 적절한 교사를 신축하게 될 것이라는 계획도 제시하였다.

브라운은 한국 방문 때 서울지부와 어떤 논의를 했을까? 5월 20일 브라운 총무는 서울지부 선교사들과 교육에 대한 토의를 가진 후 "게일 혹은 다른 선교사가 궁극적으로는 영구적인 학교를 세울 계획의 일환으로 한옥을 빌려 소규모이더라도 당장 교육을 시작해야 한다"는 견해를 제시하였다.[36]

한편 선교본부는 오랫동안 연기되었던 서울에서의 고등교육을 시작하기 위해 1901년 4월 15일에 이디스 밀러(Edith H. Miller, 1873~1966)를 교육 선교사로 임명하고, 이 사실을 한국 선교부에 통고하였다.[37]

밀러의 첫해 업무는 언어 습득과 베어드의 교육 사업을 면밀히 검토하여 서울에서의 교육 계획을 수립하는 것이었다.

이에 따라 서울지부는 6월 18일 학교의 설립, 교과과정 등의 계획을 마련하기 위해 게일(James S. Gale, 1863~1937), 에비슨 및 프레데릭 밀러로 이루어진 남학교위원회를 구성하였다. 이 위원회에서 작성한 학교 규칙은 8월 19일 서울지부 회의에 제출되었고 9월 2일 채택되었다. 9월 2일 회의에서 학교의 위치는 일단 정동으로 정했고, 게일과 곧 도착할 이디스 밀러에게 책임을 맡겼

---

[36] Minutes of Seoul Station, May 20th, 1901.

[37] 이 편지는 브라운이 서울지부의 선교사들과 고등교육의 재개를 논의하던 5월 20일에는 도착하지 않은 상태였다. 따라서 한국으로 떠나기 전 브라운은 이미 엘린우드와 서울에서의 교육 재개에 대해 결정을 내린 것으로 판단된다. Frank F. Ellinwood (Sec., PCUSA), Letter to the Korea Mission (Seoul), (Apr. 17th, 1901).

다. 또한 연례회의가 끝나는 대로 적절한 위치를 물색하도록 하였다. 이러한 결정이 내려진 후 9월 26일 연례회의가 열리기 직전 이디스 밀러가 도착해 연례회의에 참석하였다. 이디스 밀러는 언어 교육에 전념하고 평양의 사정도 살펴야 했기에 게일이 중학교(Intermediate School)의 책임을 맡았다.[38]

그런데 이유는 알 수 없지만 학교는 연못골에 위치한 선교부 소유의 작은 건물 몇 채를 개조하여 사용하였다. 날짜가 정확하지는 않지만 연례회의가 끝난 10월 8일 이후부터 11월 30일 사이에 3명의 학생으로 학교를 개교했는데, 모두 신자이거나 신자의 아들이었다.[39]

그런데 게일이 개교한 중학교를 '민노아학당'과 어떻게 연관지어야 할지, 즉 모두 미국 북장로회가 서울에서 시작한 교육기관이지만 이전 학당을 중학교가 계승한 것으로 보아야 할지에 관해서는 별도의 논의가 필요하다고 여겨진다. 대표적으로 클라크는 "1897년 학당이 폐교되었으며, 새문안교회에서 운영하던 초등학교와 통합되었다"고 하여 게일의 중학교와 '학당'이 무관하다고 주장하였다.[40]

중학교가 개교할 당시 언더우드는 어떤 상황이었는지 궁금하다. 1901년 언더우드 가족은 정규 안식년을 가졌는데, 2월 엘린우드 총무는 언더우드에게 안식년이 승인되었음을 알리며, "우리는 평양에서 이미 교육을 시작했으며, 이 문제와 관련해서 서울에서도 더 이상 연기해서는 안 된다"고 언급하였다. 언더우드는 1901년 5월 두 번째 안식년을 떠나 1902년 12월에 한국에 왔는데, 그사이에 중학교가 개교한 것이다.

서울지부는 1902년 9월 6일 회의에서 연못골에 도티 양이 부분적으로 소

---

[38] 이상의 과정을 보면 중학교의 개교와 관련하여 흔히 인용되는 호러스 H. 언더우드의 설명이 잘못되었음을 알 수 있다. "그들(서울지부 선교사들)은 그(이디스 H. 밀러)의 내한을 기다릴 수 없어 (밀러가 내한했던) 1901년 초 게일 박사에게 학교를 개교하도록 지시했고, 학교는 6명의 학생으로 시작되었다." Horace H. Underwood, *Modern Education in Korea*, New York: International Press, 1926, p. 54.

[39] Oliver R. Avison (Seoul), Letter to Frank F. Ellinwood (Sec., PCUSA), (Nov. 30th, 1901).

[40] 게일을 연구한 유영식도 같은 주장을 하였다. 유영식, 『착한 목쟈 게일의 삶과 선교 1』, 토론토, 2013, 321쪽.

유하고 있는 대지를 중학교가 사용할 수 있도록 구입하기로 의결했으며, 이후 개최된 한국 선교부 연례회의에 중학교 부지를 위한 예산으로 2,414엔을 요청하였다.[41] 그런데 실제 중학교 부지를 위해 필요한 액수는 9,314엔이었다. 그 이유는 당초 민노아학당의 자산을 조선 정부에 팔 때 받은 보상금 6,900엔 외에 추가로 요청한 것이었기 때문이다. 이 요청은 1903년 1월 5일 선교본부에 의해 승인되었다.[42] 정확하지는 않지만 이즈음 학교를 '예수교중학교'라고 불렀다고 한다.[43]

게일은 1903년 4월 스위스 로잔으로 가족을 만나러 갔다가 10월 19일 한국에 돌아왔다. 그사이 한국어를 배우며 게일을 돕던 이디스 밀러가 중학교의 책임을 맡았으며, 1903년 9월 연례회의에서 부책임자로 정식 임명되었다.

미국 북장로회 한국 선교부는 1904년 선교 개시 20주년을 기념하기 위해 미국 북장로회 해외선교본부의 회장 웰스(John D. Wells, 1815~1903)의 한국 방문을 청하였다. 그러나 웰스가 1903년 10월 31일 사망하여 한국 방문은 실현되지 못했다. 그런데 유족들은 웰스를 기념하기 위해 기금을 내놓았다. 이 기금의 용도를 두고 브라운 총무는 유족들과 협의한 끝에 결국 '목회자 양성'을 위해 한국에서 사용하기로 결정하였다. 브라운은 확정되지는 않았지만 자신은 서울지부가 적절할 것이라 생각한다고 알려 왔다.[44] 이때가 1903년 12월 말이었다. 이에 1904년 9월 30일에 개최된 선교부 연례회의에서 교육위원회는 마침 중학교의 본관 건물을 위해 12,000엔의 예산을 요청했던 바, 웰스 기금을 본관 건물 건축에 사용하든가, 혹시 유족들이 이에 만족해하지 않는다면 장차

---

[41] 이 예산으로 확보한 대지가 연지동 1번지인지는 확실하지 않다. 고춘섭, 『사진으로 보는 연동교회 110년사』, 서울: 연동교회, 2004, 17쪽.

[42] 번하이셀은 7월 편지에서 중학교 교지가 확보되었다고 했는데, 그 근거가 확실하지 않다. Charles E. Bernheisel (Seoul), Letter to the Christian Endeavorers, Chicago Presbytery, (July 6th, 1902); A. W. Halsey (PCUSA), Letter to the Korea Mission, (Jan. 6th, 1903).

[43] 중학교는 게일이 교장일 때 '구세학당'으로도 불렸다고 하는데, 언제 어떻게 불렸는지는 확실하지 않다.

[44] Arthur J. Brown (Sec., PCUSA), Letter to the Korea Mission, (Dec. 26th, 1903).

설립할 계획으로 있는 신학교를 위해
사용하는 것으로 의결하였다.[45] 그리고
밀러가 중학교의 책임자로 정식 임명
되었다. 이 기부금으로 신축한 새로운
교사는 1906년 9월 27일 봉헌식을 가
졌으며, 이때부터 '경신학교(儆新學校)'
라고 부르기 시작하였다.[46] 선교사들은

그림 3-7. 경신학교

이 학교를 'John D. Wells Training School for Christian Workers(약칭 John
D. Wells School)'라고 불렀으며, 1905년 9월의 연례회의 보고서에 이 명칭이 처
음으로 등장한다.

연합고등학교(Union High School)

1905년 9월 11일 결성된 재한 복음주의 선교공의회의 중요한 설립 목적은
여러 교파의 연합이었다. 더욱이 초등교육과 달리 중·고등교육은 교사진 확
보, 건물, 실습 설비 등을 구비하는 데 많은 재원이 들어가는 것이었다. 따라서
미국 북장로회는 9월 25일 개최된 한국 선교부 교육위원회에서, 가능하다면
서울의 경신과 평양의 숭실을 각각 1년 동안 감리회와 연합으로 운영하기로
의결하였다.

이에 따라 서울에서 두 선교부가 운영하던 배재와 경신이 연합한 고등학교

---

[45] 서울지부는 1907년 연례회의에서 기숙사 건립을 위해 다시 12,000엔을 요청하였다. 아마 웰스 유족이 기부
한 6,300달러로 본관을 건축한 후, 당시 본관 건립을 위해 요청했던 12,000엔을 기숙사 건립에 사용해려 했던
것으로 보인다. 이외에 체육관, 과학실험실 등을 위한 예산도 신청하였다.

[46] 미국 북장로회 한국 선교부에서 '경신학교'라는 이름은 1908년 8월의 연례회의에 제출한 보고서에서 처
음 나타난다. 한편 1905년 봄 게일이 연동교회의 임원들과 논의하여 학교 이름을 '새로운 것을 깨우친다'는
뜻에서 경신이라고 붙였다는 주장도 있다. The Seoul Press, Oct. 30th, 1913; *Report of the Korea Mission of the
Presbyterian Church in the U.S.A., to the Annual Meeting held at Pyeng Yang*, Aug., 1908, p. 11.

가 1905년 10월 6일 73명의 학생으로 개교하였다.[47] 첫해에는 배재에서 교육을 진행하였다. 1906년에는 졸업생을 배출한 후 연지동의 경신에서 교육을 진행하였다. 하지만 1907년 중반까지 2년 동안의 연합교육을 시행한 이후, 이전의 배재와 경신으로 다시 분리되었다. 미국 남감리회가 서울에서의 교육 사업에 손을 떼고 송도(개성)에서의 사업에 집중하기로 했기 때문이다.

4) 숭실학교의 연합

제중원에서의 의학교육을 제외한 미국 북장로회의 고등교육은 베어드 (William M. Baird, 1862~1931)에 의해 처음 시작되었다. 1891년 2월 2일 서울에 도착한 베어드는 9월 부산으로 내려가 부산지부를 개척하였다. 이후 1895년 12월 대구지부를 개척했고, 1896년 12월부터는 잠시 서울의 민노아학당에서 활동하였다.

베어드는 1897년 8월 개최된 연례회의에 제출한 보고서에서 고등교육을 위해 자신을 평양으로 보내 줄 것을 요청했으며, 이것이 받아들여져 10월 초 평양에 정착하면서 본격적으로 교육 선교에 나섰다. 이 연례회의에서 서울의 민노아학당을 폐쇄하기로 의결한 것을 보면 베어드가 평양에서 교육을 시작하면서 평양이 미국 북장로회의 교육의 중심이 되었다고 생각할 수 있다.

베어드는 평양에 정착한 직후 '사랑방 학급'이라 불리는 중등과정의 '평양학당'을 시작했다고 알려져 있다. '평양학당'이 언제 시작되었는지는 다소 논란이 있다. 1910년경 숭실에서 제작한 연혁을 보면 1898년에 시작되었다고 되어 있다.[48] 1899년 3월 베어드가 안식년으로 자리를 비웠을 때에는 스월른

---

[47] *Official Minutes of the Second Annual Session Korea Mission Conference Methodist Episcopal Church*, Seoul, Korea, 1905, p. 41.

[48] Union Christian College & Academy Pyeng Yang, Korea, ca. 1910, Presbyterian Historical Society.

(William M. Swallen)이 학당의 책임을 맡았다.

1900년 6월 안식년에서 돌아온 베어드는 연례회의가 끝난 후 9월 30일 수업 연한이 5년인 학당을 개학하였다. 대체로 이때부터 '숭실학당'이란 명칭이 사용되었다. 그리고 스월른이 부친

그림 3-8. 숭실학당(1901년)

이 남긴 유산 1,800엔을 기부하자 1901년 4월 신양리에 학교 부지를 구입하여, 이곳에 교사를 신축해 이사하였다.

숭실은 1904년 5월 첫 중학교 졸업생을 3명 배출하였다. 당초 5명이 학업을 시작했지만 1명은 3년 과정을 끝낸 후 재정적인 문제로 자퇴했고, 또 다른 1명은 졸업 연한을 채우지 못해 다음 1년을 더 배우도록 했기 때문이다.

합성숭실학교

이와 같은 숭실의 성장은 베어드의 교육 정책은 교회와 밀접하게 관련되었으로 평양에서 기독교 선교 활동이 성공했기 때문에 가능한 일이었다. 하지만 미국 선교본부에서 숭실학당을 위해 마련한 예산은 턱 없이 부족했고 교사나 장소도 교육에 열악하였다. 이에 베어드는 다른 방안을 모색하였다. 감리회, 캐나다 장로회와 연합을 시도한 것이다. 베어드는 1905년 6월 개최된 북감리회 선교부 총회에 참석하여 한국 내 고등교육에 있어서 장로회와 감리회의 협동 방안을 제의하였다. 마침 1905년 9월 11일에 결성된 재한 복음주의 선교공의회는 연합을 표방하였다.

베어드는 그 어떤 분야보다도 교육이 쉽게 연합할 수 있는 분야이며, 특히 평양의 경우 감리회가 학교를 세우려 하지만 학교 건물도 없는 상황이라 연합에

매우 적합하다고 생각하고 있었다.[49] 또한 평양은 교육에 대한 열망이 높고, 을 사늑약으로 일본 세력에 맞서 학교 연합의 필요성이 증대되었다고 주장하였다.

베어드가 노력한 결과 1905년 가을 미국 감리회가 숭실에서의 교육에 참여 하기로 하였다. 연합 초기에는 감리회 학생이 없었지만 점차 증가하여 15명에 이르렀다. 이에 양 선교부는 매우 만족해했고 영구적인 연합을 확신하였다.

합성숭실대학 및 학당

1905년 6월 12일 제2회 졸업생을 4명 배출하였다. 그런데 당시 졸업생들 은 보다 고등의 대학 과정이 설치되기를 바랐다. 4명의 졸업생 중 1명은 의주 로 내려가 숭실과 같은 학교를 시작하겠다는 포부를 밝혔고, 또 다른 1명은 모 교에서 교사로 활동하기로 했으며, 나머지 2명은 대학 과정을 밟고 싶어 했다. 더구나 6월 26일 중앙교회에서 개최된 모임에서는 대학교육에 관심을 가진 한 국인들이 대학 과정을 강하게 요청하였고, 이에 평양 선교지부는 대학 창설을 향한 준비에 착수했다. 그리하여 9월 숭실을 중학부와 대학부로 분리했고, 중 학부는 숭실중학교, 대학부는 숭실대학이라고 불렀다.

하지만 대학교육은 바로 이루어지지 않은 것 같다. 베어드가 1906년 10월 선교본부에 보낸 편지에서 "드디어 대학교육의 계획이 성취되었으며, 이번 가 을 한 반(상급반)은 4명, 다른 반(하급반)은 7명의 학생으로 이루어진 2개의 반으 로 대학을 시작"했음을 보고했기 때문이다. 1910년경 숭실에서 제작한 연혁에 도 1906년 시작했다고 되어 있다.[50] 이 학교는 10월 10일 개학했으며, 학교 이 름은 합성숭실대학 및 학당(The Union Christian College and Academy)이었다.[51] 이

---

[49] William M. Baird (Pyeng Yang), Letter to Arthur J. Brown (Sec., PCUSA), (Sept. 15th, 1905).

[50] William M. Baird (Pyeng Yang), Letter to Arthur J. Brown, (Oct. 27th, 1906); Union Christian College & Academy Pyeng Yang, Korea, ca. 1910, Presbyterian Historical Society.

[51] William M. Baird, "Pyeng Yang College and Academy," *The Korea Mission Field* 3(11), Nov., 1907, pp. 174~176.

로 미루어 보아 감리회는 이때부터 대학교육에 참여한 것으로 보인다.

미국 북장로회 한국 선교부는 1907년 9월 27일 개최된 연례회의에서 4년 제인 '합성숭실대학 및 학당'의 정관과 내규를 인준하였다. 1907년 당시 대학에는 3학년이 5명, 2학년이 7명이었으며, 1908년 3월경에는 4학년이 2명, 3학년이 7명, 1학년이 8명이었다. 1908년 5월 10일 대학에서 2명의 첫 졸업생이 배출되었고, 1910년에는 5명, 1911년에는 6명이 졸업하였다. 합성숭실대학의 연합에는 1911년 호주 장로회와 미국 남장로회가 참여를 결정했고, 이후 캐나다 장로회도 참여하였다. 하지만 처음부터 참여했던 미국 감리회는 1914년 4월 초에 연합에서 빠지고 대신 서울에 설립된 연합대학에 참여하였다.

5) 서울의 연합대학부

1905년 10월부터 2년 동안 연합을 했던 서울의 두 학교는 이후 큰 변화가 있었는데, 그것은 평양에서와 같은 대학부 설립의 추진이었다.

경신학교 대학부

경신의 경우, 이디스 밀러는 1906~1907년에 대학교육을 처음 시도하였다.

> 우리는 대학교육을 위해 한 반을 구성했으며, 성취된 일이 대단히 만족스럽습니다.[52]

이로 미루어 보아 미국 북장로회의 대학교육은 선교본부의 공식 허락을 받은 평양의 베어드와 함께, 비공식적이었지만 서울의 이디스 밀러에 의해 시작

---

[52] Edith H. Miller (Seoul), Letter to Arthur J. Brown (Sec., PCUSA), (July 11th, 1907).

되었음을 알 수 있다. 하지만 이 교육은 1년 동안만 이루어졌고, 1907~1908년
에는 중단되었다.

> 대학부는 교수진과 자금 부족으로 올해에는 부득이 생략하였다. 그러나 우
> 리는 차기 연도에 대학부를 다시 열 수 있을 것이라 희망한다.[53]

이디스 밀러의 언급대로 1908년 9월 4일자 『황성신문』에 4년 과정의 대학
과 학생을 모집하는 광고가 실렸다.

학원 모집 광고[54]

대학과 4년. 성경 한문, 고금문선(古今文選), 역사, 영미사, 교회사, 고등
생리, 고등 물리, 고등 화학, 천문, 지리, 경제, 법학, 심리, 논리, 성경, 교
육법, 고등 대수기하, 삼각측량, 음악, 도화(圖畵), 영일어 작문.

중등과 3년.

(중략)

대학과 시험. 순한문, 독서 작문, 수학, 초등 대수

중학과 시험.

(중략)

시험일 9월 12일, 14일 상오 9시 음력 9월 17일

단, 중학 졸업생 대학과 면시(免試)

(중략)

---

[53] *Report of the Korea Mission of the Presbyterian Church in the U.S.A., to the Annual Meeting held at Pyeng Yang*, Aug., 1908, p. 12.
[54] 「광고」, 『황성신문』, 1908년 9월 4일, 3쪽.

원학첨원(願學僉員) 시험일 내 청원서 제정 후 규칙서 지 거사(持 去事).

경성 동부 연동
사립 경신학교

이렇게 경신학교에 비정기적으로나마 대학부가 운영되었던 것은 미국 북
장로회가 서울의 고등교육을 위해 파송한 이디스 밀러가 게일로부터 중학교
의 책임을 넘겨받은 후 경신학교(John D. Wells School)로 발전하면서 대학교육
을 시도한 것이라 이해할 수 있다.

경신학교 대학부의 설립을 주도했던 이디스 밀러는 첫 안식년을 허락받아
1909년 6월 18일 미국으로 돌아갔다. 그런데 가기 전에 학생들의 대학과 지원
서를 갖고 있었으며, 이것은 여건이 되면 대학교육을 재개할 예정이었음을 알
려 주는 것으로 생각된다.[55] 이디스 밀러가 안식년을 갖게 되자 그린필드(M. W.
Greenfield)가 교장을, 라이너(Ralph O. Reiner)가 부교장을 맡았다. 그가 떠난 후
개최된 1909년 8월의 연례회의에서 서울지부는 경신학교의 대학부 건물 건축
을 위해 2만 엔을 요청했으나 한국 선교부는 이를 승인하지 않았다.

1910년 6월 22일, 경신학교에서 신축 건물의 정초식이 거행되었는데, 향후
고등학교 및 대학을 위해 사용할 수 있을 것으로 예상하였다. 이 건물이 1909년
6월 서울지부에서 요청한 2만 엔으로 건립되었는지는 확실하지 않다.[56] 이디스
밀러가 돌아온 이후 1910년 8월에 개최된 연례회의에서 언더우드가 경신학교
교장에, 안식년에서 돌아온 이디스 밀러가 부교장에 임명되었다.[57] 언더우드는
"실제 업무는 이디스 밀러가 담당했으며, 자신은 건축일을 챙겼다"고 기록하

---

[55] Horace G. Underwood (Seoul), Letter to Arthur J. Brown (Sec., PCUSA), (July 18th, 1910).
[56] Horace G. Underwood (Seoul), Letter to Arthur J. Brown (Sec., PCUSA), (July 18th, 1910).
[57] 언더우드가 1909년 8월 경신학교 교장에 임명되었다는 언급은 잘못된 것이다.

였다. 신축 건물의 건축이 진행되던 1910년 8월과 9월, 경신학교는 4년 과정의 대학부 학생 모집을 위해 적극 나섰다.

> 경신교 대학과. 사립 경신교 대학과에서는 대학과를 설치ᄒᆞ기 위ᄒᆞ야 현방(現方) 학부와 교섭ᄒᆞᄂᆞᆫ 중이라더라.[58]

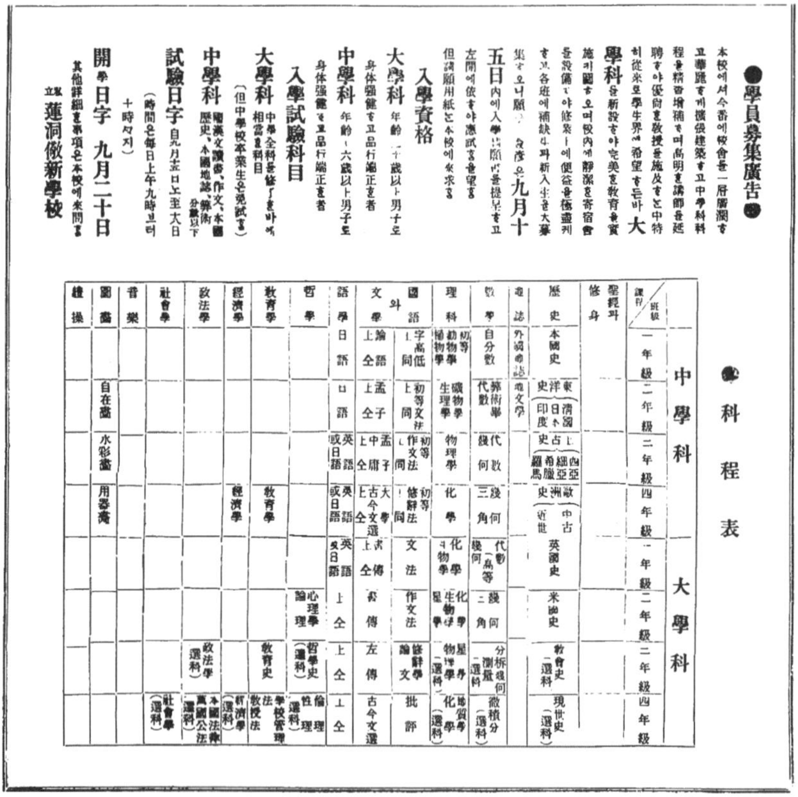

●學員募集廣告●

本校에서今番에校舍를一層廣濶ᄒᆞ고華麗ᄒᆞ게擴張建築ᄒᆞ고中學科科程을精密增補ᄒᆞ며高明ᄒᆞᆫ講師를延聘ᄒᆞ야優尙ᄒᆞᆫ敎授를施及ᄒᆞᄂᆞᆫ中特히從來로學生界에希望ᄒᆞ든바大學科를新設ᄒᆞ야完美ᄒᆞᆫ敎育을實施키圖ᄒᆞ오며校內에靜潔ᄒᆞᆫ寄宿舍를設備ᄒᆞ야修業ᄒᆞᄂᆞᆫ에便益을極盡케ᄒᆞ고各班에補缺과新入生을大募集ᄒᆞ오니願ᄒᆞᄂᆞᆫ僉彦은九月十五日內에入學請願書를提呈ᄒᆞ고左開에依ᄒᆞ야應試ᄒᆞᆷ을望ᄒᆞᆷ
但請願用紙ᄂᆞᆫ本校에來求ᄒᆞᆷ

入學資格
大學科 年齡二十歲以上男子로身体强健ᄒᆞ고品行端正ᄒᆞᆫ者
中學科 年齡十六歲以上男子로身体强健ᄒᆞ고品行端正ᄒᆞᆫ者

入學試驗科目
大學科 中學全科를修了ᄒᆞᆫ바에相當ᄒᆞᆫ科目 (但中學校本業生은免試ᄒᆞᆷ)
中學科 國漢文讀書、作文、本國歷史、本國地誌、算術分數以下

試驗日字 自九月十五日로至十六日 (時間은每日上午九時브터十時ᄭᆞ지)

開學日字 九月二十日

其他詳細ᄒᆞᆫ事項은本校에來問ᄒᆞᆷ

私立 蓮洞儆新學校

●科程表

班級	課目	聖經과修身	歷史	地誌	數學	理科	國語	文學	語學	哲學	敎育學	經濟學	政法學	社會學	音樂	圖畵	體操
中學科	一年級		本國史	外國地誌	自分數	初等動物學 植物學	字高低 上同	論語 上全	日語								
	二年級		東洋史 (淸國 日本 印度)	地文學	算術 代數	礦物學 生理學	初等文法 上同	孟子 上全	日語							自在畵	
	三年級		上古史 (西亞細亞 希臘 羅馬)		代數 幾何	物理學	初等作文法 上同	孟子 中庸 上全	英語或日語							水彩畵	
	四年級		中古 歐洲史 近世		幾何 三角	化學	初等修辭法 上同	大學 古今文選 上全	英語或日語		敎育學	經濟學				用器畵	
大學科	一年級		英國史		代數(高等) 幾何	化學 物學	文法	書傳 上全	英語或日語								
	二年級		米國史		三角 幾何	化學 生物學 星學	作文法	書傳	上全	心理學 論理							
	三年級		敎會史 (選科)		分析幾何 測量 (選科)	星學 物理學 (選科)	修辭學 論文	左傳	上全	哲學史 (選科)	敎育史		政法學 (選科)				
	四年級		現世史 (選科)		微積分 (選科)	地質學 化學 (選科)	批評	古今文選	上全	倫理 性理 (選科)	學校管理法 敎授法	經濟學 (選科)	本國法律 萬國公法 (選科)	社會學 (選科)			

그림 3-9. 경신학교 대학과 모집 광고. 『황성신문』(1910년 9월 6일)

58 「경신교 대학과」, 『황성신문』, 1910년 8월 25일, 1쪽.

학원 모집 광고[59]

　본교에셔 금번에 교사(校舍)를 1층 광윤(廣潤)ᄒ고 화려ᄒ게 확장 건축하고 중학과정을 정사 증보(精査 曾補)ᄒ며 고명ᄒ 강사를 연빙(延聘)ᄒ야 우상(優尙)ᄒ 교수를 시급(施及)ᄒᄂ 중 특히 종래로 학생계에 희망ᄒ든 바 대학과를 신설ᄒ야 완미(完美)ᄒ 교육을 실시키 도(圖)ᄒ오며 교내에 정결ᄒ 기숙사를 설비ᄒ야 수업상에 편익을 극진(極盡)케 ᄒ고 각반에 보결생과 신입생을 대모집ᄒ오니 원학첨언(願學僉彦)은 9월 15일 내에 입학 청원서를 제정(提呈)ᄒ고 좌개(左開)에 의ᄒ야 응시흠을 망(望)흠,

　단 청원 용지ᄂ 본교에 내구(來求)흠

　(중략)

입학 자격

대학과 연령 20세 이하 남자로 신체 강건ᄒ고 품행 단정ᄒ 자.

중학과 연령 16세 이상 남자로 신체 강건ᄒ고 품행 단정ᄒ 자.

　(중략)

시험 일자 자(自) 9월 15일 노 지(至) 18일

　　　　　(시간은 매일 상오 9시브터 10시ᄭ지)

개학 일자 9월 20일

기타 상세ᄒ 사항은 본교에 내문(來問) 흠

사립 연동경신학교

---

59 「학원 모집 광고」, 『황성신문』, 1910년 9월 6일, 4쪽.

당시 얼마나 많은 학생이 대학부에 입학했는지는 알려져 있지 않다. 하지만 1911년 9월 연례회의에서 다시 교장에 임명된 이디스 밀러는 배재와의 연합대학부를 운영하였다.

배재학교 대학부

북감리회의 배재의 경우, 1909년에 졸업한 4명이 대학 과정을 밟기를 원하였다. 이에 배재는 대학 과정을 개설하여 이들을 받아들였으며, 1910년 졸업생 중에서도 몇 명이 입학하였다. 이어 1911년 3월에는 15명 중에서 8명이 대학에 진학했는데, 당시 학교의 명칭은 배재학교 및 대학(Pai Chai High School and College)이었다.

연합대학부

1910년대에 들어 서울에 새로운 대학을 설립하는 문제와 관련된 논란이 가열되는 가운데, 1911년 9월 13일 개최된 미국 북장로회 연례회의의 교육위원회는 "선교부가 별도의 경비나 인원을 추가 지원하지 않는 조건으로 서울에서 경신과 배재가 1년 동안 연합하여 교육하며, 2년의 교육과정에 참여하기로 승인한다. 그리고 이 결정이 서울에 대학을 승인하는 것으로 해석해서는 안 된다"는 안이 제출되어 찬성 20, 반대 9로 채택되었다.[60] 배재의 경우 1911년 가을 경신과 연합대학부를 발족하면서 명칭에서 대학이 빠졌다.

당시 연합대학부는 다음과 같은 광고를 통해 학생을 모집하였다.

---

[60] *1911 Minutes and Reports of the Twenty-Seventh Annual Meeting of the Korea Mission of the Presbyterian Church in the U.S.A.*, p. 103.

대학생 모집 광고[61]

　　현금에 경성 남북감리교회와 장로교회가 교육상 직접 관계ㅎᄂ 자가 증(曾)히 고등교육흠을 각자 구분흠보다 호상 공동흠이 선흔줄로 인(認)흔지라 경신학교와 배재학당과 개성 한영서원 졸업생과 기타 졸업생을 일체 가납(嘉納)ㅎ야 합력(合力) 교수흠이 사실상 편순(便順)흔 소이(所以)로 금(今)에 차(此)를 실행코져 ㅎ야 서소문 내 배재학당 교사 서편 옥(屋)(전 활판소)에 임시로 설립ㅎ고 차(此)에 응ㅎᄂ 지원자를 모집흠

　　입학 지원자는 9월 23일 내로 청원서를 제출흠을 요흠

　　단, 관공사립 고등학교를 졸업흔 자나 상당흔 학력이 유한 자에게 한흠

　　입학시험 과목

　　조선 문법, 국어, 영어, 역사 – 동양사, 서양사, 한문 – 사서, 작문, 수학 – 대수, 기하, 이과 – 물리, 화학

　　단, 상세흔 사항은 서소문 내 배재학당 교사 서편(전 활판소)에 내(來)ㅎ야 문의흘 사(事)

　　대학교 설립위원 고백

---

61 「대학생 모집 광고」, 『매일신보』, 1911년 9월 6일, 3쪽.

이에 따라 1911~1912년도에 8명의 학생이 대학 1학년 과정의 교육을 받았다. 강의는 배재학당 구내의 구 인쇄소 건물에서 진행되었으며, 배재와 경신의 교수진이 강의를 진행하였다.[62]

하지만 1년 동안의 연합교육을 끝낸 1912년 가을 미국 북장로회는 연합교육을 중단하기로 결정했으며, 이후 경신에서는 대학부가 유지되지 않은 것으로 보인다. 다만 1912년 9월의 연례회의에서 수공부의 설립을 위해 요청한 5,000엔이 46명 찬성과 4명의 반대로 통과되었으며, 1913년 9월의 연례회의에서 새로 임명된 호러스 언더우드(Horace H. Underwood, 1890~1951, 원한경)가 수공부의 책임을 맡았다.

또한 1913년의 경우 190명의 학생 중에서 15명이 세브란스 의학교 입학을 준비하는 특수 과정을 밟고 있었다. 그리고 1913년 9월에 개최된 연례회의에서는 재령지부에서 활동하다가 1912년 7월 안식년으로 귀국했던 쿤스(Edwin W. Koons, 1880~1947)가 1913년 9월 한국에 돌아오자 서울지부로 소속을 변경해 경신학교의 교장 직을 맡겼다.

반면 배재에서는 최소한의 대학 과정을 계속하기로 하고 1912년 가을 10명의 학생을 1학년으로 받았고, 2학년 지원자는 평양의 숭실로 보냈다. 이렇게 배재가 대학교육에 소극적이었던 것은 당시 서울의 대학 설립과 관련하여 진행된 활발한 논의와 관련이 있다. 이 교육도 1913년 가을부터 중단된 것으로 보인다.

---

[62] *1912 Report of the Korea Mission of the Presbyterian Church in the U.S.A., to the Annual Meeting held at Seoul*, September, 1912, p. 12.

2. 조선기독교대학(연희전문학교)의 설립[63]

1) 언더우드와 미국 북장로회의 교육(표 3-1)

언더우드는 1886년 5월 선교본부의 승인으로 고아원을 개원했고, 비정기적인 교육을 시도한 바 있다. 하지만 1889년 10월 이후부터 1893년 5월까지 고아원 일을 거의 하지 못하였다. 그 와중에 1890년 한국에 온 마펫이 고아원의 책임을 맡았으며, 그의 노력으로 고아원은 1891년 2월 선교부의 승인을 받아 '남학교'로 전환되었다. 1893년 10월 마펫의 임지가 평양으로 바뀌자, 학교는 밀러 목사가 맡게 되었고, 이후 '민노아학당'이라 불렸다. 남학교는 1897년 9월에 개최된 한국 선교부의 연례회의에서 만장일치로 폐교되었다.

1901년에 들어 연례회의가 끝난 후 게일에 의해 중학교가 개교했고, 고등교육을 위해 파송된 이디스 밀러가 그를 도왔다. 그런데 언더우드는 중학교가 개교하기 전인 1901년 5월, 두 번째 안식년을 떠나 1902년 12월 한국에 돌아왔다. 1903~1904년에 언더우드는 중학교에서 1주일에 두 번 오후에 두 시간 구약신학과 물리학을 강의하였다. 1905년 10월 배재와 경신이 연합한 고등학교가 개교해 2년 동안 유지되었다.

하지만 언더우드는 연합 고등학교가 운영되던 1906년 7월 다시 건강 안식년으로 한국을 떠났고, 한동안 프랑스, 스위스 등지에서 요양을 하다가 미국을 거쳐 약 3년 후인 1909년 8월 20일 한국으로 돌아와 미국 북장로회 한국 선교 25주년을 기념하는 연례회의에 참석하였다. 그가 안식년을 갖는 동안 경신학교라는 명칭이 붙여졌고 학교 본관이 봉헌되었으며, 이디스 밀러는 1906년

---

63 연희전문학교의 설립에 대해서는 다음과 같은 문헌이 참고가 된다. 최재건, 『언더우드의 대학설립』, 서울: 연세대학교 출판문화원, 2012; 김도형, 「언더우드의 '대학' 설립과 연희전문학교」, 언더우드 내한 130주년·연세대학교 창립 130주년 기념 학술회의, 2015년 3월 13일.

표 3-1. 미국 북장로회의 교육 발전과 언더우드의 관계

초등교육	중등교육	대학교육	언더우드
1885년 7월. 영어 교육 1886년 5월 11일. 언더우드, 고아원 정식 개원			1889년 10월~1890년 5월 (일본)
1890년 후반. 마펫, 고아원의 책임을 맡음 **1891년 2월. 고아원, 남학교로 전환(예수교학당)** 1893년 10월. F. 밀러, 민노아학당 1897년 10월. 학당 폐교, 새문안교회의 초등학교로 흡수			1891년 4월~1893년 5월 (안식년) 1895년 새문안교회에 초등학교 설립
	1901년 10월경. 게일, 중학교 설립 1904년 9월. E. 밀러, 중학교 교장에 임명 1905년 10월. 경신·배재 연합고등학교 개교 **1906년 9월. 경신학교 본관 봉헌, John D. Wells School로 불림** 1907년 9월. 배재·경신 다시 분리	1906년 9월. E. 밀러, 경신에 대학부 운영	1901년 5월~1902년 12월 (안식년) 1903~1904년. 언더우드, 경신에서 구약신학과 물리 강의 1906년 7월부터(안식년)
	1909년 6월~1910년 8월. E. 밀러(안식년) **1909년 6월. 그린필드, 교장에 임명** 1910년 8월. 언더우드, 경신 교장에 임명(1년 동안) 1911년 9월. E. 밀러, 경신 교장에 임명 1913년 9월. 쿤스, 경신 교장에 임명	**1908년 9월. E. 밀러, 경신대학부 학생 모집** 1910년 8월. 경신대학부 학생 모집 1911년 9월. 배재와 연합대학부 운영 1912년 9월. 연합대학부 중단 이후 경신대학부 중단	1909년 8월까지(안식년) 1912년 4~8월(휴가)

* 굵게 표시된 부분은 언더우드가 한국에 없던 시기에 일어난 일이다.

부터 경신에서 비정기적으로나마 대학부를 운영하였다. 평양에서는 베어드에 의해 숭실이 설립되었고 1906년 대학교육이 시작되었다. 이와 별도로 1908년 6월에는 세브란스 병원 의학교에서 제1회 졸업생이 배출되었다. 1910년 6월 정초식을 거행한 경신의 신축 건물은 향후 고등학교 및 대학을 위해 사용할 수 있을 것으로 예상하였다. 이렇게 경신에서 대학교육의 논의가 진행되던 1909년 6월 이디스 밀러가 안식년을 보냈고, 그가 돌아오던 1910년 9월 언더우드가 경신의 교장으로 임명되어 1년 동안 활동하였다.

1911년 9월 다시 교장에 임명된 이디스 밀러는 "이 결정이 서울에 대학을 승인하는 것으로 해석해서는 안 된다"는 단서를 달고 배재와의 연합대학부를 운영하였다. 하지만 1년 후인 1912년 가을 미국 북장로회는 연합교육을 중단하기로 결정하였다. 연합대학부가 운영되고 있을 때 언더우드는 1912년 4월부터 8월까지 다시 휴가를 떠났는데, 모든 경비를 자신이 지불하는 조건이었다.

언더우드의 안식년 혹은 병가와 경신학교의 발전 과정을 살펴보면, 게일에 의해 설립된 중학교의 예에서와 같이 경신학교의 대학부 운영에도 언더우드가 현장에서 주도적인 혹은 직접적인 역할은 하지 않은 것으로 판단된다.

2) 언더우드의 대학 설립 구상

초기 선교사 중에서 가장 먼저 고등교육을 시작한 것은 알렌이다. 당초 알렌은 영어는 물론 모든 과목을 가르치는 대학교의 설립을 추진하였다. 알렌의 대학교 창립 계획은 한국인 한 명이 언더우드에게 동문학(同文學)의 영어 과목을 맡아 달라고 제안한 것에서 발전한 것이다. 언더우드로부터 이러한 사실을 전해들은 알렌은 영어만 아니라 모든 과목을 가르치는 학교가 좋을 것이라고 판단했고, 대학교 설립 계획을 마련하였다.[64] 알렌으로부터 대학교 설립 계

---

[64] Horace G. Underwood, Letter to Frank F. Ellinwood, (Sept. 17th, 1886).

획안을 받은 미국 대리공사 폴크는 처음에 이 안에 대해 호의적인 반응을 보였다.[65] 하지만 미국인 교수들이 한국에 도착해 있지 않다는 이유로 반대하면서, 대신 제중원과 연관된 의학교의 설립을 적극 추천하였다. 그 결과 1886년 3월 제중원의학교가 개교하였다.

그러면 이제 언더우드의 대학 설립 구상에 대해 간단히 살펴보자. 1886년 제중원의학교에서 영어, 물리 등을 강의하던 언더우드는 1887년 4월 미국 해외선교본부의 회장인 웰스에게 "이곳 장로회 선교사들은 서울 중심가에 큰 학교를 설립하기를 소망하고 있습니다"라고 대학 설립의 꿈을 처음 드러내었다.[66] 그리고 11월에는 피어슨에게 편지를 보내 한국에는 "기독교대학의 시초가 될 새로운 학교가 필요하며, 이 목적으로 재산(건물)을 매입했고 수리하는 중"이라고 알렸다.[67] 그런데 이 재산이란 1891년 마펫이 고아원을 남학교로 전환하려 할 때 언급된 "학교 건물로 세워진 집이 있지만 학교로 사용된 적은 없던" 바로 그 건물을 의미하는 것으로 판단된다.

그런데 여기서 짚고 넘어가야 할 부분이 있다.

첫째, 언더우드는 한국에 온 이듬해인 1886년 5월 선교본부의 허락을 받아 고아원을 개설하였다. 이때 학교 용도로 집도 마련하였다. 1901년 중학교의 설립에서 보듯 선교본부에서도 결국은 대학을 설립할 계획을 갖고 있었던 것으로 파악되는데, 언더우드는 고아원을 활성화시켜 남학교로 만들고 더 나아가 대학을 설립하는 수순을 밟지 않고 바로 대학 설립의 포부를 밝혔다.

둘째, 대학교육에 대한 포부를 담당 총무인 엘린우드와 직접 상의하지 않고 회장인 웰스나 잡지를 발행하고 있던 피어슨에게 편지로 알린 점이다. 그

---

[65] *Dr. Allen's Diary No. 1 (1883~1886)*, Dec. 1st, 1885.

[66] Horace G. Underwood (Seoul), Letter to John D. Wells, (Apr. 8th, 1887).

[67] Horace G. Underwood (Seoul), Letter to Arthur T. Pierson, (Nov. 27th, 1887). 이 편지는 피어슨이 발행하던 잡지의 1888년 3월호에 실렸다. Horace G. Underwood, "A Powerful Appeal from Korea," *The Missionary Review of the World* 11(3), Mar. 1888, pp. 209~211.

이유는 언더우드가 알렌, 엘린우드와의 갈등 등으로 1886년 9월 17일자로 선교사 직 사임 의사를 밝혔고, 1887년 9월 말 알렌이 조선한국공사관 개설을 위해 박정양 공사와 미국으로 떠나자 사퇴를 번복한 것과 밀접한 관련이 있는 듯하다. 엘린우드 총무에게는 선교본부에서 발행하는 잡지에 자신이 관계된 고아원에 관한 기사가 실리지 않았다고 심하게 불평했고, 선교본부가 고아원에 관심이 없다면 다른 방도를 찾겠다고 선언하기도 하였다. 이런 갈등 상황에서 다른 사람들에게 자신의 의사를 표명한 것으로 판단된다.

1887년 9월 알렌이 제중원을 떠난 후 헤론이 실제적으로 강의를 하지 못하자 언더우드와 헐버트가 강의를 진행했는데, 의학교육이 아니라 영어를 가르치는 정도였다. 이런 상황에서 1888년에 9월 8일 헤론과 언더우드는 미국공사 딘스모어를 통해 "미국의 대학과 유사하게 한국의 젊은이들에게 교육할 수 있는 대학의 설립"을 조선 정부에 청원하였다.[68] 조선 정부는 이 요청에 대한 답변을 차일피일 미루다가 1889년 9월 18일에서야 "조선 정부가 유사한 교육기관을 이미 설치했기 때문에 사설 학교의 설립을 허가하지 않는다"라고 통보하였다.

한편 갑오개혁이 진행되고 있던 1895년 1월경 박영효는 왕비에게 사립학교를 설립할 것을 제안하였다. 에비슨 회고록에도 같은 내용이 언급되어 있다.[69] 다만 이 사실이 알려지면 일본에 의해 좌절될 것이니 1명 이상의 선교사

---

[68] 이에 대해 조선 정부가 회답을 하지 않자 미국공사관은 1889년 1월 18일 다시 한 번 허가를 요청하였다. 이에 독판 조영직은 1889년 1월 25일 좀 더 시간을 두고 보자고 답하였다. 하지만 분명한 답변이 없자 1889년 7월 22일과 7월 27일에 계속해서 답신을 재촉하였다. 결국 조선 정부는 1889년 9월 18일에야 답변을 보냈다. 『美案』, 문서번호 570, 「惠論 및 元杜尤 學堂 設立의 申請 准許 要請」, 1888년 9월 8일(고종 25년 8월 3일); 문서번호 606, 「元杜尤 英語學校 開設 申請의 許可要請」, 1889년 1월 18일(고종 25년 12월 17일); 문서번호 610, 「元杜尤 英語學校 開設許可 申請에 對한 回答」, 1889년 1월 25일(고종 25년 12월 24일); 문서번호 652, 「元杜尤惠論 學堂設立 許可願에 對한 回答催促」, 1889년 7월 22일(고종 26년 6월 25일); 문서번호 654, 「元杜尤惠論 學堂 設立 許可催促」, 1889년 7월 27일(고종 26년 6월 30일); 문서번호 679, 「元杜尤惠論의 學堂設立 不許의 件」, 1889년 9월 18일(고종 26년 8월 24일).

[69] Mrs. L. H. Underwood (Seoul), Letter to Frank F. Ellinwood (Sec., PCUSA), (Feb. 2nd, 1895); 올리버 R. 에비슨, 박형우 편역, 『올리버 R. 에비슨이 지켜본 근대 한국 42년(1893~1935) 하』, 서울: 청년의사, 2010, 70~71쪽.

에게 위임해 그가 이 일을 실행하고 이에 필요한 기금은 선교부 사업으로 하는 것처럼 해야 한다고 하였다. 왕비가 찬성하자 박영효는 언더우드에게 자문을 구했고, 언더우드와 에비슨은 비밀리에 이 사실을 뉴욕의 해외선교본부에 알렸다.

언더우드는 뉴욕의 해외선교본부와 연락을 취해 승인을 받았고, 언더우드와 에비슨은 건물, 교과과정과 교수진을 위한 계획을 짜기 시작하였다. 하지만 이 사실이 일본에 알려져 7월경 박영효가 압력에 의해 일본으로 가고, 10월 초에 을미사변이 일어나 왕비가 시해되어 진행되지 못하였다.

이렇게 몇 번에 걸쳐 언더우드는 한국에서 대학의 설립과 관련하여 건의를 하거나 제의를 받았지만 실현시키지 못하였다. 또한 고아원에서 교육을 시작했지만, 마펫이나 프레데릭 밀러가 운영하던 학당에도 별로 관여하지 않았다. 1901년 게일이 설립하고 이디스 밀러가 관여했던 경신학교에서도 잠시 교육을 하거나 1년 동안 교장을 맡은 정도였다. 최소한 1900년대 중반까지는 언더우드의 대학 설립 구상이 말 그대로 '구상'이었다고 볼 수 있다.

언더우드 이외에도 대학 설립을 제안했던 선교사들이 있었다. 대표적으로 기포드는 1893년 5월 엘린우드에게 보낸 편지에서 "최근 헐버트가 기고한 글에서 '한국에 기독교대학(Christian College)을 세우고 싶다'고 했는데, 자신의 판단으로는 '지금은 한국에서 기독교대학의 설립에 대한 요청이 없기 때문'에 그의 의견에 동의하지 않는다"는 의견을 피력한 바 있다. 이와 함께 지금의 학당이 현재의 필요를 충분히 충족시키고 있다고 믿는다는 의견도 덧붙였다.[70]

그러면 언제 구체화되었을까?

언더우드의 대학 설립 구상에 대해 최근 발표된 글에는 다음과 같이 언급되어 있다.

경신학교에서 물리를 가르치던 언더우드는 경신학교를 바탕으로 대학 설

---

[70] Daniel L. Gifford (Seoul), Letter to Frank F. Ellinwood (Sec., PCUSA), (May 6th, 1893).

립을 시작하였다. 1906년, 북장로회 한국 선교회는 서울지회의 대학 설립안을 승인하였고 (중략)[71]

그러나 기대와 달리 연합학교는 1908년에는 배재와 경신으로 환원되었다. 이 무렵에 언더우드는 독자적으로 연합기독교대학을 추진하고 있었다.[72]

첫 번째 글에 따르면 언더우드가 경신학교에서 물리를 가르치던 1903~1904년경 경신학교를 바탕으로 대학 설립을 시작하였다. 그런데 언더우드는 안식년을 마치고 1902년 12월 한국으로 돌아왔고, 1906년 7월 다시 건강 안식년을 떠났다. 앞에 언급했지만 언더우드가 없는 사이 게일에 의해 중학교가 설립되었고, 교육 전문가로 파견된 이디스 밀러가 책임을 맡으면서 배재와의 연합 고등학교가 운영된 1년 후 언더우드는 다시 안식년을 떠났다. 언더우드가 안식년을 다시 떠난 1906년 9월 이디스 밀러는 대학부를 시작했고, 1910년 9월부터 1년 동안 경신의 교장으로 활동했던 언더우드는 본인의 표현대로 "실제 업무는 이디스 밀러가 담당했으며, 자신은 건축일을 챙겼음"으로 경신학교를 바탕으로 대학 설립을 시작하였다는 지적은 납득하기 어렵다.

두 번째 글에 따르면 언더우드는 연합대학부가 배재·경신으로 다시 분리될 즈음, 1908년 대학 설립을 추진하고 있었다. 그런데 이 경우에도 한국에 없는 언더우드가 대학 설립을 추진하고 있었다는 것은 납득이 되지 않는다. 전술한 바와 같이 대학교육은 1906년, 교육 전문가 이디스 밀러가 경신에서 이미 시작하였다.

언더우드의 대학 설립 추진에 대해 당사자의 언급이 없으니 정확히 알기는

---

[71] 김도형, 「언더우드의 '대학' 설립과 연희전문학교」, 언더우드 내한 130주년·연세대학교 창립 130주년 기념 학술회의, 2015년 3월 13일, 7쪽.
[72] 최재건, 『언더우드의 대학설립』, 서울: 연세대학교 출판문화원, 2012, 79~80쪽.

어렵다. 마찬가지로 저자도 이에 대해 정확한 근거를 제시할 수 없다. 하지만 꼭 짚고 넘어가야 할 필요가 있는 사항이 세 가지 있다.

첫째, 미국 북장로회 아카이브스에 소장된 자료 중에 서울의 대학 설립과 관련된 자료들이 'Mission College Controversy, 1905~1925'란 주제로 따로 정리되어 있다. 이 주제에 담긴 '1905~1925'란 부분이 주목된다. 당시 선교본부는 1905년을 대학 논쟁의 시점이라고 간접적으로 표현한 것이라 할 수 있기 때문이다. 그런데 이 자료들을 면밀히 살펴보면 1905년 것은 단 하나, 베어드가 평양에 대학 설립을 허락해 달라고 요청한 바로 그 편지뿐이다.

> 저는 분위기가 성숙해 있는 곳에서 먼저 시작해야지 강제적으로 아무 곳에서나 시작해서는 안 된다고 믿습니다. 연합과 조화에서 마찰은 아주 나쁜 정책(의 결과)일 것입니다.
> 교육 사업은 모든 곳에서 가장 쉽게 연합할 수 있을 일입니다. 가르치는 과목은 대체로 교파 간에 차이가 없으며, (평양은) 미래 어느 때보다 지금이 장로회와 감리회가 연합하기 좋은 상황입니다.[73]

1905년 9월 11일 재한 복음주의 선교공의회가 결성된 직후 보낸 이 편지는 마펫의 교파를 넘은 연합 정신을 잘 나타내 주고 있다. 베어드의 이 편지가 한국의 대학 설립 계획에 관한 출발점이었으며, 이것이 언더우드를 포함한 서울지부 선교사들에게 큰 자극을 주었음이 분명하다.

둘째, 1908년 9월 한국 선교부 교육위원회의 결정이다. 당시 교육위원회는 선교본부에 대한 건의 제15항에서 대학교육과 관련하여 "외국인이 가르치는 학당과 대학의 추가 설립은 가장 심각하게 고려해야 할 문제이기 때문에, 이후로는 선교부의 연례회의에서 허락을 받아야 한다"고 의결하였다.

---

[73] William M. Baird (Pyeng Yang), Letter to Arthur J. Brown (Sec., PCUSA), (Sept. 15th, 1905).

 3장 | 고등교육의 연합

이에 대해 브라운 총무는 "현재 서울과 평양에서 계획되고 있는 대학의 개수는 제한되어야 하지만, (이보다 교육 수준이 낮은) 학당의 수를 제한할 필요는 없다"는 의견을 제시하며, "다른 선교지에서는 학당 졸업생이 고등교육을 받고 싶으면 선교부 내의 다른 교육기관에 입학하는 정책을 취하고 있다"고 강조하였다.[74] 당시 브라운 총무는 교수 요원, 설비 등 경비가 많이 드는 대학의 설립은 신중을 기해야 한다고 생각하고 있었다.

셋째, 미국과 캐나다에서 안식년을 갖고 있던 선교사들의 활동이다. 대학 설립과 관련하여 브라운 총무가 의견을 제시했던 1908년 11월 당시에 안식년을 갖고 있던 선교사 중에 주목할 만한 인물은 언더우드와 에비슨이다. 언더우드는 1906년 7월부터 1909년 8월까지 안식년을 가졌고, 에비슨은 1908년 6월 세브란스 병원 의학교의 제1회 졸업생을 배출한 직후부터 1년 동안 안식년을 가졌다.

그런데 1907년 10월 29일 해외선교본부 실행위원회는 안식년으로 미국에 체류하고 있던 언더우드, 사이드보텀 부부, 브루언(H. M. Bruen), 홀, 셔록스와 회의를 갖고 한국의 선교 사정에 대해 의견을 나눈 바 있다. 선교사들은 한국이 선교지로서 분위기가 무르익었고, 한국인들이 장로회 선교사들에게 호감을 가지고 있으며, 장로회가 선교지 한국에서 (타 교파에 비해) 우세하기에 우리 교회의 책임감이 더욱 크다. 따라서 즉각적이고 대대적인 인원 및 설비 보강이 필요함을 강조하였다.

이와 함께 신임 선교사들을 위한 주택, 교육을 위한 설비, 교육 및 전도 사업을 위한 20명의 신임 선교사를 확보해 달라고 요청하였다. 이들의 연봉과 주거지를 합하면 대략 10만 달러가 소요될 것으로 추정되었다. 거기에 현재 선교지에 부임한 신임 선교사 주거비 18,000달러, 현재 운영하고 있는 학교의 확장 및 새로운 학교의 건립비 5만 달러를 합해, 당장 필요한 예산은 168,000달러였다.

---

[74] Arthur J. Brown (Sec., PCUSA), Letter to the Korea Mission, (Nov. 17th, 1908).

이런 제안을 받은 한국위원회의 위원장 스티븐슨(J. Ross Stevenson)은 사업의 성취를 위해 1908년에 특별 운동을 벌일 것을 선교본부에 제안하였다. 이 제안은 11월 4일 개최된 실행위원회에서 승인되었으며, 12월 2일 약간 수정되었다. 특히 신임 선교사 20명이 남자 의료 선교사 3명, 목회 선교사 11명, 교육을 담당할 남자 선교사 6명, 독신 여자 선교사 6명으로 모두 26명이 필요한 것으로 수정되었다.

이렇게 '한국 선전운동(Korea Propaganda)'이 승인됨으로써 안식년으로 미국에 체류하던 선교사들은 특별 모금에 나설 수 있었다. 안식년으로 미국에 체류하던 선교사들 중에서 가장 원로에 속했던 언더우드는 이 모금을 주도적으로 이끌었다. 모금을 위해 언더우드의 한국 귀환이 연기되었고, 특히 1909년 초 미국 서부 지역에서 진행한 기금 모금에는 마침 안식년이었던 에비슨도 참여하였다.

> ### 순힝모금[75]
>
> 다년간 한국에셔 뎐도에 종사ᄒᆞ든 댱로교 목사 언더우드 씨와 동부인과 목사 홀 씨와 졔즁원댱 의학박사 어비슨 씨의 일힝은 각 쳐를 순힝ᄒᆞ야 한국에 학교를 확댱ᄒᆞ기로 연금 모집ᄒᆞᆫ 거시 위션 미화 이십오만원인ᄃᆡ 지나ᄂᆞᆫ 길에 금일 상항에 도탹ᄒᆞ야 일쥬일 간 톄류홀 예뎡이라더라.

1908년 9월 셔록스가, 1909년 8월 언더우드가 한국 선교부 연례회의에

---

[75] 「순힝모금」, 『신한민보』, 1909년 2월 17일, 2쪽.

서 선전운동의 결과를 각각 보고하였다. 특히 언더우드의 최종 보고에 따르면 1909년 5월 1일까지 선교사 16명이 1909년에 내한하고, 2명은 1년 후에 내한하며, 확보되는 대로 남자 혹은 여자 선교사 12명을 파송하기로 되었다. 대단한 성공이었다.[76] 건물 등의 설비를 살펴보면 요청한 29개의 주거 중 21개만 해결되었다. 이외에도 학교 건물의 건립과 보수, 대지 구입 등을 위해 추가로 8만 달러가 더 필요하였다. 여기서 주목할 것은 학교 건물의 건립에 서울의 대학은 전혀 고려되지 않았다는 점이다.

3) 서울의 대학 설립

한국에서는 후에 '연희전문학교'로, 선교사들은 'Chosen Christian College(조선기독교대학)'로 불렀던 서울의 대학 설립 과정은 최재건의 지적대로 여러 선교부와 선교본부가 관계된 대단히 복잡한 사안이다.

> 대학 문제는 그들 내부에서 해결을 보지 못하여 장·감 교단 선교부들의 대표들로 구성된 합동위원회에게 위촉되었지만, 그로 인해 그 논란이 현지 선교부와 본국 선교본부 간의 갈등으로 증폭되었고, 마침내 선교부가 교단 총회에 호소하여 선교부의 자치권과 선교본부의 감독권에 관한 선교 지침서의 조항이 수정되기에 이르렀다. 그리고 총회의 중재로 선교본부에 의해 초급대학 혹은 예비과정으로 강등되었던 평양의 숭실이 정규대학으로 인정받고 선교부로부터 독립하여 운영되었던 서울의 새 대학이 선교부의 인준을 받음으로써 대학 문제가 해결되고 한국에서 두 개의 기독교대학이 운영되게 되었다.[77]

[76] *1909 Minutes and Reports of the Twenty-Fifth Annual Meeting of the Korea Mission of the Presbyterian Church in the U.S.A.*, pp. 35~37.
[77] 최재건, 『언더우드의 대학설립』, 서울: 연세대학교 출판문화원, 2012, 12~14쪽.

서울의 대학 설립에 관해서는 이미 400쪽이 넘는 분량의 단행본이 출간된 바 있고, 이에 대한 논문도 있으므로 이곳에서 반복할 필요는 없다고 생각한다.[78] 다만, 이 책의 주제가 협동, 연합을 넘어 합동을 다루는 것이므로 이런 측면에서 중요한 점을 중심으로 검토하기로 한다.

미국 북장로회의 논의 : 브라운 총무의 2차 방한

미국 북장로회 해외선교본부는 1909년 3일 1일, 한국 선교 개시 25주년을 기념하여 총무 브라운에게 9월 한국을 방문하도록 조치하였다.[79] 이 결정은 루이스 세브란스가 모든 경비를 지불한다는 제안에서 이루어졌다. 브라운 총무는 한국뿐 아니라 일본과 중국도 방문하기로 하였다. 7월 27일 뉴욕을 떠난 브라운은 8월 22일 일본에 도착해 15일 동안 머물렀고, 9월 6일 부산에 도착하였다. 한국에는 25일 동안 머무르면서 서울과 평양에서 회합을 가졌으며, 철로에 인접한 다른 지부도 잠시 방문하였다. 10월 1일부터 56일 동안 중국을 방문한 브라운은 만주, 시베리아, 러시아, 독일 등을 거쳐 12월 21일 뉴욕에 도착하였다. 거의 5개월 동안의 여행이었다. 한국을 방문한 브라운은 1909년 보고서를 출판했는데, 그중에는 서울의 대학 설립에 관한 내용도 포함되어 있었다.[80]

한국에서 우리 (북장로회의) 교육 체계는 장로교회와 감리교회의 연합으로 지원을 받고 있는 평양의 대학, 역시 평양에 있는 신학교, 서울의 의학교를 정점으로 하고 있다. 평양의 대학은 1906년 개교했으며, 정규 대학과정에 17명이

---

[78] 최재건, 『언더우드의 대학설립』, 서울: 연세대학교 출판문화원, 2012; 김도형, 「언더우드의 '대학' 설립과 연희전문학교」, 언더우드 내한 130주년·연세대학교 창립 130주년 기념 학술회의, 2015년 3월 13일.

[79] Arthur J. Brown, *Report on a Second Visit to China, Japan and Korea 1909*, New York: The Board of Foreign Missions of the Presbyterian Church in the U.S.A., 1909, pp. 1~6.

[80] 이 보고서는 1909년의 여행에 대한 보고서이지만, 1910년에 출판되어 배포되었다.

재학하고 있으나, 부속된 학교에서 졸업생이 늘어남에 따라 그 수가 빠르게 증가할 것이다. 대학은 부지는 마련되어 있으나 단독 건물은 없으며, 학당의 건물을 임시로 사용하고 있다. 본관 건물의 건축이 시작되었으며, 시카고의 시러스 매코믹 부인이 기숙사를 위해 이미 5,000달러를 기부하였다. 당초에는 대학이 서울 혹은 평양 어느 곳에 건립해야 하는가, 혹은 각 도시에 1개씩 2개의 대학이 있어야 하는가에 대한 다소의 의문이 있었다. 이제는 한국같이 비교적 작고, 철도를 통해 쉽게 통행할 수 있는 나라에서 최소한 1개의 대학이 설비가 잘 갖추어질 때까지는 2개의 대학을 시도하지 말아야 한다는 것이 자명하다. (설비가 잘 갖추어진) 그 대학은 평양에 있어야 한다. 이곳은 수도 서울보다 유혹과 주의를 산만하게 하는 것이 적다. 선교사 공동체와 한국 교회는 (평양에서) 지배적 영향을 미치며, 그래서 젊은이들을 지방 도시의 상쾌한 기독교적 분위기에 유지시키기 쉽다. 이것은 한국의 정치적 중심인 서울에서는 불가능하다. 경신학교가 매우 중요한 교육기관이며, 그 사업 및 기회를 확대해야 하지만, 대학 정도의 교육을 시도해서는 안 되며, 그런 교육을 받고 싶어 하는 졸업생은 평양으로 보내야 한다.[81]

브라운은 일단 1개의 대학을 모든 면에서 본 궤도에 올린 후에나 두 번째 대학 설립을 고려할 수 있다고 판단했던 것이다. 이 판단에 따르면 미국 북장로회 교육 체계의 정점에 평양의 숭실이 있고, 서울이나 다른 곳의 모든 기타 교육기관은 숭실에 부속되어야 하였다.

브라운의 보고서는 미국 북장로회 해외선교본부의 실행위원들에게도 영향을 미쳐 해외선교본부는 1910년 6월 6일 실행위원회를 개최하고 서울의 대학 설립과 관련하여 다음과 같이 결정하였다.

---

81 Arthur J. Brown, *Report on a Second Visit to China, Japan and Korea 1909*, New York: The Board of Foreign Missions of the Presbyterian Church in the U.S.A., 1909, pp. 190~191.

한국 선교부의 요청에 대해 선교본부는 현 시점에서 예산을 편성할 재원이 없어 한국 서울의 경신학교의 확장을 위한 예산을 마련할 수 없습니다.

(중략)

서울에 대학 혹은 대학교를 설립하는 것과 관련하여 선교본부는 한국에 설비가 잘 갖추어진 1개의 기관을 발전시키는 데 총력을 기울여야 하며, 그런 기관이 이미 평양에서 시작되었으므로 또 다른 기관의 설립에 나설 이유가 없다고 의결하였습니다. 다만, 선교부가 서울에 고등교육을 위한 기관이 필요하며, 한국의 다른 선교부와 협동에 의해 이루어져야 한다고 판단한다면, 기꺼이 그 장점을 검토할 것이지만 지금으로서 선교본부는 브라운 총무의 보고서 190~191쪽에 언급된 방침에 따라 한국의 다른 (교육)기관들은 그것에 부속되어야 한다는 방침을 고수합니다.[82]

브라운 총무의 보고서와 해외선교본부 실행위원회의 6월 6일자 의결 내용은 대략 1910년 7월 중순 서울의 선교사들에게 전달되었다.[83] 그러자 그동안 특히 숭실의 발전을 목도하면서 대학 설립의 기회를 준비하던 언더우드를 포함한 서울지부 선교사들은 크게 반발하였다.

우선 언더우드는 "최근 몇 년간 고등학교의 설비로 어울리지 않는 과학관을 포함한 서울지부의 예산 요청을 선교부가 허락했고 선교본부도 반대하지 않아 서울의 대학 사업을 지지한다고 생각했다"며 서울지부의 교육 관련 선교사들이 선교본부의 결정에 무척 놀랐음을 강조하였다.[84] 하지만 브라운 총무가 학교에 단순히 기독교인만이 아니라 다른 사람들도 받아들일 필요가 있다는 점을 강조한 데 대해서는 동감을 표시하였다.

---

[82] Korea, Request for Enlargement of John D. Wells Training School, Seoul-not granted; Korea, Request for development of College or University at Seoul, June 6th, 1910. PHS Minutes R3, V.28, #70~71.

[83] Arthur J. Brown (Sec., PCUSA), Letter to the Korea Mission, (June 9th, 1910).

[84] Horace G. Underwood (Seoul), Letter to Arthur J. Brown (Sec., PCUSA), (July 18th, 1910).

1910년 7월 17일 개최된 서울지부 모임에서는 에비슨에게 브라운 총무 앞으로 공식 항의 편지를 보내도록 결정하였다. 에비슨은 서울에 대학을 설립하기 위해 수년간 준비해 왔는데, 선교부의 인가를 받았고 선교본부의 승인을 받았음을 지적하였다.[85] 그리고 보다 큰 계획하에 서울에 기독교대학교를 설립해야 하며, 모든 선교부도 이 계획에 찬성하고 있다고 강조하였다. 덧붙여 평양의 숭실대학도 당연히 발전해야 한다고 언급하였다.

이에 브라운은 다음과 같은 답장을 보내 자신의 입장을 피력하였다.

> 만일 서울에 평양의 대학과 같은 일반적인 대학을 설립할 계획이라면, 나는 찬성할 수 없습니다. 하지만 만일 모든 선교본부가 참여하는 연합대학교를 설립할 계획이라면 그것은 별개의 문제입니다. 나는 그 장점을 별도의 문제로 고려할 것입니다. 많은 선교사들이 개인적으로 의사를 표명한 것은 기억하지만, 나는 서울의 대학 설립이 선교부의 인가를 받았고 선교본부의 승인을 받았다는 것을 기억하지 못합니다.[86]

다른 교파의 대학 설립 계획

이렇게 북장로회가 서울에 대학을 설립하는 문제를 두고 논쟁을 벌이고 있을 때 다른 교파는 어떤 계획을 가지고 있었을까? 후에 서울의 대학이 연합으로 운영되었으므로 중요한 대목이다.

미국 북감리회는 1906년 평양 숭실에서의 연합에 참여했고, 1909년 서울의 배재에 대학 과정을 개설했으며, 1911년에는 1년 동안 경신학교 대학부와 연합하여 운영한 바 있고, 1912년 분리된 후 계속 운영되던 대학부는 1913년

---

[85] Oliver R. Avison (Seoul), Letter to Arthur J. Brown (Sec., PCUSA), (July 20th, 1910).
[86] Arthur J. Brown (Sec., PCUSA), Letter to Oliver R. Avison (Seoul), (Aug. 17th, 1910).

가을에 중단되었다.

한편 미국 북감리회는 1910년 5월의 연례회의에서 "우리는 3개의 대학, 즉 평양에 남자 대학, 서울에 남자 대학, 서울에 여자 대학을 계획한다"라고 의결하였다. 그런데 1912년 3월 5일 개최된 연례회의에서는 1910년의 결정을 폐지해 "우리는 한국에서 하나의 대학을 지원하는 정책을 천명한다"라고 하고, 더 나아가 3월 6일 남감리회의 선교사들과의 합동회의에서 "전체 한국에 하나의 연합기독교대학을 설립하며, 그 대학은 서울에 위치한다"고 의결하였다. 북장로회 서울지부 선교사들에게는 큰 힘이 되는 결정이었다. 이후 '소수파' 미국 북장로회 서울지부 선교사들이 결국 서울에 연합기독교대학 설립을 이끌어 낸 데에는 감리회의 결정에 힘입은 바 컸음을 부인할 수 없다.

감리회 선교사들은 만일 대학 설립 장소에 관해 합의에 도달하지 못할 경우 이 사안을 미국에 있는 감리회와 장로회 선교본부로 넘기기로 하였다. 이에 덧붙여 최근 몇 년 동안 서울의 대학부를 수료한 학생들이 연합기독교대학에 입학할 수 있도록 그들의 수료 성과를 인정해 주도록 요청하였다. 이 요청은 새로 설립될 연합기독교대학은 교파와 지역을 떠나 한국에서 유일한 대학이 될 것임을 전제로 한 것이었다고 할 수 있다. 미국 북감리회는 1913년 6월의 연례회의에서 1912년의 의결을 재확인하였다.

한편 1892년 한국에서 선교를 시작한 미국 남장로회는 1907년 개최된 제16차 연례회의에서 '전주에 고등교육기관을 설치할 것'을 보고하였다.[87]

4) 서울의 '연합기독교대학'

1910년 9월 9일 개최된 미국 북장로회의 연례회의에서 교육위원회는 "대

---

[87] Minutes of Sixteenth Annual Meeting, Southern Presbyterian Mission in Korea, Seoul, Korea, Sept. 3~7 and 21~26, 1907.

학교 및 교육기관 설립 계획과 관련하여 우리 선교부가 위원회를 구성하고, 그 위원회가 다른 선교부도 유사한 위원회를 구성하도록 요청하며, 이 위원회들이 함께 규정을 만들어 각각의 선교부로부터 승인을 받도록 추천한다. 동시에 계획안을 만들어 제출하면 모든 기독교 기관의 지원을 만장일치로 이끌어 낼수 있으며, 그렇게 설립된 기관은 한국에서 기독교 교육 체계가 자리를 잡을수 있다"는 의견을 제출해 선교부의 승인을 받았다.

이에 대해 브라운 총무는 11월 보낸 답신에서 계속 현재로서는 평양에 1개의 대학이 있는 것으로 족하다고 생각하지만 모든 교파가 참여하는 연합대학교의 설립 추진 계획을 막을 수는 없다는 견해를 밝혔다.[88] 이와 함께 선교본부는 서울에 대학을 설립할 기금이 없으며, 기부받을 전망도 적음을 토로하였다.

이런 선교본부의 사정 이외에 당시 평양지부와 서울지부 사이의 갈등도 서울에 대학 설립을 추진하는 데 장애 요인이었다. 두 지부는 신의 호칭 문제를 두고 마펫과 언더우드 사이에 '하느님'과 '천주'로 대립한 이래, 일부다처제와 관련된 논쟁, 세브란스 병원의 건립을 위한 1만 달러의 사용 문제를 두고 갈등을 겪은 바 있었다. 특히 1906년 이래 베어드에 의해 대학교육이 진행된 평양지부의 선교사들은 평양의 대학을 한국 선교부의 중심 대학으로 굳히려 하였다.

따라서 서울에 대학을 설립할 수 있는 길은 세브란스 같은 독지가가 나타나 수십만 달러의 거액을 기부하든가, 아니면 여러 선교부와 연합할 수밖에 없었다.

1911년 9월 다시 교장에 임명된 이디스 밀러는 "이 결정이 서울에 대학을 승인하는 것으로 해석해서는 안 된다"는 단서를 달고 1년 동안 배재와 연합대학부를 운영하였다.

1912년에 들어 9월에 개최된 미국 북장로회 연례회의에서 교육위원회는 평양의 1개 대학안과 평양과 서울의 2개 대학안에 대해 선교부가 토의해 줄

---

[88] Arthur J. Brown (Sec., PCUSA), Letter to the Korea Mission, (Nov. 14th, 1910).

것을 요청하였다. 이에 따라 실시된 전 회원 투표에서 "서울에 대학을 세운다"라는 안이 찬성 6표, 반대 36표로 부결되었다. 이즈음 미국 북감리회는 "한국에 한 개의 연합기독교대학을 설립하되, 그 장소는 서울로 한다"라고 의결한 상태였다. 이와 같이 북장로회 한국 선교부에서 서울에 대학을 건립하는 안이 지지를 받지 못한 것은 젊은 선교사들이 평양 측을 지지했기 때문이다.

교육연맹과 교육평의회의 구성

대학 설립 문제에 대한 논의가 진행되는 와중에 한국을 식민지로 만든 일본은 교육과 관련된 법령들을 공표하였다. 선교사들은 새로 공표된 법령에 따라 각종 학교를 운영할 수밖에 없었고, 여러 교파가 공동 대처하기로 하였다. 결국 1911년 4월 8~10일 평양에서 미국 북장로회, 남장로회, 미국 남감리회, 북감리회, 캐나다 장로회, 호주 장로회의 한국 선교부 대표로 구성된 (한국) 교육연맹(Educational Federation)이 조직되었으며, 회장에 언더우드, 총무에 북감리회의 빌링스가 선임되었다.[89] 정관에 따르면 이 연맹은 효율적인 교육 선교 활동과 총독부 교육 부서와의 원활한 관계를 유지하는 데 설립 목적을 두었으며, 선교부의 교육과 관련된 모든 업무를 관장하였다. 설립 당시 큰 논란이었던 연합기독교대학의 설립 문제도 연맹이 조정할 수 있는 일 중 하나였다.

연맹의 사업을 실행하기 위해 교육평의회(Educational Senate)를 구성하였다. 교육평의회는 각 교파에서 파견한 5년 임기의 위원들로 구성되었고, 매년 5분의 1씩 교체하였다. 임원은 위원 중에서 회장, 부회장, 총무, 재무를 선출하였고, 임기는 3년으로 하였다.

미국 북장로회에서 서울에 대학을 설립하는 안이 지지를 받지 못하자 언더

---

[89] Horace G. Underwood, Bliss W. Billings, "The Educational Foundation," *The Korea Mission Field* 7(6), June 1911, pp. 167~170.

우드는 1913년 들어 다른 선교부와의 연합을 시도할 수밖에 없었다. 그는 12월 브라운 총무에게 보낸 편지에서 "대학이 2개건 하나건 간에 어느 한 교파에 소속된 것이 아닌 연합대학이어야 한다는 점에는 의심의 여지가 없으며, 평양에 대학이 있더라도 여러 이유로 서울에 기독교대학을 설립해야 한다"는 의견을 개진하였다.[90]

대학 설립과 관련하여 교육연맹과 교육평의회에서 논의가 진행되었지만 원만한 합의가 이루어지지 않았다.[91] 서울에 연합기독교대학을 설립해야 한다는 의견에 동의하는 장로회 선교사들은 서울지부의 소수 선교사들이었고, 남·북 감리회의 선교사들이 이에 동조했지만, 대다수의 남·북 장로회, 호주 장로회가 평양 측을 지지하고 있었기 때문이다.

이렇게 한국 선교부 사이에서 대학 설립에 대한 의견이 모아지지 않자 결국 여러 교파의 미국 선교본부가 나서서 결정할 수밖에 없었다.

한국고등교육협의회

한국에서 대학 설립을 두고 선교지 한국에서 여러 교파의 대표로 구성된 교육연맹과 교육평의회가 구성되자 미국, 캐나다 등에 소재한 선교본부 사이에서도 그들 사이의 의견교환과 협조를 위한 협의체 구성의 필요성이 대두되었다. 이 협의체의 목표는 선교지 한국의 전반적인 교육 정책을 심의하고 필요한 재정을 확보하는 방안을 마련하는 것이었으며, 현지의 구체적인 사업은 교육연맹과 교육평의회가 담당하게 하였다.

이에 1912년 초 비공식적인 협의회가 개최되었다. 이를 위해 당시 한국에

---

[90] Horace G. Underwood (Seoul), Lette to Arthur J. Brown (Sec., PCUSA), (Dec. 5th, 1913).
[91] 몇 차례에 걸쳐 이루어진 평의회에서의 투표와 전 선교사의 투표 등은 이곳에서 생략하였다. 자세한 것은 다음 책을 참고할 것. 최재건, 『언더우드의 대학설립』, 서울: 연세대학교 출판문화원, 2012.

서 가장 활발하게 선교 활동을 벌이며 대학 문제의 가장 중요한 당사자였던 미국 북장로회 총무 브라운이 적극 나섰다. 그는 미국 북감리회의 레너드(A. B. Leonard) 총무, 남감리회의 쿡(Edwin D. Cook) 총무, 캐나다 장로회의 매케이(Robert P. Mackay) 총무, 미국 남장로회의 체스터(S. H. Chester) 총무, 호주 장로회의 페이튼(Frank H. L. Paton) 총무, 기독청년회 국제위원회의 모스(Charles W. Morse) 등과 긴밀하게 연락을 취하였다. 특히 호주 장로회는 물리적인 이유로 회의에 참석할 수 없었지만 적극적으로 참여하겠다는 의사를 표명하였다.

결국 한국고등교육협의회(Conference on Higher Education in Korea)의 첫 번째 예비회의가 1912년 6월 27일 뉴욕의 미국 북장로회 사무실에서 개최되었다. 감리회의 총무 노스(Frank M. North) 및 올덤(William S. Oldham), 장로회의 총무 스피어(Robert E. Speer) 및 브라운, 연속위원회(Continuation Committee)에서 임명한 극동교육특별위원회의 가우처(John F. Goucher), 챔버레인(W. I. Chamberlain) 및 세일러(T. H. P. Sailer), 해리스(M. C. Harris) 감독, 한국 감리회의 노블(William A. Noble) 및 존스(George H. Jones), 한국 장로회의 언더우드 등이 참석하였다.

첫 모임에서는 각 교파가 대학을 설립하여 중복 투자가 되는 것을 막기 위해 한국에서 사업을 벌이는 선교본부들은 협동재단이 선교사들의 동의를 받아 결정한 도시에 설립할 한 개의 연합기독교대학에 집중하기로 의결하였다(해리스 감독과 언더우드는 반대).[92] 또한 평양이 선택되면 숭실대학은 대규모로 확장되겠지만, 서울이 선택되면 숭실대학은 중학교로 환원시키기로 의결하였다(언더우드는 반대).

그런데 언더우드는 어떻게 미국으로 간 것일까? 언더우드는 1912년 4월부터 8월까지 휴가를 가졌는데, 6월 5일 자신의 모교인 뉴욕 대학교 제80회 졸업식에서 명예 법학 박사학위를 수여받을 예정이었고, 아들 원한경도 졸업하여 문학사학위를 받기로 되어 있었기 때문이다. 선교본부로서는 한국과 관련된

---

[92] Minutes of First Preliminary Conference on Higher Education in Korea, June 27th, 1912.

회의를 개최하면서 안식년 등으로 귀국해 있던 노블, 존스와 함께 언더우드로부터 현장의 의견을 직접 듣는 것은 상당히 의미 있는 일이었다.

두 번째 예비회의는 7월 24일에 개최되었다. 이날 언더우드는 자신이 이미 7만 2,000달러의 기부를 약정받았는데, 이중에서 5만 달러가 서울의 연합대학을 위한 것이라고 보고하였다. 참석자들은 대학 설립을 위해 소요될 정확한 예산은 확실하지 않지만 대략 60만 달러가 소요될 것으로 추정하고, 어떤 이유로든 귀국해 있는 선교사들에게 자기가 접촉할 수 있는 모든 사람들로부터 기부를 받는 데 최선의 노력을 경주해 달라고 요청하기로 의결하였다. 그리고 공식적인 연석위원회의 구성에 나서기로 하였다.

한국교육연석위원회

1912년 12월 27일 브라운은 한국에서 활동하는 미국의 선교본부 총무들에게 편지를 보내 대학의 위치와 관련하여 한국의 선교사들이 서울과 평양으로 양분되어 있는 상황을 해결하기 위해 조속히 한국교육연석위원회(Joint Committee on Education in Korea)를 구성할 것을 요청하였다.

이렇게 구성된 연석위원회는 1913년 2월 25일 그동안 논의했던 내용을 각 선교본부에 보고하였다. 이 내용은 1912년 6월 27일의 한국고등교육협의회 첫 번째 예비회의에서 의결된 내용에 그동안의 상황 변화가 가미된 연석위원회 첫 공식 입장이었다.

첫째, 한국에서 기독교 교육에 대한 문제는 즉각 해결해야 할 중요한 문제이며, 관련된 선교본부는 즉시 결정을 내릴 것을 요청한다.

둘째, 노력이 중복되는 각 교파의 대학 설립 대신 선교본부와 선교부들은 한국에 한 개의 연합기독교대학에 집중해야 한다. 한국의 다른 교육기관은 연합대학에 딸린 기관으로 취급되어야 하며, 그 교과과정은 표준화될 것이고, 이

기관들은 연합대학의 1학년 과정 이상을 학생들에게 가르치지 않는다.

셋째, 평양이 선택되면 현재 감리회와 장로회가 운영하고 있는 (숭실)대학이 대규모의 연합대학으로 발전해야 한다. 그러나 서울이 선택되면 평양의 기관(숭실)은 서울의 대학을 보조하는 중등학교가 되어야 한다.[93]

당시 선교부들은 1개 대학을 선호하였다. 하지만 그 설립 장소에 관해서는 평양과 서울로 의견이 갈려 있었는데, 이는 다르게 해석하면 2개의 대학을 설치해야 하는 것으로 해석될 수도 있는 상황이다.[94] 이에 연석위원회는 평양과 서울의 장점을 취합하여 나열한 후 면밀히 검토한 끝에 연합대학의 설립 장소로 서울을 선택하였다.

연석위원회는 다음과 같은 부분적인 타협안을 제시한다. 선교본부들은 다음의 사항을 즉시 표결에 붙인다.

'연합대학은 서울에 설립하고, 기존의 다른 혹은 설립할 계획이 있는 기관들은 중등학교가 될 것이다.'

우리의 방침은 각 선교지부에 설비가 잘 된 실업과가 딸린 중등 혹은 예비과정의 고등학교를 설립하는 것이다. 그리고 2개 선교부 이상이 사업을 하는 지역에서는 연합으로 운영한다.

현재의 (세브란스 병원) 의학교와 간호원양성소는 후에 가능할 경우 연

---

[93] 미국 북장로회의 경우, 이 공식 입장은 1913년 4월 15일자 총무 서신 제145호로 한국 선교부로 통보되었다. Joint Committee, Letter to the Boards having work in Korea, Feb. 25th, 1913.

[94] 대표적인 선교사들의 의견, 평양과 서울의 장점에 관해서는 다음 책을 참고할 것. 최재건, 『언더우드의 대학 설립』, 서울: 연세대학교 출판문화원, 2012, 254~280쪽.

합대학과 연계될 것이다.

두 신학교의 연계는 좀 더 검토하기 위해 연기한다. 이 결정이 선교본부들에 의해 승인을 받으면 이 편지의 사본과 함께 한국에서 투표권이 있는 모든 선교사들에게 보내 각 선교사들은 교육평의회로 투표하여 추인 절차를 밟는다. 교육평의회는 일반 투표 결과를 취합하여 연석위원회 및 본국 선교본부로 보낸다.

그리고 만일 서울이 선택된다면 대지의 구입, 건물 건축 등을 위한 기금을 조속히 마련하겠지만, 만일 대다수의 선교사들이 평양을 선호한다면 선교본부들은 그들의 결정을 다시 한 번 검토할 것이라고 덧붙였다. 연석위원회의 요청에 따라 1913년 8월 재한 선교사들은 128명 중 109명이 투표에 참가하여, 평양 71표, 서울 38표로 연석위원회의 안을 거부하였다.[95]

이어 1914년 1월 12~15일에 개최된 연석위원회는 1913년 2월 25일의 공식 입장을 재확인하였다.[96] 이렇게 이전 입장을 재확인하게 된 데에는 가우처, 스탠리 화이트, 세일러 등 최근 한국을 방문했던 선교사들의 의견이 큰 역할을 하였다. 하지만 특히 장로회 한국 선교부 선교사들은 연석위원회의 재확인에 이의를 제기했으며, 선교사들과 선교본부 사이에 여러 편지들이 오가면서 논쟁을 벌였다(자세한 내용은 생략하였다).

결국 1914년 2월 2일 개최된 북장로회 해외선교본부의 실행위원회에는 한국위원회가 준비한 보고서가 제출되어 채택되었다.[97] 그 중심 내용은 '미국 북

---

[95] James E. Adams, Letter to Arthur J. Brown (Sec., PCUSA), (Aug. 13th, 1913).
[96] Minutes of Joint Committee on Union College in Korea, Jan. 13th, 1914.
[97] 한국위원회는 미국 북장로회 해외선교본부에서 한국과 관련된 사항을 다루는 전문위원회이다. 1912년 6월 당시에 이 위원회는 '필리핀, 일본 및 한국'을 합해 다루었으며, 위원장은 스티븐슨(J. R. Stevenson) 목사가 맡았고, 조엣(J. H. Jowett), 루이스 세브란스(Louis H. Severance), 맥아피(C. B. McAfee), 스티거(William E. Stiger), 존 언더우드(John T. Underwood) 등이 위원이었다.

장로회의 한국위원회는 연합기독교대학을 서울에 설치하기로 의결하였다'
는 것이었다. 언더우드의 형 존이 큰 역할을 한 것은 당연한데, 루이스 세브
란스도 한국위원회의 위원으로 큰 역할을 했을 것으로 추정된다. 당연히 평
양을 지지하던 선교사들은 이 결정에 반대하는 편지를 보내는 등 항의가 이
어졌다.[98]

5) 연합기독교대학의 개교

1914년 2월 2일 북장로회 해외선교본부의 결정에 따라 서울의 북장로회
선교사들과 감리회 선교사들은 대학 개교를 위한 준비에 나섰다. 대학이 당초
북장로회 내의 문제로 진행이 되다가 여러 교파의 연합으로 귀착되어 설립이
가능해진 경과는 충분히 논의되었으므로, 여기에서는 공식적으로 개교할 때
까지 진행된 일을 간단히 정리해 보기로 하자.

1914년 2월 20일 대학 설립을 위해 비공식적인 회의가 개최되었는데, 남
감리회의 하디, 북감리회의 노블과 벙커, 북장로회의 언더우드, 에비슨, 쿤즈
가 참석하였다.[99] 이 회의에서는 신입생과 2학년 학급으로 4월부터 대학교육을
시작하는 것으로 결정되었다. 그 이유는 3월 말에 고등학교 졸업식이 거행되
는 경신 및 송도고보에서 학생을 모집할 수 있고, 졸업생 중에서도 대학 진학
을 기다리는 학생들이 있었기 때문이다. 세브란스의 예비 학생을 받아 1년 동
안 특별 수업을 할 계획도 세웠다. 또한 당장은 경신학교의 설비를 빌려 이용
할 수 있을 것으로 예상하였다. 2개 학년을 가르칠 교수진도 여러 교파의 선교

---

[98] 항의나 이후 감정이 고조되면서 이어진 비방 등의 갈등은 이 책의 집필 의도와 별 상관이 없으므로 다음 자료
를 참고할 것. 최재건, 『언더우드의 대학설립』, 서울: 연세대학교 출판문화원, 2012, 297~304쪽.

[99] 이 편지에는 1914년 2월 20일자 편지가 첨부되어 있는데, 언더우드, 에비슨 등 10명의 선교사가 이 편
지에 찬성하여 서명했고, 2명은 반대했으며, 이디스 밀러는 한국에 없어 표결에 불참하였다. Horace H.
Underwood, Oliver R. Avison, E. Wade Koons, Letter to John T. Underwood (New York), (Feb. 21th, 1914).

사들과 한국인이 가세하면 가능하였다. 하지만 연석위원회의 결정에 항의가 빗발쳐 이 계획은 지연될 수밖에 없었다.

1914년 3월 12일 브라운 총무는 언더우드에게 "귀하가 소지하고 있는 5만 2,000달러의 기금으로 연합대학 부지를 즉각 구매하되, 애덤스와 노블 선교사와 논의하라"는 내용의 전보를 보냈다. 이에 3월 27일 두 번의 회의가 개최되었다.

우선 오전에는 서울에서 연합기독교대학에 대해 '소수파 보고서'를 제출했던, 즉 서울에 설치해야 한다고 주장했던 선교사들의 회의가 개최되었다. 언더우드, 노블, 벙커, 베커, 빌링스(B. W. Billings), 크램(W. G. Cram), 왓슨(A. W. Wasson), 딜(C. H. Deal), 윔스(O. N. Weems), 에비슨, 이디스 밀러, 스미스(R. K. Smith), 쿤즈, 데밍(C. E. Deming), 겐소(John F. Genso), 무스(J. R. Moose), 하디, 로스 (J. B. Ross) 등이 참석하였다. 이날 논의된 내용 중 가장 중요한 것은 연합에 참여할 북장로회, 남장로회, 북감리회, 남감리회에서는 잠정적으로 3명의 위원을, 호주 장로회와 캐나다 장로회에서는 2명의 위원을 선임해 관리위원회를 구성하여 학교 개교를 위한 계획을 준비하도록 한 점이다. 이에 따라 북장로회에서는 언더우드, 이디스 밀러, 에비슨(곧 안식년을 가질 예정이어서 대체 위원으로 쿤스가 지명됨)을, 북감리회에서는 노블, 베커, 빌링스를, 남감리회에서는 하디, 크램, 왓슨을 지명하였다.[100] 그리고 1914년 9월에 정규교육을 시작하기로 의결하였다.

오후에는 언더우드, 노블, 하디, 에비슨, 빌링스, 이디스 밀러, 베커가 참석한 연합기독교대학의 임시 관리위원회가 개최되어, 언더우드를 위원장으로, 베커를 서기로 선출하였다. 그리고 임시 개교 일정, 교과과정 준비, 입학 관리, 교지 구입 등을 위한 각종 소위원회가 구성되었다. 특히 언더우드, 노블, 크램은 교지

---

[100] 에비슨은 1899년, 1908년에 이어 세 번째 안식년을 받아 1914년 6월 12일 한국을 떠났으며, 조선기독교대학이 개교한 지 두 달 정도 지난 6월 7일에 돌아왔다.

선정 소위원회의 위원으로 임명되어, 총독부의 고마쓰와의 협의에 나섰다.[101]

이즈음 미국의 연석위원회는 신설 대학의 정관 초안을 작성하였고, 4월 17일 회람되었다. 더 이상의 불필요한 논쟁을 피하기 위해 연석위원회 위원들에게만 대외비로 공개되었다. 신설 연합대학은 미국 북감리회, 남감리회, 북장로회, 남장로회, 캐나다 장로회, 호주 장로회가 연합으로 운영하는 한국의 고등 기독교 교육기관으로 정의되었다.[102]

한편 서울의 임시 관리위원회는 이전에 서울에서 연합대학부를 운영할 때 의결했던 정관에 따라 당시 임명된 사람들이 연속해서 일을 하기로 했다는 사실을 선교본부에 알렸다. 그런데 이에 대해 브라운 총무는 1914년 4월 연합기독교대학의 의미를 다음과 같이 부여하였다.

나는 에비슨 박사가 편지에 설명한 것처럼 이전의 대학 조직과 정관 및 관리위원회를 복원하는 것과 에비슨의 2월 23일자 편지에 대해 그들(연석위원회 위원들)에게 말했습니다. 연석위원회의 모든 위원들은 이 결정이 이미 복잡한 상황을 더욱 꼬이게 만들 수 있다고 우려하였습니다.[103]

위원회는 서울의 연합대학을 현재 존재하는 혹은 존재했던 어떤 기관의 연속이나 복원이 아니라, 연합에 나선 선교부가 특별히 선출한 현지 관리위원회와 새로운 정관을 갖춘 전적으로 새로운 기관으로 간주해야 한다고 생각하고 있습니다.

잠시 이루어졌던 연합대학부나 기타 고등교육기관과의 연속성을 부인하

---

[101] 미도리 고마쓰[小松綠]는 1906년 통감부의 외사국장으로 한국에 왔으며, 한국을 식민지로 만드는 데 실무자로 큰 역할을 하였다. 그는 1910년 10월부터 1917년까지 조선총독부 외사국장으로 활동하였다.

[102] 당초에는 'University'라는 명칭을 사용했으나, 5월 13일자 초안에서 'College'로 변경되었다.

[103] Arthur J. Brown (Sec., PCUSA), Letter to Horace G. Underwood (Seoul), (Apr. 23rd, 1914).

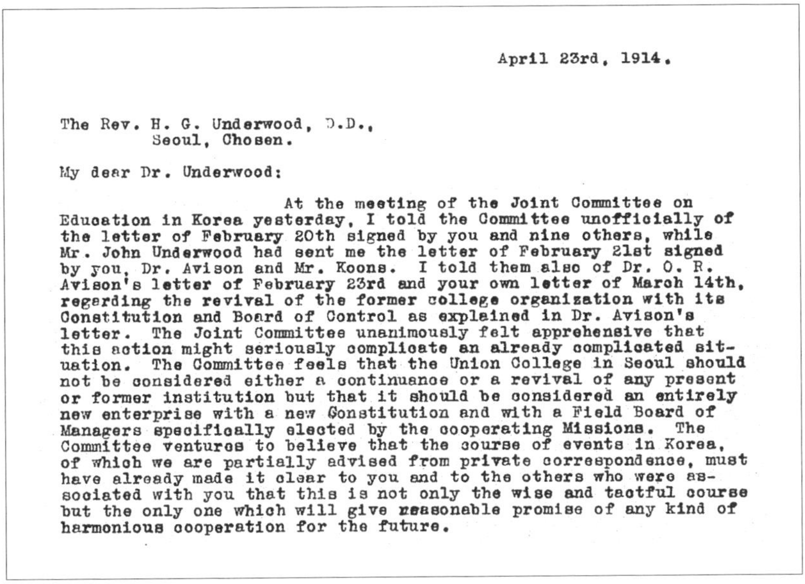

April 23rd, 1914.

The Rev. H. G. Underwood, D.D.,
Seoul, Chosen.

My dear Dr. Underwood:

At the meeting of the Joint Committee on Education in Korea yesterday, I told the Committee unofficially of the letter of February 20th signed by you and nine others, while Mr. John Underwood had sent me the letter of February 21st signed by you, Dr. Avison and Mr. Koons. I told them also of Dr. O. R. Avison's letter of February 23rd and your own letter of March 14th, regarding the revival of the former college organization with its Constitution and Board of Control as explained in Dr. Avison's letter. The Joint Committee unanimously felt apprehensive that this action might seriously complicate an already complicated situation. The Committee feels that the Union College in Seoul should not be considered either a continuance or a revival of any present or former institution but that it should be considered an entirely new enterprise with a new Constitution and with a Field Board of Managers specifically elected by the cooperating Missions. The Committee ventures to believe that the course of events in Korea, of which we are partially advised from private correspondence, must have already made it clear to you and to the others who were associated with you that this is not only the wise and tactful course but the only one which will give reasonable promise of any kind of harmonious cooperation for the future.

그림 3-10. 서울에 설립하는 연합기독교대학이 전혀 새로운 기관이라는 사실을 강조한 브라운 총무의 편지

고, 전혀 새롭게 출발하는 기관이라고 정의한 것이다. 그 이유는 연합기독교대학이 이전의 연합대학부와 참여한 교파(미국 감리회, 북장로회)가 동일하지 않고 캐나다와 호주 장로회 등도 관계되었기 때문이다.

한편 평양지부 선교사들과 한국교육평의회 의장 애덤스가 계속 문제를 제기하자, 브라운 총무는 임시 관리위원회의 활동을 중단하라고 요청했고, 이에 따라 1914년 6월 2일 마지막 회의를 가졌다.[104] 더 나아가 브라운은 전보를 보내 교지 구입도 중단하도록 지시하였다.[105]

한국교육평의회는 합동위원회가 대학 설립을 결정할 권리가 없다고 계속 주장하는 상황에서, 8월 말에 개최되는 미국 북장로회 한국지부 연례회의에서

104 Horace G. Underwood (Seoul), Letter to Arthur J. Brown (Sec., PCUSA), (June 2nd, 1914).

105 Horace G. Underwood (Seoul), Letter to Arthur J. Brown (Sec., PCUSA), (June 20th, 1914).

원만하게 해결되기를 기대했기 때문이다. 이에 따라 1914년 9월 개교도 미루었다. 하지만 8월 말 연례회의에서는 평양의 대학 유지 등이 표결에 붙여져 기존의 입장을 고수하였다. 그 결과가 담긴 9월 22일자 편지가 10월 21일 선교본부에 도착하였다.

1914년 12월 8일의 총무 서신 제249호

브라운 총무는 1914년 12월 8일 한국 선교부로 보낸 총무 서신 제249호에서 이제 최종 결정을 내려야 할 때가 되었다며 12월 7일 개최된 한국위원회 및 실행위원회에서 내린 결정을 통보하였다.[106]

이날 회의에서는 대학이 '오로지 기독교 신자만을 교육해야 한다'는 베어드의 생각은 장로회의 교육 방침에 어긋나는 것이라고 지적하였다. 미국의 예를 보더라도 기독교 관련 대학은 그런 경직된 제한을 두지 않으며, 장로회 총회도 이미 1838년 '이교도국에서 아이들이나 젊은이들에 대한 교육을 강조'한 바 있음을 상기시켰다. 그리고 한국 선교부의 대다수 선교사들이 평양에서의 교육을 아직도 유지하기 원한다면 평양의 숭실대학은 미국 대학교의 2학년 과정까지만 가르치는 '초급대학(Junior College)'의 성격을 가져야 할 것이라고 통고하였다.

서울에 설립될 대학과 관련해서는 두 가지 방법을 제시하였다. 우선 만일 한국 선교부가 즉시 나선다면 관련 교파들이 대표로 구성된 현지이사회(Field Board of Managers)가 이를 주도하도록 하였다. 하지만 한국 선교부가 이에 반대한다면 선교본부는 새 연합대학을 설립하고자 하는 사람들을 대표로 인정하여 그들로 하여금 다른 교파의 선교사들과 연합하여 대학 설립에 나서게 할 것

---

[106] Arthur J. Brown (Sec., BFM, PCUSA), Board Circular Letter to the Korea Mission, No. 249 (The Union Christian College), (Dec. 8th, 1914).

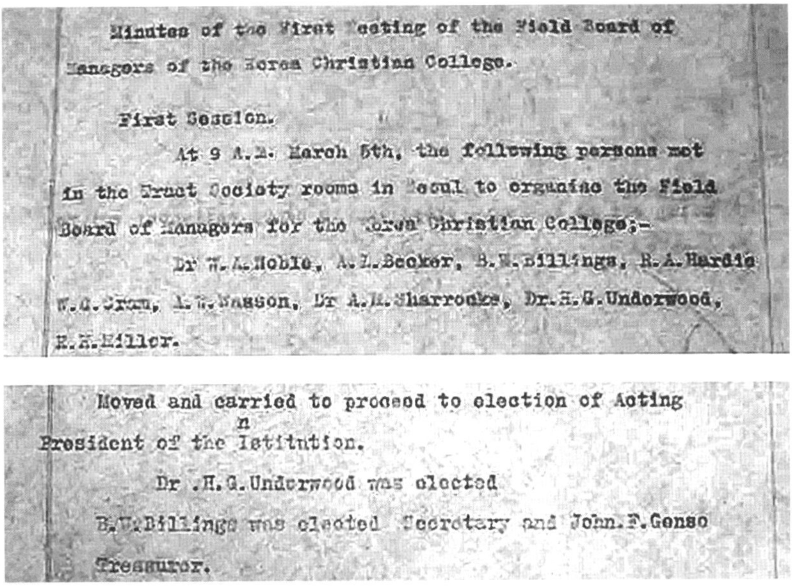

Minutes of the First Meeting of the Field Board of Managers of the Korea Christian College.

First Session.

At 9 A.M. March 5th, the following persons met in the Tract Society rooms in Seoul to organise the Field Board of Managers for the Korea Christian College;-

Dr W.A.Noble, A.L.Becker, B.W.Billings, R.A.Hardie W.G.Cram, A.W.Wasson, Dr A.M.Sharrocks, Dr.H.G.Underwood, E.H.Miller.

Moved and carried to proceed to election of Acting President of the Ist(n)itution.

Dr .H.G.Underwood was elected

B.W.Billings was elected Secretary and John.F.Genso Treasurer.

그림 3-11. 한국기독교대학의 제1차 (현지) 재단이사회 회의록

이라고 밝혔다. 더 이상 한국 선교부에 끌려 다니지 않고 연합대학을 설립할 것이라고 천명한 것이다.

제1차 (현지) 재단이사회 회의

1914년 12월 7일 미국 북장로회의 최종 결정이 통보된 후, 1915년 2월 13일 미국 감리회의 하디와 노블은 '한국기독교대학(Korea Christian College)'의 재단이사회 구성을 위한 회의 개최를 요청하였다. 이에 따라 제1차 (현지) 재단이사회가 1915년 3월 5일 조선예수교서회에서 노블, 베커, 빌링스(이상 미국 북감리회), 하디, 크램, 왓슨(이상 미국 남감리회), 셔록스, 언더우드, 이디스 밀러(이상 미국

북장로회)가 참석한 가운데 개최되었다.[107] 셔록스가 임시 의장에 선임된 이날 회의에서는, 캐나다 장로회는 아직 대표를 지명하지 않았고, 호주 장로회는 평양의 숭실과 협동하기로 결정했다고 답했으며, 남장로회로부터는 답변이 없었다고 보고되었다.

이날 회의는 미국 북장로회의 총무 서신 제249호의 6~7쪽, 미국 북감리회의 1914년 12월 편지 5쪽에 근거해 공식적인 권한을 갖고 있음을 확인하고, 연석위원회에서 제시한 정관 초안에 따라 조속히 대학을 설립하기로 의결하였다. 이에 따라 임시 교장에 언더우드를 선임하고, 빌링스를 총무에, 겐소를 회계에 임명하였다. 또한 언더우드, 노블, 크램을 교지 선정위원회에 임명하고, 교수진을 다음과 같이 선임하였다.

  미국 북감리회 : 베커, 빌링스, 루푸스
  미국 북장로회 : 이디스 밀러, 언더우드, 원한경
  미국 남감리회 : 하디

오후 회의는 기독청년회 건물을 둘러본 후 속개되었다. 오후 회의에서는 1915년 4월 대학을 개교하며, 상황에 따라 1916년 6월 혹은 그 이후까지 기독청년회 건물에서 강의를 진행하기로 결정하였다. 당초에는 대학교육을 경신학교의 공간을 빌려서 하려고 했으나 기독청년회 건물로 변경되었다는 점은 주목할 만하다.

이날 회의에서는 입학 요강을 다음과 같이 결정하였다.

  1. 신체적 조건. 지원 학생은 최소한 만으로 17세가 넘어야 하며, 인정된 의사

---

[107] Minutes of the First Meeting of the FIeld Board of Managers of the Korea Christian College, Mar. 5th & 6th, 1915.

가 발행한 건강 증명서를 제시해야 한다.

2. 도덕적 조건. 교수진 혹은 일부 목사가 아는 사람이 작성한 품행이 단정하다
   는 증명서가 있어야 한다.

3. 학업 조건. 지원 학생은 중학교 과정에 해당하는 교육을 받았다는 증명서를
   제시해야 한다.

그리고 입학시험은 4월 6일에, 입학식은 4월 13일에 거행하기로 결정하였다.

한국기독교대학의 개교

한국기독교대학의 개교식은 4월 12일 서울의 기독청년회 건물에서 거행
되었다. 당시 확보한 방은 8개였으며, 학생은 61명이었다. 이들은 문과, 과학,
상과 중 한 과정을 선택할 수 있었다. 2년 동안의 전체 과정(대부분의 학생은 예비
과정이 미비해 3년이 소요될 것으로 예상되었음)을 마친 학생은 의학, 교직 등의 특수 과
정을 밟을 수 있다고 예상하였다.

조선기독교대학으로의 교명 변경

학교가 개교한 직후인 4월 21일 제2차 (현지) 재단이사회가 개최되었다. 이
날 회의에서는 교장 언더우드가 이사직을 사퇴하고 대신 경성법원의 와타나
베 판사를 이사로 선임했는데, 이는 교장이 당연직 이사장이 되는 조항이 기
부행위에 있고, 또 재단의 공식 허가를 받는 데 도움을 받기 위한 조치였다. 또
한 '한국기독교대학(Korea Christian College)'이란 학교 명칭을 '조선기독교대학
(Chosen Christian College)'으로 변경해 주도록 미국의 이사회에 요청하기로 의결
하였다.

6) 조선기독교대학의 당면 과제

이상과 같이 개교한 조선기독교대학은 시급히 해결해야 할 몇 가지 당면 과제가 있었다. 그것은 강제병합 이전부터 선교부가 시작했던 다른 교육기관들과는 달리 일제하에 설립되었기 때문에 일제가 공포한 법령에 따라 학교를 설립해야 한다는 것과, 더 나빠진 언더우드의 건강 문제였다.

일제의 교육 관련 법령

조선총독부는 강제병합 이듬해인 1911년 8월 23일 공포한 「조선교육령」을 통해 한국인에 대한 고등교육을 엄격히 통제하였다. 전문 교육에 대한 규정이 있었지만 그것은 전문학교를 염두에 둔 것이었으며, 대학에 대한 규정은 없었다. 이어 1911년 10월에 공포한 「사립학교규칙」에 따르면 사립학교는 설립 등 모든 사항에 대해 조선총독부의 인가를 받아야 했다.[108] 언더우드를 중심으로 서울에 설립하려던 연합기독교대학도 당연히 조선총독부 인가를 받아야 했다. 이를 위해 연석위원회 등이 나서 설비나 기본금 등을 준비했다.

하지만 총독부는 조선기독교대학이 개교하기 직전인 1915년 3월 24일 「사립학교규칙」의 일부를 개정함과 동시에 「전문학교규칙」을 공포하여 사립학교에 대한 감독을 한층 강화하였다.[109] 이 규칙에 따르면 사립학교는 종교교육을 할 수 없으며, 전문 교육을 하려는 사립학교는 기초가 튼튼하고 상당한 설비와 교원을 갖춰야 하며, 이를 위해 1915년 4월 1일을 기준으로 먼저 학교를 유지할 만한 재산을 가진 재단법인을 조직하도록 하였다. 그렇기 때문에 실제적으

---

[108] 「朝鮮總督府令」 제114호, 『朝鮮總督府 官報』, 號外, 1911년 10월 20일.

[109] 「朝鮮總督府令」 제24호, 『朝鮮總督府 官報』, 제789호, 1915년 3월 24일; 「朝鮮總督府令」 제26호, 『朝鮮總督府 官報』, 제789호, 1915년 3월 24일.

로 조선기독교대학이 설립되어 학생들에게 강의를 진행하고 있었는데도 불구하고 언더우드의 직책은 '임시 교장'이었다. 1917년 4월 7일 일제에 의해 기부행위를 인가받은 후에야 정식 '교장'으로 칭할 수 있었는데, 이때는 언더우드가 이미 사망한 후였다. 임시 교장으로서 언더우드가 해결해야 할 시급한 사안은 조선기독교대학의 부지 선정, 재단의 조직, 조선총독부에 의한 대학 인가, 각종 건물의 신축이었다.

언더우드의 건강

다음으로 언더우드의 건강 문제였다. 1889년 호튼과 결혼한 이후 부부는 건강상의 이유로 다른 선교사들에 비해 장기간의 안식년을 가졌다. 1906년 7월부터 1909년 8월까지 안식년을 가졌을 때 언더우드는 이미 자신의 건강 상태에 대해 크게 염려한 것으로 보인다. 1906년 4월 11일 휴 밀러와 제시 W. 허스트가 입회한 가운데 유언장을 작성했기 때문이다. 이후 언더우드는 1912년 4월부터 8월까지 휴가를 가졌다. 서울의 대학 설립을 위해 정열적으로 활동하던 언더우드는 대학이 개교하고 교장으로 임명되었다. 하지만 자신과 동거동락했던 에비슨을 부교장으로 임명해 부재 시 대학의 업무를 관장하도록 조치하였다.

그런데 서울지부의 소수파로 언더우드와 함께 연합기독교대학의 설립을 추진하고, 후에 교장으로 활동했던 에비슨의 이름이 대학 개교 즈음에 보이지 않는다. 무슨 일이 있었을까? 그것은 에비슨이 세 번째 안식년으로 1914년 6월 12일 한국을 떠났고, 1915년 6월 7일 돌아왔기 때문이다. 에비슨은 제3차 재단 이사회에서 부교장으로 임명되었다.[110] 교장 부재 시에 에비슨이 대신 대학의 책임을 맡아야 했고, 조선총독부와의 협의에 함께 나서기 위해서였다.[111] 언더

---

[110] 제3차 재단이사회가 언제 개최되었는지 확인하지는 못하였다.

[111] Horace G. Underwood (Seoul), Letter to Frank M. North (Sec., MEC), (Dec. 31st, 1915).

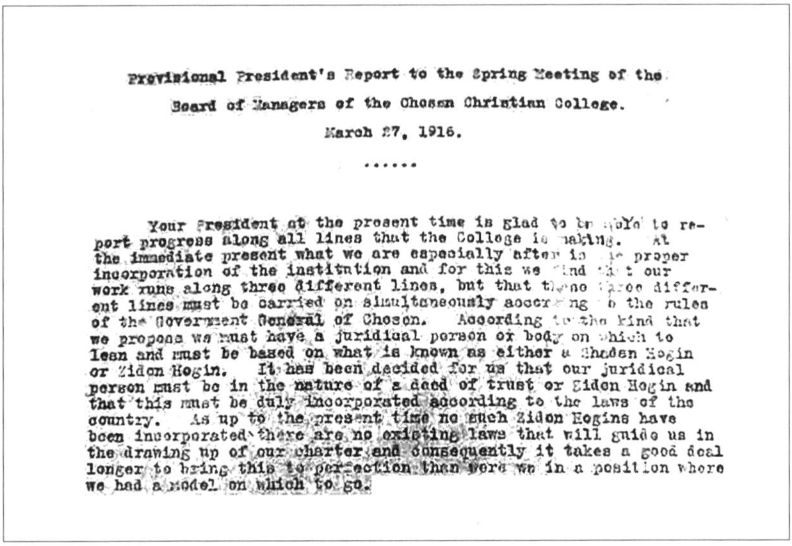

Provisional President's Report to the Spring Meeting of the
Board of Managers of the Chosen Christian College.
March 27, 1916.
. . . . . .

Your President at the present time is glad to be able to re-
port progress along all lines that the College is making. At
the immediate present what we are especially after is the proper
incorporation of the institution and for this we find that our
work runs along three different lines, but that these three differ-
ent lines must be carried on simultaneously according to the rules
of the Government General of Chosen. According to the kind that
we propose we must have a juridical person or body on which to
lean and must be based on what is known as either a Shadan Hogin
or Zidon Hogin. It has been decided for us that our juridical
person must be in the nature of a deed of trust or Zidon Hogin and
that this must be duly incorporated according to the laws of the
country. As up to the present time no such Zidon Hogins have
been incorporated there are no existing laws that will guide us in
the drawing up of our charter and consequently it takes a good deal
longer to bring this to perfection than were we in a position where
we had a model on which to go.

그림 3-12. 조선기독교대학의 임시 교장 언더우드가 이사회에 제출한 보고서

우드는 1916년 1월 3일 일본으로 떠나 일본에 머물며 현지의 대학교육 현황을
시찰하고 일본어를 배웠다. 언더우드가 한국을 떠나자 부교장 에비슨이 교장
역할을 맡았다.

7) 언더우드의 사망과 에비슨

언더우드는 3월 하순 한국으로 돌아온 것으로 추정된다. 그런데 계속 건강
이 나빠지자 의사들은 언더우드에게 즉시 미국으로 돌아갈 것을 권하였다.[112]
그는 3월 27일 개최된 조선기독교대학 재단이사회 춘계 (제4차) 회의에 제출한

---

[112] 이날 회의는 학교가 개교한 후 2번째로 개최된 것이었으며, 언더우드, 에비슨, 셔록스, 크램, 노블, 베커,
루푸스(이상 이사) 및 재무 웰러가 참석하였다. 와타나베 이사는 사정상 참석하지 못하였다. Horace G.
Underwood, Provisional President's Report to the Spring Meeting of the Board of Managers of the Chosen
Christian College, Mar. 27th, 1916.

임시 교장 보고서에서 "(중략) 이(자신이 미국으로 돌아가게 됨)에 따라 무거운 책무가 재단이사회 이사들에게 추가될 것이며, 부교장에게 더 많은 책무가 넘겨지게 되어 유감스럽습니다"라며 자신이 직접 나서지 못하게 된 것을 안타까워하였다. 이날 모임에서 언더우드는 조선기독교대학의 첫해 보고서를 제출했으며, 이 모임은 그가 참석한 마지막 회의가 되었다.

언더우드는 1916년 4월 10일 한국을 떠나 4월 26일 캐나다 밴쿠버에 도착하였다.[113] 그에 대한 진단서는 세브란스 병원의 여러 의사들이 서명하고, 서울지부 및 실행위원회 위원장의 인준을 받아 5월 1일 선교본부로 발송되었다.

원두우 박사의 귀국[114]

장로교회 주임 장로로 조선에서 (삼)십여 년간을 전도와 교육 사업에 열심히 종사하던 원두우 박사는 월전부터 우연히 소화불량증에 이(罹)하여 자택에서 와병 치료 중이더니 불행히 병상(病狀)은 서양인으로 동양에 다년 거주하면 기후와 풍토의 ○계상으로 자생하는 일종의 풍토병으로 변하여 박사의 원기가 점차로 쇠약하는 고로 금회 주치의사의 주의를 받아 미국으로 회원하여 1개년 이상의 정양을 요함으로 다음 월요일 오전 남대문발 부산 급행열차로 도미하기로 정하였다는데, 동 박사가 직할하는 각 예배당 신도와 기타 지우 등은 박사의 병세가 전유(全癒)되기를 일야로 기도한다더라.

---

[113] 미국 북장로회 한국 선교부에는 1916년 4월 9일부로 그가 떠난 것으로 기록되어 있다. 그가 승선했던 배는 4월 5일 홍콩을 떠나, 중간 경유지인 상하이를 4월 8일, 고베를 4월 12일, 요코하마를 4월 14일에 떠나 4월 26일 밴쿠버에 도착하였다.

[114] 「원두우 박사의 귀국」, 『매일신보』, 1916년 4월 7일, 2쪽.

언더우드가 미국으로 떠나자 부교장 에비슨이 교장대리가 되었다.[115] 1916년 7월 13일에 개최된 제5차 재단이사회에서는 조선기독교대학(교장 언더우드)의 설립을 위한 기부행위 등을 확정하였다. 이 서류는 미국의 각 선교본부, 연석위원회, 한국의 각 선교부로 보내졌고, 미국의 언더우드에게는 전보로 이를 알렸다.

4월 말 미국으로 돌아간 언더우드는 한동안 누나 한나(Hannah E. Stephens)가 살고 있던 매사추세츠 주 피츠필드에서 요양하였다. 그리고 9월 하순부터 3주 동안 뉴저지 주 애틀랜틱시티에서 요양했는데, 결국 1916년 10월 12일 오후 사망하고 말았다.[116]

언더우드의 사망 후인 1916년 12월 13일, 26일에 조선기독교대학 재단이사 및 교수연석회의가 개최되었다.[117] 12월 13일 개최된 재단이사회 연례회의에서 교명위원회 위원장 게일은 교명을 '연희전문학교'로 지었다고 보고하여 채택되었다. 이렇게 조선기독교대학의 한글 명칭이 확정되었다. 12월 26일 개최된 회의에서 게일은 와타나베 판사, 노블, 크램, 에비슨, 윤치호를 지명해 신임 교장 후보자와 관련된 사항을 정리해 다음 회의에서 보고하도록 요청하였다.

1916년도 재단이사회는 1917년 2월 17일 속개되어 교장대리 에비슨은 미국의 연석이사회에서 기부행위 등에 대한 승인을 받았음을 보고하였다.[118] 이어 노블은 교장 후보자 위원회에서 에비슨 박사를 신임 교장으로 지명했음을 보고하였다. 빌링스의 동의로 보고서가 채택되었고, 에비슨의 교장 임명에 대한 투표가 실시되었다. 투표 결과 에비슨이 만장일치로 교장에 선임되었고, 빌

---

[115] 엄밀히 따지자면 '임시 교장대리'가 맞다. 제3차 회의에서 총무가 빌링스에서 루푸스로 교체되었다.

[116] 형 존은 언더우드의 병세가 위독한 상황임을 10월 3일 전보로 알렸다. 「원두우 씨 병독」, 『매일신보』, 1916년 10월 4일, 2쪽.

[117] Annual Meeting of the Board of Managers of the Chosen Christian College, (Dec., 13th, 1916); Joint Meeting of the Board of Managers and Members of Faculty, Dec. 13th & 26th, 1916.

[118] Second Adjourned Meeting of the 1916 Annual Meeting of the Board of Managers, Feb. 17th, 1917.

링스가 부교장에, 루푸스가 총무에, 겐소가 재무에 선임되었다. 곧이어 교장, 부교장(당연직), 선거로 임명된 크램과 와타나베로 실행위원회를 구성하였다.

이로서 조선총독부로부터의 전문학교 인가, 교지의 구입 및 건축, 교과과정, 교수진 영입 등 대학의 모든 운영이 에비슨 교장을 중심으로 추진되었다. 언더우드가 생전에 재단 기부행위, 교지, 교과과정 등에 많은 정성을 쏟았지만, 해결해야 할 문제가 산적한 상태였다.

특히 북장로회 내부 및 여러 교파 사이의 갈등도 조속히 해결해야 하였다. 언더우드와 4반세기 동안 우의를 다져온 에비슨은 언더우드가 다른 북장로회 선교사들과 극심한 갈등을 겪고 있다는 사실을 잘 알고 있었다. 언더우드와 힘을 합쳐 소수파로서 서울의 대학 설립을 강력하게 주장했던 에비슨은 다행히 세브란스를 연합의학교, 이어 연합의학전문학교로 발전시키는 과정에서 북장로회의 다른 선교사 및 여러 교파의 선교사의 협조를 원만하게 이끌어 내고 있었다. 또한 세브란스를 전문학교로 승격시키는 과정이 연희의 전문학교 설립 인가를 받는 과정과 유사했기 때문에 많은 도움이 되었다. 이 점이 에비슨으로서는 무척 다행스러운 일이었다.

재단은 1917년 3월에 조선은행에 학교 자금으로 48,019엔 83젠을 예치했고, 마침내 1917년 4월 7일 교장 에비슨의 명의로 조선총독부로부터 재단 설립 인가를 받았다. 이로써 에비슨은 연희전문학교의 교장이 되었다.

조선총독부 고시 제80호
대정 6년 4월 7일 경기도 경성부 사립 연희전문학교 기독교 연합재 단 법인의 설립을 허가함.

대정 6년 4월 10일
조선총독 백작 하세가와 요시미치

연희전문학교 기부행위

전문학교 설립이 인가되었을 때의 기부행위에서 후에 연합과 관련 있는 주요 부분은 다음과 같다.

제4조 본 법인의 재산은 다음과 같은 3종으로 한다.

1. 북미합중국 북장로교회 외국전도국에서 지출한 금화 10만 4,000엔. 단, 그 일부는 (중략) 전문학교 부지로써 경기도 고양군 연희면 창천리의 토지 구입비에 충당함.

2. 북미합중국 북미감리교회 외국전도국에서 지출한 금화 10만 4,000엔. 단, 이는 건축비 및 설비비에 충당함.

3. 북미합중국 북장로교회와 북감리교회의 외국전도국에서 매년 보조하는 보조금 각 4,000엔, 남감리교회 외국전도국에서 매년 보조하는 보조금 1,000엔.

제7조 이사는 다음의 규칙에 따라 임명한다.

1. 본 법인에 8만 엔 이상을 갹출(醵出)하고 본 법인이 설립하는 전문학교에 선교사 2인 이상을 교수로 보내고 또한 전문학교 경상비로서 매년 5,000엔 이상을 지출할 것을 계약한 각 외국전도국 소속의 선교사회에서 4인(전부 협찬이라 칭한다)

2. 본 법인에 4만 엔 이상을 갹출(醵出)하고 본 법인이 설립하는 전문학교에 경상비로서 매년 2,000엔 이상을 지출할 것을 계약한 각 외국전도국 소속의 선교사회에서 2인(일부 협찬이라 칭한다)

3. 본 법인이 설립하는 전문학교에 선교사 1인 이상을 교수로 보내고 또 전문학교 경상비로서 매년 1,000엔 이상을 지출할 것을 계약한 각 외국전도국 소속의 선교사회에서 1인(최소 협찬이라 칭한다)

4. 전 3항의 이사 이외 기독교신도인 '일본제국 신민'에서 이사를 선출한
   다. 그 인원수는 전 3항의 이사 총수의 3분의 1보다 적지 않은 것으로 한
   다. 단, 본 항에 의하여 선출된 이사도 전 3항의 이사와 동등의 권리를
   가진다.

제8조 이사의 임기는 학교장인 이사를 제하고는 각 3년으로 한다. 단, 본 법인
   설치할 당시의 이사의 임기는 차한(此限)에 부재한다. 이것을 3분하여
   임기 1년, 2년, 3년의 3종으로 한다.
   이사 임기가 만료할 때 이사회에서 후임이사를 선임한다. 단, 각 선교사
   회에서 선임된 자에 대해선 그 소속의 선교사회의 의견을 들어 그 선교
   사회에 소속된 자 중에서 선출하는 것으로 한다.

제17조 본 법인 설립 인가를 받은 당시의 이사 및 전문학교 교장은 다음과 같다.

임기(인가 후 1년)	**임기**(인가 후 2년)	**임기**(인가 후 3년)
블레어(북장로회)	셔록스(북장로회)	노블(북감리회)
빌링스(북감리회)	베커(북감리회)	게일(북장로회)
윤치호(제국신민)	우에루츠스(북감리회)	와타나베[渡邊暢]
로즈(북장로회)	신흥우(제국신민)	맥라랜(호주 장로회)
영(캐나다 장로회)	사카이데[坂出鳴海]	
교장 : 에비슨[119]		

---

[119] 이 기부행위는 1917년 4월 7일 조선총독부로부터 인가받은 것이며, 정관 초안과는 구성이 조금 다르지만
   연합과 관련해서는 큰 차이가 없다. 후에 세브란스와의 합동을 논할 때 기준이 되는 것이 이 기부행위이기에
   이곳에 실었다.

세브란스와의 차이는 제4조에 규정된 법인의 재산에의 기여도가 제7조에 규정된 이사 임명에 큰 비중을 차지한 점이다.

8) 연희전문학교 설립의 의미

연희전문학교의 설립은 상당히 복잡한 사안이었다. 설립에 기여했던 언더우드가 사망한 상황에서 후임자 에비슨의 역할은 중차대한 것이었다. 조선총독부로부터의 전문학교 인가, 교지의 구입 및 건축, 교과과정, 교수진 영입 등 대학의 모든 운영을 도맡아해야 했고, 대외적으로는 북장로회 소속의 다른 선교사, 다른 선교부 소속의 선교사의 협조도 얻어내야만 하였다.

이제 연희전문학교의 설립 과정을 요약하면서 그 의의를 정리해 보자.

첫째, 미국 북장로회의 측면이다. 기독교 도입 초기에 내한한 선교사들은 직접 전도에 나서지 못하는 상황에서 근처 아이들을 데려다가 초등(영어)교육을 시키면서 선교사에 대한 거부감을 최소화하는 데 적극 나섰다. 최초로 내한한 목회 선교사였던 언더우드도 1885년 7월 고아를 데려다가 돌보면서 이들에게 영어교육을 시작하였다. 이 고아원은 1891년 2월 마펫에 의해 남학교(예수교학당)로 전환되었는데, 당시 언더우드는 안식년으로 미국에 가 있었다. 남학교는 1893년 10월 밀러에 의해 민노아학당으로 운영되다가 1897년 10월 한국 선교부의 결정에 의해 폐교되었다. 이후 초등교육은 한국 교회에서 담당하기로 의결되었다.

1901년 미국 북장로회의 선교본부는 한국 선교부가 즉시 중등교육을 실시할 것을 요청했고, 이에 게일이 10월 중학교를 설립하였다. 1903~1904년에 언더우드가 경신에서 구약신학과 물리학을 강의한 적이 있으며, 1904년 9월에는 중등교육을 위해 선교본부가 파송한 이디스 밀러가 교장을 맡았다. 그는 1905년 10월부터 2년 동안 배재와 합동으로 연합고등학교를 운영하였다. 1906년 9월에는 본관 건물을 봉헌하고 경신학교(영어로는 John D. Wells School)로 불리게 되었다. 이즈음 이디스 밀러는 경신에 대학부를 운영했으며, 2년 후인 1908년 9월 다시 대학부 학생을 모집했는데, 언더우드가 1906년 7월부터 3년 동안 안식년으로 미국에 체류하던 중에 진행되었다.

1909년 6월 이디스 밀러가 안식년을 갖게 되자 그린필드가 교장에 임명되었고, 1910년 8월 언더우드가 1년 동안 경신의 교장으로 활동하였다. 1911년 9월 다시 경신의 교장에 임명된 이디스 밀러는 1911년 9월부터 1년 동안 배재와 연합대학부를 운영하였다.

이상을 살펴보면 초등교육을 실시하던 학당은 한국 (현지) 교회로 넘겨졌고, 게일에 의해 설립된 중학교는 이디스 밀러에 의해 경신학교로 발전함과 동시에 대학교육도 진행되었다. 1911년 9월의 연합대학부는 당시 추진되고 있던 연합기독교대학과는 별개의 사안이라는 전제로 운영된 것이었다.

한편 1906년 평양의 베어드는 숭실대학을 감리회 등과의 연합으로 시작하였다. 연합기독교대학의 설립을 두고 논란이 진행되었을 때 북장로회의 총무 브라운은 미국 북장로회의 교육 체계에서 숭실대학이 정점에 있다고 지적한 바 있었으므로, 당시에는 숭실대학-숭실학당, 서울의 경신학교, 정신학교 등의 교육기관과 한국 교회가 담당하는 초등학교로 이어지는 것이 미국 북장로회의 교육 체계였다.

둘째, 교파 간 연합의 차원이다. 미국 북장로회 서울지부의 대학 설립은 북장로회의 차원을 넘어 여러 교파가 참여하는 연합기독교대학의 설립으로 진행되었다. 이렇게 된 데에는 미국 감리회가 서울에 대학을 설립하겠다고 의결했던 것과 밀접한 관련이 있다. 1911년 9월부터 1년 동안 연합대학부를 운영했던 북장로회와 감리회는 연합대학부와 연합기독교대학이 관계가 없음을 명확히 하였다. 1914년 뉴욕의 연석위원회가 서울에 연합기독교대학을 설립한다고 확정했을 때, 서울의 선교사들이 이 연합기독교대학의 운영을 위해 작성했던 조직과 정관 및 관리위원회를 복원하겠다고 하였다. 하지만 연석위원회는 이를 반대하고 '서울의 연합대학을 현재 존재하는, 혹은 존재했던 어떤 기

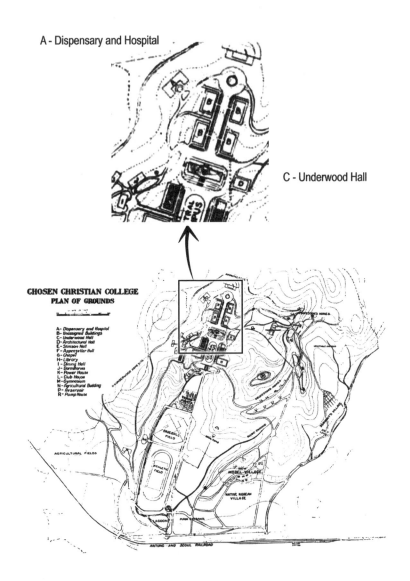

A - Dispensary and Hospital

C - Underwood Hall

CHOSEN CHRISTIAN COLLEGE
PLAN OF GROUNDS

A- Dispensary and Hospital
B- Unassigned Buildings
C- Underwood Hall
D- Architectural Hall
E- Stimson Hall
F- Appenzeller Hall
G- Chapel
H- Library
I- Dining Hall
J- Dormitories
K- Power House
L- Club House
M- Gymnasium
N- Agricultural Building
P- Reservoir
R- Pump House

그림 3-13. 연희전문학교의 장기 발전 계획. 위의 그림은 아래 그림에서 언더우드 홀 주변을 확대한 것이다. 진찰소 및 병원(Dispensary and Hospital)이라는 표시가 보인다.

관의 연속이나 복원이 아니라, 새로운 정관을 갖춘 전적으로 새로운 기관'임을 천명하였다.

'새로운 기관'과 관련하여 짚고 넘어가야 할 점이 두 가지 있다. ① 우선 앞에서 설명한 바와 같이 언더우드의 고아원, 마펫의 예수교학당, 밀러의 민노아학당, 게일과 이디스 밀러의 경신학교, 대학부 등 기존에 미국 북장로회 단독으로 운영되었던 교육기관과 연속되지 않는다는 점이다. ② 이런 점은 1957년 1월 연세대학교가 탄생했을 때, 정관에 연세대학교는 고등교육만 시행한다고 규정한 것과 일맥상통하는 것이라 할 수 있다.

셋째, 그렇다면 '경신학교 대학부가 발전하여 연희전문학교가 탄생하였다'는 주장은 어떻게 된 것일까?

연희가 개교하기 직전인 1915년 3월 24일에 발표된 「개정 사립학교규칙」에서 가장 문제가 된 항목은 새로 설립하는 학교에서는 종교교육을 금지한다는 것이었다. 하지만 우사미와의 면담에서 이미 허가는 받았으되 아직 대학을 설립하지 않은 경우 개정 규칙의 적용을 받지 않는다는 사실을 알게 되었다.[120] 따라서 연희가 새로이 설립되는 것으로 추진하면 종교교육을 실시할 수 없는 상황이었다. 하지만 이미 경신은 대학 설립 허가를 받은 상태였고, 이를 이용하면 종교교육이 가능하였다. 그래서 기독교 교육이 허용되어 있던 경신학교 대학부 정관을 이용하는 편법을 사용했다고 알려져 있다. 『연세대학교백년사』에는 "이 때문에 우리 대학이 경신학교 대학부로 출발했다는 일설은 바로 이런 사실에 대한 오해에서 비롯되었다"고 기록하고 있다.[121]

넷째, 연희전문학교는 여러 교파의 연합에 의해 탄생하였다. 창립 당시 정관에 나타난 기본재산 내역을 보면 미국 북장로회와 북감리회가 같은 액수를

---

[120] James E. Adams, A. F. Robb, and O. F. Becker, Report of Senate Committee on Interview with Mr. Usami relative to Revised Ordinance for Private Schools, Oct. 18th, 1915.

[121] 『연세대학교백년사 1 연세통사 상』, 서울: 연세대학교, 1985, 5쪽.

기여하고 있음을 알 수 있다. 학교장 등의 주요 보직은 재단이사회에서 결정했는데, 연합기독교대학의 설립을 위해 가장 적극적인 활동을 벌였던 언더우드가 교장에 선임된 것은 당연할 귀결이었다.

하지만 언더우드는 연희전문학교가 인가를 받지 못한 시기에 사망하였다. 다행히 4반세기를 친형제처럼 지낸 에비슨이 후임 교장을 맡으면서, 언더우드가 생각했던 계획들이 크게 흔들리지 않고 진행될 수 있었다. 또한 아들 원한경이 뉴욕 대학교를 졸업하고 선교사로 파송되어 경신, 연희 등에서 교육 사업을 담당하게 된 것도 다행스러운 일이었다.

다섯째, 연합기독교대학에는 당초 '의과'도 '고려'되었다는 점이다. 여기서 '고려'라 함은 기존의 세브란스와는 별도로 '의과'를 설치하는 것이 아니라, 후에 여건이 되면 현재의 세브란스 병원 의학교와 간호원양성소와 연계될 것임을 의미한다.[122] 실제 합동이 1957년에 이루어졌을 뿐이지 미국의 연석위원회는 1913년에 이미 새로 설립된 연합기독교대학과 세브란스가 합동하여 온전한 대학교를 탄생시킬 것을 예상했던 것이다.

이를 입증하는 것이 1926년 원한경이 저술한 *Modern Education in Korea*에 실려 있는 도면이다(그림 3-13 참고).[123] 이 도면이 정확히 언제 작성되었는지는 알려져 있지 않지만 'Dispensary and Hospital'이라는 명칭과 함께 건물이 그려져 있다. 건물 한 채로 표시되어 있어 혹시 '양호실'이 아닐까 하는 생각도 할 수 있다. 물론 건물 한 채로 병원을 운영할 수는 없지만, 'Dispensary and Hospital'이라는 명칭이 너무 전문적이어서 아직 '의과'의 설립이 구체화되지 않았을 때이기 때문에 상징적으로나마 그렇게 표시한 것이 아닌가 판단된다.

---

[122] Joint Committee, Letter to the Boards having work in Korea, Feb. 25th, 1913.

[123] Horace H. Underwood, *Modern Education in Korea*, New York: International Press, 1926, p. 137.

4장

합동의 모색

앞에서 살펴본 바와 같이 제중원-세브란스는 1885년 조선 정부와의 합작으로 시작하여, 1894년 미국 북장로회가 운영하는 선교 병원으로 재편되었고, 에비슨의 연합병원 건립 및 의학교육의 활성화에 따라 1913년부터 여러 교파가 참여하는 연합으로 운영되었다. 연희는 당초 북장로회에서 서울의 대학 설립으로 논의가 진행되었지만 합의에 이르지 못했고, 결국 한국에서 활동하던 다른 교파와의 연합으로 1915년 서울의 연합기독교대학인 조선기독교대학(연희전문학교, 이하 연희)으로 시작하였다.

세브란스는 미국 북장로회 소속의 에비슨이, 연희는 같은 교파 소속의 언더우드가 주요 역할을 했고, 동일하지는 않지만 주요 교파가 모두 양 대학에 참여했으므로 상당한 동질성이 있다. 더욱이 언더우드가 사망한 후에는 에비슨이 양교의 교장을 겸했으므로 두 학교는 밀접한 관계가 있다고 볼 수 있다.

세브란스는 대학 설립을 두고 평양과 서울 사이에 격렬한 논쟁이 진행되고 있던 시기에 이미 졸업생을 배출했고, 1913년 모든 교파가 원만하게 협력하여 연합으로 운영되기 시작하였다. 이에 비해 서울의 연희는 이미 평양에 설립되어 있던 숭실과 교육 분야가 중복되었기 때문에 설립에 난항을 겪을 수밖에 없었다. 또한 숭실, 연희 모두 의과는 없었다. 다만, 연합기독교대학 설립안에 장차 세브란스와 합해 온전한 대학교를 설립할 수 있을 것이라는 내용이 포함되어 있었을 뿐이다. 이 장에서 다룰 합동은 바로 세브란스와 합해 온전한 대학교를 이루는 과정이라 할 수 있다.

이 장에서는 에비슨이 추진했던 대학교 설립, 에비슨의 은퇴를 앞두고 이루려고 했던 합동 모색에 관한 논의를 살펴보기로 하겠다. 당시 합동을 모색하면서 제시되었던 합동의 장단점이나 현실적인 걸림돌 등은 합동이 1957년에 가서야 실현되었지만, 거의 60년이 흐른 현재에도 여러 부문에서 반복적으로 나타나고 있는 일종의 잡음을 이해하는 데 무척 중요하다.

1. 세브란스의 발전과 전문화[1]

1904년 9월 새 병원을 개원한 이후 여러 선교부에서 파송된 의료진들이 합류하면서, 자연스레 전문화가 이루어졌다. 대표적으로 간호교육이 시작되었고 치과가 설치되었으며, 제약사 교육 및 안경 제작에 이르기까지 에비슨은 세브란스를 전 의료 분야를 아우르는 기관으로 발전시키기 위해 노력하였다.

세브란스가 발전하면서 보다 많은 건물을 신축하고, 교수진을 영입하였다. 또한 학생 수도 점차 늘려 나갔다. 그리고 교수진들의 연구를 위한 설비도 구비하고, 의학 학술잡지도 발간하였다. 세브란스가 이렇게 발전하면서 대두된 문제는 바로 공간 부족이었다.

---

[1] 이 부분은 저자가 대표 집필한 다음의 책을 참고했으며, 다만 저자가 추가로 보완한 부분이나 내용이 다른 부분은 각주를 달았다. 연세의료원 120년사 편찬위원회, 『인술, 봉사 그리고 개척과 도전의 120년: 1. 한국의 현대의학 도입과 세브란스(1885~1945)』, 2005.

남대문 바로 바깥의 남산 자락에 있었던 세브란스는 경성부가 점차 확장되면서 무척 번잡한 곳으로 변해 갔다. 도심의 일부로 편입되어 환자가 왕래하기 편리해졌고, 땅값도 올라 자산 가치도 상승하였다. 하지만 번잡하고 가뜩이나 좁은 공간에 전염병실과 정신병실을 두는 것은 병원으로서는 적절하지 않은 상황이었다. 1925년 학교 맞은편에 경성역 역사가 신축되면서 소음이 매우 심한 지역으로 변했으며, 교통량이 증가하면서 교통사고도 빈번하게 일어났다.

세브란스의 발전을 위해 의학교 및 외래 진찰소 건물을 기부한 루이스 세브란스가 1913년 사망하자 아들 존과 딸 엘리자베스는 대를 이어 의학교와 병원을 후원하였다. 하지만 세브란스 가문과 미국 캐나다 선교부의 지원에도 한계가 있었다. 한국인 의사들이 배출되고 교수진에서도 한국인들이 다수를 차지하면서 한국인들의 세브란스에 대한 기여는 피할 수 없는 과제로 떠올랐다.

이런 전체적인 배경을 바탕으로 세브란스의 발전과 확대 그리고 이에 따라 파생된 현안 등을 알아보기로 하자. 이 현안을 해결하는 가장 유력한 방안으로 떠오른 것이 바로 연희와의 합동이었다.

1) 세브란스의 발전

간호교육

세브란스 병원의 간호 책임자였던 쉴즈(Esther L. Shields)는 1906년 9월 세브란스 병원 간호부양성소를 개설하였고, 1907년부터 본격적인 간호교육에 나서 1910년 첫 졸업생을 배출하였다. 이후 매년 배출된 졸업생들은 전국의 선교 병원은 물론, 만주 등지에서 활동하여 세브란스 병원 간호부양성소는 한국 간호의 중추 기관으로 발전하였다. 한국에서 '간호부(간호원, 간호사)'는 근대화 이후 여성이 가질 수 있는 가장 인기 있는 전문 분야였다.

간호부양성소는 1917년 세브란스가 전문학교로 승격되면서 사립 세브란스 연합의학전문학교 부속 간호부양성소로 명칭이 바뀌었다. 이후 1924년 9월 2일 조선총독부 고시 제183호로 「산파규칙」 제1조 제5호 및 「간호부규칙」 제1조 제3호에 의해 지정이 이루어지면서 학교 이름이 세브란스 의학전문학교 부속병원 산파간호부양성소로 바뀌었다.

치과교육

에비슨의 「1901년 제중원 보고서」에 따르면 274개의 치아를 학생 조수가 발치하였고, 어려운 경우는 에비슨이 직접 발치하였다. 하지만 치과의사가 아닌 일반의사들의 진료는 치아우식증이나 치주질환이 말기에 이르렀을 때 발치를 하거나, 질병이 더 진행된 상태에서 외과적으로 수술하는 한계가 있었다.

한국에서 활동했던 의료 선교사 중에 치과의사는 5명에 불과하였다. 가장 먼저 내한했던 사람은 미국 북감리회 선교사인 한대위(David E. Hahn, 1876~1924)였다. 그는 곧 선교사 직을 사임하고 개업했는데, 1909년 10월 치의학교를 설립할 것이며, 장차 제중원과 연합할 것이라는 계획을 발표하였다.

> 의교 창립. 미국 치의사 한대위 씨가 경성 남대문내 자기 사저에 치의학교를 창립하고 한국 학생들 교육하는데, 이 학교에서는 장차 남대문외 제중원과 연합할 것이다. (중략) [2]

하지만 한국에서 실권을 쥐고 있던 통감부가 이를 허락할 리 만무하였다. 이렇게 한대위의 치의학교 설립은 좌절되었다.

이후 한국에서 최초로 치과학교실을 설치하고 의학생들에게 치과학을 교수하기 시작한 곳은 세브란스 연합의학교였다. 치과 설치는 이미 계획되어 있

---

[2] 「학계. 의교설립」, 『대한매일신보(국한문판)』, 1907년 10월 30일, 1쪽.

었으나 이를 담당할 선교 치과의사를 구하지 못하고 있다가 1915년 미국 북장로회 소속의 쉐플리(William J. Scheifley, 1892~1958)가 한국에 오자 교실을 설치하였다. 쉐플리는 1920년 12월 미국으로 돌아가, 펜실베이니아 주 해리스버그에서 개업하였다. 1926년경에는 미국치과의사회 자문위원을 맡아 부츠와 맥안리스의 세브란스 병원 치과 건물 신축안을 적극적으로 도왔다.

쉐플리가 떠난 직후 한국 내에 치과의사를 양성하는 기관이 없다는 사실을 인식한 에비슨은 1921년 7월경 치의학교 설립에 나섰다.

세부란스 의학전문학교장 어비신 씨는 조선에 아직까지 치과의 전문 양성소가 없음을 유감으로 생각하고 오십만 원을 내어 동 병원 내에 삼개년 졸업 정도의 치과의 전문학교 설립 의견을 신청 중이라는바 전혀 조선인 자체를 위하고자 함이요 내지인으로도 희망하는 자가 있으면 청강생으로 입학을 시킬 작정이라는데, 당국의 의향으로도 조선에 이와 같은 기관이 없음으로 불원간 허가를 하고자 한다는바, 조선인의 자체를 위하여 이와 같은 큰 사업을 경영하는 것은 매우 감사한 일이라 하겠더라.[3]

하지만 조선총독부는 보류한다며 신청을 묵살해 버렸다.

이후 세브란스의 치과학교실은 부츠(John L. Boots, 재임 1921~1939)와 맥안리스(J. A. McAnis, 재임 1921~1941)에 의해 운영되었다. 쉐플리와 후임 과장들은 세브란스 치과학교실에 봉직하면서 현대식 치과 건물과 장비를 확충하고 최신 미국 치의학을 도입하여 치과 진료의 수준을 높여 나갔다.

치과학교실은 이후 세브란스 병원 치과로 유지되다가 1968년 치과대학으로 승인을 받아 독립된 단과대학으로 발전하였다.

---

[3] 「치과의 전문학교. 어비신 씨가 오십만 원을 내어 설립한다고 해」, 『매일신보』, 1921년 7월 5일, 3쪽.

약학과

알렌은 조선인을 고용해 약을 조제하도록 하였다. 에비슨은 캐나다에서 의사가 되기 이전에 약사로 일했으며, 1884년부터 1891년까지 온타리오 약학대학(지금의 토론토 대학교 약학대학)의 교수였다. 그는 교장이었지만 약학 분야의 강의를 했으며, 일찍이 약학교육에도 관심이 많았다.

현재까지 밝혀진 기록에 따르면 그는 1912년 6월 1일부터 1913년 5월 31일에 끝나는 연도의 보고서에 "약학과에 상당한 발전이 있었으며 1명이 이미 졸업했고, 그는 지금 학생들을 가르칠 수 있다"고 보고하였다. 당시 에비슨은 약학과에 등록한 5명의 학생들이 화학, 식물학, 약물학, 약학 및 조제학, 실제 약국 업무를 배울 수 있도록 실습실을 꾸미고 있었다. 이것 역시 한국 최초의 약학교육이었다.

그러면 당시 1명의 졸업생은 누구일까? 그는 바로 독립선언서에 서명한 민족대표 33인 중 한 명인 이갑성이다. 하지만 그는 3·1 운동과 관련하여 옥고를 치렀고, 이후 약학교육은 중단되었다. 약학교육은 중단되었지만 병원에서 다양한 약제를 제조했는데 1930년대 초반 1년에 약 50만 정의 알약을 제조하였다. 제조된 약은 세브란스 병원뿐 아니라 전국의 선교 병원, 개원의에게 공급되었다. 이렇게 에비슨에 의해 시작된 약학교육은 2011년 2월 연세대학교 약학대학의 설립으로 부활하였다.

안경 제작

에비슨은 안과 진료를 하면서 안경 제작의 필요성을 절감하였다. 그는 제1회 졸업생 홍석후에게 안과 분야를 담당하게 하고, 난시 안경알을 제작하는 기계를 구입했는데, 안경 제조를 위해 도입된 조선 최초의 기계였다. 또한 명석한 젊은이 한 명을 선발해 의사의 처방에 따라 안경알을 제작하게 하였다.

하지만 안경 제작은 안경알의 크기와
모양 및 테의 형태가 너무 자주 바뀌었
기 때문에 손님들이 찾지 않는 형태의
안경이 재고로 쌓여 갔고, 그 때문에 생
각만큼 경제적인 도움을 주지는 못하
였다.

그림 4-1. 세브란스 의학전문학교 병원 안경부 광고

얼마 후 한 사람이 장소를 대여해 주
면 안경 제작을 위한 기계와 안경알 및 테의 재고를 전량 인수하겠다고 제안하
여 그에게 안경 제작 일을 넘겼다. 그 안경상은 병원을 위해 계속 일하면서 동
시에 사업을 크게 확장하여 일반 대중과도 거래했고, 또 한국인 조수들을 훈련
시켜 한국의 안경 산업 발전에 크게 기여하였다.

2) 조선총독부 지정 및 일본 문부성 지정

조선총독부 지정

1908년 제1회 졸업생이 한국 최초의 면허를 받은 후 일제는 한국을 강제
병합했다. 병합 초기 일본은 의학교육에 적극적으로 나서지 않았으나 1916년
경성의학전문학교를 설립하면서 관이 의학교육도 주도하기 시작하였다. 대표
적으로 조선총독부는 경성의학전문학교를 지정하여 졸업시험에 통과하면 별
도의 시험을 보지 않아도 의사 면허증을 교부해 주었다. 하지만 다른 의학교들
은 시험을 치러야 하였다. 세브란스도 마찬가지였다. 연희와는 달리 세브란스
졸업생들은 면허를 받지 않으면 의사로 활동할 수 없었다. 따라서 세브란스로
서는 의사 면허와 관련된 차별을 극복해야 하였다.

이에 앞서 에비슨 교장은 조선총독부가 1922년 「부령」 제21호로 공포한
공립·사립전문학교 규정에 따라 서류를 구비하여 1922년 4월 1일 조선총독부

에 제출하여 같은 날 인가를 받았다. 이로서 새 규정에 따라 세브란스 연합의학전문학교로 운영되었다.

또한 지정을 위해 다각도로 노력한 끝에, 결국 조선총독부는 1923년 2월 24일 고시 제34호로 「의사규칙」 제1조 제1항 제2호에 의해 세브란스를 지정하고, 1923년 이후의 본과 졸업생들에 대해 이 법을 적용하였다. 이로서 졸업생들은 조선에서 무시험으로 의사 면허를 받아 개업할 수 있게 되었다.

일본 문부성 지정

조선총독부의 지정을 받아 일단 숨통이 트였지만, 또 다른 문제가 있었다. 바로 일본 문부성 지정이었다. 일본 문부성의 지정을 받으면 한반도를 포함한 일제의 모든 영역, 그리고 일제와 서로 의사 면허를 인정하던 영국, 브라질 등지에서도 의사로 인정되는 일본의 의사 면허를 부여받을 수 있었기 때문이다. 당연히 일제는 자신들이 운영하던 의학교를 지정하였다. 에비슨 교장도 문부성 지정을 위해 최대한 노력하였다.

이를 위해 교사의 중축을 포함한 시설 확충, 교수진의 보강, 교과과정의 보완 등에 적극적으로 나섰다. 일본 문부성 지정을 위해 한국인 교수였던 오긍선이 많이 노력했고, 에비슨이 은퇴한 후에 오긍선이 세브란스의 교장으로 임명되었다.

결국 1934년 4월 10일 문부성 고시 제52호로 「의사법」 제1조에 의해 세브란스가 지정을 받았다. 이에 따라 1934년 3월 이후 내무성 의사 면허를 무시험으로 얻게 되었다. 이로써 세브란스 졸업생은 일본은 물론 대만, 남양군도, 만주국 등에서도 자유롭게 개업할 수 있었으며, 브라질과 영국에서도 개업할 수 있게 되었다.

세브란스 의전 지정

조선 세브란스 의전은 11일부로 아래와 같이 지정되었다.

문부성 고시 제52조 「의사법」 제1조에 의하여 소화9년(1934) 4월 10일 하기 학교를 지정함.

소화9년(1934) 4월 11일

문부대신 자작 사이토

세브란스 의학전문학교

단, 소화9년(1934) 이후의 본과 졸업생에 한하여 유효함

이것은 세브란스가 일본 내의 어떤 의학전문학교에도 뒤지지 않는 의학교육을 시행하고 있다고 인정한 것이다. 실제로 같은 일본 내 기독교 계통의 대학인 도시샤[同志社] 대학, 간사이[關西] 대학, 릿쿄[立敎] 대학 등이 문부성 지정을 받기까지 걸린 기간을 감안하면 결코 늦은 것이 아니었다.

문부성 지정을 받게 된 과정은 다음과 같다. 세브란스는 문부성 지정을 위해 시설을 확장하고 교직원을 대폭 보강했는데, 특히 일본은 미국 학위를 인정하지 않고 일본 학위를 강요하였다. 이 때문에 미국이나 영국 등지에서 유학하고 온 교수들은 다시 일본 박사학위를 받아야 하였다. 이용설은 경성제대 약리학교실에서, 오한영은 교토제대 내과에서, 윤치왕은 교토제대 산부인과에서 다시 학위를 받았다.

세브란스가 문부성 지정을 신청하자 1933년 일본 문부성은 이리사와[入澤達吉]와 기타 사학위원, 아와야[粟屋] 차관 등으로 구성된 사학위원회를 개최하였다. 위원회는 2월 중에 세브란스 연합의학전문학교와 오사카 여자고등의학전문학교의 학생 중에서 최상급과 제2학년을 중심으로 내과, 외과, 임상 등의

시험을 시행하여 그 결과에 따라 어느 해 졸업생부터 무시험검정의 지정을 시행할 것인가를 확정하기로 결정하였다.[4] 그리하여 도쿄 문부성 속관이 입경하여 내과와 외과 시험을 주관하고 답안지는 일본으로 가져가 엄격하게 채점하였다. 이 시험 결과 세브란스 의학전문학교는 1934년 봄 졸업생부터 문부성 지정을 허가받게 된 것이다.

3) 학교 및 병원 시설의 확충

1904년 9월 세브란스 병원이 신축된 이후, 루이스 세브란스의 후원으로 1913년 의학교 교사 및 외래 진찰소가 신축되었다. 하지만 세브란스는 항상 공간 부족에 시달렸다. 그런데 1920년대에 들어 다양한 후원이 이루어지면서 여러 시설이 확충되었다.

경성부민기념 전염병실

1919년 3·1 운동이 끝나고 늦여름, 이어 1920년에 콜레라가 발생하자 경성의 유력 인사 300여 명은 1920년 10월 7일 전염병원의 설립을 위해 '경성부민 사립 피병원 설립 기성회'를 결성하고 기금 모금에 나섰다. 그런데 병원을 설립하려는 부지의 인근 주민들의 반대와 실제 모금이 난항을 겪게 되자 1923년 7월 그동안 모금한 기금을 세브란스 병원에 제공하여 '경성부민병실'을 신축하도록 하였다. 이 기금과 다른 기부금을 더해 1926년 8월 총 공사비 39,460엔으로 원래 예정했던 규모의 3분의 2를 완성하여 3층에 30여 명의 환자를 수용할 수 있는 전염병실을 완공하였다.

---

[4] 「세의전문 졸업생에 개업 무시험 검정」, 『동아일보』, 1933년 1월 11일(朝), 2쪽.

신병실의 신축

1904년 9월 완공된 병원 건물은 입원 환자를 40명 수용할 수 있는 규모로 건축되었지만, 환자가 많아지면서 거의 배에 해당되는 환자를 수용하고 있었다. 이를 알게 된 루이스의 아들 존과 딸 엘리자베스가 1924년 기부한 10만 달러 중에서 일부로 신병실을 신축했는데, 1928년 3월 20일 준공식이 거행되었고, 세브란스-프렌티스동이라는 이름을 붙였다.

결핵병사 건립

1920년 3월 내과 교수 스타이스(F. M. Stites)가 600엔을 들여 테니스 코트 한 구석에 1층 한옥 3칸짜리 집을 지어 결핵병사로 사용했는데, 이것이 조선 최초의 결핵병사이다.

병리부검실 신축

전문학교 승격 이후 약간의 병리해부를 병리학 실습실에서 해왔지만, 1928년 5월 최동이 귀국하고 파운드가 파견되자 학생 40명이 관찰할 수 있는 크기의 병리부검실을 전염병실 후방에 있는 시체실에 인접하게 건립하였다.

치과 진료소 신축

1925년 12월 안식년을 가진 부츠는 치과 진료소 신축을 위해 기금 모금에 나섰고, 귀국 후 신병실을 북쪽으로 연장하여 건축하기로 하였다. 신축 치과 진료소는 1931년 10월에 준공되었는데, 연와 3층으로 건평은 130평이었다. 내부 설비는 모두 미국식이었으며, 총 공사비와 기계 대금으로 35,000엔이 소요

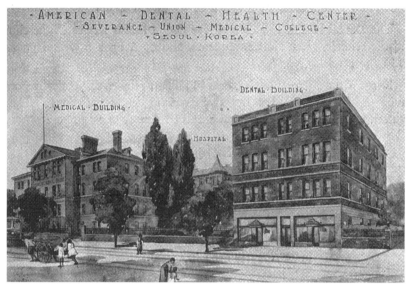

그림 4-2. 부츠가 미국치과의사협회의 후원으로 건립하려던 치과 진료소 조감도. 미국의 경제대공황으로 기금 모금이 순조롭지 못해 독립된 진료소가 아니라 병원 신관의 한쪽에 부속건물을 건축하였다.

되었는데, 모자란 금액은 병원 수입에서 조달하였다. 이외에도 피츠버그 대학의 치과학교실 및 운산금광 등에서 도움을 주었다.

대수술실 증설

외과 환자가 많아져 러들로 교수는 애로점이 상당히 많았다. 1931년 치과 과장 부츠의 노력으로 치과 진료소가 신축된 후 4층을 세브란스 병원의 주 수술실로 사용할 것을 결의하였다. 이에 예산 사정으로 골격과 칸막이, 천장 공사만 끝낸 상태로 일단 1932년 7월 대수술실을 준공하였다. 그런데 1932년 9월 피터스(Alexander A. Pieters) 선교사가 작고한 부인 에바 필드를 기념하기 위해 5,000엔을 기부하였다. 이 기금으로 1933년 9월 3일 피터스 기념수술실이 봉헌되었다.

정신병실의 신축

맥라렌의 노력으로 정신병 환자들을 위한 작은 건물이 신축되었다. 남성용 3개, 여성용 3개로 모두 6개의 병상이 있었으며, 정신과 교육에 필요한 충분한 진료 설비를 갖추었다.

기초학 교실의 신축

이상과 같이 병원 설비뿐 아니라 기초학 분야의 공간도 크게 부족하였다. 이에 1933년 6월 교직원, 동창, 사회 유지들이 모여 세브란스 후원회를 조직하였다. 후원회의 기부금 31,671엔을 들여 대지 95평에 2층으로, 연건평 233평의 기초학 교실 건물이 1934년 12월 20일에 준공되었다.

그림 4-3. 세브란스 후원회의 기부로 건립된 기초학 교실

4) 기금 확보

세브란스는 여러 선교부의 지원으로 운영되었다. 하지만 1920년대 말 들어 미국이나 캐나다에 대공황이 불어닥쳐 경제적 사정이 여의치 않자 세브란스도 영향을 받을 수밖에 없었다. 더 이상 선교본부의 지원에 기대어 운영할 수 없게 된 것이다.

일부 한국인들이 세브란스의 운영을 위해 기부를 하기도 했지만 그리 활발하지는 않았다. 이에 세브란스는 운영비에 보태기 위해 수익이 되는 사업을 벌였고, 교직원, 동창, 사회 유지들로 구성된 세브란스 후원회가 조직되어 세브란스를 후원하였다.

기부

1920년 당시 세브란스와 연희전문학교의 교장을 겸임하고 있던 에비슨은 양교의 재정 상황 개선과 시설 확충을 위한 기부금을 마련하기 위해 미국으로 떠났다. 그는 1년 동안 캐나다와 미국 전 지역을 순회하면서 40만 엔가량을 모았다. 이 기부금 중 일부로 방사선실과 소독실을 새로 장만하고 소아과를 설치하였다.

세브란스가의 기부는 계속 이어졌다. 존과 엘리자베스는 일반 예산으로 1만 달러, 연구를 위해 1,500달러를 수년 동안 계속 기부하였다. 하지만 미국에 경제공황이 불어닥치면서 존은 1930년대 들어 3년 동안 기부하지 못하다가 1934년 1월에 사망하였다. 존의 유언에 따라 10만 달러(35만 엔)를 세브란스에 기부하였다.

점차 한국인 중에서 세브란스를 위해 기부하는 사람들이 나타나기 시작하였다. 1934년 장교동에 사는 이학숙 여사는 시료 입원 환자 1명의 1년 치 경비에 해당하는 365엔을 기부하여 시료 사업에 큰 도움을 주었다. 이외에도 전라도의 대지주였던 구마모토[熊本利平]는 1934년 10월 시료실 1명의 3년 치 입원료를 기부했고, 안경부의 김교익 역시 같은 달 시료실 1명의 1년 치 입원료를 기부하였다. 1941년에는 서울의 부호 독지가 조병학이 토지 60만 평을 기부했고, 1943년에는 1917년 졸업생 차형은이 함경도 영흥군 내 토지 30만 평을 기부하였다.

세브란스 의용품상회

세브란스는 수입 증대의 한 방편으로 1923년 12월 세브란스 의용품상회를 설립하였다. 이 상회에서는 의료기기와 의약품, 자영품, 화장품, 치과용 기기 및 약품, 각종 안경 등 여러 가지 의용품을 취급하였다. 또한 일본뿐 아니라 멀리 미국에서도 최신 용품을 수입하여 전국 각지에 퍼져 있는 동창, 선교 의료기관 및 광산 병원, 다른 학교 출신의 개업의들에게 질 좋은 의용품을 싸게 공급하였다. 이 사업으로 남는 수익금은 학교 운영에 보탰다.

의용품상회는 처음 몇 년 동안은 수익도 적었고 약도 안정적으로 확보할 수 없었지만, 점차 병원 업무에 필요한 물품을 도매가격으로 안정적으로 확보할 수 있게 되어 이익을 냄과 동시에 비용을 절약할 수 있게 되었다.

자립운동

1929년 개교 44주년을 기념하여 지난 자취를 되살리고 앞날을 계획하려는 움직임이 있었다. 그중 하나가 외국 선교부의 도움에 전적으로 의존하던 병원 경영을 바꾸어 자립을 꾀하려는 시도였다.

1929년 제1회 졸업생 홍석후가 교두(教頭)에 취임하면서 제안한 자립 계획을 보면, 당시 연간 경상비는 30만 엔이었다. 그중 18만 엔은 선교부의 보조를 받기 때문에 나머지 12만 엔을 마련해야 했다. 이 금액의 거출 방법으로 그는 첫째, 세브란스 의용품상회를 동창들이 더 많이 이용하여 이익금이 증가하도록 하고, 둘째, 졸업생이 생명보험을 들어 만기가 되면 그 돈을 학교에 기부하도록 할 것 등이었다.

재단 기본금 확보

1929년부터 시작된 세계 경제공황의 여파로 1930년 3월 결산에 따르면 1만 엔의 적자가 났다. 1930년도에도 3만 엔의 적자가 났지만 다행히 세브란스 가의 보조를 받아 위험을 넘겼다. 결국 자립 운동은 재단 기본금 확보 문제로 나갈 수밖에 없었다. 에비슨은 재단 기본금을 약 100만 엔으로 정하고 대부분은 미주에서 모금하되 20만 엔가량은 국내에서 모금할 계획을 세웠다. 이 같은 계획 아래 1931년 6월 에비슨은 71세의 노구를 이끌고 미국으로 건너가 기금을 모금하려 했으나 세계 경제공황으로 예기했던 성과를 거두지 못하였다.

세브란스 후원회

1929년 3월에 개최된 동창회는 에비슨의 사업을 완성하기 위해 후원회를 설립하기로 하고 발기인 18명을 구성하였다. 이와 별도로 1933년 6월 9일 세브란스 구내의 에비슨 사택에서 후원회 발기총회의 준비회가 개최되었다. 여기에 참석한 사람은 윤치호, 조병학, 여운형, 송진우, 방승모, 박용균, 홍석후, 심호섭 등 당시 한국 사회에서 사회·정치적으로 명망 있던 유지였다. 이날 회의에서는 만장일치로 후원회를 조직하기로 하고 발기인을 모집하기로 하였다.

후원회 회원은 이미 자원한 세브란스 졸업생과 기타 유지를 합쳐 1,130여 명에 달하였다. 후원회는 각 도별로 발기인을 모집하고, 이사장에 윤치호, 서기에 최명학, 회계에 오긍선을 임명하였다. 후원회는 당면 목표를 세브란스의 문부성 지정을 위한 시설 확충에 두고, 학교 기본금, 교실과 실험실 등의 확장과 내용 설비 개선을 위해 우선 사업 비용의 몇 분의 일에 해당하는 5만~6만 엔을 목표로 기금 모집에 착수하였다. 1933년 8월까지 276명이 35,260엔을 기부하였다.

이 기부금 모집은 1934년 3월 총독부로부터 허가를 받았으며, 총독부에 신청한 내용은 "세브란스 의학전문학교의 확충과 재단의 법인화를 목표로 우선 기초학 교실 신축을 비롯한 사업 시행을 위해 8만 5,000엔을 사회 유지 및 동창에게서 기부받고자 한다"는 것이었다. 후원회에서 거출한 기부금 4만 엔으로 1934년 12월에 연건평 233평의 기초학 교실을 신축했지만, 국내외에서 재단 기금을 조성할 만한 금액은 모금하지 못하였다.

5) 세브란스의 현안

세브란스가 발전하면서 공간 부족이 현안으로 떠올랐다.[5] 1900년대 초만 해도 덜 번잡했고 땅값도 그리 비싸지 않았다. 하지만 1925년 경성역 역사가 세브란스 맞은편에 신축되는 등 도심으로 바뀌면서 더 이상 넓힐 땅이 없었고 있더라고 땅값이 너무 오른 상태였다.

공간 부족을 해결하기 위해 일단 기관 전체의 이전보다 부분적 이전이 추진되었다. 대표적으로 전염병실과 정신병실이 도심에 있는 것이 적합하지 않은 것으로 의견이 모아져 이 병동들의 이전이 추진되었다.

공간 부족 해소를 위한 여러 시도

세브란스는 공간 부족 문제를 해결하기 위해 다각도로 노력하였다. 우선 여건이 허락하는 한 인접한 땅을 구입하였다. 1920년에는 원한경이 서대문 바로 바깥, 의주로 근처에 위치한 부지를 3,000~4,000엔에 매각할 의사를 비쳤고, 재단에서 협상에 나섰지만 합의에 이르지는 못하였다. 북장로회가 다른 목적으로 소유하고 있던 인접 대지를 세브란스로 넘기기도 하였다. 하지만 한계가 있었다.

동대문부인병원과의 합동 추진

공간 부족의 문제를 해결하기 위해 미국 북감리회 여성해외선교본부가 운영하는 동대문부인병원과의 합동이 추진되었다. 사실 동대문부인병원과의 합동은 세브란스가 전문학교 승격을 위해 재단이사회를 구성하고 1916년 4월

---

[5] 이 문제의 해결 방안 중 하나가 연희와의 합동이었다.

그림 4-4. 동대문부인병원. 한동안 세브란스와의 합동이 추진되었다.

15일 첫 재단이사회를 개최할 즈음부터 제기되고 있었다.[6] 이날 재단이사회에서는 에비슨 교장이 의료 사업에서 부인병원과의 합동을 위한 협상을 계속할 것을 승인하였다. 당시 감리회는 선교 병원을 닫거나 평양에서와 같이 장로회와 연합으로 운영하고, 대신 선교에 적극 나서고 있는 상황이었다. 하지만 이 협상이 순조롭지 않았다. 1925년 5월 부인병원이 세브란스와 합동하기로 결정했다는 기사가 보도되었다.[7] 하지만 병원장 홀은 이에 반대했고, 결국 합동은 성사되지 않았다.

　이후 1931년 9월 당시 부인병원이사회는 세브란스와의 합동을 위해 협상에 나서기로 동의한 상태였다.[8] 선교본부에서도 합동의 원칙을 승인했고, 협상위원회가 만족할 만한 합의를 이루면 합동을 진행하도록 하였다. 그런데 합동의 걸림돌은 두 기관이 몇 마일 떨어져 있다는 점이었다. 또한 여성에 대한 의

---

[6] Minutes of First Meeting of Board of Managers of Severance Union Medical College, 1916년 3월 25일.
[7] 「세부란스병원에 부인병원을 합병」, 『동아일보』, 1925년 5월 19일, 2쪽.
[8] H. T. Owens, Letter to Cleland B. McAfee (Sec., PCUSA), (Oct. 1st, 1931).

학교육도 걸림돌이었다. 이 문제는 세브란스가 전향적으로 수용하면 해소될 것으로 예상되었다.

합동을 위한 협상은 순조롭게 진행되었으나 미국의 북감리회 여성해외선교본부는 조선총독부가 현재로서는 의학교육에 있어 합동을 허락하지 않고 있다며 최종적인 승인을 보류하였다.[9] 하지만 합동 논의는 계속되어 교장, 학감, 병원장, 간호부장 및 간호부양성소장으로 이루어진 세브란스 대표진과 동대문부인병원이사회로 구성된 위원회에서 도출한 합동 제안서가 1928년 세브란스 이사회에 보고되었다. 세브란스 이사회는 제안서의 수정안을 작성하고 반 버스커크 부교장에게 부인병원이사회와 협상하도록 위임하였다.

1929년에는 신경정신과의 맥라렌 교수가 여성 정신과 환자를 대상으로 한양 병원의 협진을 논의한 적이 있었다. 하지만 동대문부인병원과의 합동은 이루어지지 않았다.

일제의 도로 건설과 세브란스[10]

1925년 세브란스 맞은편에 경성역 역사가 준공되면서 남대문로가 확장되었다. 이에 따라 길가에 속하게 된 세브란스 부지의 일부가 총독부에 수용되었다. 교통량 증가에 따른 어쩔 수 없는 일이었다.

그런데 1927년 조선총독부가 경성부의 신설 도로 예정 계획을 발표했는데, 이중에 욱정2정목(현 회현동 2가)에서 어성정(현 남대문로 5가)까지 길이가 350미터, 폭이 6미터, 차·보도의 구별이 없고 자갈로 포장된 길이 예정되어 있었다. 추산 공사비는 34만 8,110엔이었다. 어성정이 바로 세브란스가 있던 지역이다.

---

[9] H. T. Owens, Letter to Cleland B. McAfee (Sec., PCUSA), (Apr. 7th, 1932).

[10] 다음의 논문을 주로 참고하였다. 염복규, 「일제하 경성도시계획의 구상과 시행」, 서울대학교 대학원 박사학위 논문, 2009.

그림 4-5. 경성역에서 바라본 세브란스와 남대문. 1925년 경성역의 새 역사가 세브란스 맞은편에 건립되어 일대
의 교통이 상당히 복잡해졌다.

실제로 이 길이 추진되면 세브란스를 가로질러 만들어질 것이 분명하였다. 당시 세브란스 맞은편에 경성역 역사가 건축되었고, 일본군이 주둔해 있던 용산이 상당히 복잡한 지역이었으므로, 일제는 이 지역의 교통 문제를 해결하기 위해 적극 나섰다.

1936년 8월 조선총독부는 시가지 계획 도로망을 일괄 고시했고, 이에 따라 1937년부터 시가지 계획 가로망 부설 '제1기 5개년 사업'이 시작되었다. 그런데 1939년 조선총독부는 진행 중이던 1기 사업 가로망 중 상당수의 노선을 수정하였다. 이중에는 욱정(회현동)에서 청엽정3정목(청파동)까지 남산에 터널을 뚫는다는 내용도 있었다. 그 목적은 '경성과 용산 사이의 교통 완화'를 위한 것이었는데, 문제는 터널이 조선신궁(현 안중근의사기념관) 아래를 지나간다는 점이었다. 이에 대해 경성부의회는 공사비가 너무 많이 들고 신궁 아래로 터널을 뚫는 것은 불경하다며 반대했지만, 조선총독부는 계획을 변경하지 않았다.

이러한 조선총독부의 계획은 1939년 9월 18일 고시 제757호로 발표되었는데, 욱정2정목에서 어성정을 거쳐 고시정(현 동자동)까지 폭 20미터인 중로(中路)를 건설하겠다는 내용이 포함되어 있었다. 이에 따르면 후에 퇴계로의 일부가 된 이 길은 세브란스를 가로지를 수밖에 없었다. 가뜩이나 공간이 협소한 세브란스를 가로질러 큰 길이 건설되면 의학교 및 병원의 존립마저 위태로워질 상황에 처한 것이다. 다행히 일제가 태평양전쟁을 일으키고 중국을 침략하면서 도로가 건설되지는 않았지만, 언제 건설될지 세브란스로서는 불안할 수밖에 없었다.

2. 연희의 발전[11]

1) 연희 교육의 특징

첫째, 대학(校)을 지향하였다.

당초 서울에 연합기독교대학의 설립을 추진할 때에는 '대학교'를 뜻하는 '유니버시티(University)'라는 용어가 사용되었다. 하지만 조선총독부와의 협상 과정에서 쓸데없이 자극하지 않는 것이 좋겠다는 중론에 따라 '대학'을 뜻하는 '칼리지(College)'로 정해졌다. 연희가 설립될 당시 조선에는 전문학교 설치령이 적용되었기에 우리말로는 '전문학교'로 인가를 받았다.

하지만 설립 배경을 살펴보면 '종합대학(校)'을 지향하고 있었음이 분명하다. 실제 교육도 대학에서 이루어지는 교육과정으로 구성하였다. 즉, 다른 전문학교처럼 의과, 농과, 법과, 상과만 전문으로 가르치는 것이 아니라 문과, 신과, 수학 및 물리학과, 상과, 농과, 응용화학과를 구비한 대학교의 형태를 갖추었다. 또한 졸업생에게는 학사 칭호를 수여했고, 교수진도 단과대학 체재로 조

---

[11] 이 부분은 다음의 책을 참고했으며, 다만 저자가 추가로 보완한 부분이나 내용이 다른 부분은 각주를 달았다.
『연세대학교백년사 1 연세통사 상』, 서울: 연세대학교, 1985, 5쪽.

직하였다. 실용적인 분야인 상과는 3년을 수학하도록 했고, 문과와 이과는 4년 과정이었다. 그리고 기본 과정을 마친 학생들이 의과나 사범과로 입학할 수 있도록 목표를 잡았기 때문에 이들 과가 설치되면 명실상부한 종합대학교로 변모할 수 있었다.

둘째, 모든 조선인 학생들을 대상으로 하였다.

연희의 교육의 또 다른 특징은 일반 조선인 학생들을 대상으로 일반 분야에 대한 강의의 폭을 대폭 넓혔다는 점이다. 연희의 전문학교 허가 당시 학칙 제1조에 "본교는 「조선교육령」에 의한 전문학교에 기초하여 조선인 남자에게 문학, 신학, 농학, 상업학, 수학 및 물리학, 응용화학에 관한 전문 교육을 실시하는 것을 목적으로 한다"고 규정하였다. 당초 연합기독교대학을 설립할 때 미국의 선교본부가 강조한 것도 바로 이점이었다. 하지만 입학생의 대부분이 기독교 신자였고, 신자가 아니어도 결국 기독교 교리에 반하는 행동을 하지 않았으므로 학생 전체가 기독교 신자나 다름없었다. 이러한 현상은 세브란스도 마찬가지였다. 그리고 법과의 설치는 고려하지 않았다. 법과가 다루는 '법'은 국가를 유지하기 위해 강제되는 사회규범인데, '조선의 법'이 아니라 '일본제국의 법'이었기 때문일 것이다. 무엇을 위해 조선인 학생들에게 조선인들이 식민통치에 순응하도록 하기 위한 각종 조치가 담긴 일본제국의 법을 가르친단 말인가?

셋째, 조선인 교수진을 적극 영입하였다.

다양한 전문 분야를 교육하기 위해서는 많은 교수진이 필요하다. 선교본부의 지원은 한계가 있을 수밖에 없었다. 에비슨 교장은 미국이나 일본에서 유학하여 각종 학위를 받고 귀국한, 기독교 신자인 조선인 인재들을 과감하게 교수진으로 영입하였다. 이것은 세브란스에서도 마찬가지였다. 선교사들의 교육목표 중에는 결국 조선인들이 조선인들을 가르칠 수 있는 교육의 자립도 포함되어 있었다.

넷째, 현지 재단이사회에 자율성이 있었다.

연희전문학교의 설립이 추진되고 있을 때 일본 당국은 미국의 선교본부가 학교의 운영에 관여하지 않도록 하였다. 이와 상관없이 선교본부도 현지 선교부가 자체적으로 판단하여 일을 추진할 수 있도록 자율권을 최대한 보장하였다.

2) 학교 부지의 확보 및 교사의 건축

학교 부지의 확보

1915년 4월 연희전문학교가 개교한 이후 언더우드의 형 존이 5만 달러를 기부했고, 이 돈으로 1917년 6월 21일부로 당시 경기도 고양군 연희면 소재의 29만여 평의 부지를 구입하였다. 이때 구입한 땅은 말발굽 혹은 U자 모양이었는데, 남쪽으로 터진 가운뎃부분에 수경원이 자리 잡고 있었다. 수경원은 영조의 후궁이자 사도세자의 생모인 영빈 이 씨의 원묘가 있던 곳이다.

치원관의 신축

학교 부지가 확보되자 1917년 가을 5,000달러를 들여 임시로 목재 가교사를 건축하기 시작하여 1918년 초봄에 완공되었다. 이에 따라 임시로 종로기독청년회관에 위치해 있던 학교가 신촌으로 이전하였다. 이 가교사는 치원관이

그림 4-6. 1918년의 수경원

그림 4-7. 치원관. 연희의 첫 건물(1918)

라고 했으며, 장기 발전 계획에 들어 있는 다른 석조 건물의 건축에 방해되지 않도록 다른 건물과는 좀 떨어진 곳에 지었다. 연희의 첫 건물이었던 치원관은 한국전쟁 때 소실되었다.

스팀슨 홀의 신축

언더우드가 사망하기 얼마 전 캘리포니아 주 로스앤젤레스에 거주하던 찰스 스팀슨(Charles M. Stimson)이 2만 5,000달러를 기부하였다. 이 기부금으로 1919년 봄 신축 건물의 정초석이 놓였고, 1920년 9월에 완공되었다. 스팀슨 홀이 신축되자 치원관에서 이루어지던 강의가 스팀슨 홀로 옮겨서 진행되었으며, 치원관은 기숙사로 개조되었다.

언더우드 홀과 아펜젤러 홀의 신축

언더우드의 형 존은 다시 거금을 기부해 대학의 본관 건물 신축에 나섰다. 이 건물은 언더우드 홀이라고 이름 붙였다. 이즈음 미국 매사추세츠 주 피츠필드 시의 제일감리교회에서 세 번째 건물인 이학관의 신축을 위해 후원하기로 결정하였다. 이 건물은 미국 북감리회의 첫 목회 선교사였던 아펜젤러를 추모

그림 4-8. 건축 중인 스팀슨 홀

그림 4-9. 언더우드 홀의 정초석을 놓고 있는 언더우드의 미망인 릴리어스

하여 아펜젤러 홀이라고 이름 붙였다.

1921년 10월 5일 두 신축 건물의 정초석이 놓였고, 1924년에 준공하였다. 언더우드 홀은 건평이 215평, 연건평이 888평인 석조 건물로 현재 대학교 본부로 사용되고 있다. 아펜젤러 홀은 건평이 138평, 연건평이 518평이다. 이외에도 다수의 교수 사택이 지어졌고 길, 다리, 우물, 수도 설비 등도 설치되었다.

3) 「개정 조선교육령」과 민립대학 설립 추진

세브란스와 연희가 전문학교 인가를 받은 이듬해인 1918년 12월 6일 일본은 칙령 제388호로 「대학령」을 공포하였다. 일본에서는 이전까지는 「제국대학령」에 의해 제국대학만을 설치했지만, 이제 사립대학의 설립도 가능해진 것이다. 이 「대학령」은 1919년 4월 1일 시행되었다.

일본에서의 이러한 변화는 식민지 조선에도 영향을 미쳤다. 그 배경에는 1918년 쌀 소동 이후 일본의 수상으로 임명된 다카시[原敬]가 있다. 다카시는 1919년 3·1 운동이 일어난 후 사이토[齋藤實]를 조선총독에 임명하였다. 그리고 식민지 조선에서 일본과 동일한 제도를 실시해야 한다는 방침을 하달하였다. 사이토도 그동안의 무단통치가 오히려 일본에 이득이 되지 않는다고 판단하여 문화통치로 통치 방향을 바꾸었다. 그중 하나가 바로 1922년 2월에 칙령 제19호로 조선총독부가 공포한 「개정 조선교육령」이었고, 제12조에서 "전문교육은 「전문학교령」에, 대학교육 및 그 예비교육은 「대학령」에 의함"이라 규정하여 조선에서의 교육제도에 대학교육을 새로 추가하였다.

민립대학 설립 추진

1910년 일제의 강제병합 이후 한국인들은 민립대학을 설립하기 위해, 국채보상운동으로 모은 600만 엔을 기금으로 하여 데라우치[寺內正毅] 총독에게 대학 설립 인가를 신청했으나 기각당한 적이 있었다.

이후 1919년의 3·1 운동을 계기로 한국인 사이에 민립대학을 설치하자는 운동이 일어났다. 그리하여 1922년 11월 이상재를 대표로 발기인이 구성되어 '조선민립대학 기성회'가 조직되었다. 이 기성회의 목표는 1,000만 엔의 기금을 모아 법과·문과·경제과·이과 등 4개과를 1차로 설치하고, 2차로 공과, 3차로 의과과·농과를 설치할 계획을 세웠다. 그러나 일제의 방해와 홍수·가뭄 등으로 모금에 실패하였다. 이후 오산학교, 연희전문학교, 보성전문학교 등을 대학으로 승격시키려는 시도가 있었으나, 일제는 이를 허락하지 않았다.

경성제국대학의 설립

한국인의 민립대학 설립 운동을 허락하지 않은 일제는 내심 당황했고, 일종의 민심수습책으로 일본제국이 관할하는 경성제국대학(京城帝國大學)을 설치하였다. 이전까지 한국에 설립되었던 관립 전문학교들이 조선총독부가 관할하는 학교였다면 경성제국대학은 일본의 '제국주의'를 떠받드는 일본제국이 관할하는 학교였다. 1924년에 2년제의 경성제국대학 예과가 개교하였고, 1926년에 법문학부와 의학부가 개교하였다.

3. 에비슨의 대학교 설립 추진

이상재를 대표로 한 민립대학 설립이 좌절되고 경성제국대학이 설립되어 한국에서 「대학령」이 실제 적용되자, 한국에서 활동하던 선교사들은 세브란스와 연희를 중심으로 한 종합대학의 설립 계획을 세웠다. 이것은 당초 서울에 연합기독교대학의 설립을 추진할 때 여건이 되면 두 학교를 합동하기로 했던 계획을 구현하는 것이었다. 세브란스는 양교가 전문학교로 인가받은 직후부터 넓은 부지를 확보하기 위해 적극적으로 나서고 있었고, 에비슨이 세브란스와 연희의 교장을 겸임하고 있었기 때문에 실현 가능성이 없어 보이지는 않았다. 따라서 1920년대 전반에 추진된 대학교 설립에서는 굳이 세브란스와 연희로 나눌 필요가 없었다.

1) 에비슨의 연희 확장 시도

양교가 전문학교 인가를 받은 지 불과 3년밖에 지나지 않은 1920년 에비슨은 미국 감리회 총회에 참석하려고 4월 2일 서울을 떠났다가 1921년 3월 15일 돌아왔다. 이 방문은 시설이 열악하고 선교사 충원이 필요한 세브란스뿐 아니라 갓 개교하여 시설이나 교수진 확보가 절박한 연희의 확장을 위해서였다.

에비슨은 연희를 위해 기본금 150만 엔을 목표로 모금 활동을 벌였다. 1920년 9월 신문 보도에 따르면 에비슨은 양교의 기본금 모금에 성공하였다. 하지만 실제 모금액은 40만 엔이었다.[12] 에비슨은 미국과 캐나다의 큰 도시를 돌아다니며 모금했는데 이동 거리만 해도 2만 5,000마일이나 되었다. 이 기부금은 연희에서는 기숙사 건립, 증기기관의 설치, 화학실험실(아펜젤러 홀), 사택 건축, 언더우드 기념관(언더우드 홀) 설립 등에, 세브란스에서는 방사선실과 소독실의 설비, 소아과 보강 등에 사용하기로 하였다.

이 방문에서 에비슨은 선교본부로부터 연희의 대학 승격을 위한 지원을 약속받았고, 200만 엔의 기금으로 이상촌을 건설할 계획이라고 보도되었다.[13]

2) 세브란스의 이전 추진

1922년 3월 개최된 세브란스의 재단이사회는 연희와의 협동의 원칙을 승

---

[12] 「四十萬圓의 寄附金」, 『동아일보』, 1921년 3월 17일.
[13] 「이백만원의 예산으로 조선에 이상촌 건설」, 『매일신보』, 1921년 5월 22일, 3쪽.

그림 4-10. 1920년대 중반 연희의 장기 발전 계획 조감도

인하였다. 우선 1학년 학생들이 1주에 2일 동안 연희로 가서 물리학, 화학, 생물학 강의를 듣도록 하였다.

이후 1922년 9월 개최된 재단이사회의 기록에 따르면 의학교의 전체 혹은 일부를 연희전문학교 부지로 이전하는 것에 대해 이미 여러 번 논의가 이루어진 상태였다. 양교가 전문학교로 승격된 직후, 당장의 합동은 아니더라고 최소한 세브란스의 일부 이전을 추진한 것으로 판단된다.

당시 이사회는 우선 교수진들이 중지를 모은 후 선교본부에 이 문제를 제기해 승인을 받아야 복숭아골 대지에 건축 계획을 확정 지을 수 있다는 점에 주목하였다. 비록 세브란스 교수진은 제시된 이전 방안을 승인하지 않았지만, 당시 진행된 논의는 1929년 합동 모색의 근간이 되기 때문에 연세의 탄생에 있어 매우 중요한 의미가 있다.

당시 논의된 세브란스의 이전과 관련하여 제시된 방안은 두 가지였다.

첫째, 외래 및 응급실을 제외한 전체 세브란스를 이전하는 방안. 이 방안은

그림 4-11. 1910년대 말 세브란스의 확장 계획. 록펠러 재단에 지원을 요청하며 세웠던 계획이다.

임상 분야를 갈라놓는 것이며, 교수나 학생 모두에게 매우 불편하다는 이유로 거부되었다.

둘째, 첫 2개 학년(기초 학문)만 이전하는 방안. 이 방안은 생리학, 생화학, 세균학, 병리학 실습이 더욱 중요해지고 임상 증례 및 진단하기 어려운 환자에 대한 학습이 더욱 절실해지는 상황이라는 점에서 거부되었다.

이렇게 교수진은 이전에 찬성하지 않았지만, 재단으로서는 현 위치에서 얻을 수 있는 재정적 이득, 장차 가중될 세금을 생각해 선교본부가 적절하게 판단해 주리라 기대하였다. 하지만 그전에 시급한 공간 확장을 위해 선교본부에서 지원해 줄 것도 기대하는 입장이었다.

그런데 이 시기의 이전 추진에서 유의해야 하는 점은 세브란스가 연희 기지 내로 이전하는 데 필요한 것은 선교본부의 결정이었다는 것이다. 세브란스나 연희에 참여한 선교본부가 다소 차이는 있었지만 그들이 결정하면 현지에서의 이전은 전혀 문제가 없는 상황이었다. 다만 여러 자료에 따르면 이 시기의 이전은 양교의 합동을 전제로 한 것이 아니었다는 점이다.

3) 세브란스-연희 재단이사회의 첫 합동회의와 합동 논의

에비슨 교장은 1922년 12월 양교의 합동 재단이사회를 소집하였다. 양교 창립 이래 합동회의가 처음 개최된 것이다. 이날 회의에서 에비슨 교장은 양교의 재정 상황으로 보아, 자신은 오로지 기금 모금에만 전념하는 것이 좋겠다고 제안하였다. 이날 회의에서는 에비슨의 제안을 승인하고, 양교의 실제 행정은 부교장 혹은 다른 보직자가 수행하도록 결정하였다. 이로서 양교의 실제적인 운영은 부교장 혹은 다른 보직자가 담당하게 되었다. 비록 35년 후에야 두 학교가 연세로 합동되었지만, 이때부터 에비슨이 총장 임무를 수행했다고 생각할 수 있다.

더 나아가 이날 합동회의에서는 두 대학의 협력(affiliation)에 대한 논의가 있었다. 참석자들은 이 논의가 긍정적인 것이지만, 연희전문학교에 의학부가 설치되는 논의는 당장 추진할 것이 아니라 장래에 추진할 사안이라고 결론 내렸다. 이 논의가 세브란스-연희 합동의 구체적인 시작이다.

1923년에도 세브란스를 연희전문학교 부지로 이전하는 문제에 대한 논의가 진행되었다. 1922년에 비해 달라진 점은 세브란스 교수진과 이사진들이 연희와의 합동 가능성을 논의했다는 것이다. 양교가 모두 미국 선교본부에 의해 설립되었기 대문에 선교본부가 결정을 내리면 가능한 일이었다. 그러나 환자 진료라는 특성 때문에 이전은 별 도움이 되지 않을 것이라는 결론을 내렸다. 하지만 여건이 성숙되면, 세브란스가 조선기독교대학의 의학부가 될 수 있다고 의견을 모았다.

4) 대학교 설립 추진

세브란스가 외부로의 확장을 추진할 즈음, 조선총독부는 경성제국대학의 설립을 추진했고, 에비슨은 세브란스와 연희를 아우르는 대학(교)의 설립을 추진하였다. 여자부 신설과 협성신학교도 포함되어 있었던 이 합동 계획의 실현을 위해 넘어야 할 가장 큰 산은 막대한 자금을 과연 어떻게 확보할 것인가 하는 점과 조선총독부가 과연 이를 허가할 것인가 하는 점이었다.

1921년 미국을 다녀왔던 에비슨은 세브란스와 연희를 위한 기금을 모금하기 위해 1923년 3월에 다시 미국으로 갔다.

여자대학부 신설 계획

1923년 당시 신문에는 "에비슨 교장이 미주로 돌아가 기부금을 모집하고 있으며, 기부금이 확보되면 연희에 여자대학을 세울 계획"이라고 보도되었다.[14] 덧붙여 "관립의 경성제국대학의 설립이 확정되었지만, 그 장래가 어떠할지는 아직 알 수 없으며, 몇 개의 전문학교가 있으나 아직 내용이 부족한 것을 한탄하게 되는 때에 연희전문학교 확장설이 들리니 우리는 새로운 기대를 가지고 기뻐한다"며 큰 기대를 보였다. 이후 몇 년에 걸쳐 여자대학부 설립에 대한 기사가 나왔지만 실현되지는 않았다. 당시 이화여전은 여자대학부와 전혀 관련이 없다고 선언하였다.

---

[14] 「연희전문 확장, 여자대학 신설을 듣고」, 『동아일보』, 1923년 6월 12일, 2쪽.

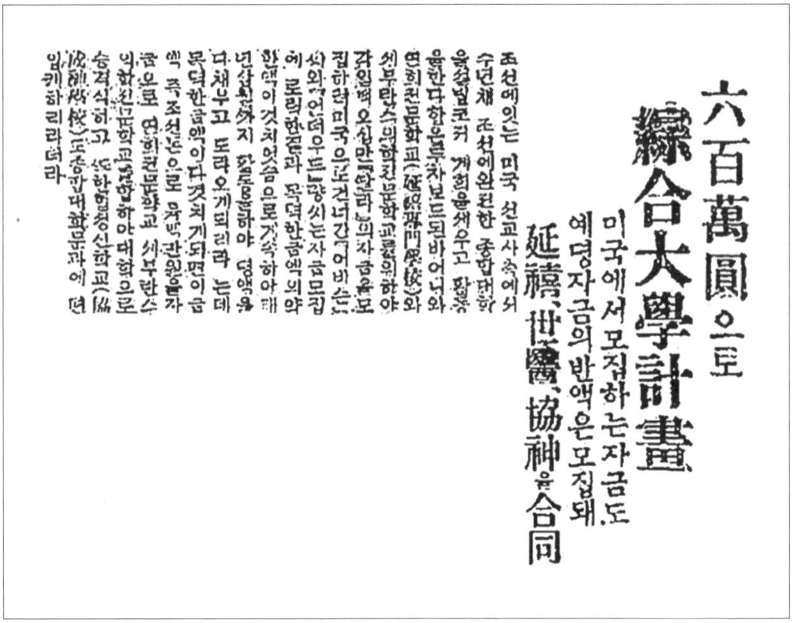
六百萬圓으로
綜合大學計畫
미국에서모집하는자금도
예뎡자금의반액은모집돼
延禧、世醫、協神을合同

조선에잇는 미국 선교사측에서 수년채 조선에완전한 종합대학을설립코저 계획을세우고 활동을한다함은루차보도된바어니와 연희전문학교(延禧專門學校)와 세부란스의학전문학교를위하야 각일백오십만[illegible]의자금을모집하려미국으로건너간[illegible]어비손씨와[illegible]어더우드[illegible]량씨는자금모집에 로력한결과 목뎍한금액의약 한액이것치엇슴으로[illegible]속하야 래년삼월까지 활동을하야 뎡액을다채우고 도라오게되리라 는데 목뎍한금액이다것치게되면이금액 즉조선돈으로 육백만원을자금으로 연희전문학교 세부란스의학전문학교를합하야 대학으로 승격식히고 또한협성신학교(協成神學校)도종합대학문과에 편입케하리라더라

그림 4-12. 『동아일보』에 실린에비슨의 종합대학 설립 계획

종합대학 설립 계획

에비슨이 원한경과 미국을 방문하여 진행하던 모금에서 예정액의 반 정도를 채우자 1925년 당시 신문에는 "육백만 원으로 종합대학 계획, 연희, 세의, 협신을 합동"이라고 보도되었다.[15]

두 명은 각각 150만 달러를 목표로 활동했으며, 모금을 위해 미국에 1년간 더 머물렀으나 1926년 8월 한국으로 돌아왔을 때에는 목표로 한 액수의 반 정도밖에 모금하지 못한 상태였다. 하지만 연희 측은 협동재단의 지원을 받아 대학 설립을 점진적으로 추진하기로 하였다. 협성신학교는 종합대학 문과에 편

15 「육백만원으로 종합대학 계획」, 『동아일보』, 1925년 12월 2일, 2쪽.

입될 예정이었다. 그런데 기사 내용에는 없지만 소제목에는 '연희, 세전, 이화의 서광'이라는 부제가 달려 있는데, 당시 이화와 어떤 논의를 했는지는 확실하지 않다.[16] 다만 1928년 9월 연희의 재단이사회에서는 이화여전과 장비의 공동 사용 및 교수진의 교환 등을 위한 논의를 위해 위원회를 구성하기로 의결하였다.

조선총독부의 종합대학 불허

경성제국대학을 설립한 일제는 조선에서의 대학교육은 이것으로 충분하다고 판단하고 있었다. 1923년 당시 관립이었던 의학전문학교와 법학전문학교도 대학 승격을 원하고 있었다. 이에 대해 조선총독부의 나가모[長野] 학무국장은 다음과 같이 발표하였다.

> 현재 전문학교는 전문학교로서 내용의 충실을 위하여 초기의 목적을 달성함에 노력해야 하며, 조선에 전문학교는 더욱 설치할 필요를 느껴 그대로 유지할 바인즉, 대학 설치와 관계하여 승격설을 제창하는 것은 견해가 근본적으로 다르다고 생각한다. (중략)[17]

한국에는 전문학교는 더 늘릴 필요가 있지만 일본과 달리 대학의 설립은 더 이상 필요치 않다고 발표한 것이다. 의학 분야에서도 경성제국대학의 의학부장인 시가[志賀 潔]는 "지금 한국은 더 고도로 훈련을 받은 대학교 졸업생보다 현재의 세브란스 같은 형태의 의학전문학교 졸업생을 필요로 한다"는 견해를 밝혔다.

---

[16] 「원한경 박사 귀성으로. 종합대학 실현」, 『매일신보』, 1926년 8월 14일, 3쪽.
[17] 「전문학교 승격 운동에 취하여」, 『동아일보』, 1923년 7월 16일, 2쪽.

이렇게 조선총독부의 주요 인사들이 대학교 설립에 회의적이었으므로 1920년대 전반에 추진되었던 에비슨의 종합대학 설립 계획은 더 이상 진행될 수 없었다. 이에 에비슨 교장은 우선 세브란스-연희 양교를 최대한 높은 수준의 대학으로 키우는 데 총력을 기울이기로 하였다.

4. 에비슨의 은퇴와 합동의 모색

1920년대 전반 에비슨과 원한경은 미국과 캐나다에서 기금을 모금해 세브란스, 연희는 물론 협성 혹은 이화와의 연합을 추진하였다. 하지만 모금된 기금의 액수가 목표에 도달하지 못했고, 일제도 경성제국대학 이외의 대학 설립을 원하지 않았기 때문에 대학 설립은 이루어지지 않았다. 그런데 대학 설립 추진에 또 다른 큰 변수가 있었다. 그것은 바로 에비슨 교장이 미국 북장로회 해외선교본부의 규칙에 따라 70세를 맞이하는 1930년 6월 말에 은퇴해야 한다는 점이었다.

에비슨은 양교의 앞날을 걱정하며 합동을 모색하였다. 1920년대 전반에 추진했던 다소 넓은 의미의 합동이 아니라 자신이 교장으로 있는 두 학교의 합동을 모색한 것이다. 물론 1922년 12월 양교의 첫 합동 재단이사회를 소집한 이후에 합동 논의가 있었지만, 논의가 본격적으로 진행된 것은 아니었다.

에비슨의 은퇴를 앞두고 진행된 이 합동 모색은 절실한 것이었으며, 크게 두 단계로 나눌 수 있다.

첫째, 1929년 에비슨이 1930년 6월 말 70세로 은퇴할 것을 가정하고 통합 논의가 진행된 바 있었다. 둘째, 1930년 6월 미국 북장로회의 은퇴 선교사가 된 에비슨은 현지 재단(세브란스와 연희)의 간곡한 요청으로 교장 직을 계속 수행하였으며, 2년 임기를 두 번 연임하였다. 두 번째 임기가 거의 끝나던 1933년 10월에 다시 한 번 합동에 관한 논의가 진행되었다.

1) 합동을 위한 첫 공식 논의

1929년 6월 12일 오후 8시, 세브란스와 연희의 합동을 위한 첫 회의가 세브란스 구내의 에비슨 자택에서 개최되었다.[18] 이날 회의는 세브란스와 연희의 양측 재단이사회를 대표하는 인사들의 합동회의였으며, 하디, 에비슨, 파운드(Norman Found), 마틴(S. Haviland Martin), 홍석후 등의 세브란스 측 인사와 유억겸, 조병옥, 양주삼, 클라크(W. M. Clark), 원한경, 베커 등의 연희 측 인사 이외에, 서기 오웬스(Herbert T. Owens)가 참석하였다.

이날 회의의 주 목적은 과연 양교의 합동을 통해 얻을 수 있는 장점과 단점(혹은 걸림돌)이 무엇인지를 논의하는 데 있었다.

합동의 장점

이날 활발한 논의를 통해 시간, 경비, 모금 등에서 두 학교보다 한 학교가 가질 수 있는 이점, 즉 교수진의 교환, 연희 학생들의 건강관리 등 다방면에서 장점이 있다는 것으로 의견이 모아졌다. 이날 도출된 장점은 다음과 같다.

1. 현재 두 재단이 (각각) 수행하는 일을 하나의 재단이 수행하면 시간과 경비를 절약할 수 있다.
2. 만일 둘 대신 하나의 주제 그리고 한 무리의 사람들이 나선다면 모금이 훨씬 용이할 것이다.
3. 합동의 개념은 본국의 국내 선교본부(Home Boards)에 더 효율적으로 호소할 수 있을 것이다.[19]

---

[18] Conference on Proposed Union between the Chosen Christian College and Severance Union Medical College, June 12th, 1929.
[19] 'Home Boards'는 미국과 캐나다의 국내 선교본부를 의미한다.

4. 한국에서 같은 목적을 가진 두 단체는 분리되어 있을 때보다 합동했을 때 훨씬 더 힘이 강할 것이다.

5. 화학, 물리학, 생물학 등의 분야에서는 교수를 교환하는 것이 분명 이롭다. 따라서 예산을 절감하는 효과가 나타날 것이다.

6. 의학전문학교의 1학년과 2학년 학생들이 의전(세브란스)이 아닌 학교(연희)에서 교육받는 것에 분명 어떤 이점이 있을 것이다. 해부학, 생리학, 생물학 및 실제적으로 실험을 하는 모든 과목의 강의는 병원 기지에서 멀리 떨어져 진행할 수 있을 것이다.

7. 이러한 (학과의) 이전은 많은 의사들을 대학 기지에 근무하게 할 수 있게 함으로써, 현재 교수와 학생들의 건강관리를 위해 (연희전문학교가) 겪고 있는 어려움을 크게 경감시킬 수 있을 것이다.

8. 이것은 연희전문학교에 설치되어 있는 기존의 과에 의학부가 추가되는 것으로 생각할 수 있다. 세브란스와의 합동은 (연희가) 이것을 성취하는 논리적인 방안일 수 있다. 파운드 박사는 "의학부는 순수 인문학과 과학 사이의 다리 역할을 한다"고 하였다.

합동의 단점 혹은 걸림돌

이러한 장점에 대해 양주삼은 만일 합동이 실현되면 오히려 기금 모금이 어려워질 수 있다는 의견을 제시하였다. 혹시 의학부와 병원 쪽으로 기금이 몰리는 현상을 염려했는지도 모른다. 하지만 다른 참석자들과의 토론 끝에 자신의 주장을 철회하였다.

이날 회의에서는 합동으로 초래될지도 모르는 단점과 합동을 위한 현실적인 걸림돌들이 지적되었다. 조병옥은 졸업생들의 '소속감'이 느슨해질 가능성이 있다는 의견을 제시하였다. 그러나 토론 끝에 의학생들이 자신들을 왜 '세브란스 졸업생'이라고 계속 부르지 말아야 하는지 그 이유가 없다는 데 의견을 모았다. 동시에 연희의 경우, 상과 졸업생들이 다른 과 졸업생들보다 크게 우세한데, 이것이 다른 과들을 초라하게 할 수 있으며, 장래에는 총동문회보다 각 과를 대표하는 동창회를 조직하는 것이 필요할 것이고, 각 과 동창회가 이 사회에 대표를 파송해야 한다는 점이 지적되었다.

이런 학내 문제보다 실제 합동의 걸림돌은 양교에 참여하고 있는 선교부가 일치하지 않는다는 점이었다. 세브란스에는 참여하고 있지만 연희에는 참여하지 않은 미국 남장로회와 호주 장로회의 선교부가 상당히 당혹스러울 수 있다는 점이 지적되었다. 하지만 미국 남장로회는 미국의 협동재단에 참여하고 있기에, 미국 남장로회와 호주 장로회가 새 대학교에서 의료 사역에 협동한다고 결정한다면, 별다른 문제가 없을 것으로 판단되었다. 하지만 클라크는 세브란스와 연희의 합동이 후에 신학과를 설립한다거나 이화와의 합동을 의미하는 것으로 생각하지 않는다고 말하였다. 이에 덧붙여 원한경은 '오늘 모임의 주제는 세브란스와 연희의 합동 논의'라고 하고, 미래에 일어날지도 모를 일을 미리 논의할 상황은 아니라고 언급하였다.

이보다 더 현실적인 문제는 조선총독부가 과연 양교의 합동에 따른 대학교 설립을 승인하겠는가 하는 점이었다. 에비슨은 경성제국대학 의학부장인 시가와의 면담 내용을 보고하였다. 시가는 "지금 한국은 더 고도로 훈련을 받은 대학교 졸업생보다 현재의 세브란스 같은 형태의 의학전문학교 졸업생을 필요로 한다"는 견해를 밝혔다. 정책 결정에 큰 영향을 미칠 수 있는 시가가 이런 의견을 제시했으므로 세브란스-연희 양교가 합동을 의결해도 승인할지는 불확실한 상황이었다. 이에 대해 파운드는 그것이 '현재의 의견'이며 설령 그것이 옳다고 가정해도, 대학교 의학부 졸업생들의 수가 많아지면 덜 훈련을 받은 전문학교 출신 의사들이 지방으로 갈 수밖에 없을 것이며, 그렇게 되면 조만간 시가가 이야기한 것이 틀릴 수도 있다는 점을 지적하였다. 이에 클라크는 그렇기 때문에 세브란스는 대학교의 위상을 가져야 장래에 한국의 의학을 선도하는 잘 훈련된 전문가를 배출할 수 있는 기회를 가질 수 있을 것이라는 견해를 밝혔다.

이상의 내용을 살펴보면 세브란스와 연희의 합동은 내부적인 사소한 문제보다는 장점이 대단히 많은 것으로 의견이 모아졌다. 오히려 조선총독부가 양교의 합동을 승인하지 않을 가능성이 더 높았다.

구체적인 사안에 대한 토의

세브란스와 연희의 운영 차이가 조선총독부의 승인에 비해 사소한 문제일지는 몰라도 원만한 합동을 위해서는 양교의 차이를 인식하고 합의해야 하였다. 1918년 이래 에비슨 교장을 도와 세브란스와 연희의 운영에 큰 역할을 했던 오웬스는 양교의 정관을 분석하여 어떻게 이사진을 구성하는 것이 합리적인가에 대한 자료를 제출하였다(230쪽 '세브란스와 연희의 합동 제안에 관한 메모' 참고).

이날 제시된 의견과 토의된 내용은 다음과 같다.

> 클라크　현재 세브란스는 매우 소음이 심한 지역에 위치하고 있으므로 가능한 한 조속히 연희 기지로 옮기는 것이 바람직하며, 10년 이내에 실행하는 것이 좋을 것이라고 생각한다.
>
> 에비슨　연희에 의전을 옮길 공간이 있는가에 대해, 원한다면 남쪽에 충분한 대지가 있다.
>
> 파운드　응급 환자 치료를 위해 병원은 서울 중심가에 있어야 한다.
>
> 원한경　내 생각에는 병원은 인구가 조밀한 지역에 있는 것이 좋다.
>
> 클라크　본국에서는 조용한 지역에 병원을 설립할 수 있으나 한국에서 그런 병원을 가질 전망은 없는 것 같다.
>
> 마틴　두 학교의 합동이 시의 적절한가?

합동이 조속히 진행되어야 하는 이유에 대한 토의가 있었는데, 조만간 에비슨과 스와인하트(Martin L. Swinehart)가 미국에서 벌일 모금 캠페인이 통합된 주제로 진행되는 것이 상당히 바람직하다는 점이 지적되었다. 더욱이 이것은 협동재단의 캠페인으로 진행되어야 하며, 그래야 '통합'이라는 의미가 더욱 부각될 것이라는 데 의견이 모아졌다.

클라크　이화와의 합동이 공동 교육에 이로운가?

에비슨　그것은 한국인들이 결정할 문제이지 선교사들이 결정할 문제는 아니라고 본다.

홍석후　감리회 신학교도 합동에 참여하는 것은 어떤지?

클라크　그것은 두 감리회 선교부가 합동되었을 때 고려해야 할 문제라고 생각한다.

최근 몇 년 동안 미국에서 근동 지역의 대학들에 대한 캠페인이 성공적으로 수행되었으며, 당시 중국의 대학들을 위한 유사한 캠페인이 진행되고 있었다는 점이 긍정적인 측면으로 지적되었다. 하지만 일본이 정치적으로 우세해지면서 미국 여론이 일본제국 내의 기독교대학을 위한 캠페인에 호응하지 않는 분위기라는 부정적인 측면의 의견도 제시되었다. 클라크는 "우리는 한국에 있는 모든 기독교대학, 즉 숭실, 2개의 신학교, 이화, 세브란스 및 연희를 위한 적절한 기금의 확보를 위해 연합된 캠페인을 추진해야 한다고 생각한다"고 말하였다.

질문　현재 대학의 상태가 대학교가 되기 위한 총독부의 조건을 충족시키는데 얼마나 근접해 있는가?

답변　대학교가 되기 위한 법적 요건은 한 과로 이루어진 대학교의 경우 50만엔의 기본재산이 필요하며, 한 과가 추가될 때마다 10만 엔의 기본재산이 있어야 한다. 하지만 현재 연희는 80만 엔, 세브란스는 80만 엔

이상의 기본재산을 가지고 있으며, 따라서 4개의 과를 가진 대학교 설립을 위한 법적 요건을 갖추었으나, 양교가 합동하기 위해 필요한 200만 달러의 기본재산에는 모자라 적절할 업무를 수행할 수 없다고 판단된다.

파운드는 가능한 한 모든 위원이 합동을 위한 위원회의 지침에 대해 자신이 속한 학교 구성원들의 의견을 확인할 것을 제안하였다. 이에 따라 위원회가 다시 열리기 전까지 각 학교의 관계자들은 따로 만나 자신들의 견해를 명확하게 정리하기로 하였다. 연희 측 대표로는 베커가, 세브란스 측 대표로는 홍석후가 임명되었다.

2) 세브란스와 연희의 합동 제안에 관한 메모

1929년 6월 12일에 개최된 첫 합동회의 결과를 바탕으로 보다 체계적인 합동 제안에 관한 메모가 작성되었다. 이 메모는 합동의 당위성에 관한 문제가 아니라 합동을 추진하면서 나타난 두 학교의 정관과 실제 행정과 관련된 문제를 분석한 것이다.

합동의 형태

합동이 추진될 때 가장 먼저 제기될 문제는 '어떤 형태로 합동할 것인가?'이다. 즉, 토론토 대학교나 옥스퍼드 대학교처럼 설립되는 새로운 대학교의 각 과(혹은 대학)가 자체 정관을 계속 유지하는 연합대학교(federation) 형태로 추진할지, 혹은 합동이 두 학교가 모든 면에서 하나로 되는 근본적인 합동(organic union)의 형태로 추진할 것인지였다.

연합대학교

연합대학교의 설립을 추진할 경우, 현재 양교가 갖고 있는 정관은 계속 유지되며, 재단이사회는 최소한의 기능을 수행하면 된다. 두 재단은 각각의 대표자로 합동이사회를 구성하여 중요 사안을 다룬다.

이 경우 대학교에 따로 규정할 정관은 기존 대학의 정관과 연계시키면 보다 강력해질 수 있다. 혹은 현재 여러 과를 운영하고 있는 연희의 정관을 확대하여 세브란스나 다른 단체의 정관을 수용할 수 있을 것이다.

각 과의 정관을 유지하되 단 하나의 행정적 관리를 받는 연합대학교의 장점은 다음과 같다.

1. 하나의 재단은 시간과 경비를 절약한다.
2. 사무처 및 일부 교수진의 통합은 행정 및 교육에 드는 비용을 절감한다.
3. 결국 한국의 기독교 사업에 책임이 있는 서울의 교육기관의 합동을 가져다줄 것이다.
4. 관리, 승진, 행정이 단순하고 능률적으로 될 것이다.
5. 그러한 연합은 세계의 대부분의 유수한 대학교의 역사에서 입증된다.

근본적인 합동

근본적인 합동을 추진하는 경우, 다수의 문제가 즉시 발생할 것으로 예상되었다. 그중 하나는 재단이사회를 어떤 근거로 구성할 것인가 하는 점이었다. 이 문제는 다음과 같은 두 가지 점에서 해결하기가 복잡하였다.

첫째, 세브란스에 참여하는 모든 선교본부가 연희에 참여하고 있지 않다.

둘째, 자본금에 관한 문제였다. 연희의 경우 이사회에서 대표성을 갖기 위한 주요 요인 중 하나가 자본금에 대한 기여이다. 반면 세브란스의 경우 한 선교본부(미국 북장로회)만이 자본금에 기여했고, 이사회에서의 대표성은 매년 교수진에 대한 기여와 예산에 대한 기여도였다.

두 학교의 차이

이러한 차이를 바탕에 깔고 두 학교 입장에서 연합을 분석한 결과는 다음과 같다.

연희의 측면

정규적으로 참여하는 선교본부는 ① 최소한 8만 엔(Gold)의 자산 혹은 기금, ② 최소한 2명의 교수(선교사), ③ 최소한 매년 4,000엔 이상의 운영비를 부담한다. 이러한 선교본부는 재단 이사 4명을 임명할 수 있다.

부분적으로 참여하는 선교본부는 ① 4만 엔(Gold)의 기금, ② 1명의 교수, ③ 매년 2,000엔의 운영비를 부담한다. 이러한 선교본부는 재단 이사 2명을 임명할 수 있다.

최소한으로 참여하는 선교본부는 ① 1명의 교수, ③ 매년 1,000엔의 운영비를 부담한다. 이러한 선교본부는 재단 이사 1명을 임명할 수 있다.

세브란스의 측면

각 선교본부는 다음에 근거하여 이사를 임명한다.

> 매년 2,500엔의 운영비 혹은 그에 해당하는 선교사 파송의 경우 : 재단 이사 1명
> 매년 5,000엔의 운영비 혹은 그에 해당하는 선교사 파송의 경우 : 재단 이사 2명
> 매년 1만 엔의 운영비 혹은 그에 해당하는 선교사 파송의 경우 : 재단 이사 3명
> 1만 엔을 추가적으로 기여할 때마다 이사 1명을 추가함

이런 기여는 운영비 혹은 선교사 파송일 수 있으며 산출 근거는 다음과 같다.

> 외국인 선교사 1명, 기혼, 전임 : 4,000엔

외국인 선교사 1명, 미혼, 전임 : 2,000엔

다른 교수진은 지급되는 연봉에 따라 계산함

하지만 어떠한 경우라도 특정 선교본부가 재단이사회의 과반수를 차지할 수는 없다. 이외에도 "기본재산은 매년 5%로 계산한다"는 조항이 있어, 그만큼 이사를 임명할 수 있도록 하였다. 하지만 이러한 조항은 연희에는 없었고, 대신 어느 선교본부라도 최대 이사수가 4명을 넘지 않도록 제한하였다.

양 대학 이사회의 구성

정관상의 규정을 근거로 양 대학의 이사수를 살펴보면 〈표 4-1〉과 같다.

표 4-1. 양 대학 이사회의 구성

구분	연희전문학교				세브란스 의학전문학교		
선교부	참여 형태	교수진	예산(엔)	이사수	교수진	예산(엔)	이사수
북장로	정규	3	10,000	4	의사 5명	27,000	7
남장로	–	–	–	–	3sl.	10,000	3
북감리	정규	2	9,000	4	의사 2명	1,500	2(3)
남감리	정규	1(1 결원)	5,000	4	–	9,500	2
캐나다 연합	부분	–	5,000	2	의사 1명	2,500	3
호주 장로	–	–	–	–	1sl., 의사 1명	1,000	2
합계				14			18

* 세브란스 가문의 기여는 북장로회의 지분으로 계상되지 않았다. 남감리회의 공식적인 명목은 1명의 의사와 간호사이지만, 한동안 이들을 파송하는 대신 현금으로 기여하였다. 남장로회에서도 파송하지 않는 간호사에 대한 경비를 기여하고 있다. 연희의 경우 캐나다 연합교회는 교수진을 파송하는 대신 경비를 부담하고 있다.

그런데 이러한 기여도를 근거로 임명된 이사 외에도 졸업생, 교수진, 교회 지도자, 사회 저명인사들을 이사로 임명함으로써 세브란스와 연희는 진정한 한국의 고등교육의 산실이 될 수 있도록 노력하고 있었다. 이에 따라 1929년 당시 교장, 부교장, 재무책임자 등의 당연직 이사를 제외한 양교의 이사진 현황은 〈표 4-2〉와 같다.

표 4-2. 재단이사회 구성 비교

구분		연희전문학교	세브란스 의학전문학교	합계
선교본부		14	18	32
졸업생		1	3	4
기타	교수	1	1	2
	교회	2	3	5
	기타	3	4	7
합계		21	29	50

양 재단의 합동 방안(안)

양교의 재단이사회 구성이 근본적으로 달랐기 때문에 합동을 위해서는 조정이 불가피하였다.

물론 가장 쉬운 방법은 기존의 50명을 모두 이사로 임명하는 것이었다. 하지만 이사회의 규모가 커지면 필연적으로 방만해지고, 결국 수시로 소집되는 실행위원회를 통해 일을 처리할 수밖에 없는 문제가 생긴다. 또한 많은 이사들이 지방에 거주하는 경우, 그들의 회의 참가 경비만으로도 대학교에 재정적인 압박을 초래할 우려가 있었다.

그래서 연희의 정관의 틀을 취하되, 자본금에 관한 규정을 세브란스 측에 적용하지 않고, 각 학교에서 한 선교본부의 이사수를 3명으로 제한하고, 세브란스의 정관을 연희에 맞춰 수정하여 다음과 같은 안을 만들었다. 물론 이것이 최종안은 아니다. 이때 세브란스의 경우, 의료 사업을 위해 연희와는 비교할 수 없을 만큼 건물이 많이 필요하다는 점은 제외하였다.

정규 참여 : 최소한 2명의 교수(의사 혹은 간호사 혹은 기타 외국인 혹은 한국인), 연 4,000달러 이상의 운영비 제공

부분 참여 : 최소한 1명의 교수, 연 2,000달러 이상의 운영비 제공

최소 참여 : 1명의 교수, 연 1,000달러의 운영비 제공

이상의 수정된 기준으로 두 학교의 이사수를 산정한 결과는 〈표 4-3〉과 같다.

표 4-3. 양 대학의 이사수

구분		연희전문학교		세브란스 의학전문학교	
		참여	이사수	참여	이사수
북장로		정규	3	정규	3
남장로		–	–	정규	3
북감리		정규	3	정규	3*
남감리		정규	3	정규	3*
캐나다 연합		부분	2	정규	3
호주 장로		–	–	최소	–
졸업생(say)		–	4	–	4
기타	교회(say)	–	4	–	4
	기타	–	?	–	?
소계			19+		24+
합계		43+			

* 이 두 선교본부는 '정규'의 지위를 위해 500엔이 부족하며, 기꺼이 그 정도의 부족 지원금을 지원할 것으로 기대한다.

이 안에 대해 몇 가지 점이 지적되었다. 우선 선교사와 한국인 사이의 균형을 맞출 필요가 있었다. 이를 위해서는 각 선교본부가 임명할 수 있는 이사수를 2명으로 줄이는 방안이 고려되었다. 또한 의과의 특성을 유지할 수 있도록 의과와 비의과 이사가 50 : 50이 되도록 지명해야 한다는 점이 강조되었다. 그리고 시간이 흐르면 선교사 지분이 줄어들 것이므로, 세브란스 졸업생들의 수를 늘려야 한다는 의견이 제시되었다.

이상에 지적된 재단 이사의 구성이 정해지면, 정관의 다른 규정에 관한 논의는 별 어려움 없이 순조롭게 합의에 이를 수 있다고 예상하였다.

행정적인 측면

재단이 하나이므로 다음과 같은 행정적인 변화가 뒤따를 것으로 예상되었다. 총장(교장)의 임무는 이전과 같이 계속될 것이다. 하지만 부총장(부교장)은 2명을 두어야 하는데, 1명은 대학의 통상적인 행정에서 총장을 보좌하고, 다른 1명은 의과의 사무를 총괄한다. 여기서 의과라 함은 단지 의과대학과 간호학교뿐만이 아니라 복잡한 병원 사무 및 세브란스를 구성하는 여러 기관의 업무를 포괄하는 것을 의미한다(지금의 의료원을 의미한다).

> 총장
> 제1부총장, 교육 행정 총괄
> 제2부총장, 의료 행정 총괄
> 재정담당관 혹은 재정감사관

2개의 교수회와 학장(Dean)이 계속 유지되어야 하므로, 양측은 동등한 지위를 갖는다. 또한 총장평의회(President's Council)와 양 기관의 통상적인 행정을 위한 각 부총장평의회가 있어야 하며, 재정적 업무는 재정감사관 및 각 대학의 회계원이 관할해야 한다. 건축 및 자산의 유지를 관할할 엄선된 직원을 두어야 하며, 그는 교장에게 직접 보고하고 직원들을 지휘한다.

제2(의무)부총장은 세브란스의 통상적인 행정을 총괄하며, 세브란스의 직원들은 그에게 보고한다.

대학의 부총장은 학장과 학과장과 총장 사이의 연락 역할을 맡을 것이다.

합동에 대한 반대 의견

일각에서는 합동에 대한 반대 의견을 제시했는데, 그 이유는 한쪽 기관이 다른 기관의 기금을 잠식할 우려가 있다는 것이었다. 하지만 당시 두 학교는 협동재단으로부터 분명한 지원을 받고 있었고, 사용처가 분명한 지정 기탁이었다. 의심할 여지없이 장래 기부자들도 계속 기부 용도를 지정할 것이며, 용도를 지정하지 않은 기부는 재단이사회가 그 사용 용도 및 배분 비율을 결정할 것이라 예상하였다. 그러므로 한쪽 혹은 다른 쪽을 위해 기탁된 기금은 전용(轉用)될 수 없기에 이런 이유로 합동을 반대하는 것은 타당하지 않다고 결론지었다.

또한 각 측은 계속 독립된 예산을 작성할 것이고, 은행 거래도 분리해서 유지할 개연성이 높다고 예상되었다.

3) 연희의 대학 창설을 위한 7개년 계획

1929년 6월 세브란스-연희 재단이사회의 합동회의가 열리기 직전인 1929년 3월 연희전문학교 교수회는 4월 신학기부터 각 과에 조선 상황에 적합한 교육을 대폭 강화하기로 했는데, 가장 특색 있었던 것은 문과에 조선어와 영어의 강의 시간을 늘렸고, 독일어 과목을 새로 추가했으며, 상과에 중국어 과목, 수물과에 응용실습 시간을 늘린 것이었다.

이와 함께 출판부 증설, 도서관 충실, 박물관 신설, 상품진열관 계획, 연구생 제도 설정 등을 새로 계획하기로 하였다. 그리고 조선 최고의 학부로 대학을 창설하기 위해 7년간의 계속 사업으로 재단법인을 설립하기로 의결하였다.

4) 세브란스의 미래에 대한 에비슨의 구상 (1933년 9월 12일 개정)

연희와의 합동 논의가 있은 후 에비슨은 세브란스의 미래에 대한 구상, 즉 장기 발전 계획을 수정하였다. 이 계획에 따르면 세브란스는 언젠가 대학교의 위상을 갖겠지만, 당장의 목표는 최상의 의과대학이 되는 것이었다. 당시 세브란스가 당면한 가장 중요한 문제는 일본 문부성 지정이었다.

일본 문부성 지정

　1933년 당시 세브란스는 조선총독부로부터 지정을 받은 전문학교였기에 졸업생은 무시험으로 '조선'에서 의사로 활동할 수 있는 면허를 받았다. 하지만 경성제국대학이나 경성의학전문학교는 일본 문부성으로부터 지정을 받아 일본제국, 영국과 브라질 등에서도 개업할 수 있는 일본 의사 면허를 받고 있었다. 더욱 평양과 대구의 관립 의학강습소가 전문학교로 승격되었고, 일본 문부성이 조만간 그 학교들을 지정하게 되면 세브란스 졸업생들은 오로지 한국에서만 개업할 수 있는 면허를 받는 의학전문학교로 남게 되는 상황이었다.

　이에 에비슨은 세브란스를 최소한 일본제국 기준에 적합한 혹은 유사한 등급의 의학교와 동등하게 유지하기로 하고는 일본 문부성에 지정을 요청한 상황이었다. 이에 따라 실사를 위해 도쿄의 시찰단이 세브란스를 방문하였다. 시찰단은 세브란스의 임상교육에 대해 크게 칭찬하였다. 그러나 기초학 분야(첫 2년의 모든 과목)의 교육을 위한 적절한 시설이 없는 것을 지적했고, 각 과가 6개의 조건을 조속히 충족시킬 것을 요청하였다.

　이에 에비슨은 문부성의 해당 직원과의 논의를 위해 대표단을 보냈다. 세브란스 대표단을 영접한 문부성 직원들은 6가지의 조건을 충족시키라고 요구하였다. 6가지의 조건 중 3가지는 이미 충족되었다. 하지만 다른 3가지는 상당한 경비가 드는 것이었다. 당시 충족되지 않은 3가지의 조건은 다음과 같다.

　첫째, 세브란스는 10개 과목에서 일본제국의 교육 규칙에 따라 적합한 교수를 과장으로 임명해야 하였다(해부학, 생리학, 약리학, 병리학, 세균학, 내과학, 외과학, 산부인과학, 법의학 및 안과).

　기본 요건은 일본의 제국대학 중 한 곳의 의학 분야 박사학위를 소지해야 하였다. 이 학위는 미국 대학교의 철학박사 혹은 이학박사에 해당하는 것으로, 문부성은 그러한 외국 학위를 소지한 경우 요건을 충족시켰다고 인정하였다. 또한 문부성은 다른 자격을 가진 사람이 언급된 직책을 수행할 수 있도록 한시적으로 특별히 허가할 수도 있었다.

그런데 이 기본 요건과 관련하여 당시 세브란스는 단지 4명의 교수만 박사학위를 소지하고 있었고, 그외에 3명이 철학박사 및 이학박사 학위를 소지하고 있었다. 다른 여러 교수도 (특별) 허락을 받아야 했지만, 인정을 받지 못했기 때문에 자신이 맡은 과목을 가르칠 수 없는 상황이었다. 이런 어려움을 극복하기 위해 세브란스는 한국인 교수 4명을 일본의 제국대학으로 보내 박사학위를 취득하도록 하였다. 그래서 2년 후에는 이들이 필요한 박사학위를 받고 귀국할 것으로 기대했으며, 다른 교수들은 이를 준비하였다.

이렇게 박사를 받고 오도록 할 수 있었던 것은 유학하는 중에는 봉급의 반만 지급하고, 나머지 반으로 대체 교수를 확보하는 데 사용했기 때문이다. 따라서 세브란스에 재정적 부담을 주지는 않았다. 하지만 당연히 임상 진료 수입은 감소할 수밖에 없었다. 문부성의 요구를 충족시킬 수 있는 별다른 방도가 없었기 때문이다.

둘째, 세브란스는 1학년과 2학년 과목의 대부분을 이루는 기초 의학 강의를 위한 실습 설비를 확충해야 하였다. 당시 세브란스의 설비는 문부성 기준에 미달한 상황이었기 때문이다. 그런데 이를 충족시키려면 10만~15만 엔의 경비가 소요될 것으로 추정되었다.

셋째, 일본제국에서 문부성의 지정을 받으려면 기본금으로 15만 엔을 준비해야만 하였다. 당시 미국에는 기금으로 5만 달러가 있었는데, 당시 환율로 환산하면 15만 엔에 해당하는 금액이었다. 이를 위해 에비슨은 미국의 협동재단과 협의를 통해 한국으로 송금해 달라고 요청했지만 성사될지 확신할 수 없는 상황이었다.

따라서 일본 문부성의 요구를 충족시키려면 25만~30만 엔을 추가로 확보해야 하였다. 하지만 이런 거액을 확보하는 것은 불가능에 가까웠고, 에비슨은 이를 확보하기 위해 최선을 다해 노력하는 모습을 보여 준다면 문부성도 지정에 그리 인색하지는 않을 것이라고 판단하였다.

요약하면 첫 번째 조건은 당시 거의 충족되는 상황에 있었지만, 두 번째와 세 번째 조건, 즉 거액의 기금을 어떻게 확보할 것인가 하는 것은 문제였다. 당시 미국은 1929년 10월에 강타한 경제대공황의 여파로 매우 어려운 상황이어서, 다음과 같은 두 가지 방안이 대두되었다.

첫째, 한국인 및 한국에서 활동하는 외국인들로부터 기부를 받는 방안이었다.

이 방안은 세브란스 졸업생과 세브란스에 우호적인 사람들로부터 기부를 받는 것이었다. 이들로부터 기부를 받기 위해 세브란스 후원회를 발족했고, 많은 유력 인사들과 대부분의 졸업생이 가입하였다. 이들이 기부한 액수는 대개 1인당 50~100엔이었으며, 2,000엔을 기부한 사람도 있었다. 장기 발전 계획을 수정하던 당시 2만 엔이 모여 상당한 성과를 거둔 것으로 평가되었다.

둘째, 당시 보유하고 있는 고가의 시내 부동산을 매각하고 땅값이 저렴한 다른 곳으로 학교를 이전하는 방안이었다.

1933년 당시 세브란스의 부동산 가격은 100만~150만 엔 정도로 추산되었다. 다행히 서울역에 매우 근접해 있는 9.5에이커(대략 11,630평, 11,400츠보)의 땅값은 매우 비싸게 팔 수 있는 상황이었다. 당시 남대문로에 접해 있는 부분의 땅값은 츠보당 500엔이었는데, 길이가 400피트, 너비가 60피트인 부지, 즉 전체 부지의 약 5.8%에 해당하는 길가의 666츠보만 매각해도 33만 엔 정도를 확보할 수 있었다. 하지만 나머지 땅은 이보다 값이 저렴했으며, 건물 매각도 쉬운 문제는 아니었다.

에비슨은 이 두 가지 방안을 통해 세브란스 기지를 다시 건설하고 기본금을 확보하는 데 큰 문제가 없을 것이라고 판단하였다.

연희와의 합동

꼭 문부성 지정을 받기 위해서뿐 아니라, 세브란스와 연희의 합동은 양교

에 너무나도 많은 장점을 가져다주는 일이었다.

합동 논의를 하기 전에, 세브란스를 이전한다면 어떤 곳을 선택해야 할 것인가? 고려해야 할 중요한 점은 다음과 같은 것들이었다.

1. 땅값이 싸고 넓은 면적을 확보해야 한다.
2. 도심에서 너무 멀지 않아야 한다.
3. 교통이 편리해야 한다.
4. 근처에 사람들이 어느 정도 살고 있어야 한다.
5. 근처에 교육기관이 있으면 좋다.

에비슨은 심사숙고한 끝에 위의 조건을 충족시키는 유일한 곳이 바로 연희전문학교 대지의 일부라고 판단하였다.

면적 : 연희전문학교 땅은 선교부의 자산이었으므로 별도의 경비를 들이지 않고 12.5에이커(대략 15,300평)의 기지와 기타 사택 등을 지을 수 있는 부지를 확보할 수 있다는 이점이 있었다.

도심으로부터의 거리 : 3마일이며, 학교 부지 전체가 조만간 경성에 편입될 예정이었다.

교통 : 당시에는 거의 매시간 서울역에서 신촌을 통과하는 기차가 운영되고 있었으며, 세브란스가 위치할 장소는 기차역에서 3~5분이면 도착할 수 있어 매우 편리한 곳이었다. 하지만 당시 도심과 연결되는 도로는 상태가 나빴다. 하지만 조만간 경성에 편입되면 개선될 것이고, 버스 노선도 들어오게 되면 교통이 편리해질 것이라 예상되었다.

지역 주민 : 당시 신촌은 주민들이 증가하는 추세였고, 도로가 개선되면 인구가 더욱 늘어날 것이라 전망되었다.

교육기관과의 근접성 : 이미 연희가 잘 운영되고 있었고, 신축 교사 건축이 진행 중인 이화여자전문학교가 걸어서 10분 이내에 있었다(정동의 이화여전은 1935년 이곳으로 이전하였다). 아울러 감리회신학대학도 근처로 이전할 계획을 갖고 있었다. 그래서 에비슨은 '신촌이 기독교고등교육기관의 중심이 될 것'이라고 예상하였다.

에비슨이 최적의 장소로 지목한 곳이 바로 현재 연세의료원이 있는 곳이다. 당시 연희의 부지는 이왕직 소유인 수경원이 중앙에 놓여 있고 이를 북쪽, 즉 안산 쪽에서 둘러싸는 U자 혹은 말발굽 모양이었다. 연희는 수경원 서쪽, 즉 백양로를 따라 건물을 지어 활용하고 있었고, 수경원 동쪽의 부분, 즉 현재의 연세의료원 지역은 화원(花園)으로 이용하고 있었다. 수경원이 그대로 유지되고 있는 상황에서 화원 지역은 당장 사용하기에 매우 불편한 장소였다. 에비슨이 지목한 곳이 바로 이곳이었다. 당시 연희 대지 220에이커(대략 27만 평)는 의과를 수용하기에 충분했고, 장기 발전 계획에 따라 부속 시설을 확충하기에도 충분한 면적이었다.

세브란스가 이 부지를 확보할 수 있는 유일한 방법은 장기적인 안목에서 문과, 상과, 수물과로 구성된 연희와 합동하는 것이었다. 합동을 통해 연희는 아무런 노력도 하지 않고 의학부를 갖게 될 것이었다. 의학부, 병원 설비 등의 건립은 연희뿐만 아니라 이화, 감리회신학대학 등 다른 기관들에게도 대단히 도움이 되는 일이었다. 건강 문제뿐 아니라 의과대학 교수진이 다른 학과를 지원할 수도 있기 때문이다.

합동을 통해 세브란스도 많은 이점을 얻을 수 있었다. 우선 영어, 일본어, 중국어, 독어, 성경, 윤리, 음악, 체육, 일부 과학 분야, 연극 등 다양한 과목에서 다른 과 교수들의 도움을 받을 수 있었다. 경비를 들이지 않고 넓은 부지를 확보하고 운동장, 체육관, 강당, 노천극장, 수영장, 스케이트장, 수도, 전기, 전화 등의 일반 설비를 연희와 함께 사용한다는 큰 이점이 있었다.

그렇기 때문에 대학교가 되기 위해 필요한 기본금 마련을 위해 세브란스 측은 기금을 연희와 합쳐야 하고, 설비 유지와 발전을 위해 당연히 일정 부분 감당해야 한다고 판단하였다.

세브란스의 이전 방안(외래 진료 및 병원 포함)

세브란스의 이전은 시작부터 전체 기관의 이전을 전제로 한 것이었다. 하지만 한 번에 기관 전체를 이전하기란 불가능했으므로 두 단계로 이전하는 것으로 계획을 수립할 수밖에 없었다.

첫 번째 단계의 이전, 우선 기초 학문을 이수하며 임상교육과는 관련이 없는 1학년과 2학년을 이전한다.

이것은 교사 건축, 설비 등을 위한 예산만 확보된다면 별문제 없이 즉시 시행할 수 있는 것이었다.

두 번째 단계의 이전, 그다음에 3학년과 4학년, 병원, 모든 종류의 임상 설비, 간호원 기숙사 및 외국인 간호원 숙소, 필요한 기타 사택들을 이전한다. 이것은 임상 분야의 일에 큰 지장을 주지 않는 조건에서만 가능한 것이었다. 새 병원이 환자들이 충분히 내원하여 경영이 유지되려면 주위 인구가 충분해야 하고, 교통의 편리성이 담보되어야 하였다.

예산 확보 방안에 관해서는 모든 구성원이 최선을 다해 모금에 나서자는 것 이외에 특별한 방도가 없었지만, 다행히 부지의 매각은 이사회와 뉴욕의 협동재단으로부터 승인을 받을 가능성이 높았다.

이전을 위한 건축 규모 및 소요 경비

강의 및 실습과 관련하여 신축해야 하는 것으로 추정된 건물은 1개 학년이 50명의 학생으로 구성되어 있는 상태를 기준으로, 크기가 45피트×29피트인 2층 건물 3동이었다. 이 건물들에는 다음과 같은 방을 꾸밀 예정이었다.

> 2개의 강의실 및 준비실
> 6개의 실습실(각 실습실은 다음과 같이 구성됨)
>> a. 학생 실습실
>> b. 교수 실험실
>> c. 교수실
>> d. 박물관 및 준비실
>> e. 연구실
>> f. 창고
> 접견실
> 도서관 및 독서실
> 화장실

그리고 학장실 등 부속 설비와 관련하여 신축해야 할 것으로 추정된 건물은 크기가 45피트×29피트인 2층 건물 1동이었다. 이 건물에는 다음과 같은 방을 꾸밀 예정이었다.

> 학장실
> 학장 비서실
> 학생 자치활동실
> 학생 보관실
> 강당

이외에도 다음과 같은 건물과 설비가 필요할 것으로 예상되었다.

> 기숙사
> 일부 교수를 위한 사택
> 중앙 난방 설비

이상과 같이 교육과 행정 등을 위해 크기가 45피트×29피트인 2층 건물 4동이 기본적으로 필요하였다.

　이를 위해 필요한 경비는 다음과 같이 추산되었다.

크기가 45피트×29피트인 2층 건물 4동 :	
(장비와 설비를 포함하여) 각 건물당 25,000엔(4×25,000)	100,000엔
난방 설비 : 30피트×30피트 건물 1동(25츠보)	2,500엔
난방 로(爐)	10,000엔
난방, 급수 등을 위한 외부 배관	2,000엔
하수 및 정화조	2,000엔
기숙사(50칸), 1칸당 150엔(50×150)	7,500엔

사택 6채, 1채당 3,500엔(6×3,500)		21,000엔
	소계	145,000엔
기본금		150,000엔
첫 3년 동안 필요한 금액		295,000엔
5년 동안 매년 1만 엔이 필요한 일반 기금 중 3년 치(추정임)		30,000엔
	합계	325,000엔

소요 경비의 확보 방안

그러면 이 32만 5,000엔을 어떻게 확보할 것인가? 에비슨은 다음과 같은 방안을 마련하였다.

남대문로에 접한 일부 대지 매각		150,000엔
3년 동안 후원회 모금		150,000엔
기타		25,000엔
	합계	325,000엔

이전이 필요한 기타 이유

세브란스가 이전해야 할 또 다른 이유가 있을까? 에비슨의 답은 '그렇다'였다.

첫째, 서울이 발전하고 1925년 길 건너에 서울역 역사가 신축되면서 비교적 조용했던 세브란스는 매우 소음이 심하고 교통사고의 위험이 높은 지역으로 바뀌었다. 증기기관차의 운영과 여러 공장이 유연탄을 사용함으로써 매우 더러운 지역이 되었다.

둘째, 최소한의 발전을 위한 기금도 부족한 마당에 비싼 땅을 유지하는 것은 타당하지 않다고 생각하였다.

셋째, 일제는 세브란스를 가로지르는 도로(지금의 퇴계로)를 1개 혹은 2개를 개설할 도시 계획을 세워 놓고 있었기 때문에 실제로 도로가 개설되면 그 소음은 교육과 진료에 너무나도 큰 지장을 줄 우려가 있음에 유의하였다. 반면 도로가 개설되면 땅값이 상승할 것으로 예상되었다.

하지만 가장 큰 문제는 과연 덩치가 큰 이 땅을 구입할 만한 사람이나 단체가 나타날 것인가 하는 것이었다.

넷째, 당시 한국의 모든 선교사들은 기독교대학교의 설립을 기대하고 있었는데, 의과대학은 대학교에서 중추가 되는 분야였다. 따라서 에비슨은 연희 근처가 아닌 다른 곳으로 학교와 병원을 이전하는 것은 현명하지 않다고 판단하였다.

5) 1931년 에비슨의 미국행

에비슨은 1931년 4월 다시 미국으로 건너가 기금 모금에 나섰다. 그런데 이번 여행은 여러 모로 이전 여행과 달랐다.

첫째, 언론은 에비슨이 70세가 넘었다며 「이번 귀국이 한국과의 작별이 아닌가?」 하는 기사 제목으로 그의 귀국을 크게 다루었다. 실제 에비슨은 미국으로 떠나기 며칠 전에 친지들과 함께 양화진 외국인 묘지를 방문하여 "이번 여행 중 내가 만일 불귀의 객이 된다면 시신을 여기에 묻어 달라"며 손수 묫자리를 구해 두었다는 보도도 있다.

둘째, 미국으로 떠나기 며칠 전인 1931년 4월 25일 연희전문학교의 개교 16주년 기념식이 거행되었다. 이날 에비슨 교장은 축사에서 "연희전문학교와 이화여자전문학교는 불원간에 대학이 될 것이다. 그리고 이 남녀 두 대학의 총장 이하 각 과 교수는 대부분 조선인이 될 것이오, 서양 사람은 학과 교수 이외에 학교 관리에서는 손을 뗄 것이다"라고 발표하였다. 양교 모두 한국인들에게 교장직을 넘기겠다고 선언한 것이다.

이날 참석한 교직원, 재학생, 졸업생들은 에비슨의 공적을 기념하기 위해

그림 4-14. 「동아일보」에 실린 에비슨의 귀국 소식

즉석에서 1,000엔을 모금하여 어비신 문고를 만들었다.

에비슨은 1931년 4월 30일 남대문 역을 떠났다. 이날 환송식에는 세브란스 학생 160명, 연희 학생 250명을 비롯해, 양교 교수진, 기독교 유지, 선교사 등 800여 명이 참석하여 성황을 이루었다. 이날 운집한 환송객에게 에비슨은 다음과 같은 인사말을 하였다.

이번에 가면 다시 조선에 올지가 문제올시다. 뉴욕에서 열리는 만국기독청년회에 출석했다가 뉴욕에 당분간 체류하면서 연전과 세전의 기부금을 모집하고 그곳에 계신 존 T. 언더우드 씨와 의논한 뒤에 토론토, 하와이 등지를 돌아다니며 기부를 받으려 하는데 우선 약 200만 엔 예정이지만 그보다 더 많이 걷힌다면 물론 더 좋은 일이겠지요. 조선에 다시 오게 될지는 지금 내가 말할 수 없으나 그곳 선교회에서 또 파견을 당하면 또 오게 될지도 모릅니다.[20]

이렇게 떠난 에비슨은 마침 미국과 캐나다가 경제대공황을 겪고 있는 상황이라 목표로 했던 액수를 모금하지는 못했지만, 1932년 2월 17일 경성역에 도착하였다.

---

[20] 「조선 신문화의 은인. 어비신 박사 귀국」, 『매일신보』, 1931년 5월 1일, 2쪽

6) 세브란스-연희의 체육 교류

에비슨 교장의 정년을 앞두고 합동이 추진되는 가운데, 세브란스와 연희는 체육을 통해 다양하게 교류하였다. 이런 교류는 학생 사이를 넘어 교수 사이의 운동 교류로 발전해 상호 친목을 도모하였다.

1931년 11월 20일 오후 3시, 양교의 졸업반 학생 사이에 친선 축구 경기가 A, B 양 팀으로 나뉘어 개최되었다. 결과는 A팀에서 1 : 0으로 세브란스가, B팀에서는 2 : 0으로 연전이 승리하였다.

이어 운동을 통한 양교의 단합을 극적으로 보여 주는 에비슨컵 쟁탈전이 개최되었다. 즉, 에비슨 교장의 제의로 연희전문학교와 세브란스 의학전문학교의 교직원 간 친목을 도모하며 성인 체육을 장려하는 의미로 매년 운동경기를 개최하기로 했던 것이다. 네 가지 종목에서 우승한 학교에는 1년 동안 보관할 우승컵을 주기로 했고, 각종 경기는 가급적 양교 학생이 심판원을 맡기로 하였다. 1935년의 경우 경기 종목은 정구, 연식 야구, 축구, 배구, 탁구, 아이스하키 등이었다. 양교 간의 친목경기는 1930년대 초반부터 시작되었는데, 축구와 정구는 매년 한 번씩 시행되었고 그외에도 기회가 되는 대로 경기를 하였다. 그러다가 1935년에 이르러 7종목에 걸쳐 경기를 하기로 했던 것이다. 이채롭게도 선수들은 교수가 60%이고 그 외에 직원이 40%였다.

7) 세브란스와 연희 합동의 두 번째 논의

1929년 6월 첫 합동위원회가 개최되고, 이어 합동 제안에 관한 메모가 작성되었지만 실제 합동의 실행은 그리 쉬운 일이 아니었다. 양교는 자신들의 입장을 고려한 원만한 합동 방안을 마련하기 위해 나섰다. 앞에서 제시한 '세브란스의 미래에 대한 에비슨의 구상'은 바로 세브란스 측 입장을 집약한 것이다.

첫 위원회가 개최된 후 에비슨은 1930년 6월 말로 선교사 직을 명예롭게 은퇴하였다. 하지만 세브란스와 연희의 재단이사회 요청으로 2년 임기의 교장을 두 번 연임하였다.

1933년 들어 에비슨은 더 이상 교장직을 수행하지 않기로 결심하고는 다시 양교의 합동을 추진하였다. 그리하여 1933년 10월 두 번째 합동위원회가 예정되었고, 그 전에 양교의 재단이사회는 합동에 대한 자신들의 안을 마련하였다.

연희 재단이사회

연희는 1933년 10월 4일 재단이사회를 개최하였다. 이날 회의에서 논의된 주요 주제는 '세브란스 측에 대한 대지의 임대'와 관련된 실행위원회의 건의였다. 이 건의의 내용은 다음과 같다.

1. 실행위원회는 기독교대학교의 설립이 한국의 기독교 교육에 있어서 필연적인 성장의 산물이며, 연희와 세브란스 사이의 긴밀한 협동이 그러한 계획의 실현을 위한 자연적인 과정이라고 생각한다.
2. 실행위원회는 세브란스 측의 희망에 따라 연희 재단이사회가 연희 대지 위에 건물을 짓는 것을 기꺼이 허용해야 한다고 건의하는 바이다.
3. 실행위원회는 더 나아가 두 재단이사회가 대지의 임대 조건을 협의할 것을 건의한다.
4. 다만 세브란스와 관련된 모든 일은 미국의 협동재단의 승인을 받은 후에 진행해야 한다.

이와 같은 실행위원회의 안에 대해 블레어(William N. Blair)는 이사회가 연희와의 합동과 관련된 세브란스 측의 요청을 원칙적으로 받아들이되, 실행이사회가 합동을 위한 계획 마련에 착수하고, 이것을 선교본부와 협동재단으로 보내 실제 실행으로 옮기기 전에 최종 승인을 받도록 하자는 수정안을 발의하였다. 이에 실행위원회는 자신들의 건의를 철회하여 수정안이 채택되었다.

세브란스 재단이사회

에비슨을 통해 제출된 '연희전문학교 대지의 임대 요청'과는 별도로 10월 5일 개최된 세브란스 재단이사회는 연희에 세브란스의 1학년과 2학년 학생들이 교육을 받을 수 있는 시설을 제공해 줄 것을 요청하였다.

세브란스와 연희 재단이사회의 합동회의

세브란스와 연희 재단이사회의 합동회의가 1933년 10월 5일 오전 9시 30분 남대문교회 강당에서 개최되었다. 이날 회의에는 에비슨 교장 이외에 다음과 같이 많은 사람들이 참석하였다.

최경채, 최명학(1926년 세브란스 졸업), 머리(Florence J. Murray), 맥라렌, 윌슨(R. M. Wilson), 박윤근, 파운드(Norman Found), 하디, 스미스(Roy K. Smith), 오긍선, 마틴(S. Haviland Martin), 플레처(Archibald G. Fletcher), 부츠(John L. Boots), 비거(John D. Bigger), 윤치왕, 최순주, 학감 유억겸, 이디스 밀러(Edith H. Miller), 스니더(L. H. Snyder), 윌리엄 스코트(William Scott), 데마리(E. W. Demaree), 피셔(J. E. Fisher), 오다(Y. Oda), 니와(S. Niwa), 노블(William A. Noble), D. W. Lee, 클라크(William M. Clark), Lee Yong Chun, 쿤스(E. Wade Koons), D. G. Lee, 스파이델(G. C. Speidel), and Secretary.

세브란스 재단이사회의 보고
이날 회의에서 세브란스 재단이사회의 간사인 이용설은 세브란스의 장래와 관련한 세브란스 재단이사회의 결정을 다음과 같이 보고하였다.

1. 우리는 9월 12일자로 작성된 '세브란스 의학전문학교의 장래에 관하여'라는 계획을 우리가 추구할 원칙임을 승인한다.
2. 계획의 실행을 위한 첫 단계로, 그리고 경제적인 이유 등으로 만일 연희와의 합의가 이루어지고 경비가 마련되면, 첫 2개년의 교육을 위한 실험실 및 기타 필요한 건물을 연희전문학교 부지에 건설한다.
3. 우리는 실험실을 지을 자금과 문부성 요구를 충족시킬 기본재산의 확충을 위해 세브란스의 전면에 있는 공유지를 매각할 것을 건의한다.
4. 기본재산과 관련하여 우리는 현재 미국에서 투자되고 있는 세브란스 기본재산을 한국으로 넘겨 가능한 한 빨리 문부성 요구를 충족시킬 수 있도록 협동재단에 다시 한 번 요청해야 한다.

연희 재단이사회의 보고

연희 재단이사회의 간사인 백낙준은 10월 4일 개최된 재단이사회의 결정을 보고하였다. 즉, 원칙적으로 세브란스 측의 요청을 받아들이되, 실행위원회가 계획을 수립하고 협동재단으로부터 최종 승인을 받아 실행에 옮긴다는 내용이었다.

합동회의 2차 회의

양교가 제출한 보고에 대해 각 이사회가 따로 모여 논의한 후 2차 회의를 갖기로 하였다. 2차 회의는 오후 2시 30분에 속개되었다.

2차 회의는 세브란스 측이 연희 측의 결정을 수용하며, 현재로서는 별 달리 할 일이 없다고 선언함에 따라 종료되었다. 에비슨 교장은 세브란스 측의 모든 상황과 연희 측의 노력을 충분히 이해한다며, 자신이 양교 합동에 관심이 있는 미국의 지인들이 한국의 실정을 이해할 수 있도록 최선을 다하겠다는 의지를 밝혔다.

8) 조선기독교대학교의 설립(안)

합동을 통한 새로운 대학교 설립과 관련하여 진행되었던 논의를 종합해 보면 다음과 같이 정리할 수 있다.

'조선기독교대학교(Chosen Christian University)'라고 부를 대학교는 다음의 대학으로 구성된다.

> 문과대학
> 상과대학
> 이(수물)과대학
> 의과대학
> 다른 대학은 이사회의 판단으로 설치할 수 있다.

대학교는 하나의 재단에 의해 구성되며, 모든 대학을 통제하지만 각 대학은 각각의 학장과 교수회를 갖는다. 각 대학은 재단이사회와 대학교평의회(University Council)가 정한 규칙에 따르는 것 이외에는 자율성과 자체의 사무원을 갖는다. 이 평의회는 모든 대학과 모든 교파를 대표하도록 구성된다.

대학교는 재단의 판단에 따라 모든 혹은 어떤 대학(들)을 세우거나 유지하는 데 사용될 일반기금을 유지하며, 목적이 지정되지 않은 모든 기부는 이 기금에 추가된다. 이러한 일반기금 이외에, 각 대학은 사용하도록 특별하게 기부된 기금으로 이루어진 발전기금을 갖는다. 각 대학은 자체 사무원이 작성하는 자체의 예산을 갖지만, 예산을 사용하기 위해서는 대학교 및 재단이사회의 재정위원회의 승인을 받아야 한다.

재단이사회를 구성할 때 대학들은 보유하고 있는 기금을 공개하고 어느 대학에 기금을 배분할지 결정하고는, 대학별로 수입과 지출을 설정한 후 모금액을 정하고 다음으로 보유기금 중에서 얼마를 배정할지를 결정한다. 새 대학을 설립할 때도 이러한 규칙을 적용하면 될 것으로 의견이 모아졌다.

문과, 수물, 상과의 기본금은 연희의 일반 기본금으로 대체하며, 의과나 기타 다른 과에 필요한 추가 기본금은 관련 과에서 마련한다.

다른 기관이 이 대학교와 합동하거나 연합하면, 그 기관은 제공하는 재단의 자금, 기금, 예산 기여, 교수 지원 등에 비례하여 대학교의 규칙에 근거하여 재단이사회에 대표를 보낸다.

구내 도로, 다리, 강당, 도서관, 노천극장, 운동장, 수영장, 체육관, 수도, 전기 및 전화 설비 등은 일반기금으로 운영하되, 모든 대학은 이사회가 정한 바에 따라 사용한다. 또한 그러한 설비를 자체 운영하고 싶은 대학은 대학교협의회 및 재단의 승인을 얻어야 구비하고 운영할 수 있다.

각 대학은 재단이사회 및 대학평의회와 협의하여 분명한 장소를 정한다.

세브란스와 연희는 다음의 원칙에 따라 후에 대학교의 설립을 추진한다.

1. 세브란스는 _____를 일반기금에 기여하며, 이로서 세브란스는 다른 과와 같은 조건으로 대학교의 일반 설비를 사용할 권리를 갖는다.
2. 현재 연희가 갖고 있는 기금은 세브란스를 위해 사용하지 않으며, 현재 3개의 과를 위해서만 사용하도록 한다.
3. 현재 연희 대지의 충분한 지역을 세브란스가 사용할 수 있도록 후에 논의한다.
4. 현재 세브란스의 정관은 그 효력을 정지시키며, 새로운 상황 혹은 변화에 따를 필요성을 담은 확장된 조선기독교대학교의 정관으로 대체한다.
5. 현재 세브란스의 자산은 모두 새로운 재단이사회의 자산으로 편입되어 의과대학을 위해 사용될 것이다.
6. 세브란스 의학전문학교는 영어 명칭은 계속 사용할 수 있지만 조선기독교대학교의 의과대학으로 불릴 것이다.
7. 세브란스의 다른 모든 관계는 조선기독교대학교의 의학부로 정의될 것이다.

협동재단에 보고

두 번의 합동회의를 통해 합동의 대체적인 윤곽이 잡히자 에비슨 교장은 미국의 협동재단에 이 사실을 통고하였다. 이 편지를 보내고 반년 후에 에비슨이 현직에서 떠남으로써 이 편지의 내용은 42년 동안 의료 선교사로서, 또한 18년 동안 양교의 교장으로 활동하면서 에비슨이 가졌던 생각을 최종 정리한 것이다.

에비슨은 자신이 제안한 안에 대해 양교 이사회가 만장일치로 승인했으나, 합동에 관한 특별한 결정은 내리지 않았다고 밝혔고, 승인한 내용을 다음과 같이 정리하였다.

1. 대학교는 연희의 모든 과뿐 아니라 의과를 포함한 다른 고등교육 분야의 과도 포함한다.
2. 그러한 대학교 설립을 위한 기금을 마련하는 데에는 상당한 시간이 필요하겠지만, 세브란스를 연희 기지 속에 혹은 근처에 재배치하는 것은 다른 모든 과에도 이롭기 때문에 대학교 설립을 준비하는 동안 연희와 세브란스의 연합을 더욱 공고히 해 줄 것이다.
3. 현재 가장 합리적인 준비 단계는 세브란스를 연희와 관련짓는 일일 것인데,
   a. 연희의 의학과로 하는 방안(가장 좋음)
   b. 연합기관으로서 지금과 같이 독립된 기관으로 협조하는 방안
   c. 학교가 협동하기 가장 용이한 곳, 즉 연희 부지를 세브란스에 임대하거나 인접 부지에 배치하는 방안. 이 경우 인접 부지를 확보할 수 있을지는 명확하지 않다.[21]

---

[21] Oliver R. Avison (Seoul), Letter to the Members of the Cooperating Board, (Oct. 21st, 1933).

에비슨은 두 대학이 하나의 행정체계를 갖거나 하나의 재단이사회에서 각자 자율권을 가진 연합 기관의 상태가 서로 이득이 될 것으로 확신하였다. 또한 어떤 방식으로 합동하더라고 의과는 연구 및 임상 업무가 너무나도 전문적이어서 다른 과와 달리 다양하게 훈련받은 사람들이 책임을 맡아야 하기 때문에 자율권을 갖고 있어야 한다는 점을 분명히 하였다. 더욱이 의과는 예산 규모가 크기 때문에 그 자체로 혹은 다른 과를 위해서도 분명하게 분리해서 관리해야 한다는 점을 지적하였다.

그리고 양교의 합동에서 '특별히' 고려해야 할 사항을 다음과 같이 제시하였다.

> 1. 연희에 크게 기여했던 존 T. 언더우드의 견해를 경청해야 한다.
> 2. 세브란스에 크게 기여했던 존과 엘리자베스의 견해를 경청해야 한다.
> 3. 어떤 형태로 합동이 결정되더라도 두 기관의 재정과 행정이 보호되도록 해야 한다.[22]

5. 에비슨 은퇴 후의 합동 추진

1) 에비슨의 은퇴

1934년 2월 이미 예고된 바와 같이 에비슨이 양교의 교장 직을 사임하였다. 에비슨의 교장 사임 못지않게 언론의 주목은 받은 것은 과연 한국인 교장이 탄생할 것인가 하는 점이었다. 에비슨은 1931년 4월 미국으로 건너가 기금 모금에 나설 때, 양교의 후임 교장은 한국인이 될 것이라고 언급한 바 있었기 때문이다. 하지만 세브란스와 연희의 재단이사회는 서로 다른 결정을 하였다.

---

[22] Oliver R. Avison (Seoul), Letter to the Members of the Cooperating Board, (Oct. 21st, 1933).

즉, 2월 16일 개최된 세브란스 재단이사회에서는 오긍선이 교장으로 임명되어 최초의 한국인 교장이 탄생하였다. 이와 함께 에비슨의 3남이자 병원장이었던 더글러스(이하 어비돈)가 부교장에 임명되었다.

이에 반해 2월 17일 개최된 연희전문학교 재단이사회에서는 에비슨의 교장 직 사임 요청을 승인했고 명예 교장으로 추대하였다.[23] 이날 교장 직을 내어놓으며 에비슨은 다음과 같은 당부의 말을 남겼다.

> (중략)
>
> 지난 18년 동안 내 계획은 일부 실현되었습니다. 하지만 아직 실현되지 않은 것이 있는데, 바로 한국의 기독교 고등교육 기관의 합동입니다. 이 기관은 한국인들을 위해서뿐만 아니라, 한국인들의, 한국인들에 의해 (운영되는 기관으로) 성장할 것입니다. 선교사들은 이곳에 잔류하여 교육과 재정 확보 등에서 한국인들을 도울 수 있겠지만, 이 기관은 한국 사회 및 교회를 위한 지도자를 양성하는 한국인들의 기관이 될 것입니다.

이어 진행된 신임 교장 선거는 후보를 지명하지 않고 이사 각 개인의 투표로 선출하기로 하였다. 그 결과 교장에는 1차 투표에서 원한경이 선출되었고, 부교장에는 역시 1차 투표에서 유억겸이 선출되었다.

양교의 신임 교장 및 부교장의 취임식은 2월 27일 사회 유지 170여 명이 참석한 가운데 거행되었다. 이날 에비슨은 인사말에서 회고담을 섞은, 오늘의 두 대학이 있게 된 감상이 아우러진 축사와 함께 "내가 죽기 전에 종합대학을 건설해 달라"는 의미심장한 부탁을 하였다.[24]

---

[23] Chosen Christian College, Seoul, Korea. Minutes of the Field Board of Mangers, Feb. 17th, 1934.
[24] 다른 신문에는 '이화여전까지 포함한 종합대학'이라고 보도되었다. 「양 전문교 정·부교장 축하회 대성황」, 『동아일보』, 1934년 2월 28일, 2쪽.

그림 4-15. 조선을 떠나는 에비슨(1935년 12월 2일)

에비슨의 귀국

에비슨은 출가한 딸이 과부가 되자 그녀를 위로해 주고 캘리포니아에 있는 외손자도 만나 보고, 캐나다와 미국 각지의 여러 친척을 생전에 마지막으로 작별하고 돌아올 예정으로 귀국 길에 올랐다. 하지만 항간에는 에비슨이 영구 귀국하는 것이라는 소문이 돌았다. 이에 대해 에비슨은 자신의 건강을 자신할 수 없는 데다 가족과의 작별을 위해 가는 것이니만큼 언제 돌아올지 정하기는 어렵지만 반드시 돌아올 것임을 약속하였다. 그는 동아일보와의 회견에서도 "내 몸 묻힐 고국은 이곳입니다"라며 조선에 대한 자신의 애정을 다시 한 번 확인하였다.

에비슨은 환송연에서 세브란스를 통해 이룬 조선의 의학 발전이 이후에도 계속 이어지기를 기원하였다. 에비슨은 그 바람을 진보라는 한마디로 표현하였다. 그는 "진보란 우주의 법칙이요 인류의 법칙"이라고 규정하였다. 진보하지 않는다면 그것은 퇴보를 의미한다고 단정하였다. 그는 그 전진과 발전을 위해 여러 직원과 졸업생의 협력이 절대적임을 강조하였다.

명예교장 에비슨 부부는 1935년 12월 2일 오후 3시 경성발 부산행 열차로 떠났다. 당일 세브란스와 연희의 교직원, 학생을 위시하여 각 학교, 관청, 선교회 등 천여 명의 전송객으로 서울역이 일대 혼란을 이루었다.

에비슨은 떠나면서 가구를 모두 두고 갔기 때문에, 오긍선은 그가 조속히 돌아올 것이라 기대하였다.

2) 존 L. 세브란스와 존 T. 언더우드의 사망

에비슨은 대학 창립과 관련하여 양교의 발전을 위해 크게 기여한 존 L. 세브란스와 존 T. 언더우드의 의견을 경청할 것을 당부하였다. 그런데 1935년 12월 에비슨이 귀국한 이후, 이들이 사망하고 말았다. 양교의 신임 교장들로서는 믿음직한 큰 후원자가 없어진 셈이다.

존 L. 세브란스는 아버지 루이스가 사망한 후 매년 1만 5,000달러를 세브란스 운영을 위해 기부하였다. 그런데 1920년대 말 경제대공황의 여파로 최근 3년 동안에는 기부하지 못하다가 1936년 1월 16일 사망하였다. 그는 유언으로 10만 달러(당시 시세로 약 33만 엔)를 세브란스의 기본금으로 남겼다. 당시 미국의 세브란스 재단에서는 2만 5,000달러의 기금이 운영되고 있었다. 한편 1937년 7월 2일 존 T. 언더우드가 사망하였다. 존은 유언으로 연희에 5만 달러를 기부했으며, 총 40만 달러가 넘는 기금을 연희에 기부하였다.

3) 오긍선의 세브란스 확장 계획

에비슨이 1935년 12월 미국으로 돌아간 후 1936년 새해를 맞이하여 오긍선 교장은 세브란스 확장에 대해 "민중 보건을 위해서 보건 요양원을 계획 중인바 신촌 정거장 부근에 이미 기지까지 사 놓았다"고 신년의 포부를 밝혔다.

병자년을 당하여[25]

을해년을 보낸 모교로서 과거 1년간을 회상컨대 하나님께 감사할 것이 많습니다. 작년에 실행코자 하던 사업 중 2종 이외에는 다 진행했고, 한 가지 취사장과 식당은 2만 2,000엔에 낙찰되어 시작하다가 일한(日寒)으로 인하여 정지 중이나 금춘 3월경에는 낙성될 줄 알며, 한 가지 구병실 증축 건은 취사장이 필역(畢役)되는 대로 착수할까 하며 연희전문학교 기지 옆에 2만 600여 평을 4만 2,000엔에 매수한 것도 범연치 않으며, 재정만 허락하면 폐결핵요양소를 금명년 내로 건축코자 하는 것은 본교 출신 및 재학생의 사망률을 보건대 90%가 폐결핵에 원인이 되고 조선에 제일 급한 것이 결핵 예방으로 생각하는 까닭이며, 본관 사택 병실은 신설하자면 다음과 같은 숫자가 출현한다.

- 본관 : 2만 엔(기구는 제외)

- 사택 : 1만 5,000엔

- 병사 : 1만 5,000엔(25동, 각 동에 600엔씩)

전염병실에 다년간 문제가 되던 호전(戶田) 2필을 1만 8,000엔에 산 것이 또한 범연한 것이 아니다. 그 토지로 인하여 본교 장래 설계에 다대한 지장이 있었던 것이 금일은 염려를 놓게 되었으며, 그 외에도 타인의 소유 3필을 1만여 엔에 매수하였다. (중략)

---

[25] 오긍선, 「병자년을 당하여」, 『세브란스교우회보』 제25호, 1936년 2월 1일, 5쪽.

오긍선의 이러한 계획은 당연히 에비슨의 장기 발전 계획에 따라 그와 논의해 진행시킨 일이었다. 에비슨은 당시의 상황을 회고록에서 다음과 같이 밝혔다.

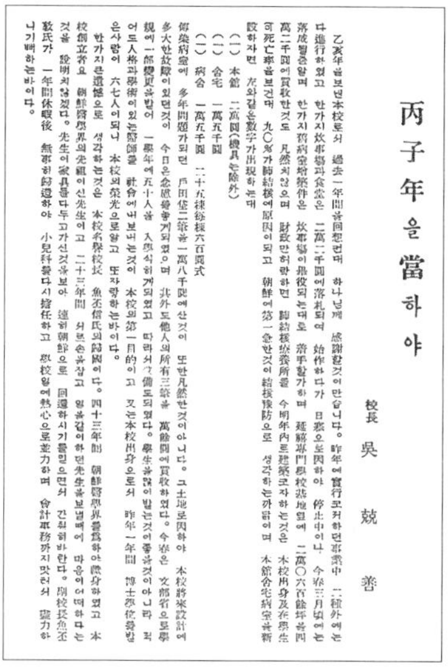

丙子年을 當하야

校長 吳兢善

乙亥年을보면本校로서 過去一年間을回想컨대 하나님께 感謝할것이만습니다。昨年에實行코저하던事業中 二種外에는 다進行하엿고 한가지炊事場과食堂은 二萬二千圓에落札되여 始作하다가 日寒으로因하야 停止中이나 今春三月頃에는 落成될줄알며 한가지精神病室新築件은 炊事場이竣役되는대로 着手할가하며 延禧專門學校基地랍에 二萬○六百餘坪을四萬二千圓에買收한것도 凡然치안으며 財政만허락하면 肺結核療養所를 今明年內로建築코자하는것은 本校出身及在學生의死亡率을보건대 九○%가肺結核에原因이되고 朝鮮에第一急한것이結核豫防으로 생각하는까닭이며 本館舍宅病室을新設하자면 左와같은數字가出現하는대

(一) 本館 二萬圓(機具는除外)

(二) 舍宅 一萬五千圓

(三) 病舍 一萬五千圓 二十五棟移稼六百圓式

傳染病室에 多年問題가되던 戶田住二筆을一萬八千圓에산것이 또한凡然한것이아니다。그土地로因하야 本校將來設計에 多大한故障이잇던것이 今日은念慮할바없게되엿으며 其外도他人의所有三筆을 萬餘圓에買收하엿다。今春은 文部省으로學規에一部變更을밧어 一學年에五十人을 入學식히게되엿고 따라서準備도되엿다。學生을많이밧는것이좋은것이아니라 적어도人格과學術이잇는醫師를 社會에내보내는것이 本校의第一目的이고 又는本校出身으로서 昨年一年間 博士學位를받은사람이 六七人이되니 本校의榮光으로알고 또자랑하는바이다。

한가지큰遺憾으로 생각하는것은 本校名譽校長 魚丕信氏의歸國이다。四十三年間 朝鮮醫學界를爲하야獻身하엿고 本校創立者요 朝鮮醫學界의先祖이신先生이고 二十三年間 서로손을잡고 일을같이하던先生을보낼때에 마음이어떠하다는것을 說明치않겟다。先生이家具를다두고가신것을보아 速히朝鮮으로 回還하시기를믿으면서 간절히바란다。副校長魚丕敦氏가 一年間休暇後 無事히歸還하야 小兒科를다시擔任하고 本校일에熱心으로盡力하며 會計事務까지맛허서 盡力하니기뻐하는바이다。

그림 4-16. 오긍선의 1936년 신년사

> 내가 은퇴하기 전에 조선기독교대학교(Chosen Christian University)란 이름으로 의과대학을 연희전문학교와 통합하려는 계획을 세웠다. 하지만 이 계획을 수행할 수 있는 여건이 아니어서 잊은 것은 아니지만 아직(1943) 계획으로 남아 있다.
>
> 당시 결핵 환자와 정신병 환자를 위한 요양소를 건립하기 위해 연희전문학교로부터 언덕 위의 몇 에이커를 구입했다. 아직 건립되지는 않았다. 하지만 최근에 그 부지에 이미 언급한 요양소를 포함해 완전한 새 의학교, 병원과 숙소를 위한 설계를 건축가에게 요청하였다.
>
> 25년 이상 나와 협력해 왔던 한국인 오긍선 교장은 오랫동안 원했던 계획을 실행하는 데 있어 내가 다시 돌아가 자기들에게 충고해 주었으면 하는 희망을 피력하였다.[26]

이와 같은 세브란스의 확장을 위해 노력하던 오긍선 교장과 어비돈 부교장이 1937년 7월 사표를 제출하는 사태가 발생하였다. 에비슨 교장의 공백이 너

[26] 올리버 R. 에비슨 지음, 박형우 편역, 『올리버 R. 에비슨이 지켜본 근대 한국 42년 1893~1935 상』, 청년의사, 2010, 303~304쪽.

무 컸는지 학사 운영과 관련된 불미스러운 사건이 일어났고, 이를 처리하는 과정에서 교수들 사이에 분란이 일어났기 때문이다. 특히 이 사건은 에비슨이 고향으로 돌아가고 몇 달 후에 일어났기에 조선인 교장을 맞은 세브란스로서는 그 여파가 컸다.[27] 이외에도 반 버스커크 전 부교장이 인사에 대한 불만을 품고 한국으로 돌아오지 않았으며, 치과를 두고 부츠와 심한 논쟁이 벌어지기도 하였다. 1937년 7월 제출된 사표는 일단 반려되었다.

이후 오긍선 교장은 원활하지 못한 학교 운영 때문에 사임 압력을 받다가 1942년 8월 사임했고, 후임 교장으로 이영준이 선임되었다.

4) 일제의 탄압

1919년 3·1 운동이 일어난 후 일본은 한동안 민심 수습에 부심하면서 비교적 온건한 문화 정책을 썼다. 하지만 1931년 만주사변을 일으킨 후에는 한반도에서 각종 탄압정책을 구사하던 가운데 문화교육면에서도 온갖 간섭과 탄압을 자행하였다. 더욱이 일본의 국력이 증대되면서 국제적 지위가 상승하자 독일 및 이탈리아를 제외한 기타 구미제국과 빈번하게 충돌하였다.

결국 1937년 7월 중일전쟁을 일으킨 일제에 대해 미국이 경제적 압박을 가하자 일제는 노골적인 반미 태도를 취하였다. 이때부터 일제는 내선일체라는 구실로 일본어 사용을 강요하기 시작했으며, 모든 집회에서 일본말만 사용하도록 강요하였다. 그리고 집회가 시작될 때에는 반드시 동쪽에 있는 일본 궁성을 향해 궁성요배를 하도록 하였다. 또한 한민족이 일본국의 국민이며 일본국을 위해 신명을 다하여 충성을 하겠다는 3개 조항의 '황국신민의 서사'를 반드시 낭독하도록 하였다.

---

[27] '최명학 교수 사건'에 대해서는 다음을 참고할 것. 연세의료원 120년사 편찬위원회, 『인술, 봉사 그리고 개척과 도전의 120년 1. 한국의 현대의학 도입과 세브란스(1885~1945)』, 2005, 299쪽.

이에 더 나아가 1938년 9월 평양에서 개최된 조선기독교장로회 총회를 통해 신도들에게 신사참배를 강요하기 시작하였다. 서울에서는 세브란스 뒤쪽의 남산 중턱에 조선신궁을 세워 놓고 서울 시내 모든 학교와 기관 및 단체에 참배를 강요하였다. 더 나아가 일제는 1940년 창씨개명을 강요했고, 이에 따라 많은 교직원 및 졸업생은 창씨개명을 하였다.

5) 미국 북장로회의 교육 사업 철수

이렇게 일제의 탄압이 노골화되자 미국 북장로회는 중대한 결정을 내렸다. 바로 교육 사업에서의 철수였다. 1937년 6월 미국 북장로회 연례총회에서는 미국 장로회 해외선교본부의 실행위원회가 한국 선교부로 보낸 교육 사업에 대한 지시와 관련된 논의가 진행되었다. 그것은 "최근 일제의 각종 조치 때문에 기독교적 원칙을 양보하지 않으면 교육 사업을 지속할 수 없게 되었으므로, 한국 선교부는 정해진 절차에 따라 선교부 학교들을 폐쇄하는 단계를 밟을 것을 지시한다"는 내용이었다. 물론 몇 년에 걸쳐 점진적으로 진행되는 것이었지만 여러 교육기관에 큰 충격을 주었다.

그 첫 단계로 한국 선교부는 1938년 4월에 시작하는 새 학기에 입학생을 받지 않도록 하였다. 그리고 대중의 주목을 최소한으로 받고 일본 당국과 문제가 발생하는 것을 피할 수 있도록 학교 폐쇄의 전체 과정을 가능한 한 조용히 진행하도록 하였다.

이후 세브란스와 연희에서의 철수를 두고 격론이 벌어졌다. 미국 북장로회에서는 철수하기로 결정했지만, 두 학교는 여러 교파의 연합으로 운영되었기 때문이다. 그리하여 연희, 세브란스, 숭실에 대한 이사 파송을 중단하기로 결정했지만, 1938년 1월 17일 미국 북장로회 해외선교본부 총회는 세브란스와 연희에 이사를 계속 파송한다고 의결하였다.

세브란스의 경우

이런 가운데 세브란스의 경우 1938년 3월 15일 개최된 재단이사회는 중요한 고비였다. 크게 세 가지가 논의되었다.

첫째, 오긍선이 60세 정년제를 정해 사표를 제출하였다. 이에 후임 교장과 부교장의 인선에 나서 교장에 원한경, 부교장에 고명우가 선임되었다. 원한경의 교장 선임은 양교의 합동을 추진하는 데 매우 유리한 여건을 조성할 수 있는 기대가 있었기 때문인 것으로 추정된다. 하지만 선교본부의 철수로 연희 문제가 복잡해지면서 원한경은 교장 임명을 사양했고, 총독부도 이를 승인하지 않아 12월 개최된 이사회에서 오긍선과 어비돈이 재임되었다.

둘째, 이사 개선이 있었다. 이제 각 선교부의 재정적 기여가 축소되었으므로, 그 비례에 의해 32명의 이사를 18명으로 축소했는데 다음과 같다.

세브란스 동창회 : 최동, 고명우
장로회 총회 : 김의문
감리회연합회 : 전준옥
한국인 유지 : 오긍선, 양주삼, 유억겸, 이영준
북장로회 : 에비슨, 맥안리스, 피터스, 로우
남감리회 : 앤더슨, 데모리
북감리회 : 베커
캐나다 장로회 : 머리, 블랙
호주 장로회 : 맥라렌
상임이사 : 오긍선, 양주삼, 유억겸, 고명우, 피터스, 앤더슨, 맥라렌

셋째, 세브란스와 연희의 운영에서 철수한다는 이야기가 나올 즈음, 미국 북장로회는 10년 전 세브란스에 기부했던 7,000여 평(당시 시가 약 300만 엔)이 기

부한 것이 아니라 신탁한 것이니 신탁증명서를 제출하라고 요구하였다. 이 문제는 세브란스의 사활이 걸린 중대한 문제였다. 학교 측은 당시 기부로 인정되어 1927년에 경성지방법원에 등기 수속까지 마친 사안이라고 주장한 반면, 미국 북장로회 측은 신탁한 것이니 신탁증명서를 제출해야 한다고 주장하였다. 이에 이사회 상임이사들이 대책을 마련하여 다음 재단이사회에 보고하기로 하고 일단 폐회하였다.

이후 1939년 2월 21일에 개최된 이사회에서는 교장에 최동, 부교장에 앤더슨이 선임되었다. 하지만 조선총독부는 6월까지도 이들의 임명에 대해 승인 혹은 거부의 의사를 밝히지 않았다. 이후 1940년 2월의 이사회에서 오긍선 교장과 어비돈 부교장은 유임되었다.

한편 7,000여 평의 부지에 대해 미국 북장로회가 계속 신탁증명서를 요구했지만, 세브란스 재단이사회는 이 부지가 법인 명의로 되어 있어 어떤 조치도 취할 수 없다고 반박하였다. 하지만 1940년 6월 한국 선교부 연례회의에서는 세브란스 측이 6만 엔으로 선교부 소유의 대지 및 건물을 구입하여 해결하는 것으로 결정하였다.

1938년 6월. 북장로회, 연희와 세브란스에서 철수 결정 그리고 1941년으로 연기

1938년 6월 27일 개최된 북장로회 연례회의에서는 1940년 철수하는 정신을 제외하고 세브란스와 연희 그리고 6개의 중등학교에서 1939년 3월부터 완전 철수하기로 결정하였다. 이 학교들에 대한 보조금은 매년 2만 6,000엔이었다. 당시 세브란스의 경우 연 예산 84만 엔 중에서 북장로회는 7,200엔을 보조했고, 에비슨과 부츠를 파송하고 있었다. 연희의 경우 연 예산 15만 엔 중에서 7,200엔을 보조했고, 3명의 선교사를 파송하고 있었다. 이와 같은 철수 결정에 이어 선교부의 재산 처리가 큰 문제로 대두되었다. 세브란스의 경우, 다만 병원 진료는 종전과 같이 진행하되, 의과대학이나 병원의 경영에는 전혀 관여하지 않기로 하였다.

이런 소식을 들은 오긍선은 "두 분이 금번에 인퇴하시더라고 학생 교육에는 큰 지장이 없을 것입니다. 권위 있는 박사들을 이미 후보로 선장한 터이니 학교 자체나 학생들에게 별 영향이 없을 것입니다"라는 반응을 보였다. 일찍이 에비슨이 한국인 인재들을 키운 결과였다.

한편 원한경은 미국 북장로회를 탈퇴하고 연희의 유지를 위해 끝까지 노력하겠다고 선언하였다.

하지만 1939년 3월 말의 철수 계획은 선교본부로부터 승인을 받지 못했고, 1941년 3월로 연기되었다.

6) 1939년의 '기독교 교육 중심'의 설립 계획

1934년 세브란스와 연희의 교장으로 취임한 오긍선과 원한경은 에비슨 명예 교장이 당부한 대학 설립을 실현시키고자 하는 강한 의지를 표명하였다. 하지만 양교의 큰 후원자였던 존 세브란스와 존 언더우드가 잇달아 사망하고, 일제의 압박이 가중됨과 동시에 미국 북장로회 선교본부가 교육에서 철수하겠다고 선언하는 등 대학 설립의 꿈은 점점 멀어져 갔다.

그런데 1939년 1월, 연희, 세브란스, 이화 및 협신을 한곳에 집중시켜 신촌을 '대학 도시'로 건설하여 종교교육의 본거지, 즉 기독교 교육 중심(Christian Educational Center)으로 삼겠다는 내용이 보도되었다.[28] 이 보도에 따르면 세브란스와 협신을 이전하며, 연희와 이화도 기구를 확충하기로 각 학교 관계자들이 준비를 진행하고 있다는 것이다. 1935년에는 이화가 연희 동쪽 지역으로 이전한 상태였다. 세브란스는 매연과 소음이 심하고 장소 또한 매우 협소하기

---

[28] 「종교교육의 본거로 신촌에 '대학도' 건설」, 『매일신보』, 1939년 1월 25일, 3쪽.

그림 4-17. 기독교 교육 중심 계획을 다룬 『매일신보』 기사

에 200만 엔의 기금을 확보하여, 두 학교 부근의 넓은 부지를 빌리거나 구입하여 이전하는 방안이 나왔다. 협성신학교는 남자부와 여자부가 냉천정(냉천동)과 죽첨정(충정로)에 분리되어 있어 적지 않은 불편을 느끼고 있는 상태였다.

이렇게 4개 학교가 '대학 도시'를 건설하기로 한 것은 선교부가 교육에서 완전히 손을 떼게 될 것에 대비하여 서로 자립하자는 데 있었다. 다만 4개 학교가 당장 하나의 대학으로 합동하는 것을 전제로 한 것인지는 확실하지 않다.

1939년 3월 세브란스는 연희역 앞에 있는 낮은 산 2만여 평을 결핵요양소 부지로 이미 매입한 상태였고, 이를 운영하기 위한 재단 설립안을 구체적으로 만드는 중이었으며, 연내에 착공할 것이라고 발표하였다. 이에 경기도 위생과는 이를 적극 돕겠다는 방침을 밝혔다. 6월 연례회의 직전에 개최된 실행위원회에서는 더 이상 의미가 없어진 교육위원회를 해체하였다. 반면 의료 사업을 한층 확충하기로 한 세브란스에 결핵 예방 기금으로 2만 엔, 간호부 기숙사 건립 기금으로 1만 5,000엔을 기부하고, 잠시 중단되었던 연 4,000엔의 보조비를 부활하기로 결정하였다.

1940년 2월, 연희와 세브란스의 종합대학 건설이 보도되었다.

> 굳게 닫힌 쇄국의 문을 열고 지금으로부터 50여 년 전 신문의 선구자로 날라들어 약진에 약진을 거듭한 양의학계의 거성인 세전 및 동 부속병원이 인연 깊은 현 교지가 극히 협착할 뿐 아니라 번잡하고도 소란하여 일찍 그 대책에 부심 중이었으나, 뜻대로 되지 못하여 오던 중 설상가상으로 도시 계획에 의하여 명춘(明春)에는 45미터의 넓은 새 길이 바로 현 동교 중앙으로 통과키로 확정되어 드디어 동교도 일찍 숙원의 교사 이전을 단행키로 되어 연희정 연희전문학교 부근에 이미 200만 평의 녹색 임야를 매수하여 명년 혹은 늦어도 내명년부터는 동양 제1의 미국식 의학 설비를 다한 신교사 및 신병원을 총 공사비 300만 엔을 먼저 착공키로 모든 준비가 착착 진행되어 동교 이사회에 정식 인가를 받기로 되었다 한다.[29]

즉, 오긍선 교장에 의해 부지는 이미 매수 완료되었고, 교사 설계도 완료되어 관계 당국의 인가가 나오는 대로 곧 건축에 착공한다는 내용이었다. 오 교장은 이러한 신교사 및 신병원의 건축이 설립자들이 계획한 종합대학 건설의 이상에 일보 전진하는 것이라고 평하였다.

이에 대해 원한경은 "양교를 연합시킨다는 것은 최초 설립자들의 대이상이었을 뿐 아니라 2, 3년 전만 하여도 양교 당국자 간에 누차 입안한 바도 있다"고 언급하고 "더구나 동교가 연전 바로 옆으로 이전하여 대확충을 하게 된 계획은 양교 연합을 일보 접근시킨다고 보아도 좋다"며 머지않은 장래에 합동이 원만하게 이루어질 것이라 전망하였다.

---

29 「연세전 종합대학 건설 보(譜)」, 『동아일보』, 1940년 2월 15일, 2쪽.

1940년 2월 22일 개최된 세브란스의 재단이사회는 새 기지의 건축에 300만 엔이 소요될 것인데, 그 재원은 현재의 건물과 토지의 매각에 의하지 않고 다른 수단으로 조달하자는 데 의견을 모으고 좀 더 방안을 연구하기로 결정하였다.

그러나 이 계획은 재원 문제와 선교사 추방으로 실현되지 않았다.

7) 일제의 선교사 추방과 세브란스, 연희

일제의 억압이 가중되는 가운데 1940년 6월에 개최된 미국 북장로회 연례 회의에서는 다음과 같은 당부가 있었다. 모두 비상시를 대비한 것이다.

먼저 선교본부는 한국의 모든 선교사들이 비상시를 대비하여 유효한 여권을 지참하고 있을 것을 강력하게 권하였다. 이를 위해 모든 가구마다 1개의 여권을 발급받거나 필요한 경우 갱신을 위한 경비를 산정하도록 하였다. 그리고 실제 예를 제시하며 유언장을 작성하도록 하였다.

곧이어 주한 미국 총영사 마치(G. March)는 한반도에서 자국민이 철수하도록 하였다. 11월 26일 미국 정부는 매리포사 호(S. S. Mariposa)를 준비해 선교사와 자녀 219명이 한국을 떠났다. 이때 다른 선교부의 선교사들은 대부분 한국을 떠났지만, 북장로회 선교사는 비교적 많은 수가 그대로 체류하고 있었다. 전체적으로는 외국인 90% 이상이 한국을 떠난 상태였다.

그런데 1941년 12월 7일 일본은 하와이 진주만을 공습하고 대미 선전포고를 하였다. 그리고 서울의 선교사들은 일경에 의해 투옥되었다. 원한경 등은 1942년 5월 31일 석방되어 미국으로 돌아갔다.

세브란스

어비돈이 떠나자 1941년 8월 이영준이 부교장으로 선임되었다. 세브란스에서 교수로 활동하던 다수의 선교사들이 떠났는데도 충원이 되지 않은 자리에는 일본인이 대거 교수로 임용되었다. 이로써 세브란스는 조선인과 일본인 만으로 구성되었다. 당시 행정책임자는 어쩔 수 없이 신사참배도 하였다.

그런데 일제는 미국과 영국의 색체를 깨끗이 씻어 버리기 위해 학교의 명 칭을 변경하도록 요구했고, 1941년 12월 개최된 재단이사회에서 '아사히[旭] 의학전문학교'로 개칭하기로 결정하였다.[30] '아사히'는 아침에 떠오르는 해라 는 뜻이며 일본 국기의 상징이기도 하였다. 이 개칭 신청은 1942년 1월 31일 정식 허가가 났고, 2월 1일부터 아사히 의학전문학교라고 불렸다.

일제는 학교 명칭 변경에 그치지 않고 1928년 건립된 에비슨 동상도 철거 하도록 조치하였다. 이에 1942년 3월 '아사히 의학전문학교 동창회장 오긍선 은 동상을 일본 당국에 자진 헌납'하였다.

1942년 8월 15일부로 신임 교장으로 인가를 받은 이영준(창씨명 기미야마, 公 山富雄)은 8월 18일 소집된 교수회의에서 학교를 대혁신하되, 일본인 교수를 확 충하고 1943년 신학기부터 일본인 학생의 입학을 허용한다고 발표하였다. 이 에 따라 세브란스 역사상 처음으로 일본인 학생 2명이 입학하였다.[31]

이상과 같이 세브란스는 교명이 바뀌고 폐교는 면했지만, 일제를 뒷받침하 는 기관으로 변모해 갔다.

연희

일제는 연희의 원한경 교장을 사임시키고, 1941년 2월 25일 윤치호를 새 교장으로 선임하였다. 그는 잘 알려진 기독교인이었지만, 당시 적극적인 친일 활동을 하고 있었다. 부교장에는 1940년 3월 부임한 일본인 마쓰모토[松本 卓夫]

---

[30] 당시 새로운 교명으로 '남산', '한양' 등 여러 가지가 제안되었으나, 미나미 총독이 직접 '아사히[旭]'라는 이 름을 지음에 따라 그대로 채택되었다고 한다.

[31] 다행히 이들은 1945년 8월 광복과 함께 일본으로 돌아가 세브란스를 졸업하지 못하였다. 이로서 일제 시기 세브란스는 단 1명의 일본인도 의사로 배출시키지 않았다.

가 선임되었다.

1941년 5월 21일에 열린 임시이사회에서는 일제의 강요에 의해 미국의 협동재단의 보조금을 거부한다는 결의를 하였다. 이어 8월 미국은 미국에 있는 일본계 재산을 동결시켜 연희의 학교 운영이 큰 타격을 입을 수밖에 없었다.

이후 1941년 12월 17일 재단이사회는 외국인 이사들을 제명하였다. 1942년 원한경이 추방된 후 일제는 1928년 세워진 언더우드의 동상을 철거하고, 대신 그 자리에 동아공영권 지도를 새긴 비석을 세우기로 결정하였다. 그런데 이 계획은 변경되어 조선총독 미나미[南次郞]의 글씨를 새긴 화강암의 '흥아유신기념탑(興亞維新記念塔)'을 세웠다.

1942년 8월 17일에는 연희가 적산(敵産)으로 총독부 관리로 넘어갔고, 이사회는 해체되었다.[32] 그리고 윤치호가 사임하자, 총독부 학무국장이 관리인으로 임명되었다. 이후 총독부 학무국의 교학관 다카하시[高橋 濱吉]가 교장으로 임명되었고, 2~3개월 후 역시 총독부 시학관 나카시마[中島 信一]가 잠시 교장으로 있다가 1943년 6월경 경성제국대학 법문학부에서 중문학을 가르치던 가라시마[辛島 驍]가 교장으로 부임하였다. 그는 1944년 3월 동문회장까지 겸했고, 학교의 자산을 유용하였다.

1943년 3월 4일에는 연희에 동아과를 신설하고, 상과를 개편하여 상업과를 설치하는 등의 학칙 변경이 정식 인가되었다. 그리고 문과는 현재 재학생이 졸업하면 3년 후에 폐지되고, 수물과도 폐지될 예정이었다.

1944년 일제는 결국 연희를 폐교해 버렸다. 그리고 연희가 사용하던 교사에 1944년 5월 16일 수업 연한 3년의 경성공업경영전문학교(京城工業經營專門學校)가 문을 열었다.[33] 이 전문학교의 설립자는 '사립 연희전문학교 기독교 연

---

[32] 『연세대학교백년사 1 연세통사 상』, 서울: 연세대학교, 1985, 275쪽, 301쪽.
[33] 이때 몰수되어 폐교된 보성전문학교의 교사에도 수업 연한 3년의 경성척식경제전문학교가 5월 12일 개교하였다(교장 김성수).

합재단법인 적산관리인 조선교육회 부회장 오노[大野 謙一]'로 되어 있었다.[34]
1944년 9월 26일 경성공업경영전문학교의 제1회 졸업생 153명이 배출되었
다. 이들은 모두 연희에 입학한 학생들이었다.

---

[34] 제1대 교장은 가라시마였으며, 1945년 3월 21일 제2대 교장에 총독부 학무국 시학관이던 곤도[近藤 英男]가 취임하였다.

5장

한국전쟁과 합동의 실현

1. 8·15 광복과 합동의 모색

1945년 8월 15일, 36년 동안의 식민지 지배를 받았던 한국은 일제로부터 해방되었다. 비록 연합국의 주요국은 아니었지만 1919년 3·1 운동 이후 상하이에 만든 임시정부를 중심으로 나라를 찾기 위해 많은 한국인들이 독립 투쟁을 벌였다. '아사히'로 강제 개명되었던 '세브란스'는 세브란스 의학전문학교라는 명칭을 되찾았고, 학교가 몰수되어 강제로 폐교되었던 '연희'는 다시 원래대로 복원되었다.

하지만 한반도는 미·소 양국에 의해 38선을 기준으로 북쪽은 소련이, 남쪽은 미국이 신탁통치를 하게 되었다. 당시 미 군정청은 선교사들의 활동을 허용하지 않았으며, 가장 타격을 받은 선교본부는 용정 부근의 만주와 함경도에서 선교 활동을 했던 캐나다 연합교회였다.

1) 세브란스 의과대학과 연희대학교의 출범

세브란스 의과대학

광복이 되자 이영준 교장이 사임하고 최동 교수가 새 교장에 선임되었다. 그는 오긍선 교장 후임으로 1939년 이사회에서 교장으로 선임되었지만 일제가 승인하지 않아 취임하지 못하였다.

최동 교장이 가장 먼저 나선 것은 세브란스를 예과 2년과 본과 4년의 학제를 가진 대학으로 승격시키는 일이었다. 1946년 3월 7일 군정청이 6·3·3·4제의 학제를 성안하여 한국에서도 대학 설립이 법적으로 가능해지자, 세브란스는 교수회와 이사회에서 대학으로 승격시키기로 의결하고 예과를 신설하여 9월에 제1회 예과생을 모집하였다.[1] 초대 예과부장에는 김종흠이 임명되었다. 이후에는 예과생만 선발했으므로, 4년제 전문부 모집은 이 해가 마지막이었다.

1946년 9월 입학한 예과생들은 처음 몇 달 동안 잠정적으로 당시 정신여자중학교 교사(종로구 연지동 소재)를 사용했으며, 그후 역전 교사로 옮겨 왔다. 1946년 12월 28일부로 신청한 의과대학 승격의 건이 정식 인가된 것은 1947년 7월 5일 문고발(文高發) 제39호에 의해서였다.

세브란스는 총 건평이 480평인 2층 건물을 1944년에 기공했다가 공사를 마치지 못한 상태로 해방을 맞았다. 의과대학 승격과 함께 세브란스 후원회의 후원으로 이 건물이 1948년에 준공되었는데, 이를 에비슨관이라고 명명하였다. 이후 예과 교육은 에비슨관에서 진행되었다. 제1회 의예과 학생들은 1948년 7월에 2년의 예과 과정을 수료하였다.

이후 최동 교장이 물러나고 1948년 9월 이용설이 학장에 임명되었다.

---

[1] 연세대학교 의과대학, 『의학백년』, 서울: 연세대학교 출판부, 1986, 140쪽.

연희대학교[2]

1945년 9월 23일 연희전문학교의 접수위원회가 구성되었으며, 유억겸이 위원장으로 활동하였다. 7명의 접수위원은 미 군정청의 결정으로 9월 25일 곤도로부터 학교를 접수하였다. 이어 학교 운영을 위해 10월 6일 접수위원을 중심으로 간부회의가 개최되었다. 이날 회의에서는 대학 승격을 추진하며, 잠정적으로 접수위원으로 이사회를 구성하고 유억겸을 교장으로 선임하였다. 이후 10월 26일 원한경이 내한했고, 학교는 11월 6일 개학하였다.[3]

그런데 유억겸은 미 군정청의 학무국장으로 임명되어 12월 18일 교장 직을 사임하였다. 이에 새로운 교장을 물색했고, 1946년 1월 12일 백낙준이 신임 교장으로 취임했으며, 2월 28일자로 군정청의 정식 인가를 받았다.

백낙준은 연희의 대학 승격을 위해 적극 나서 3월 6일 이순탁, 장기원, 조재한, 박효삼, 민병태, 조의설, 김윤경, 서두철, 이환신으로 대학준비위원회를 구성하였다. 그 다음날 군정청이 6·3·3·4제의 학제를 성안함으로써 대학 설립에 더욱 박차를 가하게 되었다. 그리하여 7월 31일부로 미 군정청 문교부장에게 대학설립인가신청서를 제출했고, 8월 15일부로 연희대학교로 인가를 얻었다.

초대 총장에는 백낙준이 선임되었고, 10월 15일 군정청의 인가를 받았다. 정식 개교기념식은 10월 25일에 거행되었다. 이후 1947년 9월부터 1년 동안 백낙준이 미국을 방문하게 되자 김윤경이 총장대리로 활동하였다.

---

[2] 『연세대학교백년사 1 연세통사 상』, 서울: 연세대학교, 1985, 333~352쪽.

[3] 원한경은 1945년 11월 2일 미 군정청 고문관으로 임명되었다. 1946년 8월 군정청 검열국 총무에 이어 1947년 3월 문교부장 고문으로 활동하였다. 그런데 원한경은 미 군정청의 교육 정책을 비난하면서 군정청 당국자와 갈등을 빚은 끝에 1947년 9월 30일 고문관 직을 사직하였다. 이후 연희의 명예 교장 직을 맡았다가, 1951년 2월 20일 부산 동래에서 심장마비로 사망하였다.

2) 세브란스와 연세의 합동 논의 재개

양교 합동의 재논의

1946년 12월 30일, 백낙준(연희), 이용설(세브란스), 김활란(이화)이 합동을 위한 논의를 한 것으로 알려져 있다.[4] 이후 1947년 1월 19일, 교계 대표인 양주삼과도 논의하였다.

양교 교수회의의 논의

대한민국이 출범할 즈음 오랫동안 숙원이었던 세브란스와 연희의 합동이 본격화되었다. 1948년 7월 21일 개최된 연희대학교 교무위원회는 세브란스와의 연합을 위해 이순탁, 김선기, 정석해, 장기원, 민병태 5인에게 그 방안을 연구하도록 결정하였다. 1948년 11월 21일 세브란스에서는 임시 교수회를 개최하여 합동을 만장일치로 의결하였다. 얼마 후 연희에서도 임시 교수회가 개최되어 합동에 찬성하였다.

양교 교수회의 건의서

양 교수회의 합동 찬성에 따라 1948년 12월 13일에 양교 교수회 대표들의 연명으로 합동 결의서가 두 기관의 이사회에 제출되었다.

> (중략)
> 더구나 바야흐로 건국 교육의 방안이 마련되고 새로운 최고 학부의 면

---

[4] 『연세대학교백년사 1 연세통사 상』, 서울: 연세대학교, 1985, 399쪽.

모가 논의되어 사립 종합대학으로서의 응당 차지할 소임이 큼을 살필 때, 우리 양 대학 교수회원 일동은 여러 달 동안 중히 생각을 가다듬지 않을 수 없었으며, 이제야말로 양 대학 합동이 절대적으로 요청되는 바입니다. 그래서 감히 양 대학 이사회에 이를 건의하오니 잘 검토하시기 바랍니다.

기(記)

목적 1. 양 대학 창립 정신을 가일층 확충시킨다.

　　 2. 종합대학으로서 면목을 구비한다.

　　 3. 국내외의 공통 원조 대상이 되기에 편리를 위한다.

　　 4. 대학원 설치에 권위를 더한다.

방법 1. 양 대학 각자의 전통은 존속 유지시킨다.

　　 2. 합동으로 인하여 공통적 원조 대상이 되는 경우 외의 재정 경리는 종전대로 한다.

　　 3. 양 대학 현재의 명칭을 모양으로라도 살린다.

단기 4281(1948)년 12월 13일

세부란스의과대학 교수회 대표 김명선, 김상민, 이병현, 이병희, 조동수

연희대학교 교수회 대표 홍승국, 정석해, 장기원, 서두철

의예과의 연희 위탁

이와 같은 건의가 있은 후 1949년 3월 25일 개최된 세브란스 이사회에서는 합동에 관해 다음과 같은 보고가 있었다.

6. 본 세의대와 연대 합동에 관한 건

이후 양교의 합동 문제에 관하여 학장으로부터 그간의 경과보고가 있었다. 이 문제에 관하여 연구하기 위하여 양교에서 각각 3명씩의 위원을 선출하기로 하였다. 양교가 합동하는 원칙에 관하여 이사회에 안건을 제출한 결과, 합동 원칙에 한하여 이의가 없는 동시에 승인하기로 문창모 씨 동의와 박용준 씨의 재청으로 일치 가결되었다.

이 문제에 대한 연구위원으로서 본교 대표를 선출하니 ① 학장 이용설 씨, ② 부학장 김명선 씨, ③ 프레처 박사 3명이다.

1949년 5월 7일 개최된 세브란스의 이사회는 1948년 12월의 양교 교수회의 건의에 대해 미국의 협동재단이 적극 찬성하였으므로, 그 첫 단계로 "연희대학교에 남는 교실과 인문, 자연 양 계통의 교육 시설을 이용함으로써 얻을 수 있는 의예과 교육을 연희에서 시행, 즉 위탁교육을 할 것을 건의"하기로 의결하였다.

이에 연희의 이사회는 1949년 5월 12일 세브란스 의과대학의 의예과 2년 과정을 연희에 설치할 것을 승인하였고, 이를 계기로 설계가 완료되어 있던 과학관 건축에 박차를 가하며 합동으로 얻어질 인적·물적 자원으로 이학원에 생물학과를 설치하기로 의결하였다. 그리고 선교본부에 과학관 등의 건립을 위한 지원을 요청하였다.

이와 같은 결정에 따라 1949년 9월 1일 신학기부터 예과 모집에 나서기로 하였다. 그러나 문교부장관의 인가가 11월 15일부로 났기 때문에 실제 연희에서의 신입생 모집은 1950년도부터 이루어졌다.

양교 이사 교환

1949년 10월 28일 개최된 세브란스 이사회에서는 세브란스와 연희 사이에서 이사를 교류하는 안이 토의되었다.

> 1. 세의대와 연대 이사 교류에 관한 건
> 양교에서 이사 1명씩을 교류하되 본교 이사 대표로서는 이용설 씨를 연대 이사로, 연대 이사 중 대표로 백낙준 씨를 본교 이사로 추천하자는 건의가 있었고, 김춘배 씨의 동의와 박용준 씨의 재청으로 이를 통과시켰다.

하지만 1950년 6월 25일 터진 한국전쟁으로 양교의 본격적인 합동 논의는 다시 미루어졌다.

2. 한국전쟁과 합동의 실현

1950년 5월 4일 연희 총장 백낙준이 제2대 문교부장관으로 임명되자 5월 15일 김윤경이 총장서리에 임명되었다. 하지만 한 달여 후에 한국전쟁이 발발하여 침략해 오는 공산군을 피해 부산으로 피난 갈 수밖에 없었다. 세브란스와 이화도 부산으로 피난하였다.

1) 1950년 10월 28일 합동위원회와 1·4 후퇴

1950년 10월 28일 개최된 합동위원회 회의에는 양교 합동에 대한 다음과 같은 제안이 제출되었다.[5] 1929년 처음 도출된 두 개의 방안 중에서 연합대학교 안을 따르고 있음을 알 수 있다.

---

[5] 이 회의가 12월 28일 개최되었으며, 이화의 참여를 확인하기로 했다는 기록이 있다. 그런데 백낙준과 만젯이 10월 31일 김활란에게 편지를 보냈고, 11월 김활란이 이에 대한 답장을 보냈으므로, 이 회의는 10월 28일 개최된 것으로 판단하였다.

1. 대학교의 영어 명칭은 영어 'Chosun Christian University'로, 의과대학은 'Severance Medical College of C.C.U.'로, 병원은 'Severance Hospital'로 한다.

2. 한국 명칭은 _____로 한다.

3. 현재의 모든 이사는 사퇴한다.

4. 협동에 참여하고 있는 단체를 초청하여 새로운 재단의 이사들을 선임하며, 이전 이사진도 피선거 자격이 있다. 세브란스 의과대학 졸업생은 1975년까지 2명의 이사를 선임한다.

5. 새 재단은 정관에 따라 총장과 다른 보직자들을 선출한다.

6. 상무이사(Managing Director)의 직책은 폐지한다.

7. 재단은 재무 이외에 대학교의 업무 관리자(Business Manager)를 선임하는 것이 바람직하다.

8. 재단은 의료위원회를 선출하되, 가능하면 협동에 참여하는 선교부를 대표하는 최소한 2명의 의사를 포함하며, 이 위원회에는 학장과 병원장이 당연직으로 참여한다. 이사가 아닌 사람도 의료위원회에 선출될 수 있으나 위원장은 이사여야 한다.

9. 의료위원회의 위원장은 대학교 재단의 실행위원회의 당연직 위원이 된다.

10. 경비산출법을 적용해 여러 (단과)대학으로부터 경비를 각출한다.

11. 한 (단과)대학을 위한 기금과 지정 기탁은 어떠한 경우에도 다른 (단과)대학을 위해 전용하지 않는다.

12. 장기발전계획위원회는 대학교의 모든 (단과)대학의 요구를 경청하고 참작한다.

이날 회의에서는 이화의 김활란에게 합동에 동참할 의사가 있는지에 대해 문의하기로 하였다. 그런데 한국전쟁이 일어나기 전인 1950년 3월 15일 세브란스 이사회에서는 세브란스-연희뿐 아니라 이화도 합동하는 건에 대한 보고가 있었다.

5. 3개 대학(세대, 연대, 이대)의 합동에 관하여

이 3개 대학 합동 건에 관하여 연대의 백낙준 씨와 본교 학장 이용설 씨로부터 각각 그간의 경과 보고와 설명이 있었다.

하지만 한국전쟁이 터졌고 모두 부산으로 피난한 어려운 상황임에도 합동을 위한 논의가 계속되었다. 10월 28일의 합동위원회의 결정에 따라 10월 31일 백낙준과 만젯(F. P. Manget)은 이화의 김활란 총장에게 편지를 보내 연희와 세브란스는 1951년 초에 합동을 성취하려는데, 혹시 이화가 합동에 참여할 의사가 있는지 문의하였다. 전후 복구 사업과 발전을 위해 미국에서 기금을 확보하는데 한 기관으로 나서는 것이 훨씬 유리하다는 이유였다. 이것은 1929년 공식적인 논의에서 도출된 연합의 장점 중 하나였다.

이에 대해 김활란 총장은 11월 23일 답장을 통해 다음과 같은 견해를 밝혔다.

첫째, 이화는 근본적인 합동은 원하지 않는다. 이화의 창립 정신은 한국에서 독립적인 여자대학을 유지하는 것이다.

둘째, 하지만 최대한의 협동 및 공동 사업은 환영한다. 교수진의 교환이나 시설의 공동 이용은 이미 협동하고 있다. 공동 사업으로 공동의 강당, 중앙도서관 설립, 공동 대학원, 공동 연구실 등을 고려할 수 있다. 특히 이화로서는 과학 및 의학 분야에서의 협동이 절실하다.

셋째, 미국에서의 공동 기금 모금은 가능하고 또 바람직한 일이다.

하지만 얼마 후 중공군이 남하하는 바람에 다시 서울을 비우고 남쪽으로 후퇴해야만 했던 이른바 '1·4 후퇴'를 하게 되어 합동 논의는 다시 지연되었다.

2) 전시연합대학과 대학원 참여

전시연합대학

정부는 1951년 2월 '전시하 교육 특별조치 요강'을 공포하여 전시연합대학을 설치하였다. 세브란스의 학생들은 대다수가 부산의 전시연합대학에서 교육을 받았다. 그리고 어려운 가운데에서도 청도, 원주, 거제도 등에 구호병원을 설치하여 전쟁 중에 다치거나 병마로 고통 받는 국민들을 위해 헌신하였다.

한편 연희는 9·28 서울수복 후 11월 3일 서울에서 다시 개강했지만, 11월 말 중공군이 개입하자 12월 5일 다시 휴교하였다. 학교 본부는 부산에 차려졌고, 1951년 10월 3일 영도에 임시 교사가 차려졌다. 그사이 전시연합대학 등에서 교육을 받은 학생들도 있었다.

대학원

연희에는 1950년 6월 대학원이 설치되었다. 대학으로 승격된 세브란스는 단과대학이었으므로 대학원을 설치할 수 없었고, 당연히 박사를 배출할 수 없었다. 그리하여 세브란스는 박사를 배출하기 위해 연희대학원의 한 과로 의학과의 설립을 요청하였다.

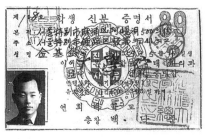

그림 5-1. 김기령의 연희대학교 대학원 의과 학생증

연희대학원은 한국전쟁으로 중단 상태에 있다가 1952년 1학기부터 영도의 가교사에서 속강되었다. 한영교에 이어 김윤경이 대학원장을 맡았고, 1953년 7월 당시 45명의 연구생 중 5명이 의학과에 등록하고 있었다. 의예과에 이어 대학원에서 부분적인 합동이 실현된 것이다. 이 5명이 누구인지 그리고 어떤 교육을 받았는지는 알려져 있지 않다.

실제 대학원 의학과는 1955년 7월 28일 인가되었다. 따라서 연세합동 이전에 배출된 의학 석사나 박사는 없다. 당시 의학과의 학생은 세브란스 졸업생으로 학장의 추천을 받은 사람만 입학할 수 있었다.

3) 1953~1954년 : 거듭된 합동 원칙의 확인

전시연합대학이 시작된 지 1년가량이 지난 즈음, 전세가 호전되고 전선이 38선 근방에 고정되자 세브란스는 전시연합대학에서 탈퇴하여 여러 대학 중 처음으로 서울에 복귀하여 1952년 6월 12일 개강하였다. 1953년 5월에는 거제도에서 임시 수업을 하던 간호학교가 서울로 복귀하였다.

의과대학이 서울로 복귀한 후인 1952년 10월 이용설이 학장에서 사임하고, 김명선이 새로운 학장에 취임하였다.

연희는 캠퍼스에 주둔하던 미군이 1953년 4월 철수하고 휴전이 된 이후, 일부 건물을 임시로 복구해 9월 14일 서울에서 개강식을 가졌다. 이즈음 1953년 10월 백낙준이 문교부장관에서 교체되어 총장으로 복귀하였다.

1953년 들어 전세가 어느 정도 안정되자 합동 논의가 다시 시작되었다. 1953년 4월 13일에 개최된 세브란스 이사회는 연희와의 합동과 관련하여 합동 원칙을 승인하고 연희 측과 절충에 나서기로 의결하였다. 양교의 합동을 두고 절충했던 내용 중에 가장 중요한 것은 새로운 대학의 명칭이었다. 당시 연희 측은 학교명을 '연희대학교 세브란스 의과대학'으로 개칭하기를 원했으나, 세브란스 측은 '연희'라는 명칭을 포기하고 새로운 교명을 채택할 것을 강경하게 주장하였다.

휴전 이후인 1953년 9월 4일에 개최된 세브란스 이사회는 백낙준 이사로부터 "그간 양교의 1차 위원 회합이 있었지만 구체적인 진전은 없었다"는 보고를 받았다. 이어 1954년 1월 28일의 이사회는 "합동 문제를 조속히 촉진하기 위하여 제1, 2, 3의 실천 단계를 작성하여 순차적으로 실천"하기로 결정하였다. 그리고 4월 21일에 개최된 이사회에서는 "합동 문제를 실행위원회에 위임"하기로 결정함으로써 합동에 한 발 더 다가섰다.

1954년 10월 13일 개최된 세브란스 이사회에서는 합동과 관련하여 양측 이사회는 즉시 합동이사회를 구성하고 1년 후에는 새로운 정관에 따라 이사의 수를 줄이기로 의결하였다. 그리고 '합동이사회와 관련된 일정'을 실행위원회로 넘겼다. 이와 함께 이사장 이용설이 세브란스 병원장으로 임명됨에 따라 연희대학교 총장 백낙준이 세브란스 이사회의 이사장으로 임명되었다.[6]

4) 전후 복구

합동 논의가 진행되는 동안 세브란스나 연희의 급선무는 전후 복구였다.

세브란스의 복구

세브란스의 경우, 의과대학은 건물의 85% 이상이, 시설의 거의 100%가 파괴되었다. 당시 시가로 총 피해액이 200만 달러에 상당하여 1904년 새 병원을 준공한 이후 반세기 동안 해외 원조기관, 동창, 교직원들이 심혈을 기울여 건설한 공든 탑이 하루아침에 무너져 버린 상태였다.

세브란스는 한국전쟁 이후 복구를 위해 모든 건물의 잔재를 제거하고 새 건물을 신축할 구상을 하였다. 하지만 건물 제거에도 막대한 금액이 소요되었고 장소도 협소하였다. 하는 수 없이 외부의 원조를 받아 건물과 시설 복구에

---

[6] Severance Union Medical College, Hospital, and School of Nurse. Minutes of Meeting of Board of Directors, Oct. 13th, 1954.

그림 5-2. 한국전쟁 중 파괴된 연희와 세브란스

노력하여 상당한 진전을 거두었다.

재건 작업은 1952년 2월 18일 선발대가 서울로 복귀한 이후, 미 제8군이 당시 시가 약 1억 환을 지원하여 병원 본관 및 사택 등 사용할 수 있는 건물들을 임시로 수리하는 것으로 시작하였다.[7] 그리하여 부속병원이 4월 1일 개원했고, 학교는 6월에 개강하였다. 이외에도 미 제1군단, 세계기독교봉사회, 미 제8군 CAC 등의 원조로 각종 건물을 수리했고, 학생들이 40만 환을 모금하여 남대문교회 자리에 약 50평의 단층 건물을 지어 학생회관으로 사용하였다.

1954년 봄에는 한미재단에서 5,000달러를 원조하여 구 정신병원 북쪽에 건평 약 25평의 연와건물 2개 동을 신축하여 의수족 환자 보행연습장과 환자 숙소로 사용하였다. 또 스트러더스(E. B. Struthers)의 주선으로 세계기독교봉사회로부터 4만 달러의 원조를 받아 학교 본관을 수리하여 1, 2층은 흉곽내과 진료소로 사용하고 3, 4층은 도서관으로 사용하였다.

이렇게 세브란스는 임시로 복구되었으나, 정부는 일제 시기에 계획이 잡혀 있던 학교를 가로지르는 큰 길(퇴계로)의 건설을 추진하고 있었다.

---

[7] 1953년 2월 17일 화폐 단위였던 원을 환으로 개혁했는데, 이때 100원을 1환으로 교환하였다.

그림 5-3. 임시로 복구된 세브란스

연희의 복구

1952년 12월 20일, 유네스코-운크라의 교육기획단장 코트랠(Donald P. Cottral)에게 보고했던 연희의 당시까지의 피해 상황은 다음과 같다(환율 변동, 피해에 포함 범위 등에 따라 액수에 변동이 있을 수 있음).

1. 피해 건물의 복구 자재액	16,590,000,000원
2. 피해 시설, 비품액	7,369,850,000원
3. 공사비	4,142,500,000원
합계	28,102,350,000원

5) 연희 부지 내 미 제8군 기념 흉곽병원 건설

전후 복구 사업에 정신이 없던 양교의 합동 추진에 큰 전기를 마련해 준 것은 미 제8군 기념 흉곽병원이었다.

흉곽병원 건축 제안이 있기 이전에 학교 본관의 수리를 주선했던 스트러더스는 와이스와 함께 100병상 규모의 결핵병원 설립 계획에 적극 나서고 있었다. 이미 1953년 10월경, 스트러더스는 조만간 연희와 이화 사이의 연희 부지에 세브란스의 새 병원이 지어질 수 있을 것이라 예상하고 있었다. 당시 백낙준 총장은 이들에게 새 병원 건립을 위한 공간을 제공할 수 있다는 의사를 밝힌 바 있었기 때문이다.[8] 스트러더스와 와이스의 이 계획에 결정적인 힘을 보탠 것이 바로 미 8군이 제안한 기념병원의 건립이었다.

한편 테일러(Maxwell B. Taylor) 장군은 미 제8군 기념병원 건립에 관심이 많았다. 이 병원은 미 제8군 사령관 테일러를 비롯한 군 수뇌들이 한국전쟁에서 산화한 미군들을 기념하기 위한 사업의 일환으로 추진된 것이다. 이 사실을 잘 알고 있었던 한미재단의 브룩스(Howard L. Brooks)는 1954년 8월 10일 김명선 및 와이스와 함께 세브란스의 장래에 대해 논의한 바 있다. 이후 와이스는 김명선과 함께 비공식적으로 연희의 백낙준 총장과 이에 대해 다시 논의했는데, 백낙준은 "병원 건립을 위한 대지가 무상(無償)이라는 점에 아무런 의문이 없다"라고 확언했으며, 만일 연희 어느 곳엔가 병원을 짓는다면 땅파기 작업할 때 나오는 석재도 무상으로 이용할 수 있다고 하였다.[9]

1954년 9월 7일 개최된 세브란스 이사회 실행위원회에서는 9월 이내에 연희이사회에서 세브란스 새 병원의 건립을 위한 부지를 제공해 줄 수 있는지에 대한 답변을 공식적으로 요청하기로 하였다.

이어 10월 7일 개최된 세브란스 이사회 실행위원회에서 와이스는 미군 당국으로부터 전쟁 기념병원의 건립을 위해 40만 달러에 상당하는 건축 자재와 장비를 지원하겠다고 알려 왔다고 보고하였다.[10] 그리고 이 기금은 미군 당국이 한국에서 가장 시급하다고 판단되는 흉곽외과를 위해 사용해야 한다고 요구했으며, 로빈슨 장군, 클리랜드 대령(Col. Cleland), 리바스 대령(Col. Rivas)이 이 문제를 두고 장시간 논의했고, 현재의 세브란스와 연희 부지를 둘러본 후 연희 부지를 선호한다고 보고하였다. 세브란스 이사회에서 미 제8군 기념병원

---

[8] E. B. Struthers, Letter to Rowland M. Cross, (Oct. 23rd, 1953).

[9] Ernest W. Weiss, Letter to Eugene Smith, (Sept. 11th, 1954).

[10] Ernest W. Weiss, Letter to Eugene Smith, (Sept. 11th, 1954).

이 정식으로 논의된 것은 1954년 10월 13일 회의였다.

드디어 1955년 1월 22일 연희이사회는 합동을 전제로 미 제8군 기념 흉곽병원을 연희 교내에 신축하는 것을 수락하였다. 그리하여 4월 23일 미 제8군 흉곽병원 건립을 위한 역사적인 기공식이 열렸다.[11] 이 병원은 철근 콘크리트 5층 건물로, 연건평이 3,500평이었다.

그림 5-4. 흉곽병원 기공식의 첫 삽을 뜨고 있는 미 제8군 사령관 렘니처 장군

착공 후 1년 동안 새 병원의 건설이 순조롭게 진행되었다. 그 와중에 아시아 기독교고등교육 연합재단은 1956년 4월에 이 기념병원에 덧붙여 의과대학 부속병원의 부대 시설과 외래 진찰소 등을 건축하여 동양 최대의 종합 의료원을 건축하기로 결정하였다.

6) 세브란스 동창회의 합동 반대

합동이 진행되고 있을 즈음 미국에서 유학 중이던 세브란스의 두 교수가 미국 북장로회 해외선교본부로 보낸 편지는 상당히 의미 있는 것이었다. 합동에 대한 세브란스 동창들의 정서를 제대로 표현하고 있었기 때문이다.

우선 1949년 미국으로 유학을 떠난 조동수(소아과학, 1931년 졸업)는 1952년 3월 뉴욕에서 미국 북장로회로 다음과 같은 내용의 편지를 보냈다.

---

[11] 당시 테일러 장군이 부재중이어서, 렘니처(Lyman Lemnitzer) 장군이 대신 첫 삽을 떴다.

그림 5-5. 연세의료원 건축 광경(1960년 5월 15일 촬영)

기독교대학교의 설립 : 서울의 모든 기독교대학으로 구성된 기독교대학교의 설립과 관련하여, 세브란스의 모든 구성원은 만장일치로 그 제안에 동의하고 있으며, 세브란스와 연희 사이에 이루어진 진전에 대해 만족하고 있습니다. 우리 모두는 이화와 감신대가 조만간 함께 연합하기를 기대하고 있습니다.

하지만 한 가지 지적해야 할 점이 있습니다. 그것은 연합에 충분한 융통성이 있어 각 단과대학의 발전이나 활동이 제한되지 않아야 한다는 점입니다. 이것을 제가 굳이 언급하는 이유는 많은 비전문적 대학에 비해 의과대학은 상당히 많은 재정이 필요하다는 점을 이해할 수 있을까 하는 점 때문입니다.[12]

또한 1948년 졸업생으로 미국에서 연수를 받고 있던 이삼열의 1955년 12월

---

[12] Dong Soo Cho, Memorial for Severance Union Medical College, (Mar. 13th, 1952).

25일자 편지는 합동과 관련하여 세브란스 교수들의 입장을 보다 구체적으로 분명하게 보여 주고 있다.

> 세브란스 졸업생들의 합동 반대와 관련하여 귀하(미국 북장로회 플렛처 총무)의 해석은 정확합니다. 즉, 세브란스 졸업생들은 (서울)시 외곽에 세브란스 새 병원의 건축에 반대하는 것이 아닙니다. 그렇다고 세브란스 새 병원의 건축이 세브란스에 분명한 이점을 가져다주는 것은 아닙니다. 저는 휴가 중에 남부 주를 방문해 여러 동창들을 만났습니다. 우리는 세 곳에서 다른 동창들과 이 문제에 관해 논의했습니다. 그들은 저와 매우 진지하고 심각하게 논의했으며, 그래서 미국에 체류하고 있는 세브란스 동창들이 이 계획에 대해 갖고 있는 생각을 설명하고자 합니다.
>
> 저는 개인적으로 한 가지 견해를 묻고자 합니다. 총무님께서는 새 대학교의 총장이 일반 대학 교수 월급의 3배인 의과대학 교수(전임으로 근무하는 의학박사)들의 월급을 보장할 수 있을 것이라고 생각하십니까?[13]

이렇게 많은 동창들의 생각과 세브란스 이사회의 결정에 괴리가 생긴 상황에서 세브란스 동창회는 합동에 반대하고 나섰다.

1955년 4월 25일, 박용래 동창회장이 참석한 가운데 세브란스 재경 동창회가 개최되어 연희와의 합동 문제를 두고 격론을 벌였다. "오랜 역사와 모교의 전통을 살리기 위해 연희와 합동할 수 없다"는 결론에 도달했고, 이를 계기로 세브란스를 종합대학교로 승격시킬 수 있는 방안을 검토하기로 의견을 모았다.

이어 4월 30일에 개최된 세브란스 동창회 긴급 임시 총회는 합동을 반대하며, 이의 관철을 위해 9명으로 구성된 합동 반대 대책위원회를 조직한다는 것과 독자적인 종합대학교 건설을 요구한다는 결의문을 채택하고, 5월 재단이사

---

[13] Samuel Y. Lee, Letter to Archibald G. Fletcher (Sec., PCUSA), (Dec. 25th, 1955).

회에 통고하였다. 이에 더 나아가 9월 9일 한국일보에 세브란스 동창, 교수, 재학생 일동의 명의로 다음과 같은 '합동 반대 성명서'가 게재 광고되었다.

성 명 서

세·연 양 대학 병합 문제에 대하여 기왕 성명한 바도 있거니와 우리 동창회 내 세·연 병합 반대위원회는 반대 방침을 계속 추진 중 수년 내 이사회 경과를 명백히 하여 소기 목적을 완수코자 동창 대표 이사 3명의 연서로 임시이사회 개최를 이사장에게 요청하였던바 이사회 내 실행위원회는 이 요청을 거부하고 실행위원 대 동창 이사 연석 회합으로 대체하여 병합을 주장하는 자기들의 소위 설득 운동을 시도코자 본월 구일 오전 9시에 초청한 바 있어 동창 대표 이사 3명이 연석 토의 중 소위 실행위원 중 병합 추진파 대 동창 대표 이사 간 일문일답이 공개되어 합법적이라고 주장하고 소위 과거 이사회 결의문 운운은 그 내용 및 당시 이사 명단에 전혀 불합치한 허위 기록 나열에 불과하므로 이러한 기록 허위성을 ○○히 지적 규탄하자 합병 추진 이사 수 명이 중도 퇴장하여 연석회의는 결렬되고 말았다.

이 합의 결과를 주시 중이던 다수 동창들은 이사회 기록의 허위 날조된 사실을 의법 제소할 것을 결의하고 별도 모교 강당에서 동창생 교수진 재학생들의 합동회의가 열려 만장일치로 결의된 바를 좌에 열거 성명한다.

기(記)

1. 야욕과 사기로서 신성한 학원을 정치 도구화하려는 분자를 모교에서 축출하자.

1. 학교 재단을 낭비 착복한 분자를 박멸하자.
1. 70년래 과학과 인술의 전당인 모교를 연대 예속으로 책동하는
   분자를 제거하자.
1. 모교를 주체로 한 종합대학 창설을 주장한다.
1. 우리는 목적 달성할 때까지 결사투쟁하자.

단기 4288(1955)년 9월 9일

동창, 교수

세브란스 의과대학   재학생 일동

7) 자율권, 정관 제6장 그리고 합동의 실현

양교 이사회에서 합동에 원칙적으로 합의한 이후 1954년 4월 30일 연희에
서는 양교가 새 대학교의 정관 초안 작성을 위해 위원회 구성을 제의한 것으로
알려져 있다. 이후 1954년 후반기에 정관 초안이 작성되었는데, 대체로 연희대
학교의 정관을 다소 수정한 것이었다. 아무래도 단과대학인 세브란스의 정관
보다 종합대학인 연희의 정관이 새 정관의 초안을 작성하는 데 용이한 점이 많
았기 때문이다.

1955년 3월 23일의 합동이사회

이날 개최된 합동이사회에서 세브란스의 김명선 학장은 합동과 관련하여
다음과 같은 원칙을 제시하였다.

1. 세브란스 동창회의 재단 파송이사는 2명에서 3명으로 늘려야 한다.

2. 양 재단은 일정 기간 동안 유지해야 한다.

3. 병원과 관련된 의료 업무를 위한 의료위원회를 구성해야 한다.

이날 합동이사회에서는 학교 명칭과 일부 사항을 제외하고 새 대학교의 정관에 대체적인 합의를 보았다.

1956년 4월 24일의 합동이사회

1956년 4월 24일 합동이사회가 개최되었다.[14] 이날 회의에 참석한 세브란스 동창회의 파송이사 박용래, 정기섭, 정진욱은 "우리들을 파송한 세브란스 동창회가 양교 합동에 반대하고 있으며, 우리들의 의사가 이 회의에서 반영되지 않는다"며 퇴장하였다. 이들이 퇴장한 가운데 처음으로 양교의 학사 보고와 교수의 승급 심사가 진행되었다. 아직 정식 합동을 하지 않은 상태였지만 양교의 학사 문제를 처음으로 공동 논의한 것은 중요한 진전이었다.

이날 회의에서 세브란스의 김명선 학장은 흉곽병원 옆에 종합병원 건축을 위한 재원을 확보하기 위해 세브란스 재산의 일부를 매각할 수도 있다는 의견을 내놓았고, 실행위원회에 회부하기로 결정하였다. 또한 합동의 전망과 걸림돌이 논의되었다. 이날 참석자들은 양교의 현재 명칭을 포기하고 새 명칭을 채택하자는 데 의견을 모았는데 동명, 신민, 태백, 한경 등이 제안되었고 계속 논의하기로 하였다.

---

[14] Minutes of the Joint Meeting of the Boards of Mangers of the Chosun Christian University and Severance Union Medical College, Apr. 24th, 1956.

에비슨 사망

이렇게 합동과 관련하여 상당한 진전이 이루어졌으나, 학교 명칭이 정해지지 않았고 세브란스 동창회가 합동에 반대하는 와중에, 양교의 발전에 가장 큰 역할을 한 에비슨이 1956년 8월 28일 96세로 사망하였다. 전임 교장 에비슨을 기리기 위해 양교는 추도식을 거행하였다.

교명 논의

7월 5일에 개최된 합동이사회에서는 새 교명에 대한 투표가 진행되었다. 그 결과 '신민(新民)'이 6표, '기독(基督)'이 5표, '한국기독'이 2표였으며, 기타 '동명(東明)', '태백(太白)', '한경(韓京)'이 있었다. 이에 신민과 기독을 대상으로 2차 투표를 한 결과 '기독대학교'가 8표로 6표를 받은 '신민대학교'를 젖히고 새 대학교의 명칭으로 결정되었다. 하지만 많은 이사들이 불참했으므로 이를 확정하지는 않았다.

한편 1956년 10월 9일 개최된 연희동문회의 임원회는 모교 이사회에 새 대학교의 명칭을 '연세'로 하자고 건의하였다.

1956년 10월 16일의 합동이사회

연세합동과 관련된 논란에 종지부를 찍은 것은 1956년 10월 16일의 합동이사회였다. 이 회의에 참석한 세브란스 동창회의 최영태(정기섭 대리)는 세브란스 동창들은 기관의 발전을 염원하고 있으며, 다만 '재정 및 인사'와 관련해서 보장을 해 준다면 합동에 반대하지 않을 것이라 믿는다고 발언하였다.

이에 대해 백낙준은 '보장'이란 다름 아닌 '재정 및 인사의 자율권'일 것인데, 이미 1950년 12월 28일 제시된 12개 조항과 다르지 않다고 지적하였다.

또한 학교 명칭과 관련하여 이전 회의에서 다수의 표를 받은 '기독'과 연희동문회에서 제안한 '연세' 중에서 선택하자고 발의되었고, 결국 만장일치로 '연세'로 결정되었다.

또 하나 중요한 점은 병원 건축 후 연희로부터의 사택 5채 구입, 추가 부지 매입 등에 관한 논의가 오가던 중, 원일한이 "연희 캠퍼스에 세브란스가 사용하는 부지에 대해 사용료를 부과할 의도가 전혀 없다"고 선언한 점이었다.

이상과 같이 이날 회의는 합동의 걸림돌을 모두 제거한 매우 건설적인 회의였다. 이를 바탕으로 정관 초안에 제6장이 추가되었다.

1956년 10월 22일의 합동이사회

10월 22일에 개최된 합동이사회의 주요 의제 중 하나는 '연세대학교' 재단 기부행위에 대한 논의였는데, 그사이 다소 변경된 부분만 토의하여 최종 기부행위를 의결하였다.

연세대학교 정관 제6장

최종 기부행위에 추가된 제6장은 바로 '단과대학위원회'였다. 이 '단과대학위원회'를 추가함으로써 최영태가 요구했던 '재정 및 인사의 자율권'을 보장하려 했던 것이다.

제6장 단과대학위원회

제28조 본 법인이 경영하는 대학교에 소속된 단과대학으로서 본 법인 소유 기본재산 총액의 100분의 5 이상을 해당 대학의 지정 재산으로 가진 단과대학에는 단과대학위원회를 둔다.

제29조 단과대학위원회는 5명 이상 11명 이내로 하되 대학교 총장과 그 단과학장은 예겸위원이 된다.

전항 위원의 과반수는 반드시 이사 중에서 선출하여야 하며, 이사 아닌 위원은 반드시 본 법인 구성 기관 소속 인물 중에서 선출됨을 요한다.

제30조 단과대학위원회의 예산, 학장, 교수, 부교수와 기타 이와 동등한 간부 직원의 임명에 관한 사항 및 그 위원회에 관한 세칙은 이사회의 승인을 얻어 당해 위원회에서 정한다.

합동이사회가 열리기 직전에 작성된 다음의 문서는 기부행위에 제6장이 추가된 배경을 알려 준다. 즉, 의과대학은 새로운 대학교의 한 부분이 분명하지만 자율적으로 운영될 것이라는 점이었다.

세브란스는 연희대학교와 합동하여 출범할 대학교의 온전한 단위, 그러나 자율적인 단위이다.[15]

원일한의 견해

원일한(호러스 G. 언더우드)은 1956년 10월 25일 미국 협동재단의 퍼거슨에게 보낸 편지에서 양교의 합동이 최종 결정되었으며, 그 이유는 '의과대학의 자율권 보장을 위한 정관 제6장의 추가' 때문임을 밝혔다.[16]

---

[15] Assumptions, Severance, Sept. 17th, 1956.

[16] 연석위원회는 1918년 세브란스 의학전문학교와 조선기독교대학(연희전문학교)을 후원하기 위한 조선기독교교육 협동재단(Cooperating Board for Christian Education in Chosen)으로 재탄생하였다. 이 재단에는 미국 남·북 장로회, 남·북 감리회, 캐나다 장로회가 참여했으며, 뉴욕에 본부를 두었다. 이 재단은 뉴욕 주 법에 의해 1928년 10월 30일 정식 등록되었다. 당시 이사장에 존 T. 언더우드, 부이사장에 알프레드 갠디어와 윌러드 G. 크램이, 총무에 어니스트 F. 홀이, 재무에 조지 F. 서더랜드가 각각 임원으로 임명되었다. 그리고 언더우드, 프랭크 M. 노스, 아서 J. 브라운, 서덜랜드, 홀로 실행위원회를 조직하고, 존 L. 세브란스, 언더우드, 서덜랜드, 홀로 재정관재위원회를 조직하였다.
한편 1922년 중국의 13개 대학 및 대학교의 기독교 교육에서 연합 사업을 위해 중국 기독교고등교육 연합재단(United Board for Christian Higher Education in China)이 조직되었다. 그런데 1951년 중국에서 사업을 계속할 수 없게 됨에 따라 연합재단이 중국 본토 이외의 지역의 대학에 지원하게 되면서 1956년 1월 27일 아시아 기독교고등교육 연합재단(United Board for Christian Higher Education in Asia)으로 명칭이 바뀌었다.

```
                                          /Kown Intitution...
                                          Chosun Christian University
                                          Seoul, Korea
                                          25 October 1956

Cooperating Board for Christian Education in Chosen,
150 Fifth Avenue
New York 11, N. Y., USA                              NOV 5 1956

Dear Miss Ferguson:                                 SECRETARY

     I am sure that you and the rest of the Board will be as pleased as
we are to know that at a joint meeting of the CCU and Severance Boards
on Monday they unanimously voted to adopt the new constitution for the
new (YONSEI) University.  You will see that a Chapter VI has been added
to the former draft to provide a degree of autonomy for the medical
school.  It is not specified as the medical school, but is the only one
that would qualify at the present time.

     The unanimous vote was because the three Severance alumni repre-
sentatives did not attend the meeting.  However, their attitude has
changed greatly and at a meeting of the alumni association on the
23rd they withdrew their objection to union.  In any case, the prepon-
derance of the Board was prepared to go ahead without the Severance
alumni.
```

그림 5-6. '의과대학의 자율권 보장을 위한 정관 제6장의 추가'로 합동이 성사되었음을 담은 원일한의 편지

지난 월요일(10월 22일) 연희와 세브란스의 연석 재단이사회에서 새 (연세) 대학교의 새로운 정관을 만장일치로 채택했다는 것을 알게 되어 귀하 및 재단의 나머지 분들이 기뻐하실 것으로 믿습니다. 귀하께서는 의과대학의 자율권을 보장하기 위해 정관 초안에 제6장이 추가된 사실을 아실 것입니다. 그것은 의과대학이라고 특정되어 있지 않습니다만, 현재 그 조건을 충족하는 유일한 대학이 의과대학입니다.

만장일치는 세브란스 졸업생 파송이사가 회의에 참석하지 않았기 때문입니다. 하지만 그들의 태도는 크게 바뀌어, 23일 개최된 동창회는 합동 반대 의사를 철회하였습니다.[17]

협동재단은 1956년 9월 아시아 기독교고등교육 연합재단과의 합동 가능성을 타진하였다. 협동재단과 연합재단의 합동 합의서는 1957년 1월 23일 승인되었고, 이후 아시아 기독교고등교육 연합재단으로 합체되었다. 연합재단은 이후 대만, 홍콩, 일본, 한국, 필리핀의 몇몇 대학을 지원하였으며, 1970년대 들어 태국, 인도네시아, 인도, 기타 몇 나라에서 사업을 시작했고, 1980년부터 중국에서 활동을 재개하였다.

[17] Horace G. Underwood, Letter to Ferguson, (Oct. 25th), 1956.

대학교 설립의 법적 절차

이렇게 연희와 세브란스의 합동 결정으로 새로운 대학교 '연세'대학교의
출범을 추진하게 되었다.

1956년 10월 22일 합동이사회에서 학교명 및 정관에 대해 원만한 의결이
이루어지자, 11월 22일 합동위원회가 다시 개최되어 '재단법인 연세대학교 기
부행위'가 최종 만장일치로 통과 승인되었다. 이어 12월 21일에는 연희대학교
를 연세대학교로 명의 변경할 것, 세브란스 의과대학은 연세대학교에 재산 일
체를 통합할 것, 연세대학교는 연희대학교와 세브란스 의과대학 재산을 양수
하는 절차를 밟을 것을 결의하였다.

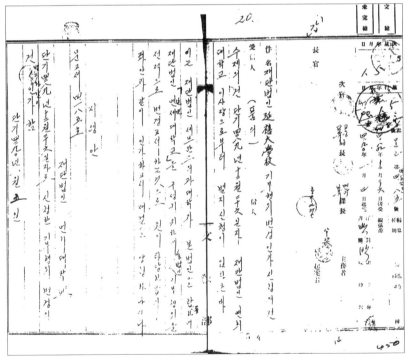

그림 5-7. 문교부의 기부행위 변경 인가 문서

여기서 유의할 점은 '연희'가 단순히 '연세'로 바뀐 것이 아니란 점이다. 연희가 단순히 연세로 바뀐 것이라면, 연희의 재산을 연세로 넘길 필요가 없기 때문이다. 또한 세브란스가 재산을 넘긴 것은 연희가 아니라 새로이 설립되는 연세였다. 엄연히 법적으로는 이전의 연희와 연세는 전혀 다른 재단이었으므로, 다시 말해 운영 주체가 변경된 것이었으므로 연희와 세브란스의 재산 모두를 연세로 넘긴 것이었다.

합동이사회는 김명선(세브란스)과 원일한(연희)을 교섭위원으로 선출하여 문교부와 서울지방법원에 그 수속을 밟게 하였으며, 재단법인 연세대학교 이사는 임기가 만료될 때까지 현재의 연희대학교와 세브란스 의과대학 이사 전원으로 구성하기로 의결하였다. 이 의결에 따라 12월 21일부로 서울지방법원에 이사 명단을 등기하였다.

드디어 1957년 1월 5일 문교부는 연희대학교와 세브란스 의과대학의 합동을 정식 인가하였다. 그 인가서의 내용은 다음과 같다.

문교 제4184호

재단법인 연희대학교

단기 4289년 12월 26일자로 신청한 연희대학교의 명칭을 연세대학교(延世大學校)로 변경의 건을 인가함.

단기 4290년 1월 5일

문교부 장관 최규남

문교부의 정식 인가를 얻은 직후 1957년 1월 19일자로 서울지방법원에 등기를 완료했으며, 3월 25일에는 연희와 세브란스의 마지막 합동이사회를 개최하여 합동이사회의 해산을 선포하였다. 그리고 새로운 '재단법인 연세대학교 이사회'를 구성하였다. 새로운 이사회는 이날 제1회 정기 이사회를 개최하고, 이사장과 총장에 백낙준을 선임하였다. 그리고 최현배와 김명선이 부총장에 임명되었다.

신설 의과대학장 김명선이 부총장에 임명되자, 조동수가 후임 의과대학장에 임명되었다.

3. 연세대학교의 정관과 의과대학위원회

이상과 같이 수십 년 동안의 논의 끝에 연세가 탄생하였다. 연세는 두 기관이 합동하여 탄생한 것이었고, 특히 세브란스 측은 교육과 관련된 부서, 진료부서를 모두 이전해야 하는 입장이었다. 최영태가 지적했듯이 세브란스의 '재정과 인사의 자율성'이 어떻게 보장되어 있는가는 매우 중요한 사안이었다.

이 자율성은 연세의 정관과 그 규정에 따라 구성된 의과대학위원회와 깊은 관련이 있다. 이 두 부분을 간단히 살펴보자.

1) 연세의 정관

새 대학교의 정관에서 '제6장 단과대학위원회'를 제외하고 중요한 점은 다음과 같다.

제3장 자산 및 경리

제6조 전조의 자산 중 재단법인 세브란스 의과대학이 소유하였던 재산은 별도
회계로서 이를 경리한다.

공통 사용되는 운영비의 비율 및 특히 지정함이 없이 추가되는 재산이
있을 때는 그 추가된 재산의 소속과 용도는 이사회가 이를 정한다.

제8조 본 법인이 타인 또는 타 단체로부터 재산의 기증을 받거나 기부금을 체
납코자 할 때에는 조건의 유무를 막론하고 용도의 지정이 있을 때에는

지정된 용도 이외에 사용할 수 없다.

즉, 세브란스의 소유 재산은 별도 관리하여 재정적 자율권을 보장한 것이었고, 지정 기탁의 경우 타 용도로 사용하지 않는다는 것은 기탁 혹은 기부의 보편적인 원칙을 채용한 것이다.

그런데 제6조를 규정하게 된 다른 이유도 있었다. 『연세대학교백년사』에는 다음과 같은 설명이 있다.

> 연희·세브란스 양교의 합동을 위해 새로 결정을 본 '재단법인 연세대학교 기부행위' 제5조와 제6조에 의하면 양교 재단은 원칙적으로 통합하되 현재 양교가 보유하고 있는 재산의 귀속은 당분간 유보시키고 임시 조치로 양교가 각자 개별적으로 관할하도록 하였다. 이것은 이미 설정된 재단 기금의 지정된 사용 목적을 변경할 수 없기 때문이었다. 따라서 세브란스 의과대학의 재산은 연세대학교 의과대학 및 부속병원과 간호학과의 운영하에 별도 회계로 경리하게 되었다. 그러므로 이사회의 전적인 감독과 승인을 얻어야 함은 물론이었지만 실질적으로 재정은 물론 학사 및 행정 업무 등 모두가 의과대학위원회의 전관하에 두어지게 됨으로써 연세대학교의 운영은 이원 체제하에 놓이게 되었다. 하지만 기부행위 제6조의 규정에 따라 용도에 대한 지정 없이 연세대학교 명의 앞으로 기증되는 재산은 그 배속과 용도를 이사회가 전결할 수 있게 되었다. 그러나 의과대학의 경우 시설과 기금 등 거의 모두가 사용 목적을 분명히 한 외국 원조에 의한 것이었던 만큼 위와 같은 이원 체제는 불가피한 것이었다. 이와 같은 관계 때문에 기부행위 제6장에 단과대학위원회 조항이 설정되고, 이 조항에 의해 본교의 유일한 단과대학위원회인 의과대학위원회가 구성되었으며, 뒤이어 이 위원회의 세칙이 만들어져 그 운용과 기능이 명문화하게 되었던 것이다.[18]

18 『연세대학교백년사 1 연세통사 상』, 서울: 연세대학교, 1985, 575쪽.

2) 의과대학위원회

앞의 조항이 주로 재정적 자율권과 관련된 것이라면, 의과대학위원회는 재정은 물론 인사의 자율성과 관련된 중요한 조항이다. 의과대학위원회는 예산 및 교직원의 임명을 관할하는 실제적으로 중요한 기구였다.

연세 창립 당시 의과대학위원회는 11명의 위원으로 구성되었다.

캐나다 연합회	무어(James Moore)
미국 북장로회	스코트(Kenneth M. Scott)
미국 북감리회	와이스
대한예수교 장로회 총회	김상권
대한감리교 총리원	김광우
미국 남장로회	코딩턴(Herbert A. Codington)
호주 장로회	맥켄지(Helen P. Mackenzie)
감리교 여선교회	모스(Barbara Moss)
동창회	최영태
당연직(총장)	백낙준
당연직(부총장)	김명선

의과대학위원회의 기능은 다음과 같다.

1. 의과대학·부속병원·간호학과의 예산을 심의하고 이사회에 제출하는 일
2. 의과대학·부속병원·간호학과에 대한 재산 감사와 보고를 하는 일
3. 학장, 교수, 병원장, 부교수, 간호학 과장 및 이와 동등한 타 직위의 간부 직원의 임명에 대하여 이사회 제출을 위한 심의를 하는 일
4. 기타 이 위원회에 위촉하여 제안케 한 사항을 심의하는 일

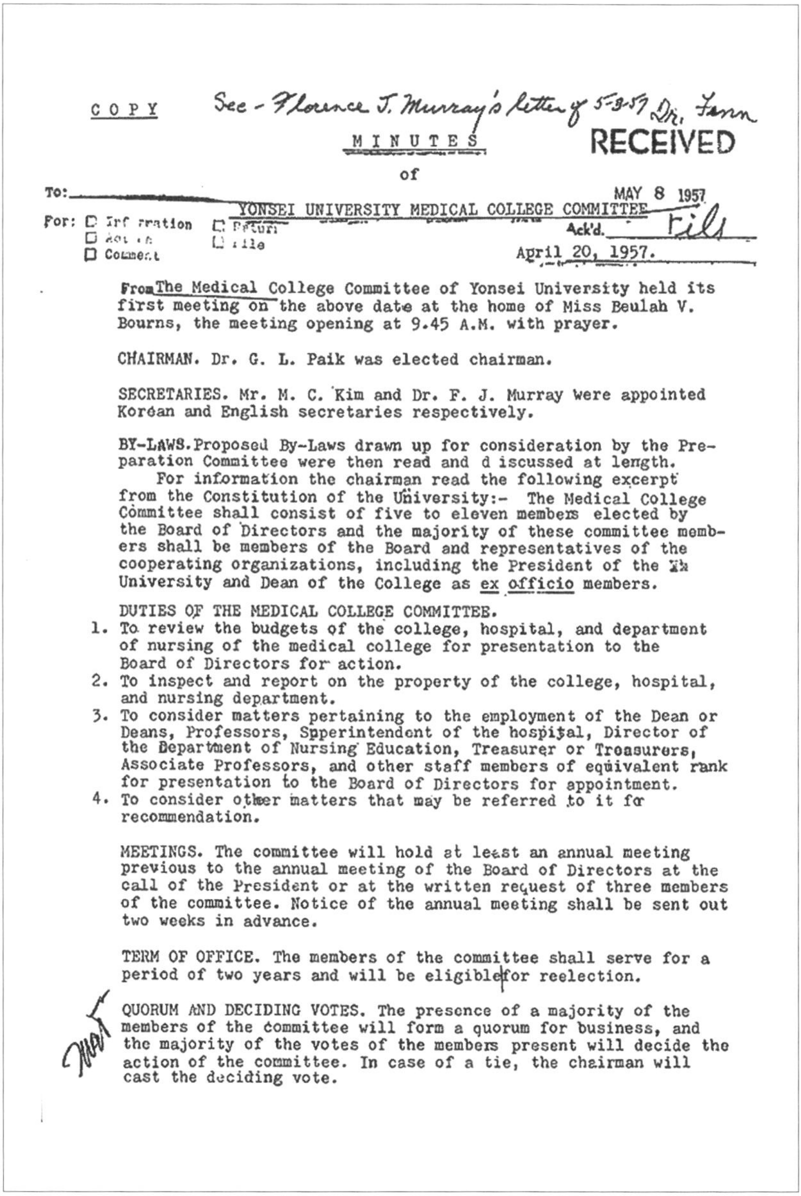

See - *Florence J. Murray's letter of 5-3-57 Dr. Fann*

<u>M I N U T E S</u>

RECEIVED

of

<u>YONSEI UNIVERSITY MEDICAL COLLEGE COMMITTEE</u>

MAY 8 1957

Ack'd. ___ File

April 20, 1957.

From <u>The Medical College Committee of Yonsei University held its
first meeting on the above date</u> at the home of Miss Beulah V.
Bourns, the meeting opening at 9.45 A.M. with prayer.

CHAIRMAN. Dr. G. L. Paik was elected chairman.

SECRETARIES. Mr. M. C. Kim and Dr. F. J. Murray were appointed
Korean and English secretaries respectively.

BY-LAWS. Proposed By-Laws drawn up for consideration by the Pre-
paration Committee were then read and discussed at length.
    For information the chairman read the following excerpt
from the Constitution of the University:- The Medical College
Committee shall consist of five to eleven members elected by
the Board of Directors and the majority of these committee memb-
ers shall be members of the Board and representatives of the
cooperating organizations, including the President of the Th
University and Dean of the College as <u>ex officio</u> members.

DUTIES OF THE MEDICAL COLLEGE COMMITTEE.
1. To review the budgets of the college, hospital, and department
   of nursing of the medical college for presentation to the
   Board of Directors for action.
2. To inspect and report on the property of the college, hospital,
   and nursing department.
3. To consider matters pertaining to the employment of the Dean or
   Deans, Professors, Superintendent of the hospital, Director of
   the Department of Nursing Education, Treasurer or Treasurers,
   Associate Professors, and other staff members of equivalent rank
   for presentation to the Board of Directors for appointment.
4. To consider other matters that may be referred to it for
   recommendation.

MEETINGS. The committee will hold at least an annual meeting
previous to the annual meeting of the Board of Directors at the
call of the President or at the written request of three members
of the committee. Notice of the annual meeting shall be sent out
two weeks in advance.

TERM OF OFFICE. The members of the committee shall serve for a
period of two years and will be eligible for reelection.

QUORUM AND DECIDING VOTES. The presence of a majority of the
members of the committee will form a quorum for business, and
the majority of the votes of the members present will decide the
action of the committee. In case of a tie, the chairman will
cast the deciding vote.

그림 5-8. 1957년 4월 20일에 처음으로 개최된 의과대학위원회 회의록

이 위원회는 이사회의 연례회의가 열리기 전 최소한 1번 개최하며, 총장 혹은 3명 이상의 위원의 요청에 의해 개최할 수 있었다. 효율적인 업무를 위해 의과대학위원회 산하에 실행위원회를 두되, 총장, 의무부총장 그리고 3명의 위원으로 구성하며, 의과대학위원회에서 위촉된 사항들을 처리하도록 하였다.

최초로 구성된 실행위원회 명단은 다음과 같다.

김명선, 와이스, 최영태, 총장(당연직), 머리

의과대학위원회의 세칙을 개정할 경우에는 이사회의 결의를 거치도록 규정하였다.

4월 20일 개최된 이사회 특별회의에서는 의과대학 학장(조동수)과 세브란스 병원장(이용설), 간호학과 과장(홍신영)을 추가로 의과대학위원회의 당연직 위원으로 임명하였다.

4. 연세의료원의 출범과 의료원위원회

미 제8군 기념 흉곽병원의 건설이 진행되고 있던 1956년 3월, 아시아 기독교고등교육 연합재단은 부속병원, 부대 시설, 외래 진료소 등을 더 건축하기로 결정하였다. 이에 덧붙여 1957년에는 차이나 메디컬 보드(China Medical Board, 이하 CMB 혹은 재단으로 줄여서 사용)가 의과대학 교사의 신축을 도왔고, 미국 연합장로회 및 캐나다 연합교회의 해외 여자 전도회의 도움으로 간호원 기숙사를 건립하였다. 이외에도 소아마비재활원이 건립되었다.

이와 같이 여러 건물이 신축되자 1962년 의과대학과 병원이 신촌으로 이전했고, 6월 5일 동양 최대의 연세의료원이 출범하였다. 1955년 흉곽병원 건물의 착공을 시작으로 7년여 동안 연인원 3만여 명과 공사비 300만 달러가 투입된 결과였다. 이에 따라 의과대학위원회도 의료원위원회로 변경되었다.

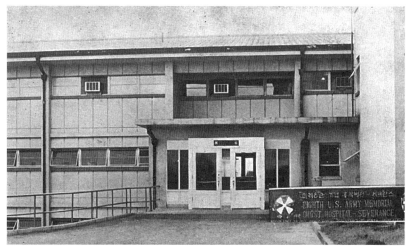

그림 5-9. 미 제8군 기념 흉곽병원

1) 흉곽병원 및 부속병원

기념병원의 공사가 순조롭게 진행되던 1956년 4월 아시아 기독교고등교육 연합재단은 기념병원 옆에 철근 콘크리트 건물로 연건평이 3,700평인 부속병원, 부대 시설, 외래 진료소 등을 더 건축하기로 하였다.

그런데 1956년 10월경 예기치 못한 환율 문제가 발생하면서 기념병원의 공사가 일시 중단되었다. 이 위기는 아시아 기독교고등교육 연합재단과 정부 당국의 원만한 타협으로 해결되어 1958년 3월부터 공사가 계속되었으며, 미 제8군 기념 흉곽병원 자체는 1958년 6월 28일 일단 완공되었다.

이와 같은 공사의 중단은 보다 완벽한 의료원을 위해 건설 계획을 충분히 재검토할 수 있는 기회를 제공하였다. 그동안 급수 및 배전 시설의 일원화, 간호학교 및 간호원 기숙사의 신축 계획 등의 문제를 면밀히 재검토한 끝에 당초 계획보다 더 완벽한 설비를 갖추기로 결정하고, 건축 설계의 변경 및 자금 조달에 나섰다.

그리하여 공사가 다시 시작된 후, 1958년 4월 1일에 외래 진료소와 부대 시설 건물의 기초 공사에 착수하여 1959년 10월 1일에 정초식을 거행하였다. 외래 진료소는 5개 동으로 설계되었는데, 4개 동은 2층, 나머지 1개 동은 3층이었다. 외래는 연건평 1,500평의 철근 콘크리트 건물이었으며, 당시 기준으로 하루 약 1,500명의 외래 환자를 진료할 수 있는 규모였다. 부대 시설 건물은 외래와 입원실 중간에 있었으며, 1층에는 난방을 위한 보일러실, 세탁실, 주방, 식당 등을, 2층에는 사무처, 임상검사실, X선실 등을, 3층에는 흉곽 환자(주로 결핵)를 위한 진료실, 검사실, 방사선과, 흉곽외과 전용 수술실 2개 등을 배치하였다. 4층에는 일반 수술실 6개와 분만실 2개를 배치하였다.

한편 연세합동이 실현된 후인 1958년 6월 14일에 열린 의과대학동창회의 정기총회에서는 이 외래 진료소의 신축을 위하여 5,000만 환의 후원금을 모금할 것을 결의하였다. 또한 퇴계로 건너편 에비슨관이 있던 부지를 50만 달러에 매각하고, 그중 30만 달러도 이에 보태졌다. 이로서 외래 진료소는 미 제8군, 아시아 기독교고등교육 연합재단의 지원, 동창들의 후원, 세브란스 부지 일부를 매각한 자금으로 건립되었다.

2) 의과대학 교사

북경협화의과대학(Peking Union Medical College)을 인수해 경영하던 미국의 록펠러 재단은 1928년 CMB를 설립하였다. 이 재단의 설립 목적은 중국에서의 의학교육, 공중보건 및 의학 연구를 지원하는 것이었으며, 우선은 북경협화의과대학을 지원하지만 극동의 유사한 다른 기관을 돕는 것도 설립 목적에 포함되어 있었다. 하지만 1949년 중국 공산당(중공) 정권이 집권하고 1950년 한국전쟁이 발발하여 중공이 참전하면서 미국과 중국은 서로의 모든 은행 자금을 동결했고, 이 과정에서 1951년 1월 20일 북경협화의과대학이 국유화되었다.

그러자 CMB는 1953년 세브란스 의과대학의 전후 복구를 돕기로 결정했고, 이후 연세대학교 의과대학의 발전, 특히 연구 분야의 발전에 큰 도움을 주었다. 1953년 이후 CMB는 세브란스 의과대학 교직원의 유학을 위한 기금을 비롯하여 연구비, 기구 구입비 등으로 매년 약 10만 달러를 정기적으로 제공하였다.

그림 5-10. 의과대학 준공 당시 로비에 부착한 기념 동판

CMB는 1957년에 의과대학 교사의 신축을 위해 45만 달러를 지원하기로 결정했고, 1959년 2월에 추가로 30만 달러를 지원하기로 결정하였다. 이 재단이 의과대학 교사 신축을 위해 지원한 것은 원래 건물이나 항구적 시설에 대한 원조를 하지 않는다는 이 재단의 운영 원칙을 깨뜨린 이례적인 일이었다.

의과대학 교사는 1959년 4월 1일 기초 지질 검사를 시작으로 7월 15일 공사가 시작되었다. 이 교사는 건평이 600평, 연건평이 2,367평이었으며, 학생 강의실 및 실험실, 동물실, 교수 연구실, 소강당, 도서실 등 최신식 시설과 장비를 갖춘 현대식 4층 철근 콘크리트 건물이었다. 의과대학 건물은 1961년 9월 20일 준공되었다. 의과대학의 준공과 함께 1961년 12월 26일부터 1962년 1월 18일까지 우선 본과 1, 2학년들이 새 건물로 이전하였다.

3) 소아마비재활원

소아마비 환자의 진료를 위해 1954년에 설립된 소아마비 진료소는 연세합동을 계기로 신촌에 소아마비재활원을 신축하기로 결정되었다. 그리하여 의료원 신축 부지 뒤쪽을 재활원 터로 정하고, 1957년 5월 25일에 공사를 착공하였다. 재활원은 1959년 10월 1일에 준공되었다.

그림 5-11. 연세의료원 전경(1962)

4) 간호원 기숙사

여러 논의 끝에 간호학교에 앞서 간호원 기숙사를 신축하기로 결정하였다. 이를 위해 미국 연합장로교회와 캐나다 연합교회의 해외 여전도회가 지원하였고, 1959년 10월 1일 준공되었다. 이 기숙사는 건평이 210평, 연건평이 750평인 철근 콘크리트 3층 건물로 139명을 수용할 수 있었다.

6장

옛 세브란스 부지의 활용

1. 부지의 활용 계획

합동이 이루어지기 전인 1956년 3월 세브란스는 옛 부지의 활용 방안을 마련하였다. 교육 및 거의 대부분의 진료 부서가 신촌의 새 부지로 이전한 이후의 대책을 마련한 것이다. 새 캠퍼스는 새 건물에 첨단 설비를 갖추었고 공간도 넓은 장점이 있다. 하지만 서울역 앞에 비해 교통이 불편해 환자의 접근성이 크게 떨어졌기 때문에 과연 병원 경영을 제대로 할 수 있을지 의문이었다.

1) 옛 세브란스 부지의 활용 방안

1956년 3월에 마련한 부지 활용 방안은 다음과 같다.

첫째, 종합병원 및 대학이 완전히 이전한 이후에도 외래 진료소는 응급 환자 진료를 위해 당분간 유지한다. 그리고 다른 건물은 외부인에게 임대한다.

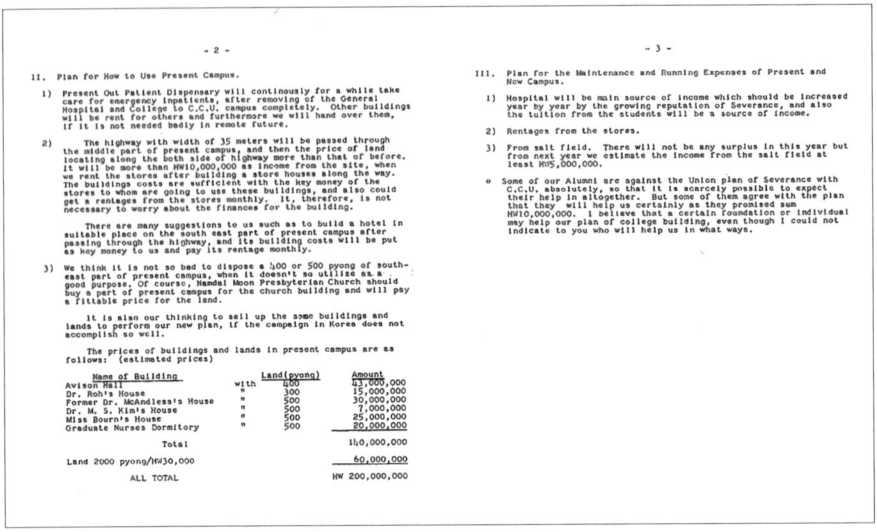

\- 2 -

II. Plan for How to Use Present Campus.

1) Present Out Patient Dispensary will continously for a while take care for emergency inpatients, after removing of the General Hospital and College to C.C.U. campus completely. Other buildings will be rent for others and furthermore we will hand over them, if it is not needed badly in remote future.

2) The highway with width of 35 meters will be passed through the middle part of present campus, and then the price of land locating along the both side of highway more than that of before. It will be more than HW10,000,000 as income from the site, when we rent the stores after building a store houses along the way. The buildings costs are sufficient with the key money of the stores to whom are going to use these buildings, and also could get a rentages from the stores monthly. It, therefore, is not necessary to worry about the finances for the building.

There are many suggestions to us such as to build a hotel in suitable place on the south east part of present campus after passing through the highway, and its building costs will be put as key money to us and pay its rentage monthly.

3) We think it is not so bad to dispose a 400 or 500 pyong of south-east part of present campus, when it doesn't so utilize as a good purpose. Of course, Namdai Moon Presbyterian Church should buy a part of present campus for the church building and will pay a fittable price for the land.

It is also our thinking to sell up the some buildings and lands to perform our new plan, if the campaign in Korea does not accomplish so well.

The prices of buildings and lands in present campus are as follows: (estimated prices)

Name of Building		Land(pyong)	Amount
Avison Hall	with	400	43,000,000
Dr. Roh's House	"	300	15,000,000
Former Dr. McAndless's House	"	500	30,000,000
Dr. M. S. Kim's House	"	500	7,000,000
Miss Bourn's House	"	500	25,000,000
Graduate Nurses Dormitory	"	500	20,000,000
Total			140,000,000
Land 2000 pyong/HW30,000			60,000,000
ALL TOTAL			HW 200,000,000

\- 3 -

III. Plan for the Maintenance and Running Expenses of Present and New Campus.

1) Hospital will be main source of income which should be increased year by year by the growing reputation of Severance, and also the tuition from the students will be a source of income.

2) Rentages from the stores.

3) From salt field. There will not be any surplus in this year but from next year we estimate the income from the salt field at least HW5,000,000.

* Some of our Alumni are against the Union plan of Severance with C.C.U. absolutely, so that it is scarcely possible to expect their help in altogether. But some of them agree with the plan that they will help us certainly as they promised sum HW10,000,000. I believe that a certain foundation or individual may help our plan of college building, even though I could not indicate to you who will help us in what ways.

그림 6–1. 합동 후 서울역 앞 세브란스 부지의 활용 방안을 담고 있는 김명선 학장의 보고서(1956년 3월 19일)

둘째, 현재 캠퍼스의 중간을 지나는 폭 35미터의 대로가 건설되면, 길 양쪽에 있는 도로변의 지가(地價)가 이전보다 상승할 것이다. 도로변을 따라 상가를 지은 후 임대를 주면 매년 1,000만 환 이상의 수입이 생길 것이다. 건물의 보증금으로 건축비는 충분히 충당될 것이며, 매달 임대료도 받을 수 있다. 따라서 건축과 관련해서는 걱정할 필요가 없다.

대로가 건설된 후에는 현재 캠퍼스의 남동부의 적절한 곳에 호텔을 건축하자는 의견이 많은데, 역시 보증금으로 건축비가 충당될 것이며, 매달 임대료도 받을 수 있을 것이다.

셋째, 적절한 목적으로 이용되지 않는 경우 현재 캠퍼스의 남동쪽의 400~500평 정도를 매각하는 것도 나쁘지 않은 선택이다. 만일 국내에서 모금이 순조롭게 진행되지 않으면 일부 건물과 부지를 매각할 수도 있다.

이상과 같이 옛 세브란스 부지에는 응급 환자를 중심으로 외래 진료소를 유지하며, 나머지 부지에는 건물을 지어 임대료 수입을 확보하되 필요한 경우

그림 6-2. 세브란스 부지를 가로질러 확장된 퇴계로

일부 부지의 매각을 고려하고 있었던 것이다.

2) 옛 세브란스 부지 및 새 캠퍼스의 유지

1956년 3월, 다음과 같은 옛 세브란스 부지 및 새 캠퍼스 유지 방안이 마련
되었다.

첫째, 세브란스의 주요 수입원은 병원이 될 것이므로, 세브란스의 명성이
더 높아지면서 매년 증가할 것이고, 등록금 역시 수입원이 될 것이다.

둘째, 상가로부터의 임대료.

셋째, 김충식이 기증한 염전. 1956년 당시에는 잉여금이 없었지만 1957년
부터는 최소한 500만 환의 수입을 얻을 수 있을 것으로 예상되었다.

넷째, 1956년에는 동창생들이 합동에 반대하고 있어 기부금을 받을 가능성
이 적지만, 합동에 찬성하는 동창들이 1,000만 환의 기부를 약정한 상태이다.

이와 함께 1956년 1월에 작성된 세브란스의 1956년도 예산에서 병원 수입에 '임대료 수입' 항목이 설정되었다.[1] 이에 대해 협동재단의 총무 퍼거슨(Mary E. Ferguson)은 예상되는 수입 항목에 큰 관심을 표명하였다. 그녀는 병원 수입 항목에 '임대료 수입'이 포함되어 있는데, 그 항목을 강조하는 것이 재단의 관심을 불러일으킬 수 있을 것이라고 지적하였다.

2. 옛 세브란스 부지 매각 사건

1)『세브란스 역전 대지 매각 사건 비망록』[2]

1966년 중반 느닷없이 서울역 앞의 옛 세브란스 부지를 매각하려다가 동창회의 반대로 되돌린 사건이 일어났다. 이른바 '옛 세브란스 부지 매각 사건'이다. 이 부분은 정인희 동창(1938년 졸업)이 생전에 모아두었던 각종 자료를 근거로 1994년에 펴낸『세브란스 역전 대지 매각 사건 비망록』(이하『비망록』)의 내용을 시간의 흐름에 따라 간추린 것이다.『의학백년』에 이 사건은「역전 대지를 팔려다가」라는 제목으로 언급되어 있다.

『비망록』의 머리말에는 다음과 같은 언급이 나온다.

지난 연말 역전 대지에 장려한 모습으로. 용립(聳立)하고 있는 초 현대식 연세재단 세브란스 빌딩의 봉헌식에 참석하였던 나는 남다른 감회에 젖게 되었다. 그 이유는 우리 세브란스의 종토(宗土)인 그 빌딩 대지가 한때 실지(失地) 위기에 직면했을 때 우리 의과대학 교수단과 동창회가 분연히 궐기하여 재단 측과 타협 아닌 대결 끝에 5개월이 지나 당국의 현명한 판단 재결(裁決)로 사건이 종결된

---

[1] Severance Union Medical College, Hospital, and School of Nursing. Budget 1956, Jan., 1956.
[2] 정인희,『세브란스 역전 대지 매각 사건 비망록』, 1994.

과거가 회상되었기 때문이다.

(중략)

사건의 발단은 우연이었다. 1966년 7월 초순 어느 날 나는 부총장실에 들렀다가 이병희 부총장으로부터 역전 대지가 매각되었다는 정보를 접하고 비록 시세에는 어둡지만 그 가격이 너무나 저렴함에 의아스러웠고 이심전심으로 이 소문이 교수들 간에 전파되어 급기야 이 문제 토의를 위한 임시 주임교수회가 7월 15일에 소집되었다. 그 후 동창회가 합세하게 되고 실지 위기에 놓여 있던 대지의 환수 작업이 시작된 지 5개월 만에 사필귀정으로 우리들의 뜻은 결실되었던 것이다. 이 기록이 7월 15일부터 시작된 연유이기도 하다.

세브란스 驛前 垈地 賣却 事件
備 忘 錄

鄭仁熙 編

1994
1995(2刷)

그림 6-3. 정인희의 『세브란스 역전 대지 배각 사건 비망록』

2) 사건의 발단

재단은 1966년 6월 22일 서울역 앞 옛 세브란스 부지의 매각을 위해 이사회를 소집하고 3인 위원회(백낙준, 이용설, 장세환)와의 마지막 합동회의에서 매각에 관한 일체의 권한을 3인 위원회에 위임하였다.

3인 위원회에 의해 결정된 개찰 일자와 중개료는 다음과 같다.

개찰 일자 : 1966년 7월 2일
중 개 료 : 지불은 7월 16일, 영수인은 박선준, 액수는 300만 원

3) 대책위원회 구성

서울역 앞 옛 세브란스 부지의 매각이 추진되고 있다는 소식이 전해지자 1966년 7월 15일 연세대학교 의과대학은 임시 주임교수회의를 소집하여 민광식, 이보영, 이병현, 정인희, 왕종순 교수로 5인 대책위원을 선출하였다. 7월 20일 의과대학 동창회 중앙위원회에서도 정기섭, 김명선, 이성우, 정대협, 정준태 동창으로 5인 위원회를 구성하였다.

매각 경위 청취

7월 16일부터 장세환, 최재유 이사와 이용설 위원을 초청하여 매각 경위를 청취했으며, 유준, 이헌재 교수를 추가시켜 7인 위원회를 구성하였다. 장세환 이사가 진술한 내용은 다음과 같다.

1. 의무위원회 결의에 의하여 위임받은 사항을 3인 위원회에서 집행한 것이다.
2. 입찰 가격은 최근 최고 가격인 평당 7만 8,000원×4,010평이고, 계약금은 3,200만 원이다.
3. 문교부의 사전 승인을 얻었고 정식 계약은 7월 5일에 체결하였다.
4. 금후의 문제는 매각한 재산을 어떻게 관리하느냐에 관한 문제로 자기로서는 본 의료원의 기본재산이므로 의료원을 위해서만 사용할 것으로 알고 있으며, 이 문제도 의무위원회의 결의를 거쳐 이사회에서 결정할 것으로 알고 있다. 대개 치과대학 설립에 1억 원, 에비슨관을 위하여 5,000만 원 정도 지출될 것이라는 말이 있는 것으로 알고 있다.

이에 대한 교수들의 주요 질문은 다음과 같다.

1. 내정 가격이 평당 7만 5,000원인 근거는 무엇인가?

2. 1966년 6월 22일 3인 위원회에 위임할 때 9월 말까지 처리 시한을 정해 놓고 불과 2주 이내에 계약을 체결한 이유는 무엇인가?

3. 계약 절차가 법대로 되었는가 혹시 담합의 혐의를 면할 수 있는가?

4. 현재 시가와 비교해 볼 때 어떻게 생각하는가?

5. 매각 후의 대책은 무엇인가?

6. 사전 은행의 감정 없이 매각한 이유는 무엇인가? 사후 감정의 이유는?

7. 평당 7만 5,000원의 내정 가격 누설이 입찰 가격에 영향을 준다고 생각하지 않는가?

8. 이양구 씨 본인도 시가의 절반 가격 정도에 매입한 것으로 알고 있다.

7월 20일 입수된 계약 내용은 다음과 같다.

1. 계 약 일 자 : 1966년 7월 5일

2. 대   지 : 4,010평 (3,084+196+730평)

   건   물 : 3,216.28평

3. 대   금 : 312,780,000원

   계   약   금 : 32,000,000원

   잔금 지불일 : 1966. 11. 1.(7월 16일에는 중개료 지불)

   (재정관재위원회와 의무 실행위원회 합동회의에서 평당 7만 5,000원 이상이면 매각하기로
   결정하고 3인 위원회에 위임한 데 따른 것임)

당시 정기섭 동창에 따르면 은행 감정가가 평당 16만 원이고, 앞터가 평당 70만 원이므로 평균 평당 40만 원은 될 것이라는 비공식적인 정보를 전하였다. 이 정보가 틀렸다고 하더라도 실제 매매가가 평당 7만 5,000원은 너무 싼 가격이었다는 점이 크게 부각되었다.

부지 매각에 관련된 사람들은 장세환, 백낙준 이사, 원문룡 장로, 박선준, 이용설로 밝혀졌다.

7인 위원회의 대책 수립

7월 23일 7인 위원회는 다음과 같은 대책 방안을 수립하였다.

1. 이사를 개별 방문하여 설득할 것
2. 매수인인 이양구 씨를 방문하여 해약하도록 설득할 것
3. 이사회와 의무위원회에 제출할 건의문을 작성할 것(7월 25일까지, 문안 작성은 이헌재 교수에 일임)

이에 따라 7인 위원회는 건의문을 준비하고, 전체 교수회의를 개최함과 동시에 동창회 임시총회의 소집을 촉구하였다. 이에 8월 1일 개최된 전체 교수회의에서는 그동안의 경과를 보고하고, 건의문을 인준받아 각 이사와 의무위원에게 전달하기로 하였으며, 전체 교수의 서명을 받기 시작하였다. 8월 3일에 개최된 동창회 임시 총회에서는 이사회에 다음과 같은 건의서를 제출하기로 의결하였다.

건 의 서

하나님의 가호 아래 존경하는 이사 제위의 부단한 노력으로 우리 연세대는 날로 발전하고 있으니 감사함을 마지 아니합니다.
저희 동창들은 여러분의 노고를 위로는 한 번 못하면서도 기대와 차질이 있을 때는 이러한 서면을 올리기는 미안하오나 저희 동창생들

의 애교심에서 나오는 애정임을 양찰(諒察)하여 주시기를 바라고 건의코자 하나이다.

시내 남대문로 소재 구 세브란스 대지는 단순히 우리 연세대의 기본재산의 일부로만 간주할 것이 아니라 우리 의과대학 창립 80년 사상의 유서 깊은 땅이요 일보(一步)를 진(進)하야 대한민국의 신의학의 발상지임으로 우리 의대 동창은 물론이요 한국 만대의 의학도의 길이 기념할 만한 땅이라 형편상 만부득이 처분을 요할 경우에는 대지 일부라도 남기며 모교 운영에 도움이 되고 기념의 대의를 살림이 필요하다고 희망하는 저희 동창들에게는 의외에도 단 한 평도 남기지 않고 전부 매각하였다는 전설에는 아연 애석한 마음 진정할 수 없습니다.

뿐만 아니라 남대문로 대지 매각이 이번이 처음이 아니로되 지난 제1차, 제2차 매각 시에는 허다한 부채로 부득이한 처사임을 저희 동창들도 양해하면서 후문에 약간 잡음이 있음은 유감이 있으나 이는 과거사이고 남은 잔여한 대지를 유효하게 이용하여 모교의 융성을 축복하던 차에 금반 매도 계약한 경위를 전문하건대 평당 칠만 팔천 원정에 계약이 되었다 하니 다시 한 번 더 경악함을 금할 수 없는 바입니다. 세인의 탁상 논평은 고사하고라도 수년 전 총액 이백만 불(4,010평)로 논평되던 것에 비하여 매매 가격 금 삼억 이천만 원정은 너무나 차이가 막대하니 이러한 손실을 보고라도 처분할 필요가 어디에 있는지 이해할 수 없는 바입니다. 또는 매매 계약이 성립되기까지에 절차상 미비를 범하여서까지 처분하여야 할 필요는 만무하다고 논의되어 동창회의 총의로써 건의하는 바이오니 이사 제위께서는 동창들의 표정을 현찰(賢察)하시어 약간의 비용을 들여서라도 금반 계약을 해약하시고 그 대지의 이용 방안을 강구해서 의학도들의 원대한 기념도 되고 모교 재단에 유리하도록 명안(名案)을 내여 운영의 미를 결실화하여 주시기 간고(懇顧)하는 바입니다.

4) 재단의 사후 감정과 어설픈 무마책

부지 매각의 여러 문제점 중 사전 감정이 없었다는 점이 지적되자 재단은
8월 2일자로 사후 감정을 실시했는데, 그 결과는 다음과 같다.

표 6-1. 부지 사후 감정 결과

구분	대지(원)	건물(원)	합계(원)
한국금융신용조사소	274,572,000	23,141,200	297,713,200
한일은행	263,600,000	46,805,500	310,405,500

그런데 1965년 3월 1일 매매가 이루어진 소공동의 구 일본 YMCA 부지
271.6평은 평당 126,000원으로 34,226,600원에 매각된 바 있다.

이용설, 전택보, 고응진의 3인에 의해 이루어진 역전 대지 지가는 다음과
같으며, 9월 1일 이사회, 동창회, 교수회 연석회의에서 제시되었다.

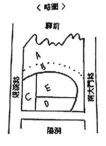

	평당 가격	평수	합계
A 지역*	16만 원 × 926평		= 14816만 원
B 지역	30만 원 × 600평		= 18000만 원
C 지역	18만 원 × 200평		= 3600만 원
D 지역	15만 원 × 400평		= 6000만 원
E 지역(중앙)	65만 원 × 1,774평		= 11531만 원
총계			5억 3,947만 원

* 도시 계획 편입 예정지임

그림 6-4. 역전 대지 도면

8월 4~5일에 개최된 재단이사회에서는 의무 실행위원회에서 상신된 '400 평(위치 미정)을 이양구와 협의하여 반환받아 교수, 동창회 측을 무마하자는 안'을 채택하고 그의 실행을 위하여 재정관재위원회에서 선출한 연구위원에게 일임키로 결정하였다.

8월 5일 개최된 전체 교수회의는 재단이사회 안에 대해 신중히 검토한 끝에 이사회의 의결 사항이 교수회의 건의 사항과 다를 때에는 이전의 건의 사항이 관철될 때까지 이미 정한 방침을 추진하기로, 라이스 교수를 제외한 전 교수들의 찬성으로 의결하였다. 또한 의과대학 동창회도 8월 13일, "8월 5일 이사회에서 의결된 내용은 일종의 호도책으로 매수자에게서 약 400평만을 무르기로 했다 하니 이는 도저히 현명하신 처사라고 인정할 수 없으므로 저희 대책위원회에서는 종전의 목적을 관철하기까지 반대하기로 전원 일치 합의되었음"을 알리는 내용의 경고문을 발표하였다.

동창회 대책위원회는 8월 20일자로 동창 전원에게 옛 세브란스 부지 매각 사건을 알렸다.

이사회, 교수회, 동창회 대표 합동회의

한편 8월 19일, 재단의 의무 실행위원회와 재정관재위원회의 합동회의가 소집되었는데, 동창회 대표로 정기섭이 배석하여 발언하였다. 이날 회의에서는 수임 사항은 토의하지 않고 이사회, 교수회 및 동창회 대표 합동회의를 소집하기로 의결하였다.

8월 22일 부지 매각과 관련이 있는 백낙준이 귀국하자 논의가 본격적으로 이루어지기 시작하였다.

9월 1일 이사회, 교수회, 동창회 대표들의 합동회의가 소집되었다. 이날 백낙준 이사는 자기는 원래는 매각에 반대했으나, 1965년에 B 지구 매각 시에도 하등 이견이 없었고, 현재 관리가 매우 어려워 매각 후에 은행주나 한전주를 매입했으면 하는 개인적인 생각에 따른 것이었다고 밝혔다. 이에 대해 유준 교수는 "투자를 하려면 시내 토지에 하고 바로 역전 그 자리에 해야 한다"라는 이견을 강하게 피력하였다.

정준태 동창은 옛 세브란스 부지의 장래 이용에 대한 설명에서 "도시 계획으로 시에 수용되는 900평에 대한 대금 1억 8,000만 원(은행 감정가의 80%로 계산)으로 아케이드부터 시작할 것이고, 해약하더라도 3,500만 원을 공탁으로 걸고 재판하면 손해 없이 해결될 것"임을 강조하였다.

이 회의에서 강신명 이사장이 재정관재위원회 위원장에게 새 안을 제출하도록 묵시(黙示)하였다.

이날 별도로 교수 대표 3명과 동창 대표 3명이 회합을 가졌는데, 다음과 같은 내용의 자유 토론이 진행되었다.

1. 가격 부당에 대한 발언

① 이양구 씨 자신도 이렇게 진술하였다.

② 삼산(森山)병원 대지(남대문 위)가 평당 20만 원을 호가한다.

③ 남산 육교 밑이 평당 20만 원을 호가한다.

④ 은행 감정가의 230%가 시가에 해당한다.

⑤ 시가 200만 달러 가치는 된다.

2. 기타 발언

① 세브란스의 사적지로서의 확보가 필요하다.

② 분원의 기지 확보를 위하여 필요하다.

재정관재위원회와 의무 실행위원회의 합동회의

이에 9월 9일 소집된 재정관재위원회와 의무 실행위원회의 합동회의에는 교수와 동창회 대표가 배석하여 계약의 해약 방법 및 해약 후의 대안에 대한 설명을 촉구하였다. 그리고 이사, 교수, 동창 대표가 합동으로 서울시 당국을 방문하여 시가 수용 예정인 900평에 대한 평가액이 약 1억 5,000만 원인지 확인하기로 하였다. 수용 가격이 대략 평당 16만 원으로 평당 매매가격 7만 5,000원과 너무 차이가 났기 때문이다. 서울시의 평가액이 교수 및 동창회 측에서 설명한 내용과 일치한다면 계약 철회 상신 조건으로 인용하기 위해서였다.

이에 따라 9월 30일 이사회, 교수, 동창회 대표가 서울시 건설국장을 방문한 결과, 수용 시기는 정해져 있지 않으며, 수용 토지의 보상은 최고 은행 시가 감정 가격의 80%까지 할 수 있으며, 그때에도 소유주의 승낙이 있어야 한다는 답변을 들었다.

5) 재단의 자산 매각 처분 허가 신청 및 문교부의 반려

그런데 9월 30일 매각 처분 허가 신청 서류가 정식으로 문교부에 제출되었음을 확인한 대책위원회는 10월 4일 전체 교수회의를 소집했고, "이사회와 문교부에 경위를 설명한 청원서를 제출하여, 이사회로 하여금 문교부에 상신한 신청서를 철회하도록 하고, 문교부는 접수한 서류를 기각 반려하도록 설득"하기로 결의하였다.

이날 밝혀진 경과 중 중요한 점은 문교부에 상신한 신청 서류에 총장의 결재 서명 날인이 없었다는 점이다. 그리고 박대선 총장은 만류했으나 강신명 이사장의 사전 결재를 받아 놓고 장세환 이사가 단독으로 상신했음이 밝혀졌다.

10월 6일에는 이사회와 문교부에 진정서를 제출하였다. 진정서 내용 중 중요한 부분은 다음과 같다.

(중략)
아시는 바와 같이 구 세브란스 역전 대지는 한국 의학교육의 발상지로서 80여 년의 긴 역사를 지닌 곳입니다. 수년 전 우리 학원이 재정

난에 빠져 위기에 봉착했을 때 이 난관을 타개하기 위하여 이사회에서는 역전 대지를 매각할 것을 결의한 바 있습니다. 그러나 우리 교수단은 단합과 열렬한 애교심으로서 이 위기를 모면하고 유서 깊은 우리의 옛 터를 팔지 않고도 학원 운영에 지장이 없을 뿐더러 원대한 발전을 구상할 수 있는 여유까지도 가진 지금에 와서 하등의 뚜렷한 명분도 없이 현 이사회에서는 이사회의 권위만을 위하여 수년 전 매각 결의를 이행한다는 독선적 의도에서부터 본 학원의 불상사가 시작되었습니다.

편의상 여기에 각 이사들의 매각 이유를 정리 종합해 보면 ① 이사회의 결의는 변형할 수 없고 무조건 존중되어야 한다는 것, ② 재단 관재처의 역전 대지 및 건물의 관리 실책을 이사회에서 자인하고 금후 관리도 곤란하다는 것, ③ 1965년도에도 역전 대지의 일부를 평당 6만 원에 매각했을 때 동창회와 교수 측에서 아무런 반응이 없었다는 것, ④ 매도금 사용 목적은 아직 없으나 은행 이자가 고율이니 정기 예치하는 것이 유리하다는 것 등등은 실로 학원 부동 재산의 본질을 망각한 불합리한 명분으로밖에 볼 수 없습니다. 즉, ②항은 이사 자신들의 무능과 무성의를 자인한 데 불과하고. ③항에 대해서는 동창회, 교수단은 물론 의과대학 최고 행정책임자인 부총장조차도 그 매도 사실을 모르고 있었습니다. ④항에 대해서는 시내 요지 부동산을 처분하여 은행에 예치하여 이득을 보겠다는 것은 어불성설이며 그들의 이재 두뇌를 의심할 수밖에 없습니다.

다음 매도 계약 체결을 둘러싼 모순을 지적하지 않을 수 없습니다. 1966년 6월에 재정관재위원과 의무 실행위원 연석회의에서 3인 매도 전권위원을 뽑아 3개월 동안의 여유를 주어 평당 7만 5,000원 이상의 가격으로 매도 추진할 것을 위임한 바 있습니다.

그러나 그 절차에 있어 ① 역전 대지 평당 7만 5,000원은 현 시세에 부합되지 않을 뿐만 아니라 공개 입찰 시에 최고 내정 가격의 비밀이 보장되지 못해서 원매자가 모두 최고 가격선에서 응찰했다는 사실, ② 3인 전권위원 중 한 사람의 주머니에서 관재처에 제출 등록되지 아니한 봉투를 개표 종료 후에 직접 끄집어내어 이것이 최고 가격으로 낙찰된 사실을 3인 전권위원장이 회의 공식석상에서 발언한 것, ③ 소개료의 일부를 다른 응찰자, 소개자에게도 분배하여야 한다고 3인 전권위원장이 강조한 사실, ④ 공공 재산 처분에 있어 사전 은행 감정이 없었고 여기에 대한 질의가 생기자 사후 감정을 하여 이것을 합리화하려고 한 것, ⑤ 금번 매도 계약은 본 대학 행정책임자인 총장의 부재중에, 위임된 기한의 여유가 충분함에도 불구하고 전격적으로 체결된 것 등등은 세인의 의혹을 면할 길 없는 처사라 하지 않을 수 없습니다.

(중략)

그리하여 9월 1일 이 문제에 관하여 이사, 동창, 교수 대표의 연석회의를 갖고 그간 동창회와 교수단에서 조사한 역전 대지 시가표를 제시하며 금번 매도액인 3억여 원은 수년 전 미화로 추정한 바 있는 200만 불에서도 반액 정도의 손실을 본 것이며 현 시가로서 최저 5억 원 이상의 가치가 있음을 입증하였습니다.

그 후 이사회 측의 제안으로 전기 3자 대표로 구성한 조사위원단을 선출하여 가격 및 도시 계획 구역에 대한 정부 보상 금액 등을 재확인하고 그 보고서를 공동으로 이사회에 제출하여 그 결과에 따라 금번 매도 계약 이행 여부를 재론하기로 된 것입니다. 이에 따라 9월 30일 시 건설국장실에서 3자 대표위원이 공동 조사한 결과를 정식으로 이사회에 제출한 바도 없이 당일(9월 30일) 일부 이사의 독단적 처사로 문교부에 매도 허가 신청 서류를 제출했던 것입니다. 이와 같이 이사회에서는 그들의 권위와 직권으로 약속을 위반했던 것입니다. 우리나라 사학재단 법규상 이사회에 학원 재산 운영권이 부여되고 있음은 사실입니다. 그리고 이들이 부당하게 귀중한 문교 재단을 처분하고 학원에 막대한 손실을 초래하여도 교직원 측에서 아무런 제지 권한이 없습니다. 오직 이러한 이사회의 처사는 학원 재단의 감독 최고 책임자이신 문교부장 관께서만이 처리할 수 있는 것입니다.

10월 6일 오후에 소집된 동창회 임시 총회에서는 동창회장의 사퇴, 이사회에 경고문 발송 그리고 재정관재위원회와 의무 위원회에 대한 불신임을 의결하였다.

10일 13일, 문교부로부터 첫 답변이 왔다. 문교부는 이사회에서 신청한 '기본재산 처분 허가에 대한 문교부의 보완 지시'(10월 10일자)를 내렸고, 교수회에서 제출한 진정서에 대하여 '4개 항의 증빙 사항 보완'을 요청한 문교부 공문(10월 10일자)이 대학교 총무과를 통하여 의과대학에 접수되었다.

10월 14일 문교부는 기본재산 처분을 허가하지 않는다는 통지를 보냈다. 당시 불허가 이유는 다음과 같다.

1. 평당 75,000원의 내정 가격 비밀이 보장되지 않았다.
2. 공개 입찰인데 개인 호주머니에서 입찰 봉투가 나왔다.
3. 총장 부재중에 계약이 체결되었다.

문교부 보완 지시에 대한 이사회 회신은 백낙준 이사가 일임받아 10월 21일 제출했는데, 10월 26일 알려진 회신의 내용은 다음과 같다.

1. 계약 방법은 수의 계약이다.
2. 최고 입찰 가격으로 매각하기로 했기 때문에 원매자 이양구 씨 대리로 참가한 이용설 박사가 내놓은 입찰 봉투 것으로 결정하였다.
3. 박선준 1인 명의의 영수증을 받았다.
4. 원매자가 언제 나타날지 몰라 계약부터 선행하고 사후 감정하였다.

이에 대해 문교부는 이사회 회신 서류를 다시 반려하고 보완 지시를 하달했는데, 그 내용은 다음과 같다.

1. 여러 은행의 감정을 받을 것
2. 분할 매각 시의 가격 등등

이사회에서는 보완 지시를 받은 날 상업은행에 감정을 의뢰하고, 11월 5일 의뢰서를 받아 갔다. 계속 매각을 추진했던 것이다.

한편 11월 7일 민광식, 이병현, 정인희, 이헌재 교수는 문교부를 방문하여 차관으로부터 다음 사실을 확인하였다(대학교육과장 입회).

1. 세평이 좋지 않다.
2. 절차에 하자가 있다는 이유로 매각 불허의 공문을 하달하라고 대학교육과장에게 지시하였다.

이에 교수회에서도 문교부에 다시 진정하기로 결정했고, 동창회에서는 청와대에 진정서를 제출하기로 결정하였다.

이사회 대표와 교수회 위원 연석회의

11월 9일 이사회 대표와 교수회 위원의 연석회의가 개최되었다. 이날 회의의 주요 내용은 다음과 같다.

원일한 감사
- 문교부 인가가 나지 않으면 굉장한 일이 벌어진다. 그 이유로 1. 계약금 이자 문제, 2. 이양구 씨 소송 문제, 3. 병실 문제, 4. 치과대학 문제를 들었다.
- 가격이 평당 7만 8,000원은 이사 전원도 불만이다.

- 역전 대지 보존은 연희와 세브란스가 통합하는 데 반대하는 정신이다. 운운

  (나중에 그 발언을 취소함)

- 조동수 교수가 사퇴해야 한다. (나중에 발언을 취소함)

기타 연구 사항으로 다음과 같은 의견이 있었다.

- 해약 시 계약금 3,500만 원 손실에 대한 해결책

- 문교부에서 기각되었을 때의 대책

- 타인에게 고가로 매각하는 문제

제일은행의 부동산 감정

11월 17일 이우주 교수가 문교부를 방문하여 입수한 정보 내용이 알려졌다.

1. 이사회에서 사후 감정할 때 제일은행에서 더 고가의 감정을 받았고,

2. 연희와 세브란스가 1970년까지 재정 관리가 분리 독립되어 있다는 이사회 정관(결의된 사항)을 제시하면 동창, 교수회 측에 유리할 것임.

제일은행과 관련하여 11월 18일 민광식 교수는 "이사회의 사후 감정 시 강신명 씨 명의로 제일은행에 감정을 의뢰(신청)했다가 후에 감정가에 대한 비판이 일어날 기미가 보이자 감정 의뢰(신청)를 구두로 취소했으며 그때의 감정가는 약 5억 원을 초과했고, 금일 10시 30분까지 사본을 작성하여 서면으로 통지해 주겠다고 했다"는 사실을 밝혔다.

이것은 11월 19일 제일은행으로부터 "감정 가격이 비싸 감정서를 찾아가지 않았다"고 확인받음으로써 사실로 확인되었다. 실제로 재단 이사장이 7월 13일 신청한 감정서는 8월 2일 작성이 완료되어 부장의 결재인까지 날인되었다가 후에 이사장이 감정 신청을 정식으로 취소함에 따라 부장 결재난이 X표로 지워져 있었다. 이에 따라 이 사실을 담은 진정서를 작성하여 문교부에 보

내기로 하였다.

문교부의 잇단 반려

11월 23일 대책위원회는 문교부에 진정서 보완 서류를 제출하고, 면담한 고등교육국장은 다음과 같이 발언하였다.

1. 교수회와 동창회에서 진정했다 해서 특별히 영향을 미치지 못할 것이다.
2. 학교 재단은 이사회에서 관장하는 것이나 금번 사건에서는 10만 원 이상이면 공개 입찰을 하여야 하는데 왜 수의 계약을 하고 중개료를 지불했는지 의아스럽다.
3. 문교부 장관의 허가 없이 사전에 계약부터 체결한 위법 사실 등으로 인하여 금일 이사회 신청서를 기각할 예정이다. (당시 비밀 엄수를 부탁)

11월 26일 이우주 교수가 문교부를 방문하여 국장, 과장을 면담하고 다음 사실을 확인하였다.

1. 서류 반려에 대한 과장, 국장, 차관 및 장관의 결재가 나 있었다.
2. 공문은 내주 중 하달할 예정이다.
3. 여하한 일이 있어도 앞으로 변함이 없을 것이다.

문교부는 11월 29일자로 재단이 제출한 '기본재산 처분 허가 신청'을 다시 반려하였다. 그 이유는 '문교부의 허가 신청 및 승인 없이 사전에 계약을 했으며, 기본재산 처분을 수의 계약으로 위법'했기 때문이다.

대책위원회는 문교부의 허가 신청 반려로 사건이 일단락되었다고 방심하지 말고 금후 사태를 계속 주시하기로 의결하였다. 그리고 교수 일동과 동창회 대책위원회 명의로 이사회에 건의서를 제출하기로 하였다.

6) 재단의 자산 매각 철회

문교부의 허가 신청 반려를 논의하기 위해 12월 7일 재단이사회가 소집되었다. 이날 회의에서는 "문교부의 역전 대지 처분 허가 신청서 반려를 받아들여 이양구 씨와의 계약은 해약하기로 하고 장래 다시 매각하는 문제는 별도로 논의한다"는 이사회 실행위원회의 결의 사항이 논의되어, "문교부의 서류 반려에 의하여 해약할 것과 이양구 씨와의 해약 절차는 변호사와 의논한 후 취할 것"을 의결하였다. 하지만 당초 계약서 제10조에 의해 감독 관청인 문교부의 승인을 얻지 못해 부득이 해약하게 되었기 때문에 해약에 따른 재단 측의 배상 문제도 모면할 수 있었다. 이사회가 끝난 후 최재유 이사는 총장을 통하여 이 사장에게 사표를 제출하였다.

이사회, 교수, 동창회 대표 연석회의

이렇게 재단이사회가 자산 매각을 철회한 상황에서 12월 10일 이사회와 교수, 동창회 대표의 연석회의가 개최되었다. 이날 회의에서는 자산 매각 철회에 대한 재단 측의 입장을 공식적으로 밝힘으로써 5개월 동안 끌어왔던 옛 세브란스 부지 매각 사건이 종결되었다.

참석자
　이사회 : 박대선, 이환신, 이천환
　교수회 : 민광식, 정인희, 이우주
　동창회 : 정기섭, 정대협, 김형윤

1. 총장 발언
　① 전일 이사회에서는 문교부 반려 서류를 접수하고 역전 대지는 매각하지

않기로 했으며,

② 이양구 씨에게 계약 불성립의 뜻을 통고했고,

③ 대지는 다음 시기에 적절한 가격에 매각의 기회가 을 때까지 매각을 보류했으며,

④ 교수, 동창회 측의 건의서에 대한 처리는 각 대표 연석회의에서 협의 결정하기로 하였다.

2. 건의서에 대하여 사무처에서 수집한 자료에 관한 이환신 이사의 설명

① 사전 감정을 하지 않은 이유 : 과거 2년 전 감정한 가격에 2~3%를 가산하면 법적 하자가 없다고 하여 그렇게 한 것이다.

② 불법 매매 계약이라는 비난 : 공개 입찰을 한 것으로 믿기 때문에 불법이 아니다. 즉, 5인의 입찰 봉투 중 3건은 엉터리였고, 기타 2건은 송대순 씨가 75,600원(평당), 이양구 씨가 78,000원이었으며 따라서 2건 중 자연히 이양구 씨에 낙찰된 것이다.

③ 중개료 지불 : 중개료 지불을 시인하였다.

④ 공개 입찰에 대한 중개료 지불의 불법성 질문 : 위원장과 이사장의 지시에 의한 것이었다.

⑤ 사후 감정으로 불법성을 합법화하려고 시도했다는 점 : 답변을 하지 않음.

⑥ 문교부에 제출한 보완 지시 회신 내용의 부정직성 : 문교부에서 보완하라 하여 매각 달성을 위하여 다소 사실과 다르게 보고하였다.

⑦ 제일은행의 감정 의뢰 취소 : 학교 사정에 의한 것이다.
학교 사정이 무엇인가? : 521평이 들어 있었기 때문이라고만 말하고 그 외는 함구함.

⑧ 사무처 직원들도 매각이 취소된 것에 대하여 잘된 것으로 생각하는 표정이었다.

3. 정기섭 동창의 원칙 제시

① 재산 복구

② 책임자 문책

③ 강신명, 장세환, 이용설 씨의 이사 직 및 직책 사퇴

④ 약 500만 원 손실에 대한 처리 문제

4. 정대협 동창 발언

① 공개 입찰에 중개료 지불은 부당하며 이것은 기필코 회수하여야 한다.

② 동창회장 개선을 둘러싼 동문회 태도를 비난한다.

5. 이천환 이사 발언

문제는 두 가지로 집약될 수 있다. 즉,

① 재산 손실 문제

② 책임자 조치 문제(모 씨)(손해배상은 학교 측에서 부담할 수 없는 문제라고 함),

그 외에도

③ 과오는 자인할 수밖에 없다.

④ 손해배상 문제의 책임자가 1인 외에 연루된 몇 명이 있다(그 몇 명의 명단은

밝히지 않음).

⑤ 부정을 엄정하게 추궁하여야 한다.

⑥ 교수와 동창들이 큰일을 하였다.

6. 이환신 이사 발언(추가)

돈 문제와 책임자 조치 문제가 핵심으로 집약되었는데, 오늘은 이 정도로 해

두고 처리는 다음 숙제로 할 수밖에 없다.

7. 김형윤 동창 발언

① 사실 설명

② 동창과 교수회에서 2억 원을 벌어 주었다.

③ 손해를 배상하지 많으면 동창회에서 고발할 수밖에 없다.

8. 정기섭 동창, 민광식, 정인희, 이우주 교수들도 각자 의견을 진술했으며, 그 중에는

① 금후 대지 처리 문제가 다시 논의될 때에는 매각 문제만 고려하지 말고 대지 이용 문제도 연구되어야 할 것이며,

② 제일은행의 감정가와 9월 1일 연석회의 시에 우리가 제시한 가격 5억 기천만 원의 액수는 유사하다는 설명도 포함되어 있다.

동창회 중앙위원회

이사회, 교수, 동창회 대표의 연석회의가 있은 후 12월 12일에 소집된 동창회 중앙위원회에서는 이사회에 대한 건의 사항을 인준하고, 연세대학교 동문회에 의과대학의 결의 사항을 통고하고, 10일 이내에 처리하지 않으면 동문회와의 관계가 자동 상실되는 것으로 인정하겠다고 선언하였다.

의과대학 전체 교수회의

12월 16일 의과대학 전체 교수회의가 소집되었다. 이날 회의에서는 "1966년 12월 15일자로 역전 대지의 매각 문제는 이양구 씨에게 계약금을 반환하고 영수증을 받음으로써 정식으로 해약이 성립되었다"는 부총장의 보고가 있었다.

그리고 역전 대지의 금후 이용 문제에 관한 연구는 당분간 교수 10인 위원회에 일임한다는 안이 김채원 교수의 동의와 최금덕 교수의 재청으로 의결되었다.

옛 세브란스 부지 매각 사건의 요약

옛 세브란스 부지 매각 사건의 경과는 다음과 같이 요약할 수 있다.

> 1. 사전 계약
> 2. 사후 감정
> 3. 부적정한 매매 가격
> 4. 중개료 지불
> 5. 계약 절차 위반
> 6. 불투명한 제일은행 감정 사건
> 7. 문교부에 제출한 '기본재산 처분 허가 신청'의 반려

3. 옛 세브란스 부지의 활용

1) 건물의 임대

1962년 신촌으로 이전한 후 옛 세브란스 부지와 건물이 정확하게 어떻게 사용되고 임대되었는지에 대한 기록은 확인하기 어렵다.

1963년 2월 그동안 태평로 삼영빌딩, 감리회관 등에 흩어져 있던 민주공화당이 새 당사를 구 세브란스 병원의 두 건물과 에비슨관으로 정하고 12일부터 이사하였다. 그런데 4월 초에 들어 집세를 내지 못해 건물 하나를 비웠다.

1963년 11월 15일부터 15일 동안 구 세브란스 병원 경내에서 석탄공사와 생활과학사 공동 주최로 주택 난방전시회가 개최되었다.

1964년 10월 23일에는 구 세브란스 병원 310호실에서 대한금주봉사회 국제 A. A. 클럽 한국본부 주례회의(강사 쿠퍼 중령)가 개최되었다. 1965년 3월 13일에도 구 세브란스 병원 310호실에서 대한금주봉사회 국제 A. A. 클럽 한국본부

주최로 금주를 위한 모임이 개최되었다. 3월 20일에는 금주에 관한 영화가 상영되었고, 4월 3일, 4월 17일에도 회의가 개최되었다. 이로 미루어 보아 대한금주봉사회 국제 A. A. 클럽 한국본부가 310호에 세를 들었을 가능성이 있다.

1967년 5월에는 한국 학교협동조합연합회가 세브란스 빌딩 5층에 상설 학교 학생용품 전시관을 개설하였다.

1968년에는 구 세브란스 병원에 대한 보도가 있었다. 내용은 다음과 같다.

> 연세재단의 재산 명목에서 빠뜨릴 수 없는 것이 또한 서울역 앞에 있는 구 세브란스 병원 대지이다. 4천 평의 대지에는 현재 구 건물이 그대로 자리 잡고 있어 임대료만 받고 있지만 이곳은 평당 50만 원 이상 호가되는 금싸라기 땅으로 시가 20억 원에 상당하는 거보(巨寶). 앞으로 서울역 확장 계획에 따라 1천 평이 광장에 편입되면 구 건물을 헐고 매머드 건물을 신축할 계획으로 있어 세브란스 구 대지 역시 연세재단을 키우는 지주의 한몫을 하고 있는 셈이다.[3]

2) 세브란스 빌딩의 건축

1970년 3월 이 부지를 개발하기 위해 세브란스 기업공사가 발족되었다. 기업공사를 중심으로 전문가들의 의견을 모아 잠정적으로 대지 중앙부에 호텔 건립, 대지 서편에 임대 빌딩 건립, 전면(퇴계로 쪽)에 상가 아케이드 건립, 후면(양동 쪽)에 메디컬 아트 빌딩을 건립하여 우리나라 근대의학 발상지의 명맥을 유지하도록 하는 안이 정해졌다.

1차적으로 대지 서쪽에 12층의 사무실 임대용 세브란스 빌딩을 건립하기로 하였다. 그리하여 1970년 8월 20일부터 이전 건물들의 철거가 시작되었다. 그런데 9월 21일 철거 중이던 구 세브란스 병원 별관 입원실 정초석 밑에서

---

[3] 「대학재단 그 이면 (6) 연세재단」, 『매일경제신문』, 1968년 9월 19일, 1쪽.

그림 6-5. 1972년 건립된 세브란스 빌딩

『황성신문』1902년 11월 27일자, 『한성순보』1902년 11월 26일자, 광무 7년 달력, 1원짜리 일본 지폐, 상평통보 등 엽전, 당시 주한 미국공사 알렌의 축사 등 68년 전 유물 23종이 담긴 납 상자가 발견되었다.[4]

가로 28.2센티미터, 세로 9.5센티미터의 납 상자가 보이자 처음에는 금덩어리가 발견되었다며 보물이 있을 것으로 한때 환성이 터졌으나 그 속에는 유물 23종이 들어 있었다. 이 건물은 1902년 11월 23일 준공식을 거행했는데, 이때 넣은 물건으로 밝혀졌다.

세브란스 빌딩이 완공된 후 1972년 5월에 재무부 산하의 보험상담소가 5층에 입주하였다. 9월 15일에는 그동안 종로 화신 앞에 있었던 동양고속의 터미널을 구 세브란스 부지(1,890평)로 이전하였다(사무실은 빌딩 7층). 이 부지는 정부의 터미널 통합 계획에 의해 지정된 3개의 터미널 중 하나로 5개의 고속버스 회사가 이용하기로 결정되었다. 이 터미널에는 동양고속이 주관하여 한국 최대의 터미널 빌딩을 지을 예정인데 건평이 590평으로 11월에 준공 예정이었다. 이외에도 대한전선이 세브란스 빌딩에 입주해 있었다.

1974년에 들어 서울역 앞은 지가와 임대료가 크게 상승하였다. 그 이유는 8월 15일 개통된 지하철 1호선의 출입구가 바로 앞에 위치해 있었기 때문이다. 1979년 대한전선이 신사옥을 완공하여 빠져나갔고, 8월 현대자동차가 남대문

---

[4] 이 정초식 유물들은 현재 의과대학 동은의학박물관에 소장되어 있지 않다. 이 유물이 발견되었을 당시에는 동은의학박물관이 설립(1974년에 설립)되기 전이어서 연세대학교 박물관에서 관리하게 된 것으로 판단된다. 당연히 동은의학박물관으로 관리가 이전되어야 할 것이다.

사업소를 5층에 개설하였다. 이와 같이 건물을 임대하여 의료원의 경영에 보 탰지만 재정을 보다 튼튼하게 하기 위해 대규모 건축이 절실하였다.

3) 연세재단 세브란스 빌딩

세브란스 빌딩의 건축 계획 및 허가

1978년 5월 13일 당시 이우주 총장은 창립 93주년 기념사에서 서울역 앞 세브란스 빌딩 자리 3,112평에 200억 원을 들여 지상 25층, 지하 3층, 연건평 3만여 평의 초현대식 빌딩을 추진하겠다고 선언하였다. 당시에는 삼환기업 측과 합의했으며 1980년까지 공사를 끝낼 예정이었다. 이 건물이 완공되면 4~5년 동안 삼환기업 측과 공동으로 운영하여 건축비를 상환하고, 그 이후에 는 단독으로 운영할 계획이었다.

그런데 1979년 3월 들어 서울시가 교통난 해소와 인구의 도시 집중을 막 는다는 이유로 도심 재개발 지역 내 신축 건물의 층수를 규제하기 시작하였다. 이 규제에 따라 13개 고층 빌딩의 신축 계획에 차질이 생겼는데, 세브란스의 경우 대지 3,260평에 사무실용으로 지상 30층, 지하 5층, 연건평 3만 5,344평 인 건물의 신축 계획에 차질이 생겼다.

연세가 창립 100주년을 맞은 1985년 3월, 서울시는 서울의 관문인 서울역 앞의 구 세브란스 부지에 지상 24층, 지하 6층, 연건평 2만 9,411평의 상가, 은 행, 업무용 빌딩의 건축을 승인하였다. 이 계획은 6월 27일 수도권 정비 실무 위원회의 심의를 통과하였다.

세브란스 빌딩의 건축 및 규모

세브란스 빌딩은 1988년 11월 29일 기공식을 가졌다. 당시 주소는 중구 남대문로 5가 84-11 및 84-18번지로 대지 3,100평이었다. 이 빌딩은 지하 6층, 지상 24층, 옥탑 2층, 연건평 3만 100평 규모로 627억 원의 건축비로, (주)대우에서 시공을 맡아 1992년 6월 완공을 목표로 하였다. 이 빌딩 지하에는 주차대수 893대의 대형 주차장과 전시장이 들어서고, 지상에는 상가, 은행, 사무실 등이 들어서며, 건물 전면에는 녹지가 조성되어 이 지역 도시 미관의 개선에도 일익을 담당하도록 하였다.

세브란스 빌딩의 명칭 문제

당초 이 건물은 명칭이 확정되지 않은 상태에서 가칭 '연세재단 빌딩'으로 소개되었으나, 의과대학 동창 및 교직원들을 중심으로 세브란스 병원을 영원히 기념하기 위해 '세브란스 빌딩'으로 명명해야 한다는 소망이 많았다.

그리하여 1989년 1월 동창회 정기총회에서는 '세브란스'란 명칭이 반드시 들어가야 한다고 의결하였다. 하지만 재단 측이 '연세재단 빌딩'으로 해야 한다고 계속 주장하자, 1989년 3월 9일 의과대학 동창회는 '세브란스 빌딩 대책위원회'(위원장 조동수)를 구성하고 대책에 나섰다. 위원회는 9월 '연세재단 빌딩'의 명칭이 역사성이 결여된 비합리적인 명칭임을 지적하고, '세브란스'란 명칭만은 반드시 보존하여 역사적인 명맥이 이어지도록 해 줄 것을 요청하는 내용의 청원서를 이천환 이사장에게 보냈다.

1990년 1월 17일 의과대학 동창회는 중앙위원회를 개최하고 빌딩 명칭에 '세브란스'가 반드시 들어가야 한다고 재의결하였다. 그런데 연세대학교 정관 제4장(수익사업) 제37조(수익사업의 명칭) 제1호에 세브란스 빌딩 관리사무소라는 명칭이 명시되어 있음을 찾아냈고, 결국 2월의 이사회에서 신축 건물의 명칭을 '연세재단 세브란스 빌딩'으로 한다고 결정하였다.

세브란스 빌딩의 준공

세브란스 빌딩은 1990년 5월 21일 첫 기둥을 세우는 입주식(立柱式)을 거행하였다. 그리고 1992년 4월 30일에 상량식이 거행되었다. 이날 이유복 부총장 등 8명은 '주후 1992년 3월 30일 오후 3시 상량 건축주 학교법인 연세대학교'가 적힌 상량판을 마룻대에 붙였다. 건축은 암반과 지하철 안전 문제로 기초 공사부터 어려움을 겪었고, 설계 변경으로 연건평이 2,700여 평 늘어났다.

그림 6-6. 1993년 준공된 세브란스 빌딩

이 빌딩은 착공 5년 만인 1993년 12월 29일 준공되었다. 이 건물은 3,100여 평의 부지에 1,200억 원을 들여 지은 것으로, 지상 24층, 지하 6층, 옥탑 2층 등 32층에 연건평이 3만 2,923평에 최고 높이 105미터 규모였다. 특히 종합정보통신망(ISDN), 영상회의, 헬기장, 자동 주차 시스템 등 당시의 첨단 설비를 갖춘 수익용 인텔리전트 빌딩이다. 그리고 서울역, 지하철 1, 4호선과의 연결 통로가 개설되었고, 은행 2개소 및 전화국이 입주하여 효율성이 한층 높아졌다. 주차 공간도 1,159대를 수용할 수 있을 뿐 아니라 승용 승강기 14대와 비상용 2대 등 18대의 승강기를 설치하였다.

이 건물의 운영과 관리는 세브란스 빌딩 운영위원회에서 맡았으며, 역사성을 고려하여 세브란스 건강증진센터의원을 개설하였다.

4. 연세재단 세브란스 빌딩 수익금 문제[5]

1) 빌딩 수익금

빌딩이 준공되었을 때 당시 연세대학교는 "시공업체인 대우 측에 5~6년에 걸쳐 공사비를 상환한 뒤, 오는 2000년대부터는 매년 약 150억 원에서 200억 원 정도의 임대 수익금을 학교에 투자할 수 있을 것"이라고 전망하였다.

실제 수입금을 사용하려면 다음과 같은 점을 해결해야 하였다.

첫째, 공사비는 시공을 맡은 대우가 우선 부담했으므로 건축비를 지불해야 한다. 이 건축비는 대우가 건물을 사용하면서 지불해야 할 임대료로 대체하여 상환하기로 하였다.

둘째, 지불 준비금을 비축해야 한다. 입주자로부터 받은 보증금은 일정 비율 이상을 항상 준비하고 있어야, 입주자가 갑자기 나가더라도 문제가 발생하지 않기 때문이다.

셋째, 건축비가 상환되고 일정액의 지불 준비금이 비축되어 있으면, 수입 중에서 건물 유지비, 직원 보수, 감가상각비, 기타 여러 비용을 제외한 나머지가 사용할 수 있는 실제 수익금이 된다.

2) 의료원의 빌딩 수익금 활용 방안 모색

준공된 지 5~6년이 지난 2000년이 되었는데도 재단은 수익금에 대해 아무런 언급도 하지 않았다. IMF 사태가 발생하고 어렵게 새 병원의 건립에 착수한 연세의료원은 2003년 들어 빌딩에서 발생할 수익금을 어떻게 활용할 것인가 모색하기 시작하였다. 건축 중이던 새 병원에 보다 제대로 된 설비를 갖추어야

---

[5] 이 부분에 대해서는 연세대학교재단이 자료의 공개를 제한하고 있어 자세한 사항을 알기가 어렵다.

했고, 개원 후 운영이 어떻게 될지 불확실한 상황이었기 때문이다.

2003년 6월 5일 최규식, 이승호, 황의호, 강진경, 김덕희, 권오웅이 모여, 비록 특별히 결정한 것은 없었지만 수익금에 대한 방안을 모색하였다. 이어 9월 23일 세브란스 동창회의 빌딩 수익금 대책위원회가 구성되었는데, 위원장에 정인희, 간사에 이유복, 실무에 박형우가 임명되었다. 이날 참석자는 다음과 같다.

원로, 교수 : 정인희, 윤덕진, 나도헌, 소진탁, 양재모, 이유복
동창회 : 이승호 회장, 김덕희 교내 부회장, 나동균 총무이사
교평 의장 : 권오웅
의사학 : 박형우

당시 강진경 의료원장은 재단에 비공식적으로 빌딩 수익금에 대해 문의했고, 이에 대해 지불 준비금이 아직 준비되지 않아 '수익금이 없다'는 재단 측의 비공식적인 답변을 듣고 더 이상 특별한 활동을 하지 못하였다.

3) 창립 120주년과 재단의 발전기금 출연

그런데 2005년에 1월 25일 개최된 연세대학교 이사회는 세브란스 빌딩 수익금 500억 원을 학교의 발전기금으로 출연하기로 의결하였다. 그리고 이 기금은 1998년 4월 27일의 이사회 회의에 근거하여 4 : 4 : 2로 수익금을 배분한다고 결정하였다.

이러한 사실은 '연세 120년 역사와 비전'을 주제로 1월 26일부터 28일까지 제주 신라호텔에서 개최된 제39회 연세대학교 교직원 수양회에서 발표되었다. 당시 정창영 총장은 "이번 500억 원의 재원이 얼마나 귀한 것인지 잘 알고 있으므로 그 성과가 극대화될 수 있도록 석좌교수 초빙과 연구비 지원 등

최적의 용도에 소중하게 사용할 것"이라고 밝혔다.

여기서 1월 25일 개최된 이사회 회의록 중 관련 부분을 그대로 옮기면 다음과 같다.

23. 제23호 의안 : 연세재단 세브란스 빌딩 이익전출금의 기금관리방법

최기준 상임이사는 1993년에 준공된 연세재단 세브란스 빌딩으로부터 1996년부터 이익전출이 발생하여 2005년 2월 28일 현재 432억 원의 기금을 적립하고 있으며 2005회계연도 예산이 실현되면 아래와 같이 약 522억 원의 기금이 예상된다고 설명하다. 이어 원래 이 기금은 1998년 4월 이사회에서 본교(40%), 의료원(40%), 재단운영비(20%)로 배분할 것을 확인하고, 기금 총액 중 22억 원을 제외한 500억 원을 (가칭) 연세발전기금으로 주고자 한다는 제안(별지 참조)을 하다.

- 아 래 -

1) 1996~2005년 2월까지 : 이익전출금(이자 포함)　　　　　　　751억

2) 전세보증금으로 입주한 회사의 월세 전환을 위한 임대보증금 상환 등

　　　　　　　　　　　　　　　　　　　　　　　　　　　　(319억)

3) 2005년 2월 28일 현재 기금 잔액　　　　　　　　　　　　432억

4) 2005회계연도 적립예상액(2005. 3. 1~2006. 2. 28)　　　　+ 90억

5) 2006. 2. 28 현재 기금 추정액　　　　　　　　　　　　　522억

방우영 이사장은 최기준 상임이사의 제안에 대해 여러 이사께서 의견을 개진하여 줄 것을 부탁하다. 이에 여러 이사들의 토의 내용을 요약하면 아래와 같다.

- 아 래 -

1) 정창영 총장은 재단에서 발전기금으로 주게 되면 연구기금 또는 국제화기금으로 소중하게 사용할 예정이며, 구체적인 사용목적과 방법은 지훈상 의료원장과 협의하여 정하도록 하겠다.

2) 이승호 이사는 의과대학 원로교수들의 관심이 많다고 전제하고, 연세재단 세브란스 빌딩 기금을 세계 1위 대학으로 나가기 위한 연구기금으로 정하여 쓸모있게 사용할 수 있었으면 좋겠다.

3) 원한광 이사는 500억 원의 원금을 사용한다는 것인지 500억 원 기금의 운용수익을 사용한다는 것인지 명확하게 밝힐 필요가 있다.

4) 최기준 상임이사는 첫째, 기금원금은 사용하지 않고 이자수익(이자율에 따라 다르기는 하지만 15억~20억 예상) 등을 사용하는 것이고, 둘째, 원래 연세재단 세브란스 빌딩 등을 포함한 모든 재단운영 수익사업체의 이익금 배분 원칙은 8:2(80%:교비 전출, 20%:재단운영비 등 사용) 원칙이며, 셋째, 다만 이번 연세재단 세브란스 빌딩 기금의 배분을 120주년을 맞이하여 22억 원만 제외하고 500억 원을 (가칭) 연세발전기금으로 주겠다는 뜻이고, 넷째, 앞으로 기금운용의 관리주체는 재단에서 하지만 본교와 의료원의 관계자로 구성된 별도의 기금관리위원회를 구성하여 4:4:2(본교 4:의료원 4:재단 2)의 원칙하에 관리하고자 한다고 부연하여 설명하다.

5) 윤형섭 감사는 연세재단 세브란스 빌딩의 이익 배분 방법은 원칙적으로 8(=4+4):2이나 특별히 이번에는 재단에서 22억 원을 제외한 500억 원을 총장에게 주겠다는 뜻이며 기금운영은 재단에서 관리한다는 원칙으로 해석된다고 말하다.

6) 이승호 이사는 지금까지 논의된 내용에 대해 지훈상 의무부총장의 의견을 묻자, 지훈상 의무부총장은 현재까지 의료원 교수들이 진료에 전념하여 피로한 상태이므로 향후 의료 산업화를 위한 교수연구기금으로 활용하면 좋겠다고 말하다.

방우영 이사장이 이상의 토의 내용에 대한 처리 여부를 묻자, 송영자 이사의 동의와 이승호 이사의 재청으로 전원 찬성하여 최기준 상임이사가 제안한 원안대로 가결하다.

4) '세브란스 빌딩 수익금 관련 대책위원회' 구성

재단의 발전기금 출연 소식이 전해지자 의과대학 총동창회에서는 그 부당성을 지적하고 나섰다. 합동 당시 정관에 구 세브란스 의과대학 재산을 따로 관리하는 조항에 위배되며, 더욱이 부지가 의과대학 및 병원을 위한 지정 기탁이었다는 점 때문이다.

2005년 1월 29일 개최된 총동창회 중앙위원회에서는 이승호 파송이사로부터 재단이사회의 회의에서 수익금 배분을 결정했다는 보고를 듣고 많은 토의가 있었으며, 임시 중앙위원회를 개최하여 심도 있게 토의하기로 결정하였다. 그리하여 3월 26일 의과대학 총동창회 임시 중앙위원회가 개최되어 '연세재단 세브란스 빌딩 수익금 관련 대책위원회'를 구성하고 이 문제를 해결하도록 위임하였다. 당시 대책위원회는 다음과 같이 구성되었다.

고　　문　정인희
위　원　장　양재모
부위원장　강두희, 이유복
위　　원　최규식, 김병수, 황의호, 박형우(간사)
　　　　　박윤기, 신동천, 최승호, 고신옥(이상 교수평의회)
　　　　　김덕희(동창회 교내부회장), 나동균(동창회 총무이사)

이날 회의에서 최우선적으로 문제가 된 점은 과연 이사회가 4:4:2로 수익금을 배분한다는 결정을 했느냐 하는 것이었다. 그리고 결정했다면 누가 의과대학 측 대표로 당시 이사회에 참석했는가 하는 점이었다.

우선 당시 의과대학 측 대표로는 노경병(2003년 작고), 최규식(동창회 파송이사), 김병수(당시 총장) 동창이 참석한 것으로 밝혀졌다.

최규식 당시 파송이사는 '최근의 사태에 대한 본인의 입장'이라는 성명서를 통해 다음과 같이 밝혔다.

> (중략)
>
> 이제 이번에 야기된 과실금 배분 문제에 대해서 말씀드리려 합니다. 우선 문제된 1998년 4월 27일 본 문제와 관련된 이사회 회의록을 낭독하겠습니다.
>
> ▶ 최기준 이사로부터 연세재단 세브란스 빌딩 전입금의 처리는 전입금 총액에서 20%는 법인 운영비로 충당하고, 본교 40%, 의료원 40%씩 전출하기로 합의된 것을 확인한 바 있다고 밝히다.
> ▶ 원일한 이사로부터 수익사업 전입금 학교 전출 문제를 재정관재위원회에서 연구, 검토하자는 의견을 밝히다.
> ▶ 최희섭 이사로부터 연세재단 세브란스 빌딩, 제중상사, 연세 장례식장 사업소 수입금 일부를 새 세브란스 병원 신축 자금에 투자하자는 의견이 있었음을 밝히다.
> ▶ 최규식 이사로부터 수익 사업체 전입금 전출 문제는 재정관재위원회에서 논의한 후 이사회에서 결정하자고 제안하다.
>
> 이상 1)호 ①~⑦까지의 토의를 종결하고, 이사장으로부터 수익 사업 전입금 전출 문제는 재정관재위원회에서 심의, 결정토록 위임하여 다음 이사회에서 제출토록 하자고 제안하자, 제안대로 받자는 김기수 이사의 동의와 최규식 이사의 재청으로 전원 찬성 가결하다.

이러한 내용을 가지고 마치 확정된 것처럼 지난 이사회에 보고 통과
시킨 것은 아무 내용도 모르고 있었던 이승호 이사로 하여금 동의하게
만든 것은 어떤 사전에 계획된 의도적인 것이 아닌가 의심스럽습니다.

1998년 이사회에 참석했던 본인과 또 그당시 총장으로서 세브란스
새병원 건립에 결정적인 역할을 하고 수고했던 김병수 동창도 이사회
에서 결정 확정된 것을 전혀 모르고 있었습니다. 어떠한 회의에서 합의
된 것을 확인한 것인지 전혀 모르는 사실이고 또한 어떠한 공식적인 회
합에서도 전혀 논의된 바가 없습니다. (중략)

5) 엉터리 회의록

2006년 4월 1일에 개최된 첫 회의에서 관련된 두 회의록을 대조해 보니
1998년 4월 27일의 결정에 따라 4:4:2로 배분하기로 한 2005년 1월 25일
이사회의 결정은 근거가 없는 것이 밝혀졌다. 최규식 파송이사가 밝힌 대로
1998년 4월 27일 회의에서는 아무런 결정을 하지 않았던 것이다. 다만, 최기준
이사가 "연세재단 세브란스 빌딩 전입금의 처리는 전입금 총액에서 20%는 법
인 운영비로 충당하고, 본교 40%, 의료원 40%씩 전출하기로 합의된 것을 확
인한 바 있다고 밝히다"라는 부분에서 문제가 되는 것은 바로 '합의된 것을 확
인한 바 있다'는 내용이다. 그러면 1998년 4월 이전의 어느 회의에서 '합의'되
었는지 그 합의가 담긴 회의록을 제시하면 해결될 문제였다. 또한 언제 합의된
것을 '확인'했는지 그 확인이 담긴 회의록을 제시하면 해결될 문제였다.

하지만 재단은 이 두 의문에 대한 답을 하지 못하였다. 그런 결정을 했던
사실이 없기 때문이다. 그렇다면 2005년 1월 25일의 의결은 원인무효가 된다.[6]

---

[6] 원인무효를 떠나, 한 대학교 이사회의 회의록을 '변조'한 것이다.

이에 대책위원회는 재단이사회 회의록의 정정을 촉구하는 건의서를 보냈다. 건의서와 관련하여 2005년 7월 12일 개최된 이사회에서는 다음과 같이 논의되었다.

6. 기타 토의사항

2. 의과대학 동창회 건의에 관한 건

최기준 상임이사는 최근 의과대학 동창회에서 연세재단 세브란스 빌딩 수익금의 배분과 관련한 건의서를 접수한 바 있다고 말하고 그 건의내용(별지)에 대하여 이승호 이사에게 설명을 부탁하다.

이에 이승호 이사는 ① 연세재단 세브란스 빌딩의 수익금 500억 원에 대한 지난 2005년 1월 25일 이사회 결의는 법인사무처에서 제출한 안건 관련 자료에서 이미 1998년 4월 27일자 이사회에서 결의된 바 있다고 하여 의과대학 파송이사인 본인이 동의했는데 추후 그당시 회의록을 확인한 바 이사회에서 논의한 것은 사실이나 결의한 사실이 없으며 ② 학교법인의 재산은 지정 목적대로 사용되어야 하는 것과 관련하여 의과대학 동창회에서 방우영 이사장과의 면담을 요청하니 응해 주셨으면 좋겠다고 말하다.

방우영 이사장은 500억 원과 관련해서는 지난번 총장에게 위임한 바 있고 또 총장이 충분히 배려할 것으로 믿는다고 말하다. 다만 우리 대학은 과거에 집착할 것이 아니라 앞을 내다보는 의사결정을 하였으면 좋겠다고 말하고 토의를 종결하다.

결국 2005년 10월 25일 개최된 재단이사회는 '회의록 정정'을 의결하였다.

15. 기타 : 회의록 자료 정정

이승호 이사는 지난 10월 4일자로 의과대학 동창회에서 이사회 회의록의 일부를 정정 요청한다는 편지를 여러 이사 감사에게 우송한 바 있는 것으로 안다고 전제한 뒤, 지난 2005년 1월 25일자 이사회의 제23호 안건인 "연세재단 세브란스 빌딩 이익전출금의 기금관리방법"에 관한 이사회 자료 내용 중 참고로 제시한 내용 ① 이사회 결정 : 1998년 4월 이사회, ② 배분 방법 : 본교 40%, 의료원 40%, 재단운영비 20%가 잘못되었으니 이를 이번 이사회에서 확인하여 줄 것을 제의하다.

방우영 이사장은 이승호 이사의 제의에 어떻게 처리할 것인가를 묻자, 김석수 이사는 지난 2005년 1월 25일자 자료 내용 중 '참고' 설명란은 삭제하는 것으로 제의하자, 참석한 이사 전원의 찬성으로 김석수 이사의 제의에 찬성 가결하다.

그런데 4:4:2라는 내용은 2006년 1월 26일 개최된 재단이사회에서 다시 반복되었다.

3. 기금의 사용
- 연세발전기금 출연(2006년 2월)   500억 원
- 재단운영기금   53억 원
- 2006년 이후 수익금 분할   2:8(4+4)
    (중략)

연세재단 빌딩기금 현황 보고에 대하여 이승호 이사는 수익금의 배분 비율에 관하여 이의를 제기하고 보고 내용 중 수익금 분할 비율을 삭제하여 줄 것을 요청하다. 이에 대하여 여러 이사들이 토의한 후 보고 사항 중 3. 기금의 사용 "2006년 이후 수익금 분할 2:8(4+4)"의 내용에서 "2:8(4+4)"을 삭제하기로

하고 이 문제에 대해서는 상임이사, 총장, 의무부총장에게 위임하기로 하다.

6) 첫 건의서 발송

대책위원회는 2005년 6월 24일 빌딩 수익금과 관련한 첫 건의서를 이사
장 앞으로 보냈다. 이 건의서에는 「서울역 앞 옛 세브란스 대지의 내력과 그 의
의」라는 제목의 별첨이 딸려 있었는데, 세브란스 동창들의 주장을 잘 담고 있
으므로 이곳에 전문을 소개하고자 한다.

건의서

수신 : 학교법인 연세대학교 방우영 이사장님
참조 : 연세대학교 정창영 총장님
　　　 최기준 상임이사님, 이승용 이사님, 소화춘 이사님
　　　 송영자 이사님, 정철범 이사님, 이승호 이사님
　　　 이병무 이사님, 김석수 이사님
　　　 윤형섭 감사님, 안택수 감사님

경애하는 방우영 이사장님

　　의과대학 동창 일동은 연세대학교가 안정 속에 발전을 거듭하고
있는 것을 매우 자랑스럽게 생각하며, 이는 이사장님을 위시한 여러 이
사님들의 적극적인 지원과 총장을 비롯한 전 교직원의 헌신적인 노력
의 결과로 믿고 모든 분들에게 깊은 감사를 드립니다. 웅장한 세브란
스 새 병원의 봉헌으로 새 도약을 갈망하는 우리 의과대학 동창들은 흥

분과 감격 그리고 부푼 희망을 갖게 되었으며, 이는 의과대학의 발전을 통하여 우리 연세대학교가 세계적 대학으로 발돋움하는 계기가 되리라 확신합니다. 이 또한 이사장님과 여러 이사님들의 강력한 지원에 힘입은 것으로 믿어 다시 한 번 감사를 드립니다.

그러나 치열한 경쟁과 갈수록 열악해지는 의료 환경 속에서 오로지 교직원들의 진료 수입만으로 운영해야 하는 우리 연세의료원이 과연 국가와 대재벌의 막강한 지원을 등에 업고 있는 국내 굴지의 병원들과 경쟁할 수 있을지 걱정 또한 태산 같습니다. 이러한 상황에서 우리 의료원도 진료 수입 이외의 다른 재원 확보가 절실하며, 특히 재단의 사려 깊은 배려가 매우 중요한 의미를 갖는다고 믿습니다.

우리 의과대학의 요람이요 반세기가 넘는 터전이었던 서울역 앞 옛 대지에 거대한 수익사업 빌딩이 건립되었을 때, 여기서 발생하는 재원이야말로 의료원의 지속적인 발전에 절대적 버팀목이 될 것으로 우리들은 큰 기대를 걸어 왔습니다.

그렇지만 연세재단 세브란스 빌딩에서 실질적인 과실금이 발생할 시점에 와서, 지난 1월 25일 재단이사회가 결정했다는 과실금의 배분과 용도 및 관리에 대한 의과대학 동창회 파송이사의 보고를 듣고 모든 의과대학 동창 일동은 경악과 실망을 금할 수 없어 전 동창의 뜻을 모아 이 글을 드리게 되었습니다.

우리가 이 같은 간곡한 건의를 드리게 된 것은 별첨과 같은 서울역 앞 대지의 엄연한 내력과 학교법인 연세대학교의 정관 조항에 의거한 것이며, 연세의료원의 지속적인 발전의 보장을 염원하는 동창들의 간절한 충정에서 우러나온 것입니다.

세브란스 씨의 지정 기부로 마련된 서울역 앞 대지의 내력과 재단 정관에 의거하면 연세재단 세브란스 빌딩에서 발생하는 수익금 전액은 의료원 발전을 위하여 사용되는 것이 마땅한 줄 압니다. 그런데 파송이사의 보고에 의하면 2005년 1월 25일 열린 이사회에서 1998년 4월 27일자 이사회 결정에 따라 연세재단 세브란스 빌딩 수익금 배분 비율을 결정했다고 했으나, 당시 회의록을 검토한 결과 이러한 사실이 전혀 허위였음이 밝혀졌습니다. 이러한 중요한 사항을 이사회에서 결정된 사실인 양 과실금을 분배하려 했다는 말을 듣고 우리들은 경악을 금치 못하였습니다.

이러한 배경에서 의과대학 총동창회는 2005년 3월 26일 임시 중앙위원회를 개최하여 대책위원회를 구성하고, 이 위원회에 모든 권한을 위임하였습니다. 이어 대책위원회는 동창들의 뜻을 모아 조속한 시일 내에 문제가 원만하게 해결되도록 다음과 같은 사항을 재단이사회에 건의하는 바입니다.

- 다 음 -

1. 현재 우리와 우리나라 최고의 자리를 다투고 있는 서울대학병원, 아산중앙병원, 삼성서울병원, 국립암센터 등은 정부와 대재벌의 지원을 보장받고 있으나 연세의료원은 교수들의 진료 수입에 의존할 수밖에 없는 상태이다. 따라서 갈수록 악화되는 의료 환경과 의과학 발전은 막대한 재원이 필수적이라는 점을 감안할 때 재단의 보다 적극적 지원이 절실하다.

2. 서울역 앞 대지의 내력과 이사회 정관의 참뜻을 존중하여 서울역 앞 연세재단 세브란스 빌딩의 수익금 전액은 당연히 의료원의 지속적인 발전 재원으로 사용되어야 한다.

3. 허위 자료를 제시하여 이사회가 잘못된 결정을 내리게 한 실무자와 그 감독 책임자는 상응하는 책임을 져야 한다.

다시 한 번 이사장님을 비롯한 여러 이사님들의 노고에 감사드리면서 우리들의 건의를 심사숙고하시어 역전 대지 내력과 정관의 자산 관리 규정에 부합되도록 결정해 주시기를 바랍니다.

2005년 6월 일

연세대학교 의과대학 동창회

세브란스 빌딩 수익금 대책위원회 일동

추신 : 2005년 7월 15일까지 이 건의서에 대한 회신이 없으면 우리 동
　　　창들의 뜻을 수용하는 것으로 간주하며, 이를 확인하기 위해 이
　　　사장님을 면담할 예정임을 알려드립니다. 본 건의서에 대한 의
　　　문이나 질의가 있으시면 연세대학교 의과대학 동창회 사무실
　　　(02-362-6115)로 연락 바랍니다.

고　　　문　　정인희

위 원 장　　양재모

부위원장　　강두희 이유복

위　　　원　　최규식 김병수 황의호 박윤기 김덕희

　　　　　　　고신옥 나동균 박형우 신동천 최승호

〈별첨〉
서울역 앞 옛 세브란스 대지의 내력과 그 의의

I. 서울역 앞 세브란스 대지의 내력

1. 세브란스(L. H. Severance) 씨의 지정 기부

1900년 안식년으로 캐나다로 돌아가 활동하던 에비슨의 강연에 감동한 세브란스 씨는 에비슨이 서울에 현대식 병원을 건립하도록 1만 달러를 기증하였다. 고종은 대지를 무료로 제공하겠다고 했으나 관리들의 농간으로 대지 마련이 지연되자 세브란스 씨는 대지 매입비로 5천 달러를 추가로 기부하여 이 돈으로 남대문 밖 복숭아골에 땅을 샀고, 이 대지 위에 옛 세브란스 병원과 의과대학을 건립하였다.

세브란스 씨가 돈을 기부했을 때 한국, 특히 평양에 거주하는 선교사들은 이 많은 돈을 병원 건립에만 사용하는 것을 반대하고 반은 전도사업을 위해 사용하자고 강력히 요구하였다. 이에 세브란스 씨는 자기가 기부한 돈은 반드시 병원을 건립하는 데에만 사용해야지 다른 용도로 사용하면 그만큼 회수하겠다고 단호한 입장을 취하였다. 언더우드 등 당시 서울에서 활동하던 선교사들은 이런 세브란스의 입장을 전폭 지지하였다.

이와 같이 서울역 앞 옛 세브란스 대지와 건물은 병원과 의과대학을 위해 세브란스 씨가 지정 기부한 것이며, 기부자의 숭고한 뜻에 따라 사용되어야 하는 연세의료원의 재산이다.

2. 세브란스 의과대학의 기본 자산

1904년 서울역 앞 대지에 현대식 세브란스 병원이 준공되고 의과대학의 터전이 마련된 이후, 이 대지는 기부자 세브란스 씨의 숭고한 뜻에 따라 1957년 연세합동 때까지 법적으로 세브란스 의학전문학교 및 의과대학의 기본 자산이었다.

3. 의과대학 교수와 동창들이 사수한 땅

1966년 연세대학교 재단이사회는 서울역 앞 대지 4천 10평을 평당 7만 8천 원, 총 3억 1천 2백 7십 8만 원의 싼값으로 매각하기로 동양양회의 이양구 회장과 계약금 10%를 받고 매각하기로 결정하였다. 이를 알게 된 의과대학 교수와 동창들은 다방면으로 매각 저지 활동을 벌여 결국 계약을 해지시킴으로써 이 땅을 사수하였다. 그때 매각되었다면 이 땅은 이미 오래전에 없어졌을 것이다.

4. 세브란스 기업공사

매각 파동을 겪은 후 재단에서는 이 대지를 개발하기 위해 1970년 3월 세브란스 기업공사를 발족시켰고, 의과대학 동창들과 전문가들의 의견을 모아 잠정안으로 i) 대지 중앙부에는 대형 고급 호텔을 건립하고, ii) 대지 서편에는 은행 등 이 지역에 관련된 사무실 임대 빌딩을 건립하며, iii) 대지 전면(퇴계로 쪽)에는 상가 아케이드를 건립하고, iv) 대지 후면(양동 쪽)에는 메디칼 아트 빌딩을 건립하여 우리나라 의료 발상지의 명맥을 유지하는 것 등으로 계획을 세웠다.

이 계획에 따라 1차적으로 대지 서쪽에 12층의 연건평 2,248평의 사무실 임대용 세브란스 빌딩을 1972년에 완공하였다.

5. 연세재단 세브란스 빌딩

세브란스 기업공사의 원래 계획은 이루어지지 못한 가운데, 연세대학교 재단에서는 기존의 건물을 헐고 대지 전체를 활용하여 보다 대형의 세브란스 새 빌딩을 건립하고자 하였다. 그리하여 1988년 11월 29일 연건평 30,000평의 대형 임대 빌딩을 착공하였고, 1993년 12월 29일 완공하여 '연세재단 빌딩'이라는 이름으로 봉헌식을 가졌다.

그렇지만 이 건물의 명칭을 두고 재단 측과 논쟁이 있었으며 의과 대학 교수 및 동창들이 나서 결국 '세브란스'란 말을 추가하여 '연세재 단 세브란스 빌딩'이라는 명칭으로 바로잡았다. 그러나 건물 상단에는 아직도 '연세'란 간판만 있어, 의과대학에서는 이곳이 세브란스의 캠 퍼스라는 역사적 의미가 부각될 수 있도록 '세브란스'라는 간판을 달 자고 누차 건의하였으나 아직도 해결되지 않은 상태로 있다.

II. 연세합동 당시 합의된 양교 기본 자산의 처리 및 관리에 관한 사항

1. 동창회의 연희와의 합동 반대

세브란스 의과대학 동창회는 연희대학교와의 합동을 강력히 반대 했으나, 인사 및 재정에 대한 의과대학의 독자적 권한의 보장을 전제로 1956년 10월 16일 합동에 찬동하였다.

2. 합동 시 연세대학교 재단법인 기부행위(정관)에 명시된 재산 관리 및 경리에 관한 사항

세브란스 의과대학 측의 입장이 받아들여져 1957년 만들어진 연세 대학교 재단법인 기부행위(정관)에는 재산 관리 및 경리에 관해 다음과 같이 명시되어 있다.

제3장 자산(資産) 및 경리

제5조 본 법인의 자산은 기본재산과 보통재산의 2종으로 나눈다.

기본재산은 토지, 건물, 기타 원본소비를 목적으로 하지 않

는 재산으로써 조성하되 <u>재단법인 세브란스 의과대학이 소</u>
<u>유하였던 기본재산의 전부를 이에 편입한다.</u> 보통재산은 전
항 이외의 재산으로 하되 재단법인 세브란스 의과대학이 소
유하였던 보통재산 전부를 이에 첨가한다.

제6조 전조의 자산 중 <u>재단법인 세브란스 의과대학이 소유했던 기</u>
<u>본재산은 별도 회계로서 이를 경리한다.</u> 공통 사용되는 운영
비의 비율 및 특히 지정함이 없이 추가되는 재산이 있을 때
는 그 추가된 재산의 소속과 용도는 이사회가 이를 정한다.

제8조 본 법인이 타인 또는 타 단체로부터 재산의 기증을 받거나
기부금을 체납코자 할 때에는 조건의 유무를 막론하고 이사
회의 의결을 거쳐야 한다. 전항의 <u>기증 또는 기부자로부터 용</u>
<u>도의 지정이 있을 때는 지정된 용도 이외에 사용할 수 없다.</u>

즉, 세브란스 의과대학 소유의 재산을 그대로 연세대학교 자산에
편입하되 별도 회계로서 경리한다고 규정한 것이다. 또 지정 기탁의 경
우 지정된 용도 이외에 사용할 수 없게 하였다.

이에 더 나아가 연세대학교 기본재산 총액의 100분의 6 이상을 해
당 대학의 지정 재산으로 가진 단과대학에는 단과대학위원회를 둔다
고 하여 의과대학위원회가 구성되기에 이르렀다. 이렇게 자산을 별도
로 관리하는 것에 대해 합동한 이상 당연히 합쳐야 한다는 견해도 있었
다. 그렇지만 바로 지정 기탁 문제로 더 이상 진전이 없었다. 연세대학
교사에 포함된 다음의 내용으로 분명히 알 수 있다.

"연희, 세브란스 양교의 합동을 위해 새로 결정을 본 재단법인 연
세대학교 기부행위 제5조, 제6조에 의하면 양교 재단은 원칙적으로 통
합하되 현재 양교가 보유한 재단의 귀속만은 당분간 임시 조치로서 개

별적으로 관할토록 하였다. 이것은 <u>이미 설정된 재단기금의 지정된 사업목적을 변경할 수 없기 때문이었다.</u>

　의과대학의 경우 시설, 기타 기금의 거의 전부가 사용 목적을 분명히 한 외국 원조였던 만큼 위와 같은 2원 체제는 더욱 굳어질 수밖에 없었다. 이러한 관계로 해서 기부행위 제6장 단과대학위원회 조항이 설정되고 이 조항에 따라서 본교의 유일한 단과대학위원회인 의과대학위원회가 구성되었던 것이며, 뒤따라 이 위원회의 제 세칙이 작성되어 그 기능과 운용이 명문화되었던 것이다."

3. 최근의 연세대학교 재단법인 기부행위(정관)에 명시된 재산관리 및 경리에 관한 사항
　2004년 5월 29일 제60차 개정의 정관은 다음과 같이 되어 있다.

제2장 자산과 회계
제1절 자산
제6조 (자산의 구분) ① 이 법인의 자산은 기본재산과 보통재산의 2종으로 구분하되 기본재산은 교육용 기본재산과 수익용 기본재산으로 구분하여 관리한다.
　　　② 기본재산의 별지 목록의 재산과 제 조의 규정에 의한 적립금 및 기타 이사회의 의결에 의하여 기본재산으로 정하는 재산으로 한다.
　　　③ 보통재산은 제 항에서 정하는 이외의 재산으로 한다.
제7조 (재산의 관리) ① 제6조 제2항의 규정에 의한 기본재산을 매도, 증여, 교환 또는 용도를 변경하거나 담보에 제고하고자 할 때에는 이사회의 의결을 거쳐 관할청의 허가를 받아야 한다.
　　　② 기본재산과 보통재산의 관리에 관하여는 법령과 이 정관

에 특별히 규정이 있는 경우를 제외하고는 이사회에서 따로 정한다. 다만, <u>재단법인 세브란스 의과대학 및 원주기독병원의 소유하였던 재산은 별도 회계로써 이를 경리한다.</u> 공동 사용되는 운영비의 비율 및 특히 지정함이 없이 추가되는 재산이 있을 때에는 그 추가된 재산의 소속과 용도는 이사회가 이를 정한다.

③ 이 법인이 타인 또는 타 단체로부터 재산의 기증을 받거나 기부금을 체납코자 할 때에는 조건의 유무를 막론하고 이사회의 의결을 거쳐야 한다. <u>기증 또는 기부자로부터 용도의 지정이 있을 때는 지정된 용도 이외에 사용할 수 없다.</u>

④ 기본재산은 수익용이라 할지라도 매도했을 시는 지체 없이 다른 재산으로 대체 충당하여 원본 소비를 하지 않는다.

7) 500억 원 기금의 배분 동의 과정

연세재단 세브란스 빌딩 수익금 배분은 원점으로 돌아갔다. 2006년 1월 26일의 결의에 따라 2006년 2월 23일 재단 측 인사 3명(정창영 총장, 지훈상 부총장, 최기준 상임이사)과 대책위원회 측 인사 3명(이유복, 김병수, 황의호)이 소위원회의 첫 모임을 갖고 양측의 입장을 개진하였다. 이날 오간 대화는 다음과 같다.

▶ 이유복 위원

이 소위원회의 성격에 대해 질문하자 기존의 빌딩 수익금 기금 및 향후의 수익금 모두를 다룬다는 답변이 있었다.

의대 측 입장을 설명하였다.

① 연세합동은 잘된 일이며, 단 합동의 기본 정신은 1:1이다.

② 합동의 전제로 연희는 대지를 제공하고, 미 제8군이 기념 흉곽병원을, 연합 재단이 일반병동을 건립해 주며, CMB에서는 의대를 지어 주는 것이었다.

③ 당초 합동을 의대 동창회가 반대했으나 인사, 재정의 독립 운영을 전제로 찬성했으며, 이것이 현재의 정관에 반영되어 있다.

④ 역전 대지 내력 : 지정기부, 기본재산, 동창이 사수한 내력을 설명하였다.

⑤ 우리는 연희 측 기본재산에 대해 아무런 얘기를 한 적이 없다.

⑥ 이사회가 최고결정기관으로 권한을 갖고 있지만, 정관에 따라 공명 정당해야 한다. 절차나 내용에 하자가 있으면 누구나 이의 제기를 할 수 있다.

⑦ 의료원이 현재 겪고 있는 여러 애로 사항을 설명하였다.

⑧ 500억 원을 발전기금으로 만든 근거가 무엇인가를 질문하였다.

⑨ 정관에 의거해 수익금 처리 원칙을 먼저 정해야 한다는 것을 강조하였다.

▶ 최기준 위원

① 2 : 4 : 4는 공개되어 있어 변경이 곤란하다.

② 이를 변경하면 연희 측 교수들이 가만 있지 않을 것이다. 또 20%는 사립학교법상 재단에 권리가 있다.

③ 2 : 4 : 4는 되어야 학교가 편안해질 것이다.

▶ 이유복 위원

① 우리는 연희와 상대하는 것이 아니다.

② 사립학교법은 수익금의 80% 이상을 목적 사업에 투자하라는 의미이지 재단이 20%를 가지라는 의미가 아니다.

③ 대지 제공은 합동의 전제 조건이었다. 그리고 에비슨의 회고록에 의하면 1930년대에 연희전문의 땅을 산 적이 있다.

▶ 정창영 총장

① 500억 원 기금은 아무래도 좋은데 향후 수익금은 2 : 4 : 4로 해야 한다.

▶ 지훈상 부총장

① 2 : 4 : 4는 안 된다.

그런데 이후부터 이해할 수 없는 일이 발생하기 시작하였다. 재단회의록의 내용 중 일부를 공개하지 않기로 한 것이다.

예를 들어 2006년 10월 24일 개최된 이사회 회의록에는 다음과 같이 기록되어 있다.

바. 기타(비공개)

방우영 이사장은 재단 빌딩 수익금 배분에 관해 4 : 4 : 2(학교, 의료원, 법인)를 원칙으로 하되 첫해에 한해 법인 몫을 의료원에 배려하는 수준에서 결정하면 좋겠다고 의견을 제시하다.

이에 대하여 정창영 총장은 방우영 이사장의 제안을 근거로 의과대학 동문들과 의논하여 그 결과를 내년 1월 이사회에 보고하여 배분율을 확정할 것을 제안하자, 이승호 이사의 동의와 윤형섭 이사의 재청으로 전원 찬성하여 가결하다.

방우영 이사장의 제안은 2006년 11월 7일에 개최된 대책위원회 제10차 회의에 비공식적으로 전해졌다. 이승호 파송이사는 "학교에서 할 일이 많으니 기금으로 출연되어 있는 500억 원을 의료원 300억 원과 본교 200억 원으로 나누자"는 비공식적인 제의가 있었음을 밝혔다. 이에 대책위원회는 2월 개최되었던 위원회의 소집을 기다리되, '2006년 이후 발생할 수익금은 별도로 논의하는 것을 단서'로 대책위원회는 이 제의에 동의하였다.

하지만 별다른 진전이 없는 상황에서 2006년 2월 19일 최기준 상임이사가 기독교방송국의 이사장에 취임하였다. 그리고 2007년 10월 정창영 총장이 사임하고, 2008년 2월 1일 김한중 총장이 임명되었다.

8) 정관에 위배되는 이사회의 결정

2008년 7월 1일 개최된 이사회는 세브란스 빌딩 수익금의 4 : 4 : 2 배분을 의결하였다. 2005년의 의결이 근거 없는 사실을 내세워 4:4:2 배분을 밀어붙인 것이라면 이번에는 아예 4:4:2 배분을 의결한 것이었다. 역시 비공개라고 표시되어 있다.

나. 보고 2 : 법인 보고

(2) 연세재단 세브란스 빌딩 수익금 배분 요청 보고(비공개)

이경태 법인본부장[7]으로부터 연세대학교 의료원이 연세재단 세브란스 빌딩 수익금 500억 원 중 300억 원은 조속히 지급해 줄 것을 요청해 왔다는 보고를 받고 토의하다.

이경태 법인본부장은 의료원으로부터 의료원이 앞으로 암전문병원, 용인 동백 세브란스 병원, Avison Research Center(가칭) 건립 등을 위해서 연세재단 세브란스 빌딩 수익금 배분을 요청했다고 말하고, 수익금 배분과 관련 지난 2006년 10월 이사회에서 협의되었던 4:4:2(본교 : 의료원 : 법인)로 연세재단 세브란스 빌딩 수익금을 배분할 것을 토의한 바 있으며, 이때 방우영 이사장은 2005회계연도까지의 수익금 500억 원을 4:4:2(본교 : 의료원 : 법인)로 배분하는 것이 원칙이지만 의료원이 앞으로 투자할 곳이 많으므로 이번에 한해 법인의 몫을 의료원에 할당하여 300억 원은 의료원에, 200억 원은 본교에 배분하고, 그 이후부터는 연세재단 세브란스 빌딩의 수익금 배분은 4:4:2(본교 : 의료원 : 법인)로 할 것을 제안했고 그당시 정창영 총장은 그 의견을 갖고 의과대학 동문회와 논의하여 다음 이사회에서 보고하고 확정을 짓는 것으로 했으나 그 이후 이 건과 관한 진척이 없었다고 말하다.

---

[7] 한동안 연세대학교이사회에는 상임이사직이 있어 최기준 이사가 이를 맡아 왔으나, 여러 이유로 그가 이사직에서 물러나면서 2006회계연도부터 법인본부장제도가 생겼다. 이후 본부장은 교수가 맡았다.

이어서 여러 이사들이 2006년 10월 이사회에서의 수익금 배분원칙에 대해 토론이 이어지다.

윤형섭 이사는 이 건과 관련 과거 이사회에서 여러 차례 검토했고, 이사장 께도 앞에서와 같이 제안한 바 있으므로 이번 이사회에서 이를 재확인하는 것 이 필요하다고 말하다.

방우영 이사장은 연세재단 세브란스 빌딩 수익금 배분과 관련 지금까지 논 의된 사항을 이경태 법인본부장에게 다시 정리하여 말해 달라고 요청하자, 이 경태 법인본부장은 "연세재단 세브란스 빌딩 수익금 500억 원(2005회계연도까 지 적립금)의 배분은 본교 200억 원, 의료원 200억 원, 법인 100억 원이나 이번 에 한해 법인의 몫인 100억 원을 의료원에 추가 지급하되 그 이후부터의 연세 재단 세브란스 빌딩 수익금은 원래의 배분 원칙인 4:4:2(본교 : 의료원 : 법인)로 배분한다"라고 정리하여 말하다.

방우영 이사장이 연세재단 세브란스 빌딩 수익금 배분 요청 보고는 보고와 동시 승인 사항이라고 말하고 처리 여부를 묻자, 위에서 정리한 의견대로 결의할 것을 윤형섭 이사의 동의와 이승호 이사의 재청으로 전원 찬성하여 가결하다.

이승호 이사는 연세대학교 의과대학 동문회 파송이사로 오늘 2006년 10월 이사회에서의 논의 결과를 재확인하면서 본인 임기 중에 연세재단 세브란스 빌딩의 수익금 중 400억 원은 집행할 수 있도록 결정되어 대단히 감사한다고 말하다.

이 결정과 관련하여 몇 가지 점을 짚어 보자.

첫째, 재단은 한 번도 의결한 적이 없고 단지 이사장이 한 번 언급한 것을 기정 사실화하면서 밀어붙였다.

둘째, 혹시 이 사안이 정관 규정에 어긋나는 것이 없는지 전혀 고려하지 않 고 투표로 결정해 버린 점이다. 한 국가에 헌법이 있듯이, 학교 운영에는 정관 이 있다. 정관을 무시하고 재단이 의결하면 그것은 적법한 것인가?

셋째, 대화 거부의 문제이다. 재단은 한 번도 이에 대해 문제를 제기한 의과대학 동문들과 대화에 나서지 않았다. 합동(창립) 정신과 관계되는 빌딩 수익금에 관한 문제를 재단에서 소수자인 의과대학 동창회 파송이사를 포함하여 의결한다고 해결될 문제가 아니다. 의과대학 동문들과는 한 번도 제대로 대화하지 않고, 그저 시늉만 했을 뿐인 상황에서 윽박지르듯이 결정해 버린 것이다. 한 번 만났던 소위원회를 통해 충분히 해결하고, 재단이사회에서는 요식 행위로 의결했으면 최상이었을 것이다.

넷째, 유독 세브란스 빌딩 수익금에 관한 부분만 '대외비'로 해놓았다는 점이다. 실제 2008년 7월 1일의 결정도 12월 4일 개최된 대책위원회에서 처음 알려졌다.

9) 이사회의 결정에 대한 항의

2009년 1월 28일 의과대학 총동창회 회장단은 빌딩 수익금 배분에 관한 재단의 결정을 인정할 수 없으며, 이 문제에 대해 법적 자문을 구하며, 비용은 동창회가 부담하기로 의결하였다.

이어 1월 31일 개최된 의과대학 총동창회 중앙위원회는 4:4:2 배분은 근거가 없으며 인정할 수 없고, 빌딩 수익금은 정관에 근거해 배분되어야 하며, 빌딩 수익금 배분과 관련한 사항은 대책위원회에 위임하기로 의결하였다.

의과대학 총동창회가 열리기 직전인 2009년 1월 29일 재단 측과의 간담회가 개최되었는데, 재단 측에서는 이경태 본부장, 김한중 총장, 박창일 의료원장이, 대책위원회 측에서는 이유복, 권오웅, 이병인, 박형우 위원이 참석하였다. 이날도 실제적인 논의는 이루어지지 않았고, 이번 모임에 참석한 재단 측은 이사장이 귀국하는 대로 책임 있는 인사로 대표자를 뽑아 의대 동창회 측과 심도 있게 논의할 수 있도록 하자고 건의하기로 하였다.

이어 4월 10일 재단 측과의 간담회가 다시 진행되었는데, 그 대화 내용 중에 왜 이 문제가 정당하게 해결되지 않는지 알려 주는 대목이 있어 이곳에 옮겨 본다. 이날 재단 측에서는 윤형섭 이사, 송자 감사, 이경태 본부장이, 대책위원회 측에서는 이유복, 권오웅, 이병인, 박형우 위원이 참석하였다.

이경태　재단과 의과대학 동창회 대책위원회와의 대화를 위해 오늘 모인 것이다.

이유복　그동안의 경과를 설명함.

　　　　- 이사회의 권위는 인정하되 결의의 절차나 내용이 정관의 규정에 근거하여 공정 정당해야 한다.

　　　　- 정관에 별도 회계, 지정 기탁에 관한 사항이 있다.

　　　　- 4 : 4 : 2의 근거는 무엇인가? 받아들일 수 없다.

　　　　- 대화를 통해 합리적으로 원만하게 해결했으면 한다.

박형우　그동안의 경과를 보충 설명함.

윤형섭　오늘 모임은 공식적이 아닌 간담회이다.

송　자　나는 감사로 들어와서 모든 것이 충분한 논의 끝에 합의된 것으로 알았다. 재단이 결의를 했으니 참 난감하다. 지난 일에 연연하지 말고 앞으로의 일을 논의하는 것이 중요하다.

이유복　이미 결정되었다고 밀어붙이면 더 논의할 필요가 없다.

윤형섭　난 연희 측 이사가 아니다. 언제까지 연희와 세브란스를 구분할 것인가?

권오웅　본교 교수들도 세브란스라고 이야기하는 것이 현실 아닌가?

이병인　10년이 지나도록 수익금 사용하지 못한 것은 큰 문제이다.

윤형섭　연세대학교 재단은 모범적이다. 이사회도 신사적이다. 재단은 지금껏 세브란스 측 주장을 모두 찬성해 주었다.

이유복　모범적인 재단은 정관에 규정된 것을 지켜야 되지 않나?

윤형섭　하여튼 이사회 결정이 다다. 이사회가 결정한 것이니 이사회가 번복하여 해결해야 한다. 쉽지 않을 것이다.

2009년 6월 박형우 간사는 대책위원회의 허락을 받아 이경태 재단본부장과 대화를 가졌다. 이날 대화의 요점은 다음과 같다.

박형우　설령 재단의 결정이 옳다 하더라고 당사자가 이견을 보이면 재단에서 다시 논의해야 하는 것 아니냐?

이경태　파송이사의 역할이 중요하다.

2010년에 들어 이경태 교수가 사임하고 정병수 재단본부장이 임명되었다. 1월 5일 정병수, 이경태, 박형우의 회동이 있었으며, 다음과 같은 내용을 전달하였다.

- 창립 125주년을 맞이하여 서로 큰 틀에서 '명분과 실리'를 존중하자.
- 재단이 의료원을 전폭 지원(재정적)하지 않는 상황이다. 의료원 교수들이 재정적인 문제에 관해 의견을 제시하기 시작하면 아무도 제어할 수 없다.
- 모든 경비(자녀 등록금, 수양회 등)는 정관에 따라 의료원이 부담한다. 그런데 빌딩 수익금은 왜 의료원이 사용할 수 없나? 의료원은 의료보험료도 할인해 주고 있다.
- 500억 원 기금을 일단 300억 원 대 200억 원으로 나누어 먼저 집행하자. 이후 추가되는 수익금은 새로 논의하자.

살펴본 바와 같이 재단은 일단 한 번 의결했으니 수정할 수 없다는 입장이다. 그리고 대책위원회와는 공식적인 대화를 하지 않았다. 연세합동의 정신에 따라 재단은 관리의 역할을 충실하게 수행해야 하지만 마치 주인의 역할을 하는 행태에 대해 대책위원회는 이의를 제기했으나 재단은 반응하지 않았다. 더욱이 파송이사가 역할을 제대로 하지 못했고, 행정책임자들도 총장이나 재단의 결정에 침묵하는 상황이 이어졌으며, 교수평의회도 적극적으로 나서지 않았다.

10) 자율권 수호 요구와 대책위원회의 재가동

이렇게 뾰족한 대화나 합의가 없는 상태에서 몇 년이 흘러갔다. 하지만 2014년에 들어 재단은 의료원장과 학장 선거와 관련하여 교수들의 선거에 후보로 나선 교수들은 신임 의료원장과 학장에 임명하지 않겠다고 선언하였다. 이에 의과대학 교수평의회가 자율권 수호를 위해 나섰다. 결국 재단의 뜻대로 2014년 7월 정남식 의료원장과 이병석 학장이 임명되었다.

2015년 1월 개최된 의과대학 총동창회 중앙위원회에서는 그동안 휴면 상태에 있던 빌딩 수익금 대책위원회를 다시 활성화시키기로 의결하고, 대책위원회에 보다 큰 힘을 실어 주기 위해 중앙위원회의 결의로 권오웅 동창을 새 위원장으로 임명하였다. 그리고 총무간사에 김동구, 기록간사에 이창걸 위원이 임명되었다. 대책위원회는 상임위원회를 두어 적극적으로 대처하기로 하였다.

연세대학교 의과대학 총동창회

세브란스 빌딩 수익금 관련 대책위원회 위원 명단(제3기)

고　　문　양재모, 강두희, 이유복, 최규식

위 원 장　권오웅

총무간사　김동구

기록간사　이창걸

위　　원　김병수, 조범구, 허갑범, 서창옥, 나현, 박형우, 이우정, 이경률, 민양기, 김세훈

　　　　　신동천, 장양수(이상 교수평의회)

　　　　　김시욱, 한승경(동창회 부회장), 김영태(동창회 총무이사)

배　　석　　홍영재(총동창회 회장), 전굉필(파송이사), 설준희(이사), 김일순(감사),

정남식(의료원장), 이병석(학장)

대책위원회 상임위원회

권오웅(위원장), 김동구(총무간사), 이창걸(기록간사)

김시욱(동창회 부회장), 한승경(동창회 부회장), 김영태(동창회 총무)

장양수(의대교평 자율권수호위원회 위원장)

박형우(위원), 김세훈(위원)

연세합동의 새로운 시대를 향해

이상에서 살펴본 바와 같이 연세는 '협동'-'연합'-'합동'의 산물이다. 이 세 측면에서 잘 분석해 보면 연세의 창립 정신이 분명히 드러난다. 연희대학교와 세브란스 의과대학이 연세대학교로 합동한 것이 1957년이었으므로 2016년은 합동 60년째가 되는 해이다. 잘 알려진 바와 같이 두 대학은 모두 개신교의 여러 교파가 연합하여 설립된 고등 교육기관이었다. 하지만 한국 최고의 명문 사학인 연세대학교로 탄생하는 과정은 쉬운 것이 아니었다.

130여 년 전 한국에서 본격적인 전도 활동을 벌이기 시작했던 개신교의 여러 교파들은 당장 선교에 나설 수 없는 상황에서 '의료'와 '교육'을 앞세웠다.

가장 먼저 한국 선교부를 조직한 미국 북장로회는 갑신정변의 와중에서 호러스 N. 알렌이 민영익의 생명을 구했고, 이것이 계기가 되어 1885년 4월 한국 최초의 서양식 병원인 제중원이 탄생하였다. 제중원은 건물, 일부 운영비 등의 하드웨어는 조선 정부가 담당하고, 병원의 핵심인 의료진, 즉 소프트웨어는 미국 북장로회가 담당하는 일종의 합작 병원이었다. 여기서 합작은 일종의 '협동'이었다. 목적은 달랐지만 한국에 서양의학의 도입을 위해 서로 힘을 합쳤던, 즉 '협동'했던 것이다.

이런 '협동'을 바탕으로 미국 북장로회는 제중원을 근거로 선교를 준비할 수 있었고, 더욱 올리버 R. 에비슨에 의해 1894년 제중원이 선교부로 이관됨으로써 보다 안정적인 선교에 나설 수 있었다. 제중원에서 시작된 의학교육은 1904년 세브란스 병원으로 규모가 확대되고 학생들이 본격적인 훈련을 받으면서, 1908년 한국 최초의 면허 의사를 배출하기에 이르렀다. 이후 여러 교파가 의학교육과 병원 경영에 참여하면서 세브란스는 '연합'으로 운영되었다. 이렇게 세브란스는 개신교가 한국에서 앞세웠던 '의료'의 상징적인 기관이었다.

한편 '교육'은 초등교육으로 시작되었다. 당시 한국에서는 고등교육을 받을 만한 기본 교육이 제대로 시행되지 않았고, 제도적인 뒷받침도 미비한 상태였다. 당시 미국 선교부들은 어린애들에 대한 교육을 중요시 하였다. 초기에 내한한 거의 모든 선교사는, 특히 아이들에 대한 영어교육 등을 통해 외국인에 대한 편견을 없애려 노력하였다. 실제 대학교육이 시작되었던 것은 1900년대 중반이었다. 그동안 초등 및 중등 과정을 이수한 학생들 중에 고등교육을 원하는 경우가 생기기 시작했고, 한국인 목회자의 배출도 필요했으며, 제도적으로도 뒷받침되기 시작했기 때문이다.

대학교육은 1906년 평양의 숭실과 서울의 경신에서 시작되었으며, 곧 이어 배재와 이화에도 대학부가 설치되었다. 그런데 대학교육은 초등·중등 교육과는 달리, 교수진이나 설비 등에 대한 투자를 한 교파가 감당하기에는 벅찬 것이었다. 따라서 처음부터 여러 교파의 '연합'에 의해 운영되는 경우가 많았다. 대표적으로 평양의 숭실은 미국 북장로회와 감리회의 연합으로 시작되었다. 서울에서도 배재와 경신이 1년 동안 연합대학부를 운영하기도 하였다.

이럴 즈음 미국 북장로회 서울지부의 선교사들은 호러스 G. 언더우드를 중심으로 서울에 대학을 설립하기 위해 적극 나섰다. 미국 북장로회에서도 소수파였던 이들은 다른 선교사들로부터 지지를 받지 못하였다. 하지만 1912년 미국 감리회가 서울에 대학 설립을 추진하자 함께 힘을 합쳤다. 당시 미국 선교 본부는 배재와 경신이 1년 동안 운영했던 연합 대학부와는 별개의 사안임을 전제로, 이 연합기독교대학의 설립을 허락했으며, 후에 세브란스 의학교(간호 포함)와 '합동'하여 대학교를 설립하는 것을 목표로 하였다. 이 연합기독교대학 은 1915년 개교했으며, 결국 연희전문학교(영어로는 Chosen Christian College)라는 명칭이 붙여졌다. 숭실에서 활동하던 감리회 선교사들도 연희로 합류하였다. 이렇게 '연합'으로 시작한 연희는 개신교가 앞세웠던 '교육'의 상징적인 기관 이었다.

남은 문제는 두 학교가 언제 '합동'하여 보다 온전한 대학으로 거듭나는 가 하는 것이었다. 그런데 연희의 창립에 주도적인 역할을 했던 언더우드가 1916년 10월 사망하자, 에비슨이 교장으로 임명되었다. 이후 18년 동안 그는 세브란스와 연희의 두 전문학교의 교장을 겸임하여 이들 학교를 굳건한 토대 위에 올려놓았다. 에비슨은 두 학교를 전문학교로 승격시키고, 일본의 지정을 받아야 하였다. 특히 연희와 관련하여 새로운 캠퍼스를 조성하고, 한국인 교수 들을 영입해야 했으며, 이를 위해 1922년부터는 학교의 업무는 부교장에게 위 임하고 본인은 기금 확보를 위해 적극 나섰다.

그가 양교의 교장을 맡은 이후 '합동'의 움직임이 없던 것은 아니었지만 본 격적인 논의는 70세 정년을 앞둔 1929년부터 시작되었다. 하지만 '합동'의 실 현에 워낙 큰 경비가 소요되는 상황에서, 당시 미국에서는 경제공황으로 모금 이 쉽지 않았고, 더욱 일제가 대륙을 침략하면서 구미제국에 대한 긴장이 높아 져 대학 설립을 허가할지도 불확실했다. 이즈음 에비슨은 두 학교의 후임 교장 은 한국인이 될 것이라 천명하였다.

결국 에비슨은 합동의 꿈을 이루지 못하고 1934년 양교의 교장 직에서 은 퇴하고 명예 교장으로 임명되었다. 세브란스는 한국인 오긍선이 교장을 맡았 다. 반면 연희는 언더우드의 아들 원한경이 교장을 맡았다. 이후 일제의 압박 이 심해지면서 세브란스는 '아사히' 의학전문학교로 강제 개명되었고, 연희는 일제에 몰수되었다.

1945년 광복이 되고 연희는 대학교로, 세브란스는 의과대학으로 재조직되었다. 다시 선교부가 양교의 운영에 큰 지원을 했지만, 1950년의 한국전쟁으로 많은 설비가 파괴되었다. 한국전쟁으로 결국 '연희'와 '세브란스'의 '합동'이 실현되었다. 그런데 이 과정에는 세브란스 동창회가 합동에 적극 반대하는 등 난관이 많았다. '지정기탁'과 '세브란스 의과대학 기본재산의 별도 관리' 규정을 통해 재정권은 어느 정도 보장이 되었지만, 인사권이 문제였다. 결국 정관에 '단과대학위원회'의 규정을 추가하여 인사권을 보장함으로써 합동이 이루어졌다.

이상에서 살펴본 바와 같이 '연세'는 미국 개신교가 한국에서 기독교를 전파하기 위해 앞세웠던 의료와 교육의 중심적인 양대 기관이 합동하여 탄생한 기관이다. 다시 말해 한국 기독교 전래의 역사에서 가장 중심이 되는 교육기관인 셈이다. 애초 한국에서의 대학 설립 논의가 진행되었을 때 미국 선교본부는 한국에 단 하나의 대학만을 운영한다고 천명하였다. 나중에 간호교육을 포함한 의학교가 합동할 것으로 기획하였다. 결국 그 결과물인 '하나의 학교'가 바로 1957년 연희와 세브란스의 합동으로 탄생한 연세대학교인 것이다.

그러므로 연세는 한국 기독교 교육에서 중추적인 역할을 수행해야 한다. 중추적이란 다른 학교(기독교 계통 대학)에 비해 평가 순위가 높다고 우쭐대거나 혹시라도 무시하는 행태를 보이라는 얘기가 아니다. 다른 기독교 계통의 대학들과 함께 연합하여 '진리가 너희를 자유케 하리라'라는 말씀대로 기독교적 진리를 추구하는 데 앞장서는 것이야말로 제 역할을 다하는 것이다.

그런데 이렇게 한국 기독교 전래에 가장 중심이 되었던 연세에서 창립 정신에 어긋난 일이 벌어지고 있다. 대내적으로 가장 눈살을 찌푸릴 만한 일은 연세재단 세브란스 빌딩 수익금의 활용을 둘러싼 납득하지 못할 상황이다. 애초 연세가 두 기관의 대등한 합동에서 탄생했음에도 불구하고, 현재의 상황은 합동에 참여한 한 기관이 다른 기관을 마치 흡수한 것인 양 행세하고 있다.

하나님이 주인인 연세대학교가 잠시의 갈등을 극복하고 한국인을 위해 설립되었던 고등 교육기관으로서의 역할을 다시 수행할 수 있을까? 이를 위해서는 한국 기독교 전래의 열매라 할 수 있는 연세대학교에 대한 한국 기독교계의 보다 적극적인 관심과 후원이 절실하다는 점을 첨언하면서 졸고를 마치려고 한다.

다시 한 번 합동-연합-합동으로 이어지는 연세대학교의 기나긴 역사를 회고하면서 연세의 창립 이념을 되뇌어 본다.

"진리가 너희를 자유케 하리라."

연세합동 관련 연표

1884. 9. 20 미 북장로회의 호러스 N. 알렌, 제물포에 도착함.

1885. 4. 5 미 북장로회의 호러스 G. 언더우드와 미국 북감리회의 헨리 G. 아펜젤러가 내한함.

4. 10 한국 최초의 서양식 병원인 제중원이 개원함(의료 책임자, 알렌).

5. 22 미 북감리회의 윌리엄 B. 스크랜턴, 제중원에서 알렌을 도와 진료함(1개월).

1886. 3. 29 제중원의학교가 개교함(한국 최초의 서양의학 교육기관).

5. 11 언더우드, 고아원을 정식 개원함.

1891. 2. 3 미 북장로회의 연례회의는 새뮤얼 A. 마펫이 책임자인 고아원을 남학교(예수교학당)로 전환하는 안을 승인함.

1893. 1. 3 미 북장로회의 프레데릭 S. 밀러가 남학교의 책임을 맡음(민노아학당).

11. 1 미 북장로회의 올리버 R. 에비슨, 제중원의 의료 책임을 맡음.

1894. 9. 26 조선 정부, 제중원을 미 북장로회로 이관함.

1895. 7. 25 에비슨, 방역국장으로 콜레라 방역 활동에 나섬.

10. 1 에비슨, 제중원에서 의학교육을 재개함.

1897. 9. 미 북장로회의 연례회의는 남학교의 폐교를 의결함. 초등교육은 한국 교회로 넘김.

1898. 미 북장로회의 베어드, 평양학당을 시작함.

1900. 5. 15 미 북장로회 해외선교본부, 루이스 H. 세브란스의 병원 건립 기금 1만 달러 기부를 승인함.

1901.	4. 15	미 북장로회, 이디스 H. 밀러를 중등교육을 위한 교육 선교사로 임명함.
	5. 20	내한한 미국 북장로회의 아서 J. 브라운 총무는 서울지부 선교사들에게 중학교 교육 시작을 지시함.
	10.	중학교가 개교함(교장, 게일).
1902.	4. 7	세브란스의 병원 대지 구입을 위한 5,000달러 기부 제안이 승인됨.
1904.	9. 23	새로 지은 제중원인 세브란스 병원을 봉헌함.
1905.	10. 6	배재·경신 연합고등학교가 개교함(2년 동안).
1906.	9. 27	중학교, 신축 교사 봉헌식을 거행함. 교사 신축이 결정된 직후 경신학교(John D. Wells Training School for Christian Workers)로 불림.
	9. 30	세브란스 병원 간호부 양성소가 개교함(소장, 에스터 L. 쉴즈).
	10. 10	평양의 합성숭실대학이 개교함. 이디스 밀러, 경신에 대학부를 조직함.
1908.	6. 3	세브란스, 한국 최초의 면허 의사를 배출함.
1910.	6. 6	미 북장로회 해외선교본부 실행위원회, 평양의 숭실을 유일한 대학으로 인정함.
1911.	9.	배재대학과 경신 대학부의 연합대학부가 발족함(1년 동안).
1912.	3. 6	미 남·북감리회, 서울에 연합기독교대학을 설립할 것을 의결함.
1913.	2. 25	연석위원회, 연합기독교대학의 설립 장소로 서울을 정함.
1914.	2. 2	미 북장로회 해외선교본부 실행위원회, 연합기독교대학의 설립 장소를 서울로 의결함.
	12. 7	미 북장로회, 연합기독교대학의 설립 추진을 결정함.
1915.	3. 5	한국기독교대학의 제1차 재단이사회가 개최됨(임시 교장, 언더우드).
	4. 12	한국기독교대학의 개교식이 거행됨.
	4. 21	한국기독교대학의 제2차 재단이사회에서 교명을 조선기독교대학으로 결정함.
1916.	4. 15	세브란스 재단이사회, 동대문 부인병원과의 합동 협상을 승인함.
	10. 12	언더우드가 사망함.
	12. 13	조선기독교대학의 한글 교명이 연희전문학교로 결정됨.

1917.	2. 17	에비슨이 연희전문학교의 임시 교장으로 결정됨.
	4. 8	연희전문학교의 재단 설립이 인가됨(교장. 에비슨).
	5. 14	세브란스 연합의학전문학교로 승격됨.
	6. 21	연희전문학교, 경기도 고양군 연희면에 29만여 평의 부지를 구입함.
1922.	3.	세브란스 재단이사회, 연희와의 협동 원칙을 승인함.
	12.	세브란스와 연희의 재단이사회 첫 합동회의가 열려 합동을 논의함.
1929.	6. 12	세브란스와 연희 합동을 위한 첫 회의가 열림.
1933.	10. 5	세브란스와 연희 합동을 위한 회의가 열림.
1934.	2.	에비슨이 양교 교장을 사임함.
	2. 16	세브란스 교장에 오긍선이 임명됨.
	2. 27	연희 교장에 원한경이 임명됨.
1935.	12. 2	에비슨이 귀국함.
1936.	1.	오긍선, 세브란스 확장 계획 발표.
	1. 16	존 L. 세브란스가 사망함.
1937.	7. 2	존 T. 언더우드가 사망함.
1939.	1.	기독교 교육 중심 설립 계획이 보도됨.
1941.		선교사들이 추방됨.
1942.	2. 1	세브란스가 아사히 의학전문학교로 강제 개명됨.
	8. 17	연희가 적산으로 총독부 관리로 넘어감.
1944.	5.	연희가 폐교됨.
1946.	12. 30	백낙준, 이용설, 김활란이 합동을 논의함.
1949.	5. 12	연희 이사회, 세브란스 의예과 과정을 연희에 설치할 것을 승인함.
1954.	10. 13	미 제8군 기념 흉곽병원의 건립이 처음 논의됨.
1955.	4. 23	연세 합동을 전제로 미 제8군 기념 흉곽병원을 연희 기지 내에 건축하기로 함.
1956.	8. 28	에비슨이 사망함.
	10. 22	양교 합동이사회에서 정관에 단과대학위원회와 관련된 제6장을 넣기로 의결함.
1957.	1. 5	연세대학교가 탄생함.

찾아보기